RASCH RASCH

MARTa Herford

LEIHGEBER / LENDERS

Amsterdam, NL
NL Architects

Antwerpen-Berchem, NL
Luc Deleu & T. O. P. office

Bad Oeynhausen, DE
Stadt Bad Oeynhausen

Berlin, DE
Archiv Marzona
Galerie Max Hetzler, Berlin | Paris
Archiv Zamp Kelp

Düsseldorf, DE
Galerie Rupert Pfab

Frankfurt am Main, DE
Deutsches Architekturmuseum (DAM)

Lauenförde, DE
Kragstuhlmuseum / Tecta-Archiv

London, GB
Archigram Archives
Grimshaw Architects
Hopkins Architects

Montréal, CA
Collection Centre Canadien d'Architecture / Canadian Centre for Architecture (CCA)

New York, US
Museum of Modern Art (MoMA)

Oberursel, DE
Sammlung Lilia und Armin Waehlert

Orléans, FR
FRAC Centre

Reichenschwand, DE
Sammlung Werner Löffler

Stuttgart, DE
Dr. Bodo Rasch
Modellsammlung Architektur und Stadtplanung der Universität Stuttgart
ifag – Institut für Architekturgeschichte Architektur und Stadtplanung, Universität Stuttgart

Weil am Rhein, DE
Vitra Design Museum

Westmount, CA
François Dallegret

Wien, AT
Coop Himmelb(l)au

Wuppertal, DE
Sammlung Inka Legge-Rasch

Zürich, CH
spillmann echsle architekten ag

Sowie die Künstler und öffentliche und private Leihgeber, die nicht genannt werden wollen. And the artists as well as private and public lenders who wish to remain anonymous.

INHALT / CONTENT

HORTENSIA VÖLCKERS & ALEXANDER FARENHOLTZ

GRUSSWORT DER KULTURSTIFTUNG DES BUNDES

Foreword by the German Federal Cultural Foundation

„Wie bauen?" – so lautete eine zentrale Frage in den Jahren zwischen den Weltkriegen. Mit welchen Materialien und Techniken? Nach welchen Prinzipien und Programmen? Zum Denkkollektiv der Architekten, Stadtplaner, Künstler und Designer, die in den 1920er-Jahren jene visionären Entwürfe und Programme entwickelten, durch die mit Beginn der Nachkriegsmoderne die Städte, Lebensstile und die gesamte visuelle Kultur von Grund auf verändert werden sollten, gehörten auch Heinz und Bodo Rasch. *Wie Bauen?* hieß zudem der Titel einer Publikation, die beide als Teil eines Kreises um Ludwig Mies van der Rohe und die Stuttgarter Weißenhofsiedlung herausgaben. Es war eine Periode materieller und geistiger Grundlagenforschung – weniger hinsichtlich realer Bautätigkeit als vielmehr in deren experimenteller Vorwegnahme durch Modelle, Zeichnungen und Publikationen.

Den zahlreichen Architekturausstellungen und -publikationen jener Zeit kommt deswegen eine zentrale historische Rolle zu. Die Brüder Rasch befanden sich im Zentrum dieses Geschehens. Sie waren Meister der verknappten, typisierenden Darstellung: „Das Bild soll den Betrachter auf das Objekt konzentrieren unter Fortlassung alles dessen, was nicht zur Sache gehört", schreiben sie 1930 in einem Almanach mit dem Titel *Gefesselter Blick – 25 kurze Monografien und Beiträge über neue Werbegestaltung.* Viele ihrer Entwürfe – etwa zu Hängehausstädten

'How to build?' – this was a fundamental question during the years between the world wars. Which material and techniques to use? Which principles and procedures to apply? Heinz and Bodo Rasch belonged to the set of architects, urban planners, artists and designers in the 1920s whose collective intellectual ambitions resulted in visionary designs and schemes that fundamentally changed cities, lifestyles and the entire visual culture with the onset of post-war modernity. *Wie Bauen?* (How to Build?) was also the title of a book that the two brothers published as part of a circle surrounding Ludwig Mies van der Rohe and the Stuttgart Weissenhof Estate. It was a period of both material and intellectual basic research – not so much in terms of actual building activity, but rather in terms of its experimental anticipation in the shape of models, drawings and publications.

Consequently, the many architectural exhibitions and publications of the time play an important historical role. The Rasch brothers were at the core of these developments. They were masters of concise, systemised representation: 'The image is supposed to focus the viewer's attention on the object while omitting all things superfluous', they wrote in an almanac from 1930 with the title *Gefesselter Blick – 25 kurze Monografien und Beiträge über neue Werbegestaltung* (The Captivated Gaze – 25 Short Monographs and Essays on New Advertising Design). Many of their designs were ahead of the times. This applies not only to their

oder aufblasbaren Räumen –, aber auch die zahllosen Prototypen zur systematischen Entwicklung radikal neuer Konstruktionen und Gestaltungen von Sitzmöbeln, die sie im Laufe ihrer vierjährigen Zusammenarbeit gemeinsam entwarfen, waren ihrer Zeit weit voraus.

Wir danken dem künstlerischen Leiter des Marta Herford, Roland Nachtigäller, und den verantwortlichen Kuratoren Friederike Fast, Dr. Michael Kröger und Klaus Leuschel, dass sie uns durch die Ausstellung *Der entfesselte Blick* ein wichtiges Stück dessen näherbringen, was der Dessauer Designtheoretiker Joachim Krausse als „unsichtbare Architektur" bezeichnet hat. Danken möchten wir auch den Architekten sowie den fünf beteiligten Künstlerinnen und Künstlern, die in zum Teil exklusiv für diese Ausstellung entstandenen Arbeiten zeigen, wie aktuell die Bauideen der Brüder Rasch bis heute wirken.

Hortensia Völckers
Vorstand / Künstlerische Direktorin

Alexander Farenholtz
Vorstand / Verwaltungsdirektor

Kulturstiftung des Bundes

suspension house cities and inflatable rooms, but also to their countless prototypes for the systematic development of radically new constructions and concepts of seating furniture that they designed during the course of their four-year collaboration.

We are grateful to Roland Nachtigäller, the artistic director of Marta Herford, and also to the curators Friederike Fast, Dr. Michael Kröger and Klaus Leuschel for developing the exhibition *Der entfesselte Blick* (The Unfettered Gaze) and thereby providing an important insight into what the Dessau design theorist Joachim Krausse referred to as 'invisible architecture'. Our thanks also go to the architects and the five participating artists whose works, some of which were created especially for this show, are proof of the topicality of the Rasch brothers' constructional ideas.

Hortensia Völckers
Executive Board / Artistic Director

Alexander Farenholtz
Executive Board / Administrative Director

German Federal Cultural Foundation

KLAUS LEUSCHEL & ROLAND NACHTIGÄLLER

ZUR EINFÜHRUNG

Introduction

Architektur, Bautheorie, Ausstellungsgestaltung, Möbeldesign und -produktion, Publizistik, Typografie und Werbegrafik: Nur wenige Gestalter haben es geschafft, so breit gefächert und verzahnt zu wirken wie die Brüder Heinz und Bodo Rasch. Und dennoch ist es bis heute vor allem das in der kaum vier Jahre währenden Zusammenarbeit zwischen 1926 und 1930 Entstandene, das in den jeweiligen Fachkreisen auf große Anerkennung stößt: unter Architektur- und Kunsthistorikern vor allem ihre Hängehaus-Visionen oder bei Experten des modernen Möbels ihre Rolle im Zusammenhang mit der Stuttgarter Weißenhofsiedlung und dem Freischwinger. Im Kreis der Typografen wiederum genießt die Anthologie *Gefesselter Blick* (1930) fast schon Kultstatus. Wer jedoch nach einer zusammenhängenden Betrachtung ihres vielgestaltigen Werks fragte, stieß bisher nur auf erste grundlegende Ansätze. Trotz bereits vorhandener wissenschaftlicher Untersuchungen zu Einzelaspekten fehlt bis heute jene Gesamtdarstellung, die erst die Frage zu beantworten vermag, welche weiteren Entdeckungen hier möglicherweise noch zu machen wären.

Es ist jedoch kaum dem Zufall geschuldet, dass das Museum Marta Herford hier jetzt erste Schritte zur Abhilfe unternimmt. Die Geschichte nahm ihren Anfang bereits 1995, als Roland Nachtigäller in die Bemühungen des Schweizer Verlegers Lars Müller um einen Reprint des schon genannten Buches *Gefesselter Blick* involviert war.[1] Als er die daraus entstandene Idee einer Ausstellung der Findungskommission für die neue Marta Direktion 2008 in Herford vorstellte, war es der Sammler

1 Heinz und Bodo Rasch (Hrsg.), *Gefesselter Blick. 25 kurze Monografien und Beiträge über neue Werbegestaltung*, Stuttgart 1930 (Reprint Baden 1996).

Architecture, building theory, exhibition design, furniture design and manufacture, journalism and advertising, typography and graphic design: very few designers have produced a body of work as broad and integrated as that of the brothers Heinz and Bodo Rasch. But until now it has principally been their activity during the short period of collaboration from 1926 to 1930 that has brought them recognition in various specialist circles: historians of art and architecture have focussed mainly on their visionary ideas for suspension houses; experts in modern furniture have concentrated on their role in the Stuttgart Weissenhof Estate and the development of the cantilever chair. Among typographers, their anthology *Gefesselter Blick* (The Captivated Gaze, 1930) now enjoys almost cult status. Yet even today, anyone seeking a full and thorough analysis of their multifaceted work as a whole will find only basic outlines. Although some specific aspects of their output have been examined, we still lack a comprehensive overview that could open up new paths for exploration

It is hardly by coincidence that the museum Marta Herford is now taking the first steps to remedy this situation. The story began back in 1995, when Roland Nachtigäller was involved in the efforts of the Swiss publisher Lars Müller to reprint *Gefesselter Blick*.[1] When he presented the idea of an exhibition on the Rasch brothers to the selection committee for the new Marta directorship in 2008 in Herford, it was the collector Egidio Marzona who reacted with both surprise that somebody else actually knew about them and delight that such a project might be possible.[2] A year later Annette Ludwig's comprehensive andmeticulously

1 Heinz and Bodo Rasch (eds.), *Gefesselter Blick. 25 kurze Monografien und Beiträge über neue Werbegestaltung*, Stuttgart 1930 (Reprint: Baden 1996).

Egidio Marzona, der gleichermaßen mit Verblüffung über die Kenntnis der Brüder wie mit Freude über die Möglichkeit eines solchen Projekts reagierte.[2] Ein Jahr später erschien dann die ebenso umfangreiche wie fundierte Dissertation von Annette Ludwig zum architektonischen Frühwerk von Heinz und Bodo Rasch.[3] Gemeinsam mit dem in Bern lebenden Architektur- und Design-Experten Klaus Leuschel entstand im Marta Herford schließlich eine erste umfassendere Projektidee. Doch es sollten noch einmal fünf weitere Jahre vergehen, bis nach Recherche und Sichtung der verschiedenen Nachlässe eine Ausstellung dieses verstreuten Werks möglich wurde.

Bereits die erste vertiefende Beschäftigung mit dem Werk der beiden Brüder Rasch zeigte, dass deren Ideen und Wirkungsfelder weit über die oben skizzierten Eckpunkte ihrer kreativen Arbeit hinausreichen. So umreißt beispielsweise die Idee „pneumatischer Strukturen“ etwas, das erst in den Sechzigerjahren als *Inflatable* in London, Mailand, Paris oder Wien, teils spektakulär, thematisiert und realisiert wurde. Und zum Beweis für jenes konstruktive Denken, das ihre eigenen visionären Anfänge markiert, verwendete Bodo Rasch – kaum dass das Wort erstmals *en vogue* war – den Begriff des „Containers“. Dabei hatte er gerade nicht jene Siedlungen vor Augen, die heute weltweit Großbaustellen und Notunterkünfte charakterisieren. Er sah vielleicht nicht einmal voraus, wie junge Architekten aktuell das Potenzial des Transportbehälters ausloten, um Immobilien (Häuser, Läden, Kindergärten usw.) gestalterisch temporär zu definieren. Er verwendete das Wort als Sinnbild für Raum in der Architektur, als ein durch Boden, Wände und Decke begrenztes Volumen, das – funktional definiert – etwas enthält (engl. *to contain)*.

Wenngleich hiermit (sowohl mit Bodo Raschs Patent[4] zu einem „transportablen Haus aus luftgefüllten Zellen“ als auch mit dem Container) zwei Themenfelder benannt sind, die sich im Rahmen dieses Ausstellungsprojektes nicht erschöpfend aufarbeiten lassen, so wird gleichwohl transparent, was allen Beteiligten von Anfang an klar war: Das Werk der Brüder Rasch ist nicht nur vielschichtig, sondern insbesondere in den Nachwirkungen über die Zusammenarbeit hinaus derart unerforscht, dass es der Architektur-, Design- und Kunstgeschichte unzählige neue Fragestellungen liefert.[5]

Als Museum für zeitgenössische Kunst mit einer besonderen Aufmerksamkeit für die Interferenzen mit Architektur und Design hat Marta Herford immer wieder gezielt auch den Blick

2 Von ihm stammt auch die allererste Publikation zum gemeinsamen Werk: Egidio Marzona (Hrsg.), *Brüder Rasch. Material - Konstruktion - Form. 1926–1930*, Düsseldorf 1981.

3 Annette Ludwig, *Die Architekten Brüder Heinz und Bodo Rasch. Ein Beitrag zur Architekturgeschichte der zwanziger Jahre*, Tübingen, Berlin 2009.

4 Eine Nachfrage beim Europäischen Patentamt ergab, dass unter der verschiedentlich zitierten Nummer AZ R 102 513 V/37 f kein derartiges Patent erfasst ist. Im banalsten Fall könnte sich dies aus einer falsch übertragenen Zahl erklären. Hier wird die gerade begonnene umfangreiche Aufarbeitung des bis heute öffentlich nicht zugänglichen Nachlasses von Bodo Rasch sicherlich weiteren Aufschluss geben.

5 Bodo Rasch soll 1954 Wohnhäuser vorgeschlagen haben, die Sonnenenergie speichern. Auch da steht die Bestätigung durch das Quellenstudium noch aus. Da zudem die sogenannte Solar-Architektur erst jetzt – und im Gegensatz zu den nachträglich auf Dächern applizierten Paneelen – zu eigenständigen Ausformungen findet (z. B. die Umweltarena im schweizerischen Spreitenbach, in einem Projekt des japanischen Architekten Toyo Ito in Taiwan oder etwa bei einer auf den Malediven geplanten Solar-Siedlung), wurde auf diesen Aspekt als Teil der Wirkungsgeschichte innerhalb der Ausstellung bewusst verzichtet.

researched doctoral thesis about the early architectural work of Heinz and Bodo Rasch was published.[3] Together with the Bern-based architecture and design specialist Klaus Leuschel, Marta Herford developed an initial and more detailed outline of the project. But five more years would pass before research and examination of unpublished texts held by different estates made an exhibition of such widely dispersed work possible.

The first in-depth exploration of the careers of the two Rasch brothers shows that their ideas and fields of activity stretched far beyond the basic aspects of their creative work outlined above. Thus, for example, the idea of 'pneumatic structures' sketches out something that was only thematised and achieved later, in the 1960s, as 'Inflatables', in London, Milan, Paris and Vienna, in sometimes spectacular fashion. And as proof of the kind of constructive thinking that marks their own visionary beginnings, Bodo Rasch was one of the first to use a fashionable new term –'container'. In doing so, he could not imagine the kind of structures which today can be found on building sites and in emergency accommodation all over the world. Perhaps he did not even foresee how young architects would gauge the potential of the transport container to temporarily define designed structures (houses, shops, nurseries, etc.). He used the word as a symbol for space in architecture, as a volume limited by floor, walls and ceiling which – functionally defined – *contains* something.

Although this (both Bodo Rasch's patent[4] for a 'transportable house made of air-filled cells' as well as containers) refers to two different thematic areas, neither of which can be examined exhaustively within the scope of this exhibition project, something is becoming apparent that had been clear right from the start to all those that were involved: the activity of the Rasch brothers is not only multifaceted but also so under-researched – especially when it comes to the reception of their work as individuals rather than a team – that it poses countless new questions for historians of architecture, design and art.[5]

As a museum for contemporary art with a special focus on interaction with architecture and design, Marta Herford has also been exploring key historical reference points of the twentieth century.[6] With Heinz and Bodo Rasch we are venturing deep into uncharted territory. But even though an exhibition like this may raise more questions than it answers (and stretches the possibilities and the potential of a museum of the size of Marta to its limits), it corresponds exactly to the way the museum sees itself. Our role, we believe, is to set a process in motion, to

2 He initiated the very first publication about the brothers' joint work: Egidio Marzona (ed.), *Brüder Rasch. Material - Konstruktion - Form. 1926–1930*, Düsseldorf 1981.

3 Annette Ludwig, *Die Architekten Brüder Heinz und Bodo Rasch. Ein Beitrag zur Architekturgeschichte der zwanziger Jahre*, Tübingen and Berlin 2009.

4 An enquiry at the European Patent Office showed that no such patent with the sometimes cited number AZ R 102 513 V/37 f is documented. The most banal explanation would be a wrongly entered digit. It is to be hoped that new and detailed research into the estate of Bodo Rasch (to which public access had previously been denied) will throw more light on this.

5 Bodo Rasch is said to have proposed residential houses that store solar energy in 1954. Documentary evidence for this has yet to be found. Since so-called solar architecture – unlike panels added to roofs after construction – is only now becoming a built form in its own right (e.g., the Umwelt Arena in Spreitenbach, Switzerland, a project by the Japanese architect Toyo Ito in Taiwan and a planned project on the Maldives), the exhibition has deliberately left out this aspect of the history of its reception.

6 For example, with major exhibitions on Max Bill (2008), Richard Neutra (2010) and Richard Buckminster Fuller (2011).

auf die historischen Bezugspunkte im 20. Jahrhundert geworfen.[6] Mit Heinz und Bodo Rasch wagen wir uns bisher am weitesten auf unerforschtes Terrain vor. Und dennoch: Auch wenn eine solche Ausstellung vielleicht mehr Fragen aufwirft als gesicherte Antworten präsentiert (und dabei die Möglichkeiten und Potenziale eines Hauses von der Größe des Marta bis zu seinen Grenzen ausreizt), so entspricht sie doch sehr genau dem Selbstbild dieses Museums: Hier sollen Impulse gesetzt werden, Zusammenhänge skizziert, Entwicklungslinien umrissen und mit Gegenwart konfrontiert werden, um dann hoffentlich im Rahmen von wissenschaftlichen Einzelprojekten oder umfassend erarbeiteten Darstellungen in Fachmuseen fortgeführt und zu gesicherter Forschungslage entfaltet zu werden. Denn spätestens in der Wirkungsgeschichte wird es offensichtlich: In Heinz und Bodo Rasch entdecken wir zwei Visionäre, die das, was man in den USA als *pushing the envelope* bezeichnet (zu Deutsch etwa: bis an die Grenzen gehen und das Bestmögliche herausholen), zeitlebens getragen, ja forciert haben, ohne selbst jemals beispielsweise mit einem realisierten Hängehaus, pneumatischen Konstruktionen oder Containerarchitekturen reüssiert zu haben. Hier manifestiert sich ein grandioses zukunftsorientiertes Denken, das unbedingt nach Erinnerung, Einsichtnahme und Vertiefung verlangt.[7]

Will man das Wirken von Heinz und Bodo Rasch, ihr komplexes und engagiertes Arbeiten in der zweiten Reihe – sozusagen im Schlagschatten von Ludwig Mies van der Rohe und Mart Stam – zusammenfassend würdigen, ihre Offenheit, Zurückhaltung und Teamorientiertheit, so kann man sie vielleicht am treffendsten als Verfechter jenes paradigmatischen Anspruchs charakterisieren, den Richard Buckminster Fullers prägnant so beschrieb: „So, Planer, Architekten und Ingenieure, ergreift die Initiative. Geht ans Werk, und vor allen Dingen, arbeitet zusammen und haltet nicht voreinander hinterm Berge, und versucht nicht, auf Kosten der anderen zu gewinnen. Jeder Erfolg dieser Art wird zunehmend von kürzerer Dauer sein. Das sind die synergetischen Gesetze, nach denen die Evolution verfährt und die sie uns klarzumachen versucht. Das sind keine vom Menschen gemachten Gesetze. Das sind die unendlich großzügigeren Gesetze der intellektuellen Integrität, die das Universum regiert."[8]

Für die enge und aufgeschlossene Kooperation danken wir vor allem Peter Cachola Schmal und dem Deutschen Architekturmuseum in Frankfurt am Main, Dr. Bodo Rasch jr. und seiner Mitarbeiterin Katharina Stolz in Stuttgart, Inka Legge-Rasch in Hongkong und Wuppertal, Marie-Sarah Linke, Dr. Annette Ludwig, Hubertus Adam vom Schweizerischen Architekturmuseum in

6 So zum Beispiel mit großen Ausstellungen zu Max Bill (2008), Richard Neutra (2010) oder Richard Buckminster Fuller (2011).

7 1976 hatte der in Leipzig geborene und 1933 nach England emigrierte Nikolaus Pevsner (1902–1983) mit seiner *A History of Building Types* (dt.: *Funktion und Form. Die Geschichte der Bauwerke des Westens*, Hamburg 1998) ein bis heute maßgebliches Standardwerk vorgelegt, in dem Containerarchitektur oder Inflatables noch keine Berücksichtigung fanden. Insofern als diese architekturgeschichtliche Betrachtung seither weder ergänzt noch überarbeitet wurde, fehlen bis heute die Grundlagen sowohl zu deren stilistischen (Weiter-)Entwicklungen als auch die sozialgeschichtlichen Untersuchungen zu deren Funktionswandel.

8 Richard Buckminster Fuller, *Operating Manual for Spaceship Earth*, Carbondale / Edwardsville 1969, zitiert nach: *Bedienungsanleitung für das Raumschiff Erde und andere Schriften*, hrsg. v. Joachim Krausse, Hamburg 1973, S. 73.

sketch out contexts, to indicate lines of development and assess them from today's perspective in the hope of encouraging individual scholarly projects or thorough documentation in specialist museums that would contribute to a comprehensive body of research. The history of their reception certainly confirms that Heinz and Bodo Rasch were two visionaries who throughout their lives kept on 'pushing the envelope' – despite the fact that they never successfully built a suspension house, a pneumatic structure or any container architecture. Their remarkable and wide-ranging ideas were clearly ahead of their time and deserve to be remembered, explored and carefully studied.[7]

If we were to sum up the achievements of Heinz and Bodo Rasch, the complexity and commitment of their work in the second row – in the shadow of Ludwig Mies van der Rohe and Mart Stam – their openness, their reserve and their team spirit, then perhaps we could best describe them as advocates of the paradigmatic imperative that Richard Buckminster Fuller expressed so succinctly: 'So, planners, architects, and engineers take the initiative. Go to work, and above all co-operate and don't hold back on one another or try to gain at the expense of another. Any success in such lopsidedness will be increasingly short-lived. These are the synergetic rules that evolution is employing and trying to make clear to us. They are not man-made laws. They are the infinitely accommodative laws of the intellectual integrity governing universe.'[8]

For all their kind help and close cooperation we would like to thank in particular Peter Cachola Schmal and the Deutsche Architekturmuseum in Frankfurt am Main, Dr Bodo Rasch Jr and his associate Katharina Stolz in Stuttgart, Inka Legge-Rasch in Hong Kong and Wuppertal, Marie-Sarah Linke, Dr Annette Ludwig, Hubertus Adam of the Schweizerische Architekturmuseum in Basel, Axel Bruchhäuser with his TECTA archive in Lauenförde as well as Egidio Marzona and his impressive archive of the avant-garde of the twentieth century. Without their collaboration and their encouragement this exhibition would not have been possible.

We would like to express our gratitude to the German Federal Cultural Foundation for its generous support for this ambitious project. Our thanks are also due to all private and public lenders who have enthusiastically supported the exhibition, especially Werner Löffler in Reichenschwand, Lilia and Armin Waehlert, the galleries Max Hetzler, Berlin / Paris and Rupert Pfab, Düsseldorf, ifag – Institute for Architecture and Urbanism of the University of Stuttgart, the model collection of the faculty of Architecture and Urban Planning of the University of Stuttgart, the FRAC Centre in Orléans, the city of Bad Oeynhausen, the Vitra Design Museum in Weil am Rhein, the CCA in Montreal and MoMA in New York. We also thank all the architectural practices that readily gave us all the information we needed for the

7 In 1976 the Leipzig-born Nikolaus Pevsner (1902–1983), who had emigrated to England in 1933, published *A History of Building Types*, which remains an authoritative standard work. Neither container architecture nor 'Inflatables' were included. Since this architectural history has not been augmented or revised since, we still lack the foundations for a study of their stylistic development and social and historical research into their change of function.

8 Richard Buckminster Fuller, *Operating Manual for Spaceship Earth*, Edwardsville 1969, p. 133.

Basel, Axel Bruchhäuser mit seinem TECTA-Archiv in Lauenförde sowie dem bereits erwähnten Egidio Marzona und seinem beeindruckenden Archiv der Avantgarden des 20. Jahrhunderts. Ihre Bereitschaft zur Zusammenarbeit und ihr Zuspruch haben es überhaupt erst ermöglicht, dieses Ausstellungskonzept zu verwirklichen.

Einen besonderen Dank richten wir auch an die Kulturstiftung des Bundes für die großzügige Förderung dieses ambitionierten Projekts. Ebenso gilt unser Dank allen privaten und öffentlichen Leihgebern, die dieses Projekt leidenschaftlich mit unterstützt haben, namentlich Werner Löffler in Reichenschwand, Lilia und Armin Waehlert, den Galerien Max Hetzler, Berlin/Paris und Rupert Pfab, Düsseldorf, dem ifag – Institut für Architektur und Stadtplanung der Universität Stuttgart, der Modellsammlung Architektur und Stadtplanung der Universität Stuttgart, dem FRAC Centre in Orléans, der Stadt Bad Oeynhausen, dem Vitra Design Museum in Weil am Rhein, dem CCA in Montreal und dem MoMA in New York. Den beteiligten Architekturbüros, die mit Begeisterung für die Ausstellungsidee alle relevanten Informationen zu ihren Entwürfen zur Verfügung gestellt haben, schulden wir einen ebenso herzlichen Dank wie den Künstlern Michael Beutler, Luka Fineisen, Erika Hock, Ernesto Neto und Martin Pfeifle für ihr besonderes Engagement und die Experimentierlust, mit denen sie ihre Arbeiten zu diesem Projekt entwickelt haben. Als Ausstellungssponsor stand uns dankenswerterweise E.ON ein weiteres Mal mit einer umfassenden Unterstützung zur Seite, während sich in großartiger Weise die Firmen Hörmann aus Bielefeld und TECTA aus Lauenförde als Materialsponsoren engagierten. Justus Oehler mit seinem Team von Pentagram entwickelte einen wundervollen grafischen Auftritt und den überzeugenden Katalog, während Dr. Michael Kröger und Friederike Fast mit viel Einsatzfreude das Projekt hier im Museum leiteten. Ihnen allen gebührt unser ausdrücklicher Dank!

Klaus Leuschel, Bern
Roland Nachtigäller, Marta Herford

exhibition, and the artists Michael Beutler, Luka Fineisen, Erika Hock, Ernesto Neto and Martin Pfeifle for the special role they have played and the willingness to experiment with which they developed their contributions to this project. We are grateful to E.ON for being our corporate sponsor again for this exhibition, and to the companies Hörmann in Bielefeld and TECTA in Lauenförde for their technical co-sponsorship. Justus Oehler with his Pentagram team developed brilliant graphic design and the impressive catalogue, while Dr Michael Kröger and Friederike Fast have led the project here in the museum tirelessly and enthusiastically. Our heartfelt thanks to all of you.

Klaus Leuschel, Bern
Roland Nachtigäller, Marta Herford

BRÜDER RASCH

RASCH BROTHERS

Otto Dix
Portrait von Bodo Rasch
Portrait of Bodo Rasch, 1945
Bleistift auf Papier
Pencil on paper, 35 × 25 cm
Dr. Bodo Rasch

Heinz Rasch im Atelier von Willi Baumeister, in der Städtischen Kunstgewerbeschule (heute Städelschule)
Heinz Rasch in the studio of Willi Baumeister, at the Municipal School of Applied Arts (today Staedelschule),
Frankfurt am Main, ca. approx. 1930
Archiv Baumeister, Kunstmuseum Stuttgart

Heinz und Bodo Rasch, Stuttgart, 1927
Eine Montage eines Fotos: Heinz (li.) und Bodo Rasch (re.) mit Dr. Köstel auf dem Tagblatt-Turmhaus
A montage of photos: Heinz (l.) and Bodo Rasch (r.) with Dr. Koestel on Tagblatt-tower house,
Original aus dem Nachlass Heinz Rasch
Original from the Heinz Rasch estate
SW-Fotografie B&W photograph, 3,6 × 8 cm
Deutsches Architekturmuseum, Frankfurt am Main

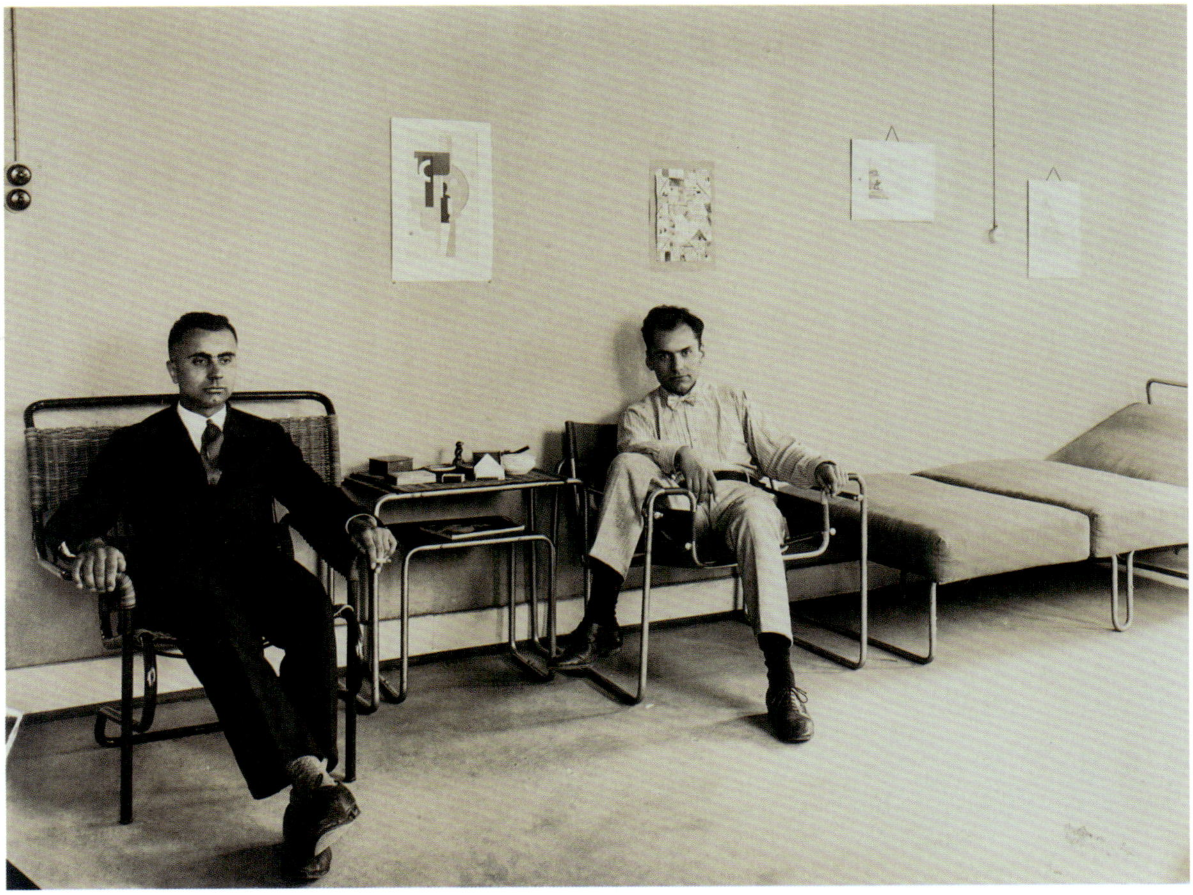

Heinz und Bodo Rasch auf Stahlrohrmöbeln sitzend
Heinz and Bodo Rasch sitting on tubular steel furniture,
ca. approx. **1927**
SW-Fotografie B&W photograph, **12,2 × 16,2 cm**
Archiv Marzona

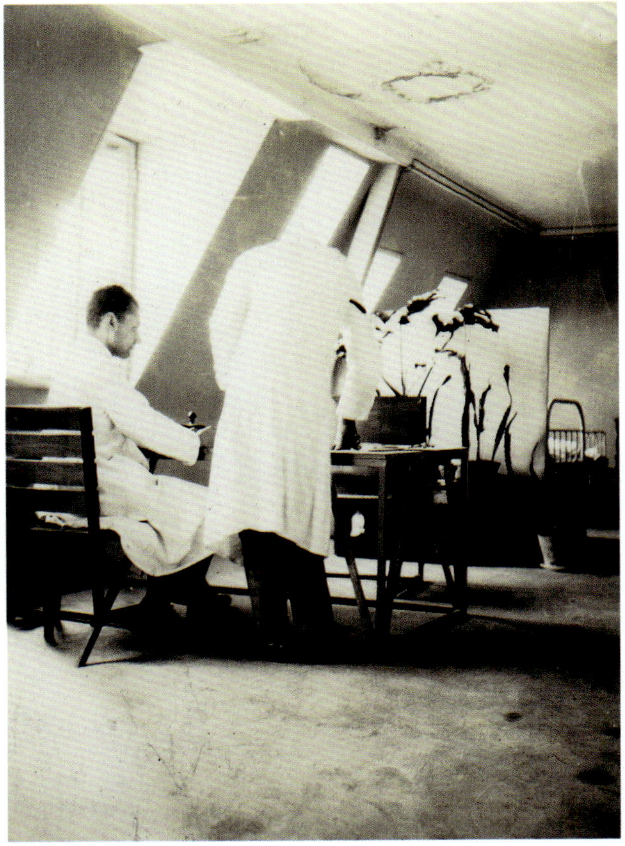

Im Atelier der Brüder Rasch, Paulinenstraße, Stuttgart
In the Rasch brothers' studio at Paulinenstrasse, Stuttgart,
ca. approx. **1927**
SW-Fotografien B&W photograph, **11,5 × 8,6 cm**
Archiv Marzona

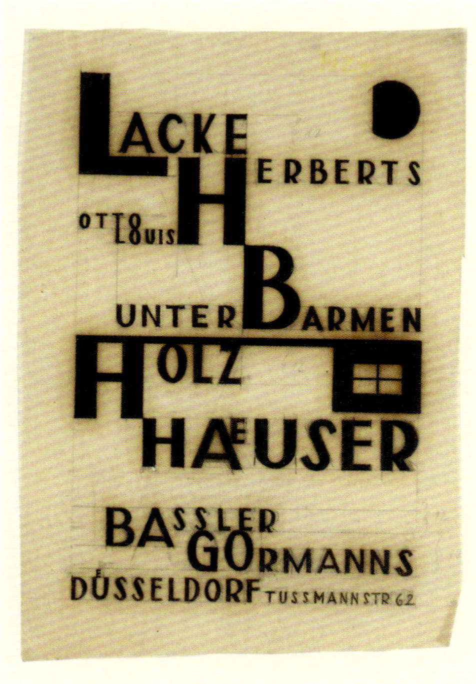

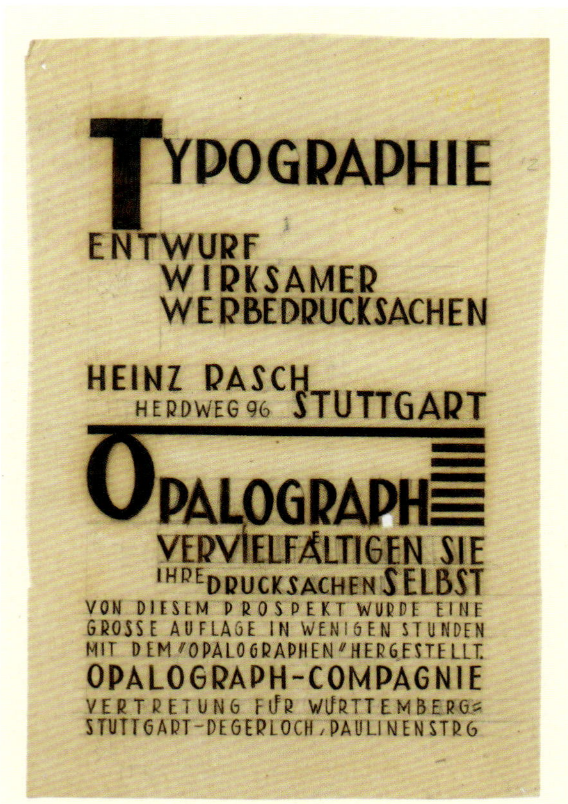

Heinz Rasch
Typografische Entwürfe (Raumgestaltung / Lacke Herberts / Typographie)
Typographical designs (interior design / Herberts' Paints / typography),
ca. approx. 1924
Tusche auf Transparentpapier
Ink on tracing paper,
20 × 14 cm, 20 × 14 cm, 22 × 16 cm
Deutsches Architekturmuseum, Frankfurt am Main

Brüder Rasch
Gefesselter Blick, Stuttgart 1930 (Reprint: 1996)
25 kurze Monografien und Beiträge über neue Werbegestaltung
25 short monographs and articles on new advertising design
Archiv Marzona; Sammlung Inka Legge-Rasch, Wuppertal

Gefesselter Blick

25 kurze Monografien und Beiträge über neue Werbegestaltung

Otto Baumberger
Willi Baumeister
Bill
Max Burchartz
Johannes Canis
Cyliax
Walter Dexel
Cesar Domela
Hermann Elias
Werner Gräff
John Heartfield
Franz Krause
Geschwister Leistikow
El Lissitzky
Robert Michel
Moholy-Nagy
Brüder Rasch
Hans Richter
Paul Schuitema
Kurt Schwitters
Mart Stam
Karel Teige
G. Trump
Jan Tschichold
Vordemberge-Gildewart
Piet Zwart

Mit Unterstützung des „Ringes der Werbegestalter des Schweizer Werkbundes“ u. a.

herausgegeben und mit einer Einleitung versehen von

Heinz und Bodo Rasch

140 Abbildungen

Lars Müller Publishers Reprint Collection

Gefesselter Blick

25 kurze Monografien und Beiträge über neue Werbegestaltung

Mit Unterstützung des „Ringes der Werbegestalter des Schweizer Werkbundes“ u. a.

herausgegeben und mit einer Einleitung versehen von

Heinz und Bodo Rasch

Brüder Rasch
Messestände für verschiedene Ausstellungen
Booths for various trade fairs, 1925–29
Aus From: Brüder Rasch: *Zu - Offen*, Stuttgart, 1930

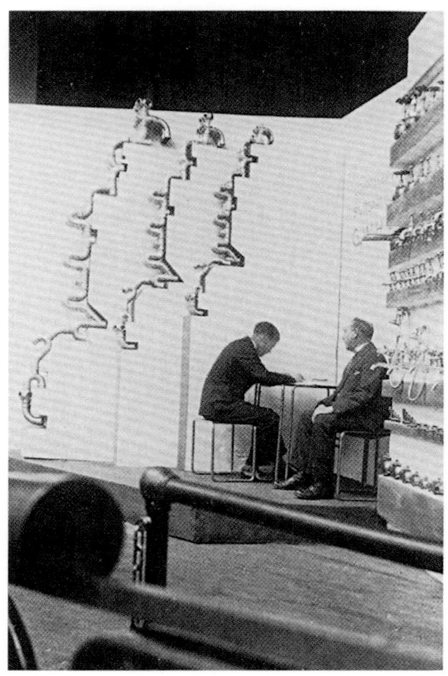

Brüder Rasch
Wie Bauen?, Stuttgart, 1927
Bau und Einrichtung der Werkbundsiedlung am Weißenhof
Construction and installation of the Werkbund Estate at Weissenhof
Archiv Marzona; Sammlung Inka Legge-Rasch, Wuppertal; Privatsammlung Köln

Brüder Rasch
Wie Bauen?, Stuttgart, 1928
Materialien und Konstruktionen für industrielle Produktion, Jahresausgabe
Materials and structures for industrial production, annual edition
Archiv Marzona; Sammlung Inka Legge-Rasch, Wuppertal

Brüder Rasch
Zu – Offen, Türen und Fenster, Stuttgart 1930
Archiv Marzona; Sammlung Inka Legge-Rasch, Wuppertal; Privatsammlung Köln

Heinz Rasch
Some roots of modern architecture, London, 1967
Archiv Marzona; Sammlung Inka Legge-Rasch; Wuppertal

Brüder Rasch
Der Stuhl, Stuttgart, 1928
Archiv Marzona; Kragstuhlmuseum / Tecta-Archiv, Lauenförde; Sammlung Inka Legge-Rasch, Wuppertal

Der moderne Mensch ist an den Platz seiner Tätigkeit gebunden.

Er muß für längere Zeit an der Schreibmaschine arbeiten oder an der Hebelpresse, einer Konferenz beiwohnen oder einem Konzert, am Reißbrett zeichnen oder Akten durchsehen. Er ist passiv oder aktiv für mehr oder weniger längere Zeit an ein- und derselben Stelle tätig.

Diese Arbeiten erfordern Konzentration einer Reihe körperlicher Organe: Augen, Hände, Kopf, wirken konzentriert zusammen. Alle andern Organe: Beine, Rumpf usw. haben dabei nur die Aufgabe, die arbeitsleistenden Organe zu tragen, zu stützen. Die Kraft, die man jenen zuführen muß, geht diesen verloren.

Man ist also bestrebt, die nichttätigen Or
zu entlasten. Man sucht sie durch äußere
kräfte zu ersetzen. Man stützt den Körpe
als ob er keine Beine, keinen Rumpf hätte
Abstützung muß sich nach der Art der Tä
richten. Sie soll möglichst hundertprozentig
aber auch den Bewegungsbereich nicht her
Das Ideal: sie müßte den Bewegungen folgen,
Änderungen der Haltung nachgeben.

3

Der Körper des Menschen ist in seinen Stellungen veränderbar infolge seiner organischen Struktur. Ein Stütze ist an sich starr, unveränderbar. Sie kann verlängert werden durch Vermehrung ihres Volumens. (Kontobücher legt die Büroangestellte auf ihren Sitz, der ihr zu niedrig ist) aber es bleibt immer ein technischer Notbehelf.

Wir glauben aber, daß es bei der weiteren Entwicklung des Stuhles auf eine möglichst universelle Ausbildung seiner Benutzungsflächen ankommt. Es muß so für die Menschen passen, wie ein Gürtel oder ein Strumpfband, das man auf seine Körpermaße einstellen kann. Früher hatte man für 100 verschiedene Sitzbedürfnisse 100 verschiedene Sitzgelegenheiten: der Stuhl zum Ausruhen, zum Schreiben, zum Sitzen, zur Unterhaltung — und dazu eine Fülle verschiedenster Sitzhöhen (der Kontorstuhl, der Ammenstuhl usw.) Diese Mannigfaltigkeit spezieller Ausführungen ist das Kennzeichen des Handwerks, das auf Maßarbeit eingestellt ist. Mit den Forderungen der Rationalisierung und Typisierung setzen dann die Bestrebungen ein, statt vieler spezieller Formen eine Durchschnittstypenform zu finden, aber immer mehr stellt sich heraus, daß der Stuhl nur als eine Type zu gewissen Zwecken festgelegt werden kann, nämlich da, wo es sich um Benutzung von kurzer Dauer handelt (Verkehrsmittel, Theater usw.)

Um die Forderung: **einen Sitz für 100 Bedürfnisse** statt 100 Sitze für 100 Bedürfnisse — sicherlich Voraussetzung für restlose industrielle Produktion — zu erfüllen, müßte man einen Universalstuhl schaffen, der allen individuellen Bedürfnissen nachzugeben vermag. Und das wird leichter als jede mechanische Vorrichtung, eine Konstruktion möglich machen, wie sie der menschliche Organismus selbst darstellt. Denn der Mensch vermag sich in alle Lagen zu bücken, zu strecken, die auch für seine Mitmenschen passen.

54

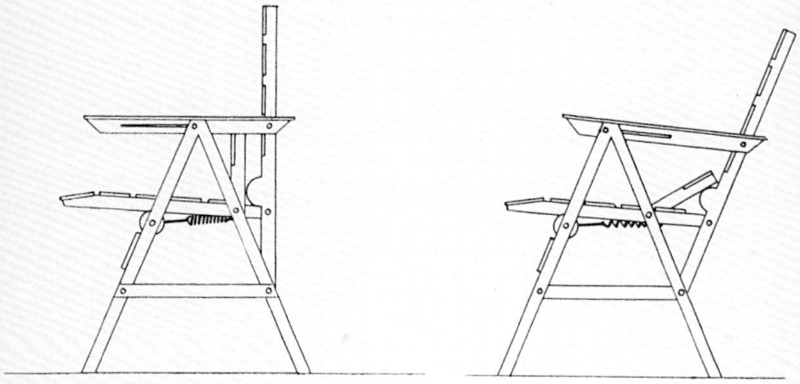

Schreibtisch-Stuhl (vgl. S. 18)
verstellbar in Arbeits- und Ruhelage. Die Verstellung erfolgt durch bloßes Zurücklehnen wie beim amerikanischen Wippsessel (S. 35). Die Spiralfeder zieht den Sitz wieder nach vorn.

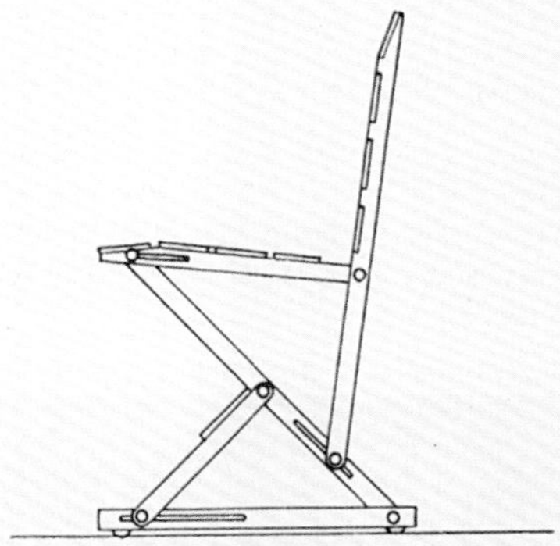

Arbeitsstuhl (S. 24)
für verschiedene Höhen- und Schräglagen eingerichtet.

Universalstuhl, in alle Höhen- und Schräglagen einstellbar. Verstellbarkeit der Sitztiefe.

55

Heinz Rasch
Kraghaus und Kragstuhl
Cantilever house and catilever chair,
o. J. undated
Collage, Postkarte mit Notizen
Collage, postcard with notes, 10,5 × 14,8 cm
Kragstuhlmuseum / Tecta-Archiv, Lauenförde

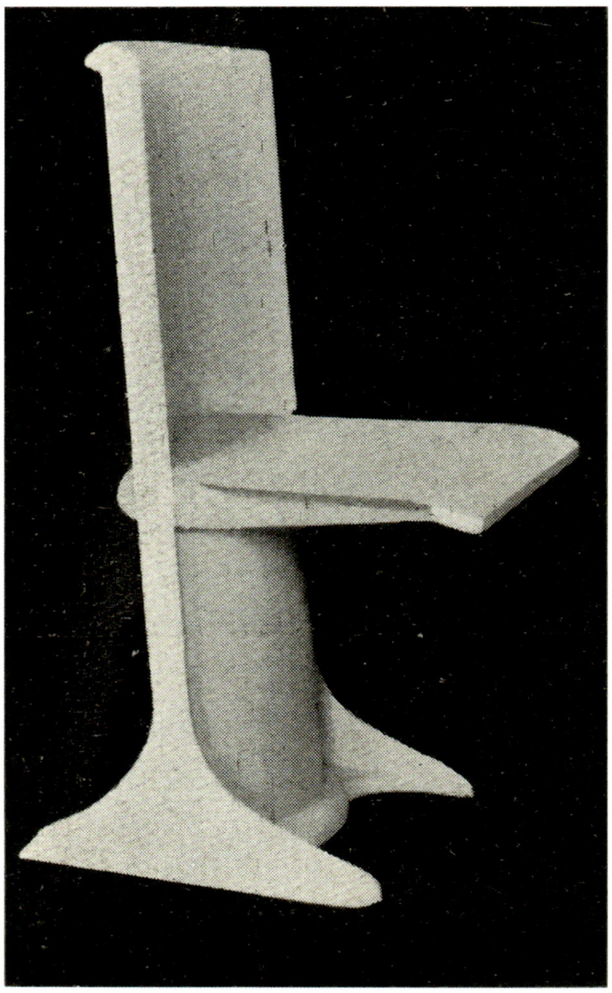

Brüder Rasch
Sperrholzkragstuhl
Plywood cantilever chair, 1926
(Nachbau Reconstruction 1986)
Sperrholz Plywood, 90 × 48 × 55 cm
Kragstuhlmuseum / Tecta-Archiv,
Lauenförde

Brüder Rasch (zusammengestellt von compiled by **Heinz Rasch**)
Skizzenrahmen mit Studien von Stühlen
Framed sketches with studies for chairs,
versch. Jahre diff. years
Bleistift und Tusche auf Papier Pencil and ink on paper, **71 × 90 cm**
Kragstuhlmuseum / Tecta-Archiv, Lauenförde

Brüder Rasch
Sitzgeiststuhl
Sit-soul chair, 1927
Sperrholz Plywood,
88 × 43 × 44 cm
Kragstuhlmuseum / Tecta-Archiv,
Lauenförde

Brüder Rasch
Sitzgeiststuhl
Sit-soul chair, 1927
SW-Fotografie B&W photograph,
22 × 16,1 cm
Archiv Marzona

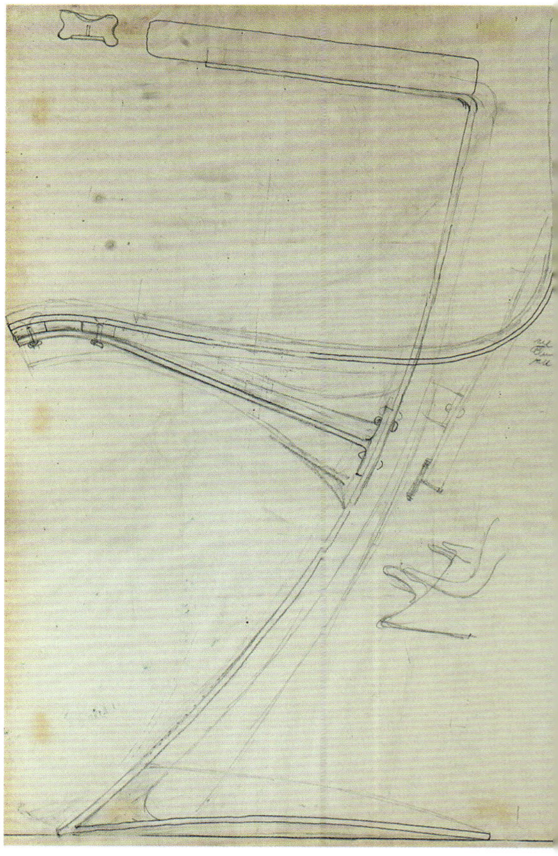

Heinz Rasch
Fachstahl-Stuhlentwurf
Proposed design for a steel chair,
1930er-Jahre 1930s
Bleistift auf Papier Pencil on paper, 70 × 52 cm
Kragstuhlmuseum / Tecta-Archiv, Lauenförde

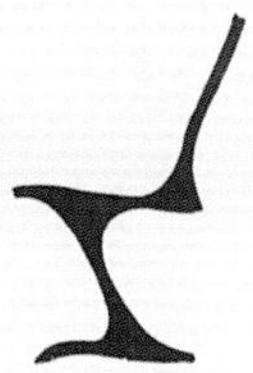

Eine Erstarrungsform dieses Systems ist eine Versteifung der Gelenke, ähnlich wie beim Turner, der in Kniebeuge verharrt.

Er verspürt dabei deutlich Starrwerden der Sehnen in den Kniekehlen und den ermüdenden Druck im Spann des Fußes.

Für die Ausführung dieses Stuhles wurde Sperrholz verwendet und zwar in diesem Fall auf Grund eines anderen Effektes als bei dem Sperrholz der früher gezeigten Modelle. Seit dem 18. Jahrhundert sind „Emy-Binder" bekannt für Hallen, bei denen verschiedene Lagen von gebogenen Brettern durch lange Bolzenschrauben zusammengehalten und dadurch gespannt sind.

Man kann sich das klar machen an einem Flitzbogen, bei dem man die Sehne an den Bogen angebunden hat.

Dieser gleiche Effekt wird erreicht dadurch,

daß verschiedene Lagen Holzfourniere gebogen und übereinandergeleimt werden. Es ergibt sich dabei eine überraschende Festigkeit. Der abgebildete Sperrholzstuhl hält selbst großen Belastungen stand und bietet dazu den Vorzug einer leichten Elastizität.

42

Brüder Rasch
Der Stuhl, Stuttgart, 1928
Archiv Marzona;
Kragstuhlmuseum / Tecta-Archiv, Lauenförde; Sammlung Inka Legge-Rasch, Wuppertal

Brüder Rasch
„Wohnung für einen Junggesellen" im Haus Ludwig Mies van der Rohe, Weißenhofsiedlung
"Apartment for a bachelor" in the Ludwig Mies van der Rohe House, Weissenhof Estate, Stuttgart, 1927
SW-Fotografie B&W photograph, 17,7 × 23,5 cm
Archiv Marzona

Brüder Rasch (zugeschrieben attributed **to Heinz Rasch)**
Wohnung im Haus Ludwig Mies van der Rohe, Weißenhofsiedlung
Apartment in the Ludwig Mies van der Rohe House, Weissenhof Estate,
Stuttgart, 1927
Tusche auf Transparentpapier
Ink on tracing paper, **37,5 × 30,5 cm**
Deutsches Architekturmuseum, Frankfurt am Main

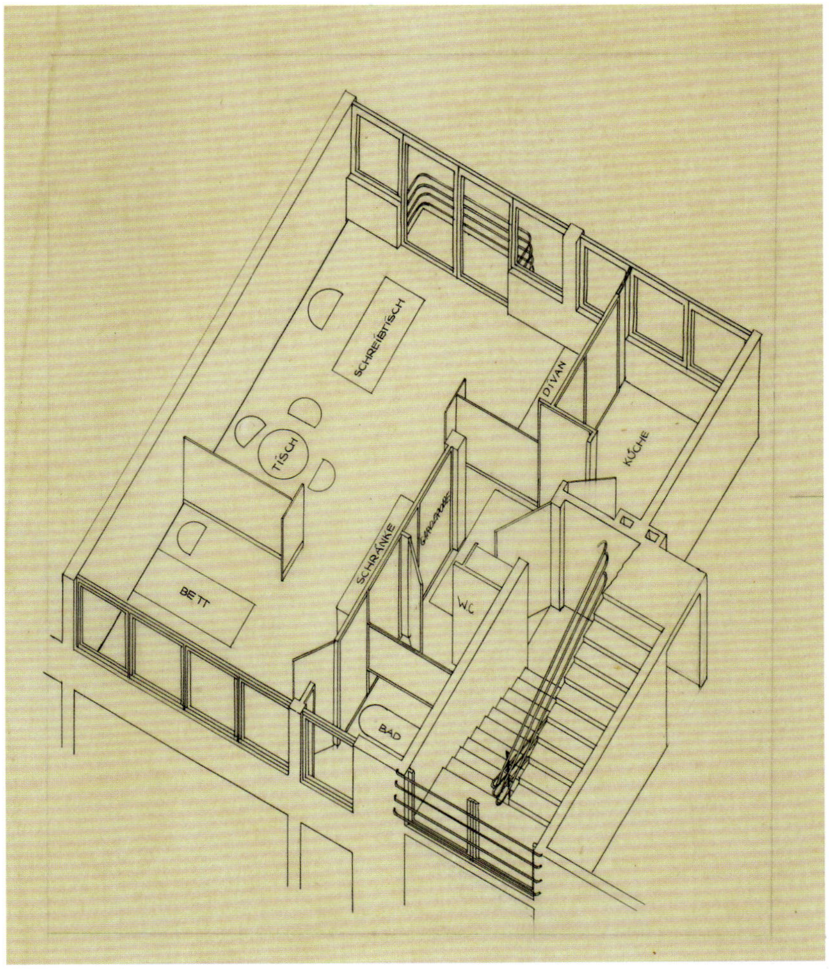

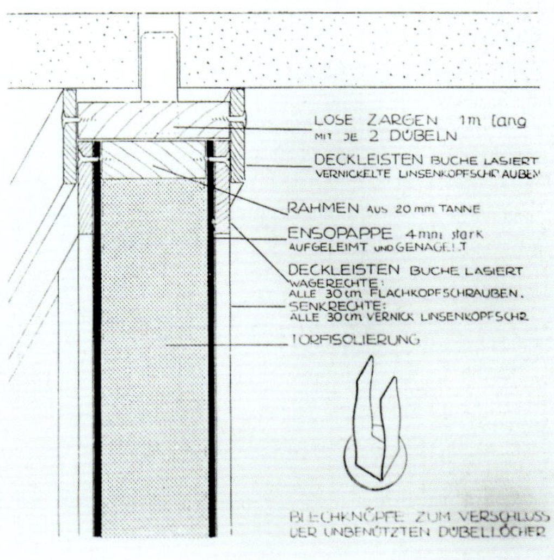

Brüder Rasch
Transformable Zwischenwände in der „Wohnung für einen Junggesellen"
Transformable partitions in the "Apartment for a bachelor", 1927
Aus From: **Heinz und Bodo Rasch,** ***Wie Bauen?*, Stuttgart, 1927**

Heinz Rasch
Prototyp
Prototype, 1930

Brüder Rasch
Polstersesselgestell aus Metallrohr und Sperrholz
Frame for an easy chair in metal tubing and plywood,
ca. approx. 1926/1927
Aus From: Heinz und Bodo Rasch, *Der Stuhl*, Stuttgart, 1928

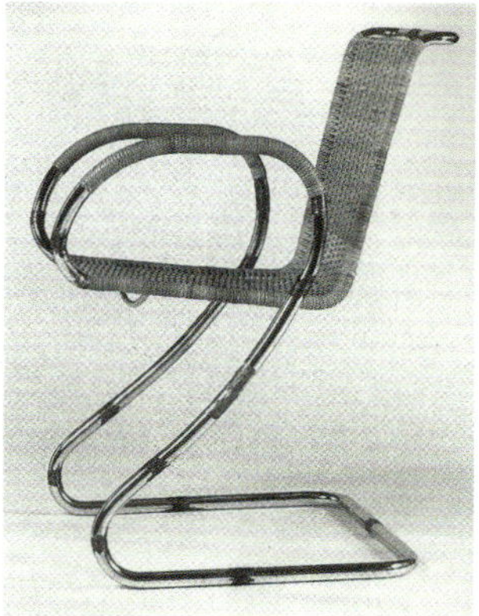

Heinz Rasch
Freischwinger HR 1, 1985
Hersteller Producer: Axel Bruchhäuser, Tecta

Heinz Rasch
Sessel Nr. 3138,
ca. approx. 1930/1931
Hersteller Producer: L. & C. Arnold G.M.B.H.
Stahlrohr, Holz und Rohrgeflecht
Tubular steel, wood and cane,
92 × 46 × 46,5 cm
Sammlung Werner Löffler, Reichenschwand

Bodo Rasch
Zwei Schalen Stuhl Two-shell chair,
(Prototyp, Entwicklungsmodell Prototype, development model**), 1962**
Hersteller Producer:
geformtes holz, August Sommer, Plüderhausen/Württ.
Sperrholz und Holz, weiß lackiert Plywood and wood, lacquered white,
73,5 × 45,5 × 51,5 cm
Sammlung Werner Löffler, Reichenschwand

Bodo Rasch
Stühle Chairs, **1955**
Bleistift, Buntstift, Aquarell und Schreibmaschine auf Papier
Pencil, coloured pencil, watercolour and typewriter on paper, **90 × 90 cm**
Dr. Bodo Rasch

Bodo Rasch
Damenfriseursalon Benner mit 2 Stühlen
Benner Hairdressers with 2 chairs, 1934
SW-Fotos auf Karton B&W photographs on cardboard,
90 × 90 cm
Dr. Bodo Rasch

Willi Baumeister
Ohne Titel Untitled,
vmtl. 1940er-Jahre presumably 1940s
Granit Granite, 70 × 40 × 30 cm
Dr. Bodo Rasch

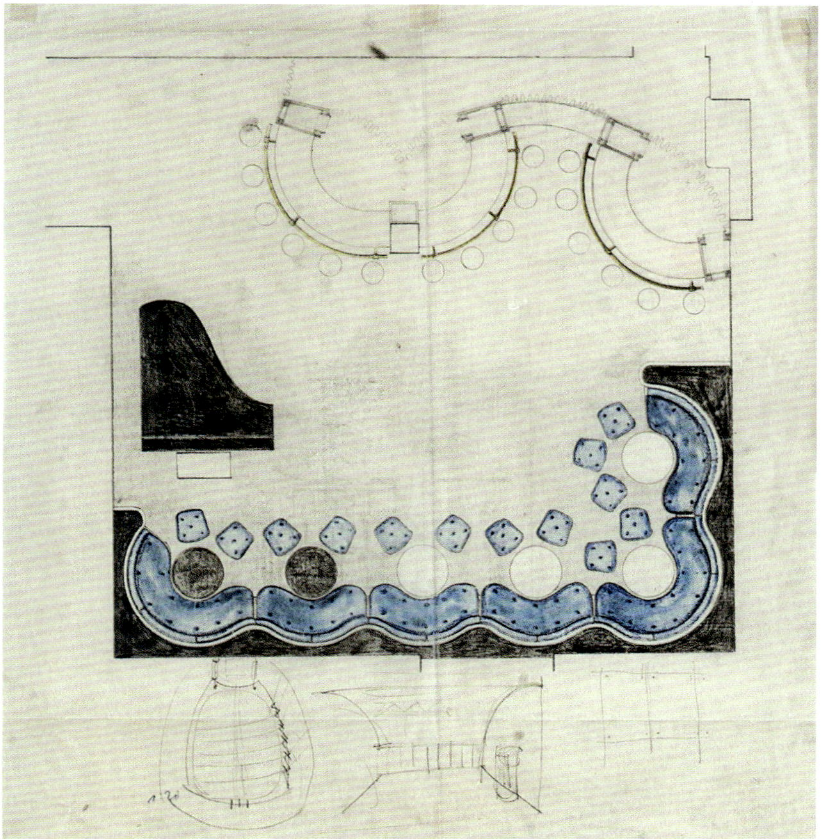

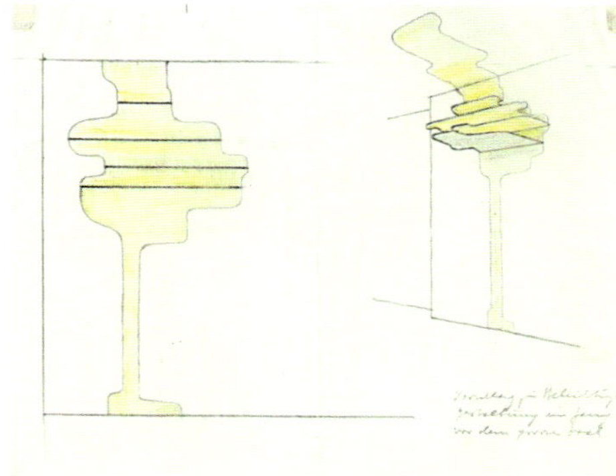

Bodo Rasch
Die „Insel", 1946
4 Zeichnungen und 1 Prospekt, Buntstift und Bleistift auf Papier auf Karton
4 drawings and 1 brochure, coloured pencil and pencil on paper on cardboard,
90 × 90 cm
Dr. Bodo Rasch

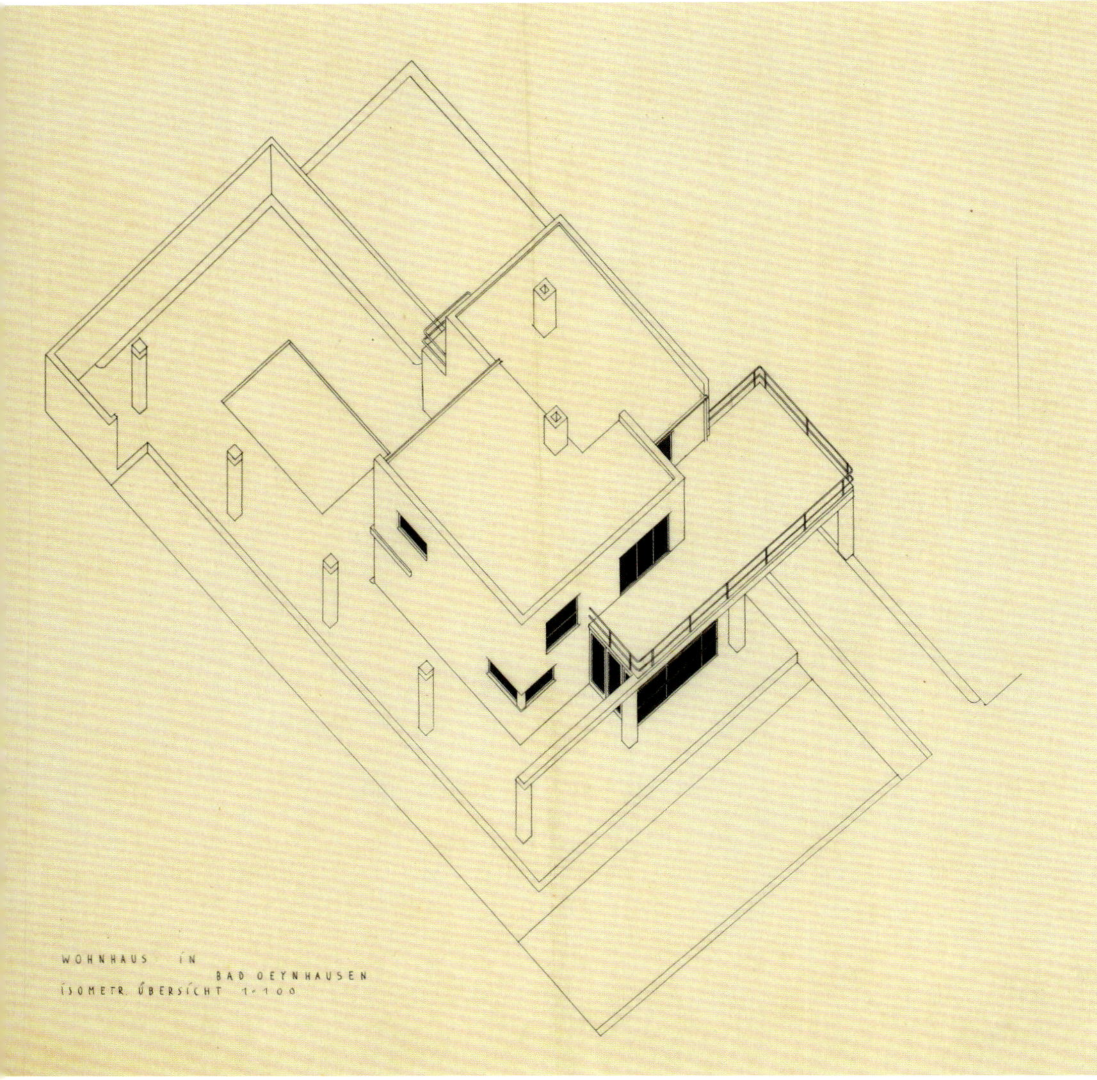

Brüder Rasch
(**zugeschrieben** attributed to Heinz Rasch)
Haus Ernst Rasch
Ernst Rasch House, **1926/1927**
Tusche auf Transparentpapier
Ink on tracing paper, **49 × 54 cm**
Deutsches Architekturmuseum, Frankfurt am Main

Brüder Rasch
Haus Ernst Rasch
Ernst Rasch House,
Zeppelinstraße 6,
Bad Oeynhausen, 1926/27
SW-Fotografien B&W photographs, **49 × 54 cm**
Deutsches Architekturmuseum,
Frankfurt am Main,
Reproduktionen Reproductions:
Stadtarchiv Bad Oeynhausen

Brüder Rasch
Haus Ernst Rasch
Ernst Rasch House,
Herrenzimmer mit Schiebetüren
Master bedroom with sliding doors, **1926/27**
Reproduktion aus Reproduction from:
***Wie Bauen?*, Stuttgart, 1927**

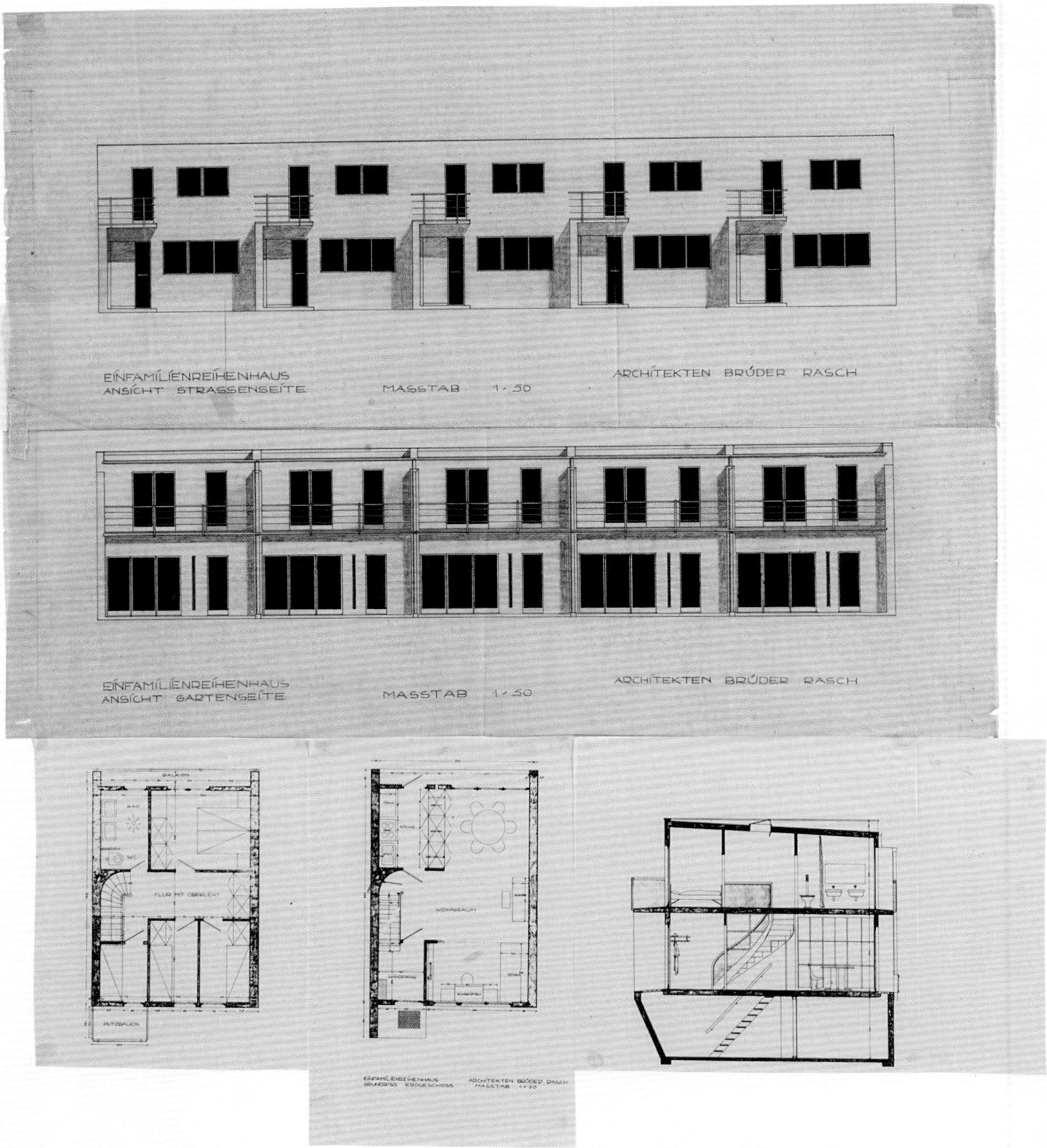

Brüder Rasch (zugeschrieben attributed to Bodo Rasch)
Einfamilienreihenhaus
Single-family row house, 1929
Bleistift und Tusche auf Papier, Kopien
Pencil and ink on paper, photocopies, 90 × 90 cm
Dr. Bodo Rasch

Brüder Rasch
Haus mit auswechselbaren Wänden
House with removable walls, Stuttgart, 1929/30
Fotografie mit Retuschen auf Papier
Retouched photography on paper, 14,2 × 12 cm;
Rotpause, 24,1 × 18 cm
Deutsches Architekturmuseum, Frankfurt am Main
Aus From: Annette Ludwig: *Die Architekten Brüder Heinz und Bodo Rasch*, Tübingen / Berlin, 2009

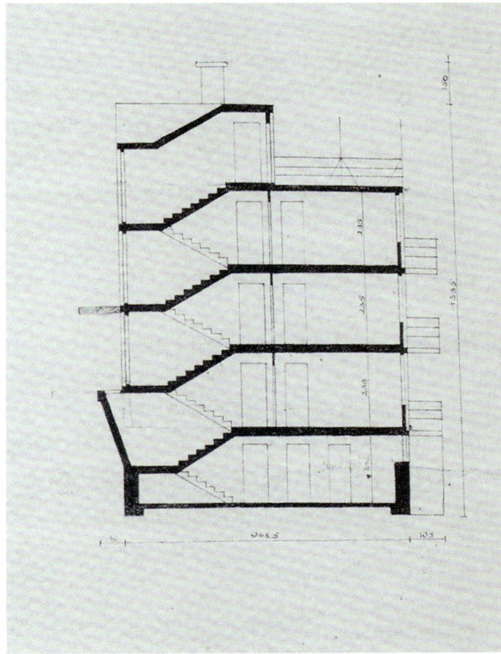

Brüder Rasch
(zugeschrieben attributed to Heinz Rasch)
Studie für ein Bürohaus
Study for an office building,
o. J. undated
Bleistift auf Transparentpapier
Pencil on tracing paper, 45,5 × 53 cm
Deutsches Architekturmuseum,
Frankfurt am Main

Brüder Rasch
Hängehäuser-Projekt: Perspektivische Zeichnung
Suspension Houses Project: Perspective sketch, 1927/28
Bleistift auf Papier Pencil on paper, 27 × 46 cm, Inv.-Nr. 419.2008
The Museum of Modern Art, New York. Gift of Jo Carole and Ronald S. Lauder and the Architecture & Design Purchase Fund, 2008

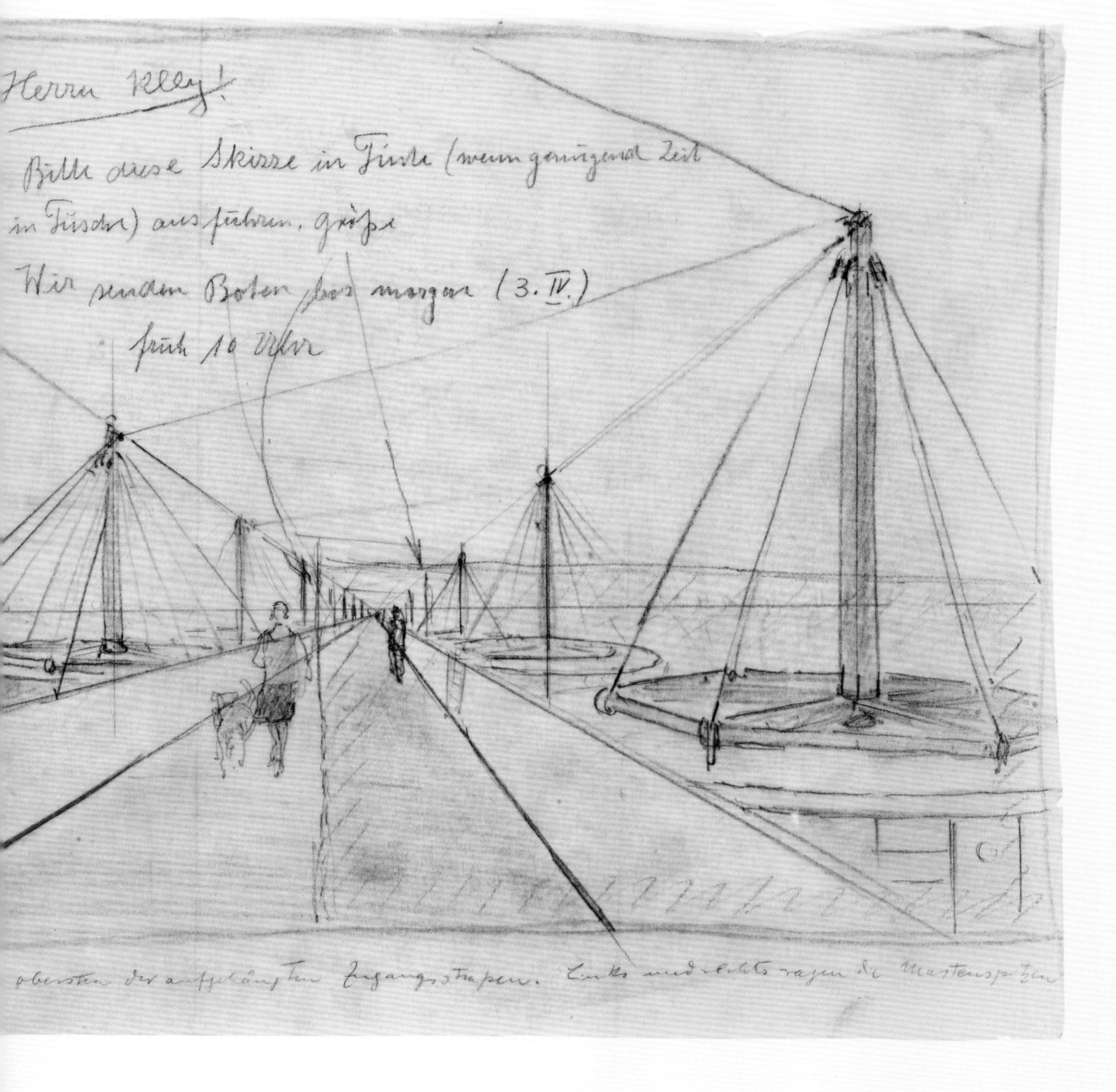
Herrn Kley!
Bitte diese Skizze in Tinte (wenn genügend Zeit in Tusche) ausführen. größe
Wir senden Boten bis morgen (3. IV.)
früh 10 Uhr
obersten der aufgehängten Zugangstreppen. Links und rechts ragen die Mastenspitzen

Brüder Rasch
Hängehäuser-Projekt: Perspektivische Zeichnung
Suspension Houses Project: Perspective sketch, 1927/28
Bleistift auf Papier Pencil on paper, 60,5 × 67 cm, Inv.-Nr. 419.2008
The Museum of Modern Art, New York. Gift of Jo Carole and Ronald S. Lauder and the Architecture & Design Purchase Fund, 2008

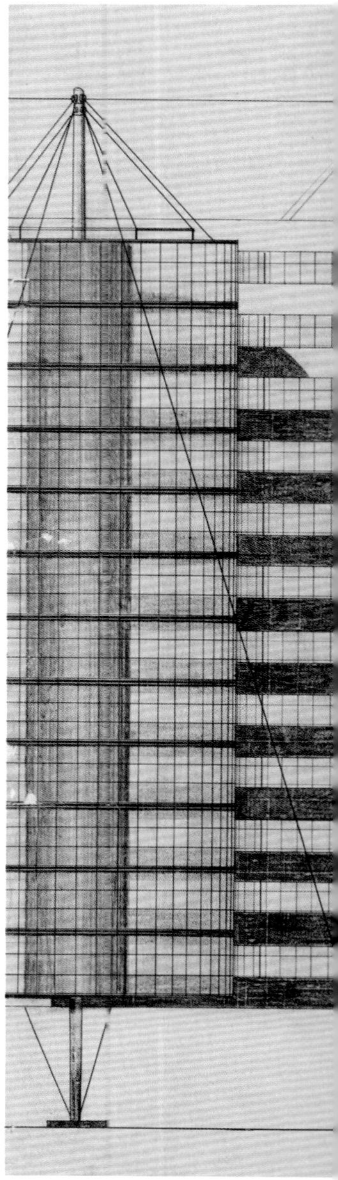

Brüder Rasch (zugeschrieben attributed to Bodo Rasch)
Projekt für hängende Wohneinheiten: perspektivische Ansicht entlang eines abgehängten Stegs
Project for suspension housing units: perspective view along a suspended gangway, 1927/28
Graphitstift auf Transparentpapier Graphite on tracing paper, 23,8 × 42 cm, Inv.-Nr. DR 1984:1567
Collection Centre Canadien d'Architecture / Canadian Centre for Architecture, Montréal

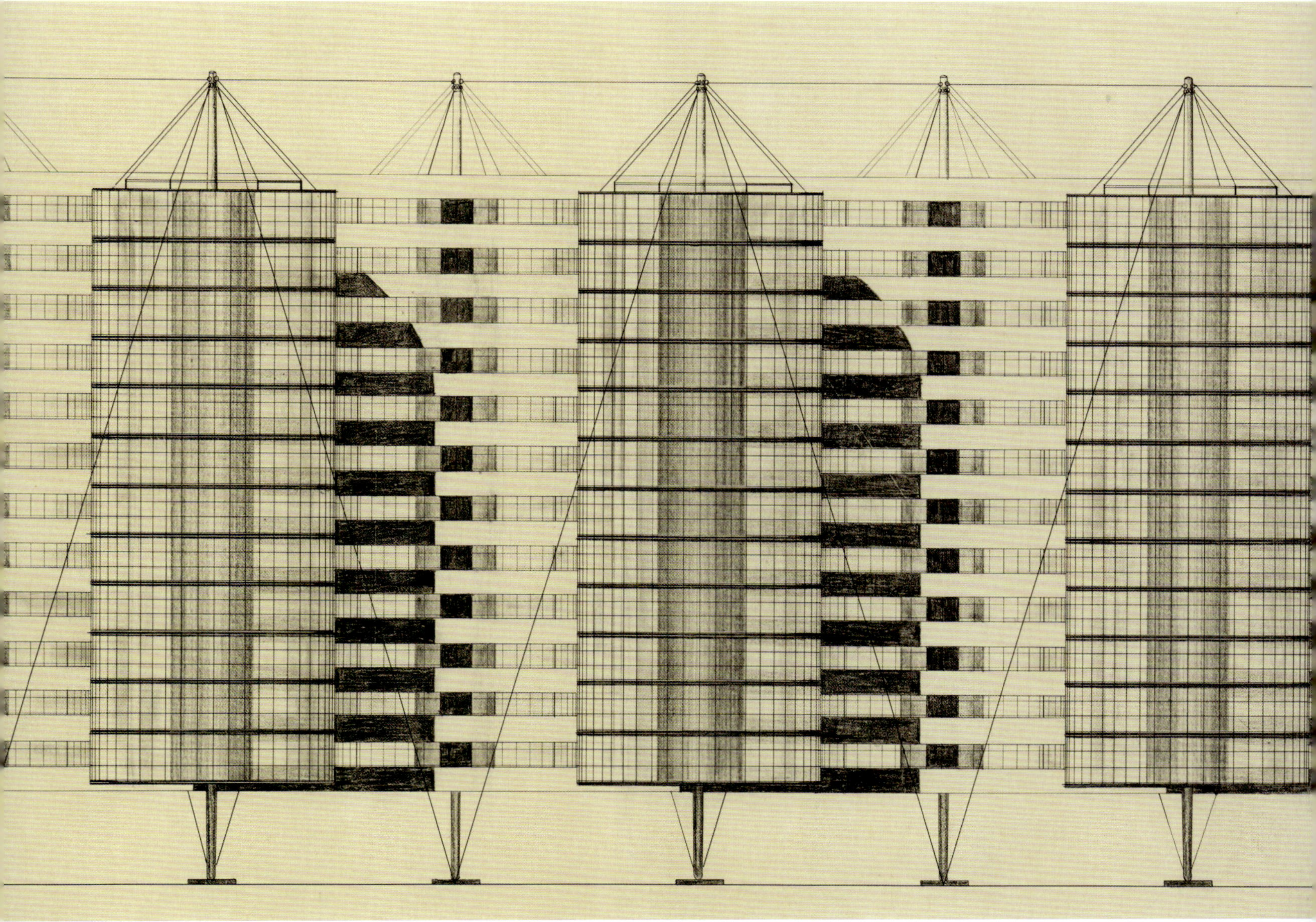

Brüder Rasch (zugeschrieben attributed to Bodo Rasch)
Hängehaussiedlung: perspektivische Ansicht
Suspension house settlement: perspective view, 1927/28
Reproduktion einer Zeichnung Reproduction of a drawing, 85,5 × 113,1 cm
Dr. Bodo Rasch

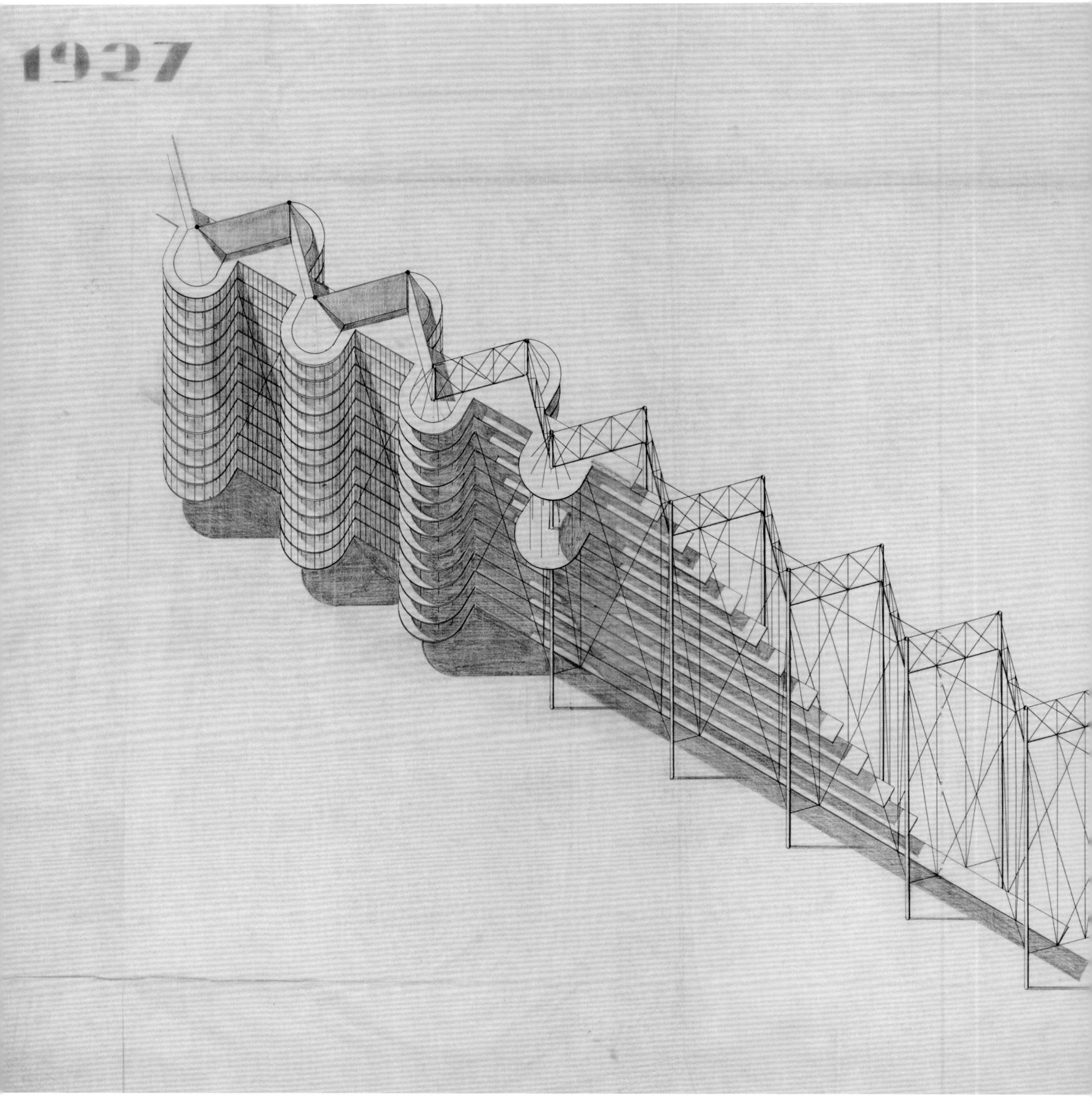
1927

Brüder Rasch (zugeschrieben attributed to Bodo Rasch)
Projekt für hängende Wohneinheiten: axonometrische Ansicht im Schnitt
Project for suspension housing units: cut-away axonometric view, 1927
Bleistift, Tusche und Graphitstift auf Transparentpapier
Pencil, ink and graphite on tracing paper, 99 × 118,2 cm, Inv.-Nr. DR 1984:1562
Collection Centre Canadien d'Architecture / Canadian Centre for Architecture, Montréal

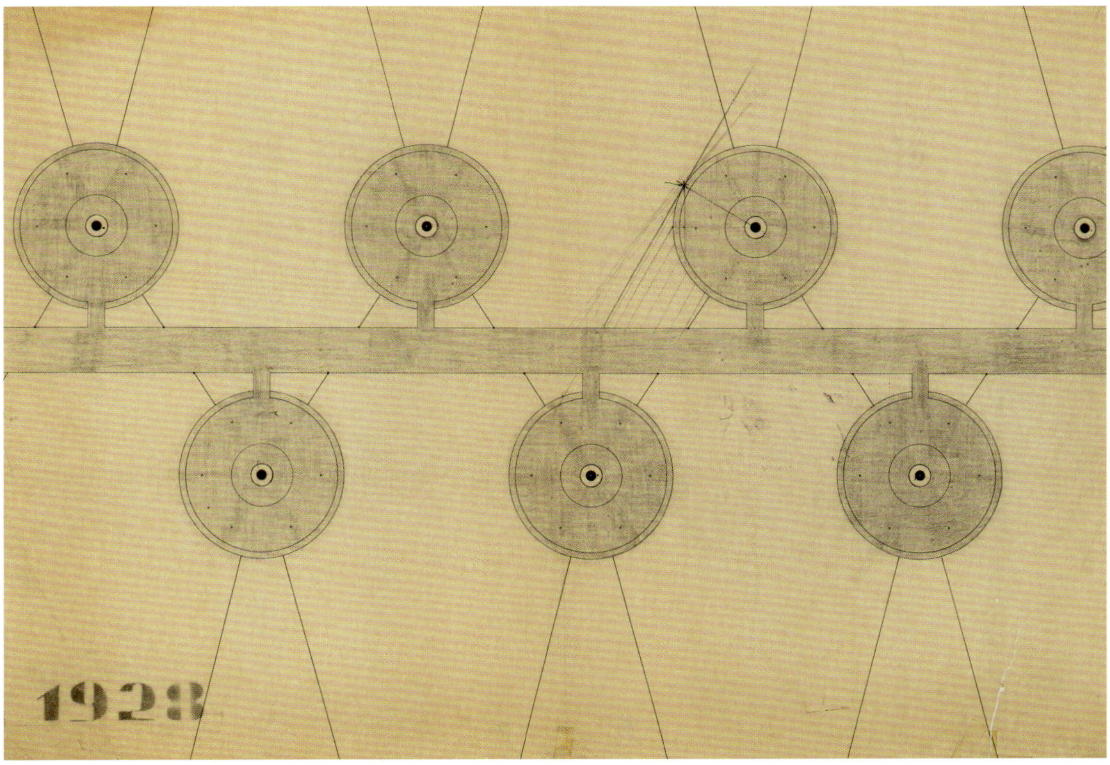

Brüder Rasch (zugeschrieben attributed to Bodo Rasch)
Projekt für hängende Wohneinheiten: Grundrisse
Project for suspension housing units: plans, 1928
Bleistift, Tusche und Graphitstift auf Transparentpapier
Pencil, ink and graphite on tracing paper, 73,4 × 103,4 cm, Inv.-Nr. DR1984:1561
Collection Centre Canadien d'Architecture / Canadian Centre for Architecture, Montréal

Brüder Rasch (zugeschrieben attributed to Bodo Rasch)
Entwurf für eine Stadt mit Hängebauten: axonometrische Ansicht
Design for a town with suspension housing: axonometric view, 1927/28
Bleistift, Tusche, Graphitstift und weiße Gouache auf Transparentpapier
Pencil, ink, graphite and white gouache on tracing paper, 85,5 × 113,1 cm,
Inv.-Nr. DR 1984:1558
Collection Centre Canadien d'Architecture / Canadian Centre for Architecture, Montréal

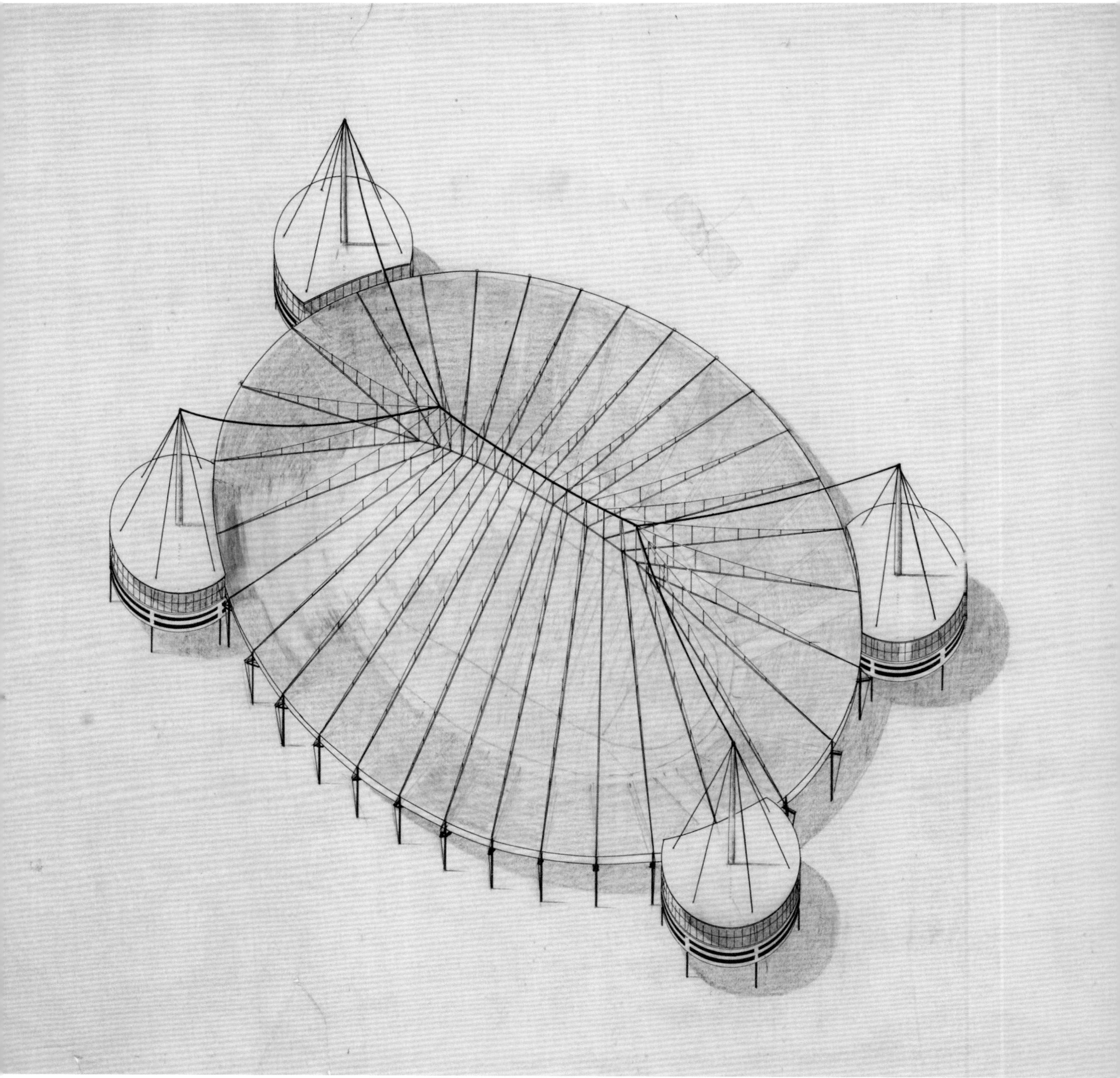

Brüder Rasch (zugeschrieben attributed to Bodo Rasch)
Projekt für ein Stadion: Vogelperspektive
Project for a stadium: bird's eye view,
ca. approx. 1927–1928
Bleistift, Tusche und Graphitstift auf Transparentpapier Pencil, ink and graphite on tracing paper, 49,2 × 61,4 cm,
Inv.-Nr. DR1984:1564, Collection Centre Canadien d'Architecture / Canadian Centre for Architecture, Montréal

Brüder Rasch (zugeschrieben attributed to Bodo Rasch)
Güterbahnhof mit Hängedach
Freight station with suspension roof, 1927
Reproduktion einer Zeichnung
Reproduction of a drawing, 121,2 × 81,8 cm
Dr. Bodo Rasch

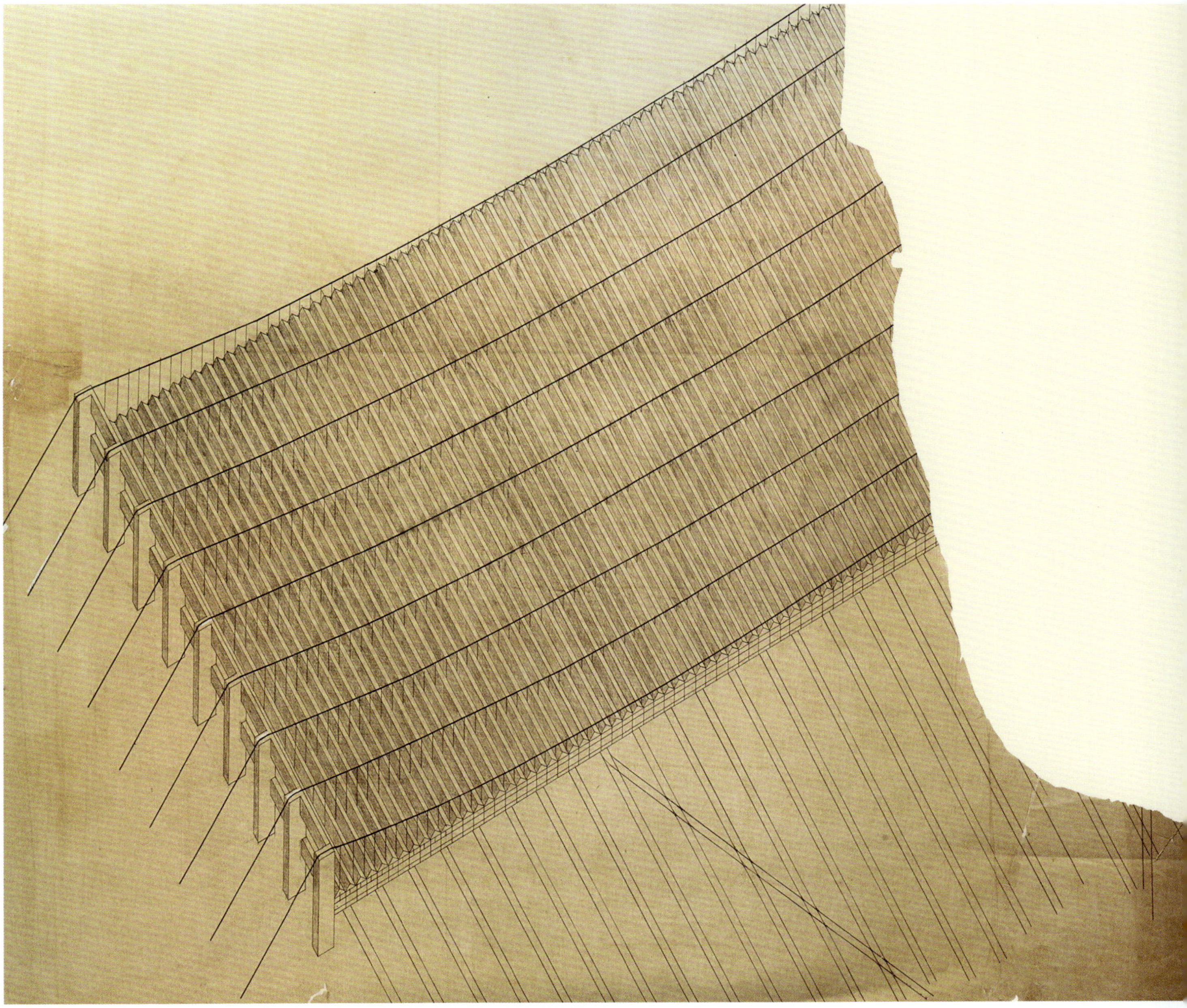

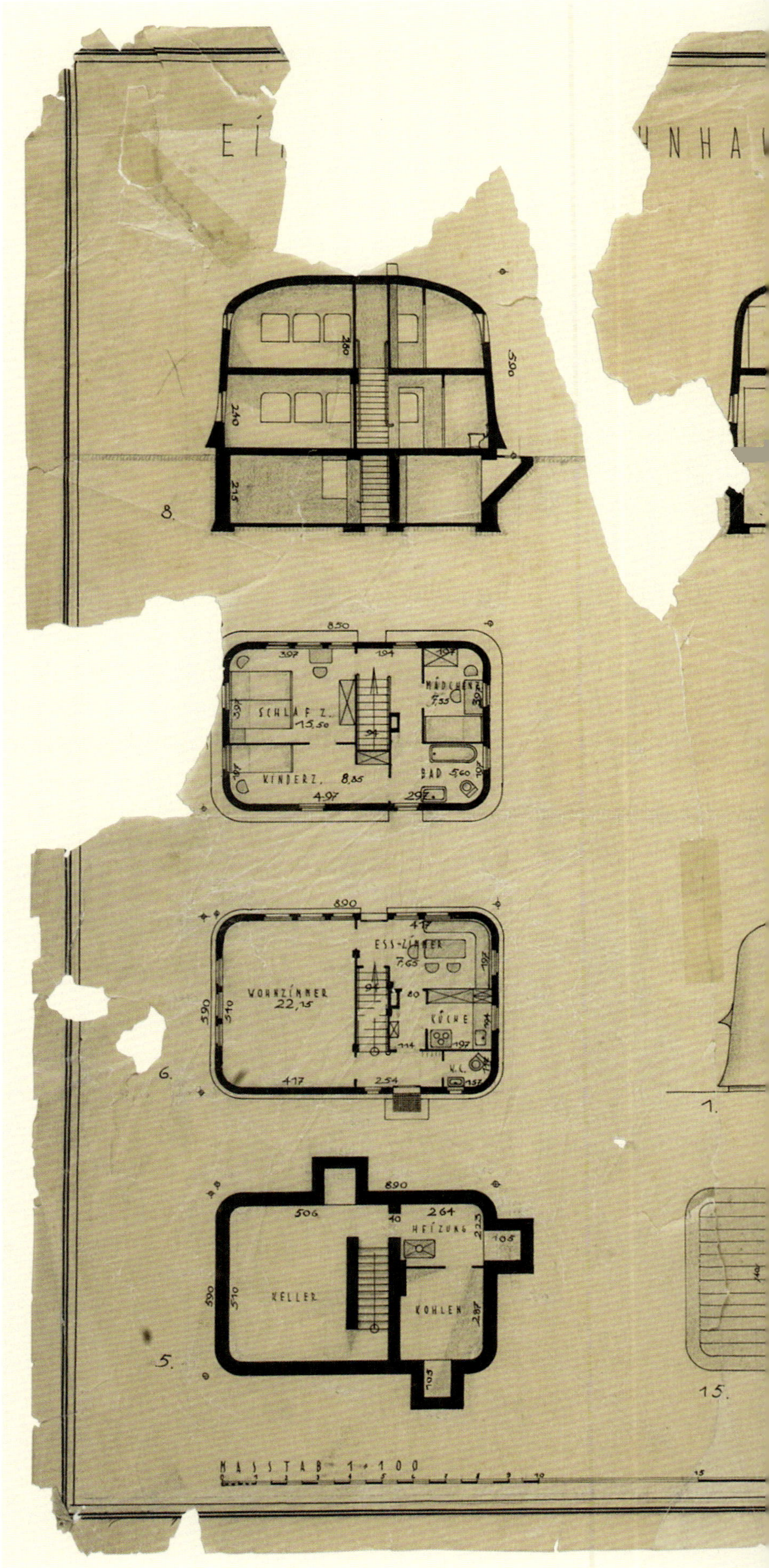

Bodo Rasch
Plan Kochenhof, 1931
Einraumhaus in Lamellenkonstruktion
Single-room house with lamellar structure
Tusche auf Transparentpapier Ink and graphite on tracing paper,
51,5 × 71 cm
Dr. Bodo Rasch

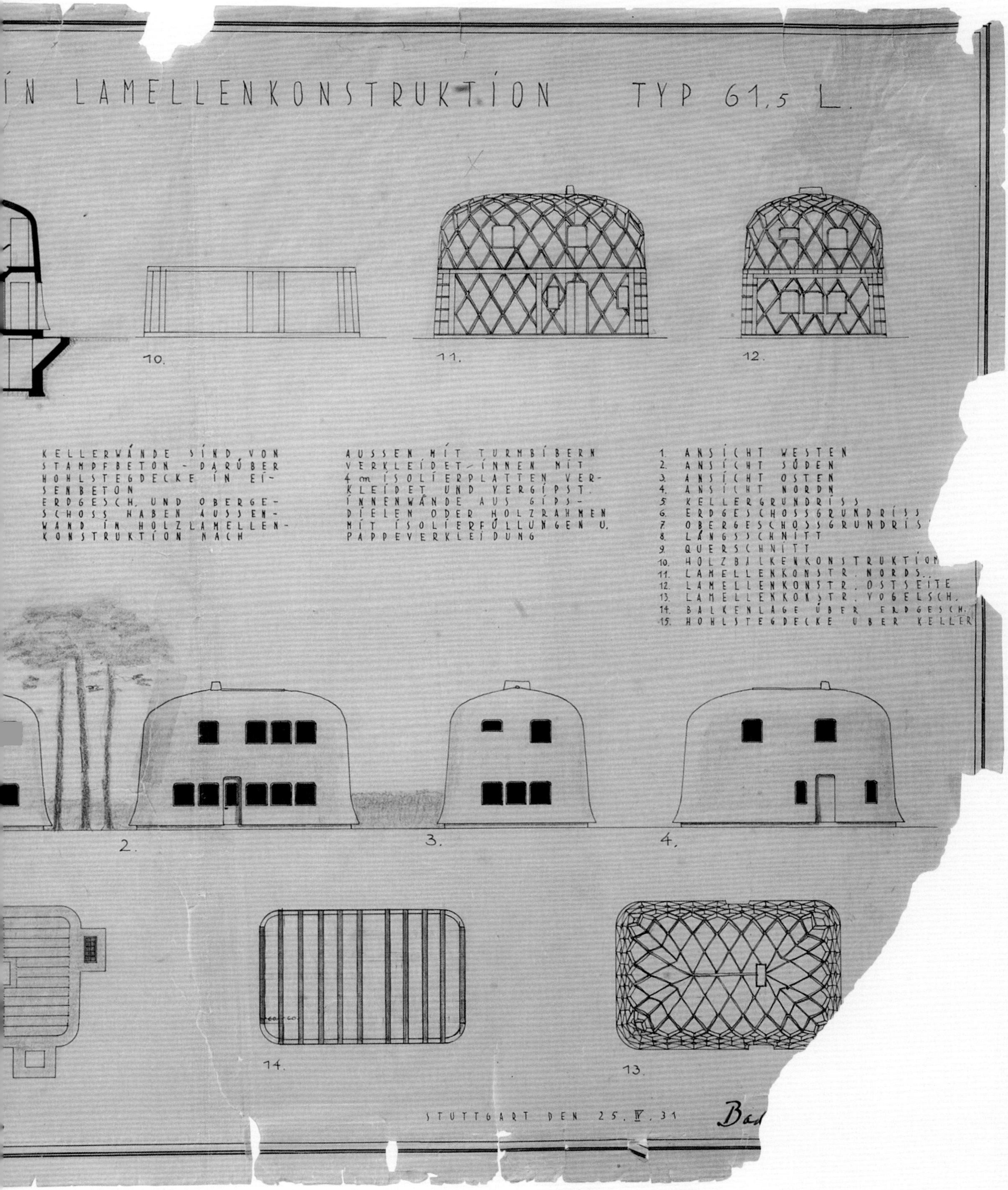

IN LAMELLENKONSTRUKTION TYP 61,5 L.
10.
11.
12.
KELLERWÄNDE SIND VON STAMPFBETON - DARÜBER HOHLSTEGDECKE IN EI-SENBETON ERDGESCH. UND OBERGE-SCHOSS HABEN AUSSEN-WAND IN HOLZLAMELLEN-KONSTRUKTION NACH
AUSSEN MIT TURMBIBERN VERKLEIDET - INNEN MIT 4 cm ISOLIERPLATTEN VER-KLEIDET UND VERGIPST. INNENWÄNDE AUS GIPS-DIELEN ODER HOLZRAHMEN MIT ISOLIERFÜLLUNGEN U. PAPPEVERKLEIDUNG
1. ANSICHT WESTEN
2. ANSICHT SÜDEN
3. ANSICHT OSTEN
4. ANSICHT NORDN
5. KELLERGRUNDRISS
6. ERDGESCHOSSGRUNDRISS
7. OBERGESCHOSSGRUNDRIS
8. LÄNGSSCHNITT
9. QUERSCHNITT
10. HOLZBALKENKONSTRUKTION
11. LAMELLENKONSTR. NORDS.
12. LAMELLENKONSTR. OSTSEITE
13. LAMELLENKONSTR. VOGELSCH.
14. BALKENLAGE ÜBER ERDGESCH.
15. HOHLSTEGDECKE ÜBER KELLER
2.
3.
4.
14.
13.
STUTTGART DEN 25. IV. 31

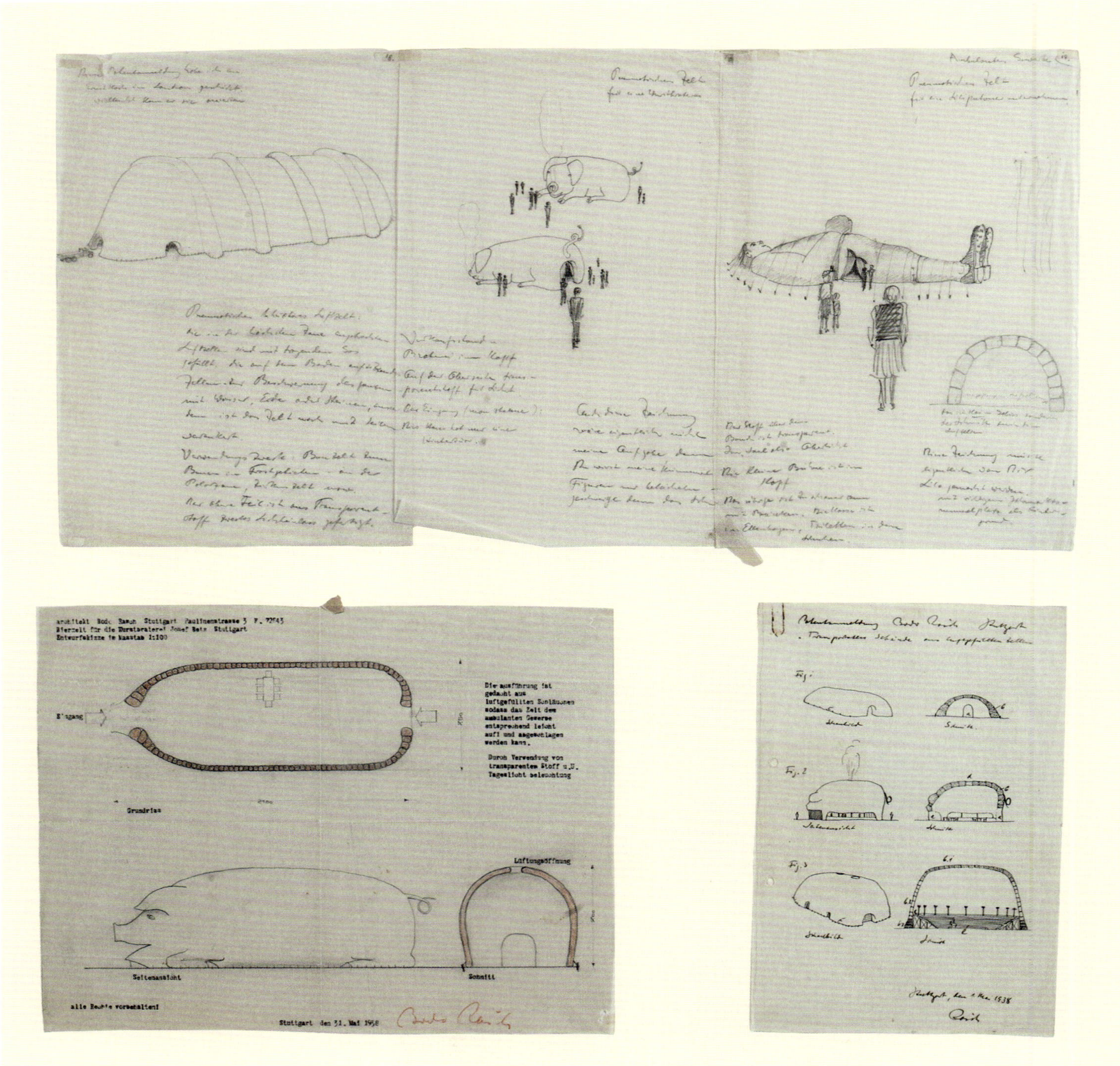

Bodo Rasch
Pneumatische Konstruktionen
Pneumatic structures, 1938
Bleistift, Buntstift, Schreibmaschine und Filzstift auf Papier und Karton
Pencil, coloured pencil, tip pen and typewriter on paper and cardboard, 90 × 90 cm
Dr. Bodo Rasch

Bodo Rasch
Gewölbebauten
Rubble-stone-vault structures, 1947
Bleistift auf Papier und Karton
Pencil on paper and cardboard, 90 × 90 cm
Dr. Bodo Rasch

Heinz Rasch
Entwurfsskizze für ein Hängehaus
Sketch for a suspension house,
o. J. (vmtl. zwischen 1955 und 1970)
undated (presumably between 1955 and 1970)
Bleistift auf Transparentpapier
Pencil on tracing paper,
12,5 × 19,5 cm
Deutsches Architekturmuseum,
Frankfurt am Main

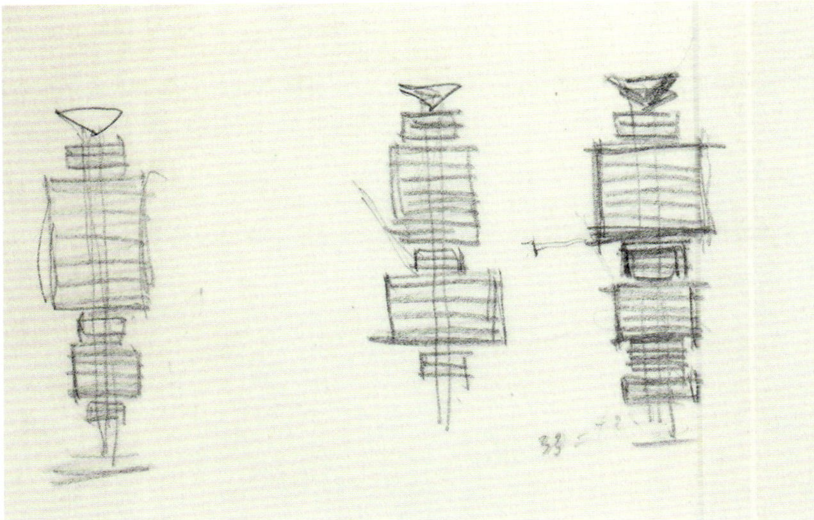

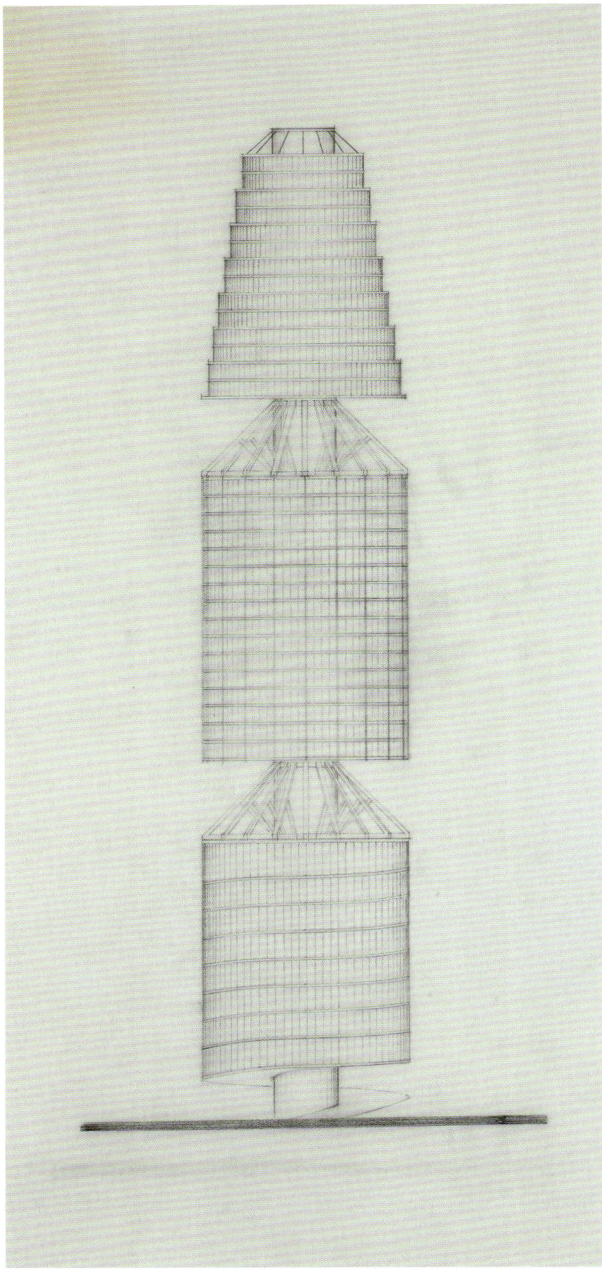

Heinz Rasch
Hängehausentwurf
Design for a hanging house,
o. J. (vmtl. Ende 1950er-Jahre)
undated (presumably end of the 1950s)
Bleistift auf Transparentpapier
Pencil on tracing paper, **61 × 37,5 cm**
Deutsches Architekturmuseum,
Frankfurt am Main

Heinz Rasch
Hängehausentwurf
Design for a suspension house,
o. J. (vmtl. Ende 1950er-Jahre)
undated (presumably end of the 1950s)
Bleistift, Buntstift, über Lichtpause auf Papier
Pencil, coloured pencil, on blueprint on paper, **105 × 77 cm**
Deutsches Architekturmuseum, Frankfurt am Main

APPARTEMENT
LABOR
ATELIER
WOHNUNG
ARZT-PRAXIS
WARTERAUM
BEHANDLUNGS-ZI.
HAUPTTREPPE
NOTTREPPE
WOHNUNG
BÜRO
WOHNUNG
KONSTR.-BÜRO

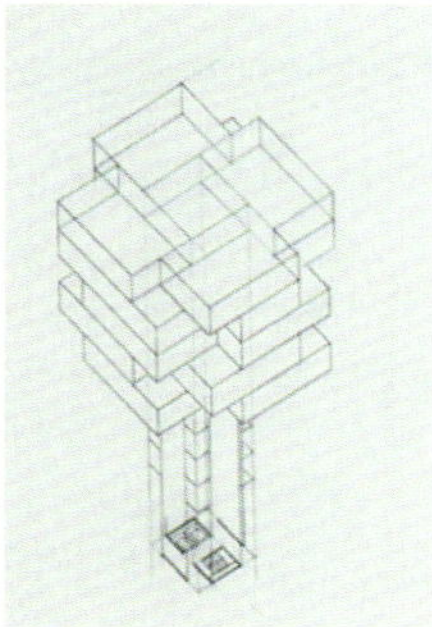

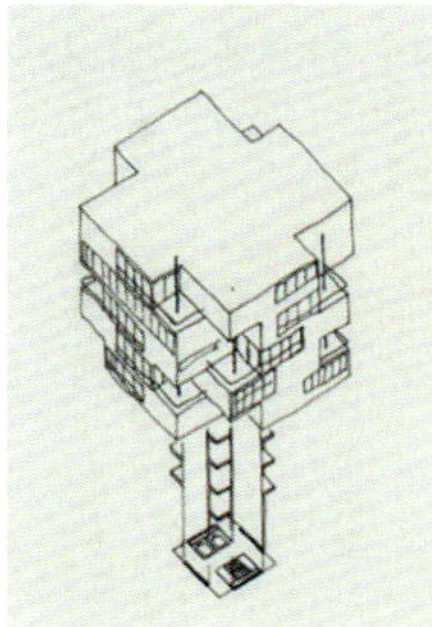

Bodo Rasch
Serienhaus Rasch
Rasch series house, 1960
Filzstift, Tusche, Bleistift und Schreibmaschine auf Papier
Tip pen, ink, pencil and typewriter on paper,
90 × 90 cm
Dr. Bodo Rasch

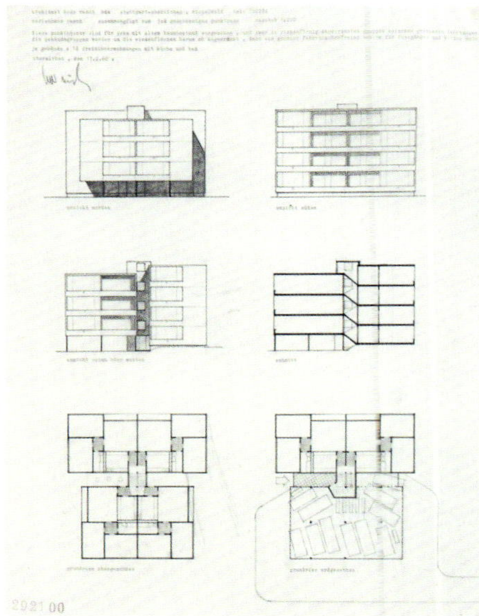

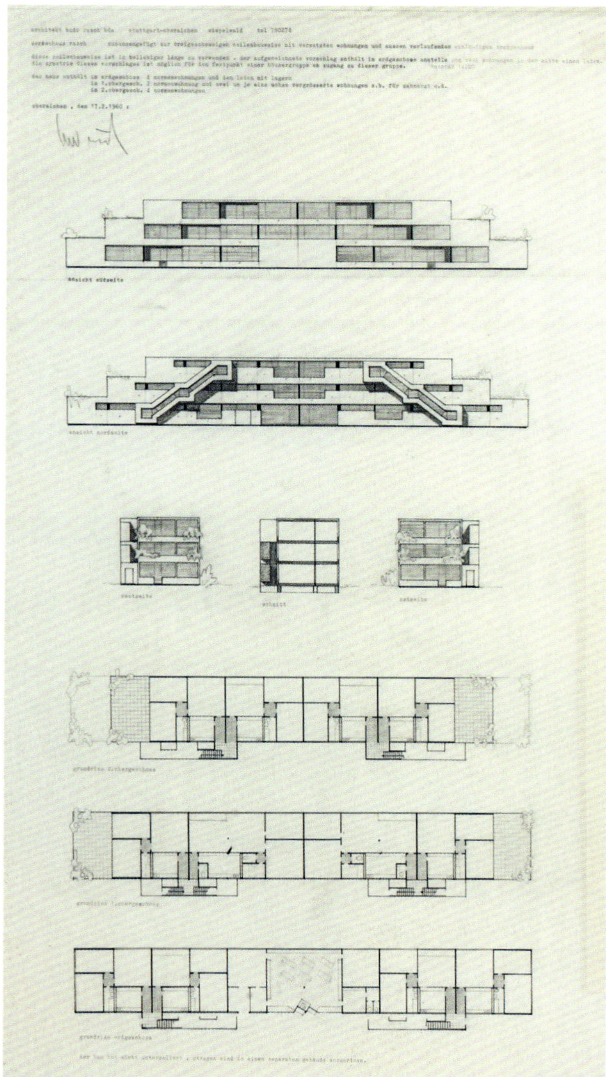

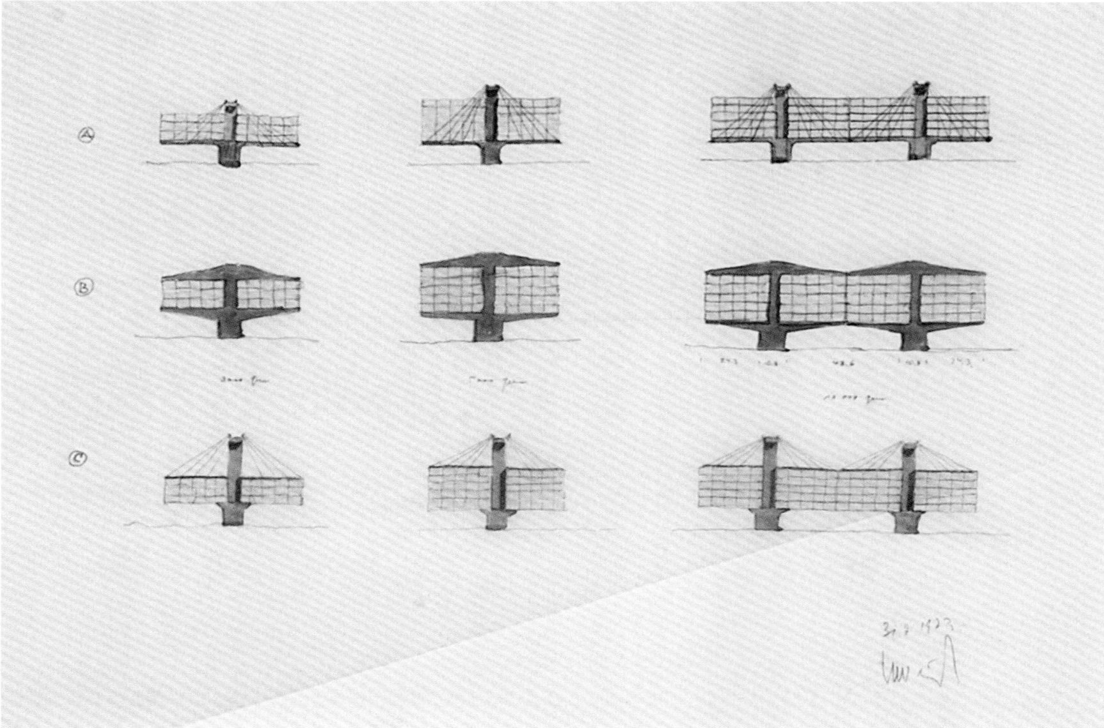

Bodo Rasch
Bürohausprovisorien für die S-Bahn
Temporary office buildings for the LRT, 1973
Bleistift, Tusche und Marker auf Papier und 1 Lichtpause auf Karton
Pencil, ink and marker on paper and 1 blueprint on cardboard,
90 × 90 cm
Dr. Bodo Rasch

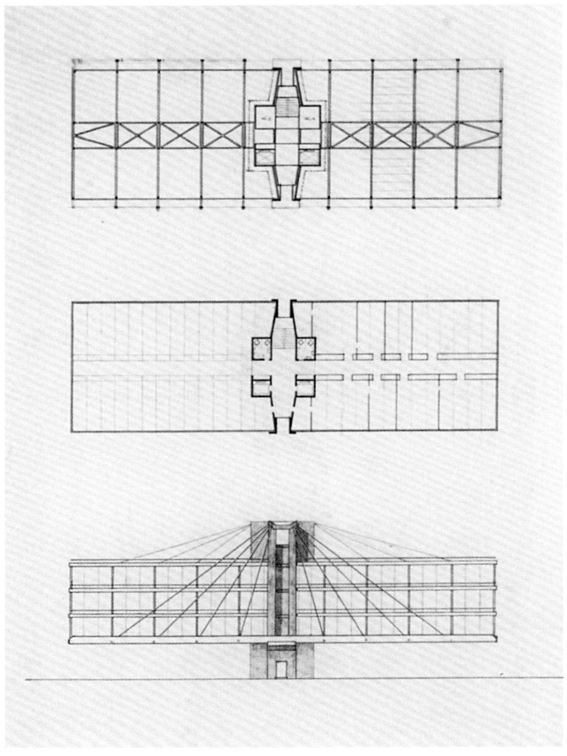

Bodo Rasch
Mechanische Wolken
Mechanical clouds, **1976**
Bleistift und Marker auf Papier,
3 Farbfotos auf Karton
Pencil and marker on paper,
3 colour prints on cardboard,
90 × 90 cm
Dr. Bodo Rasch

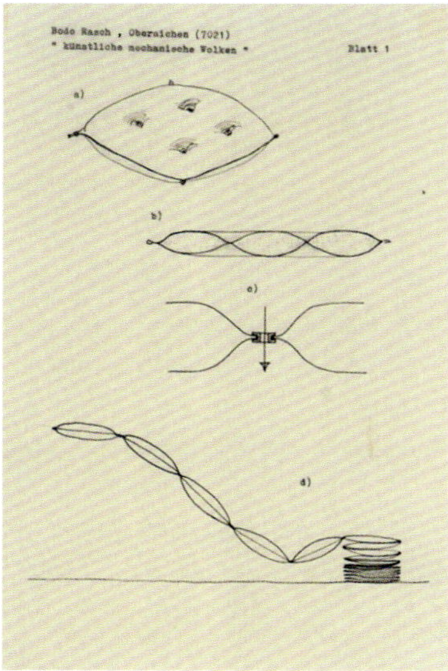

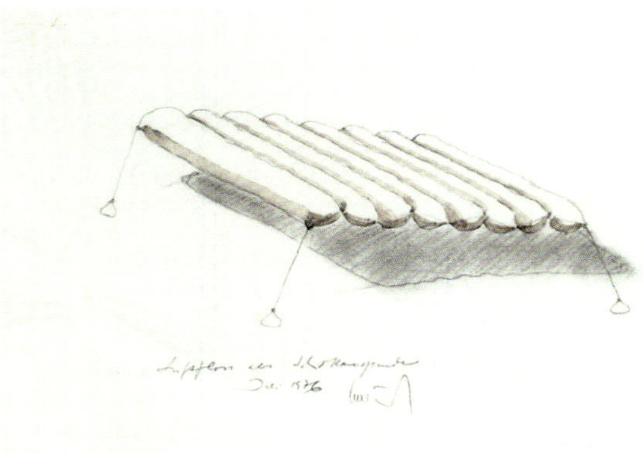

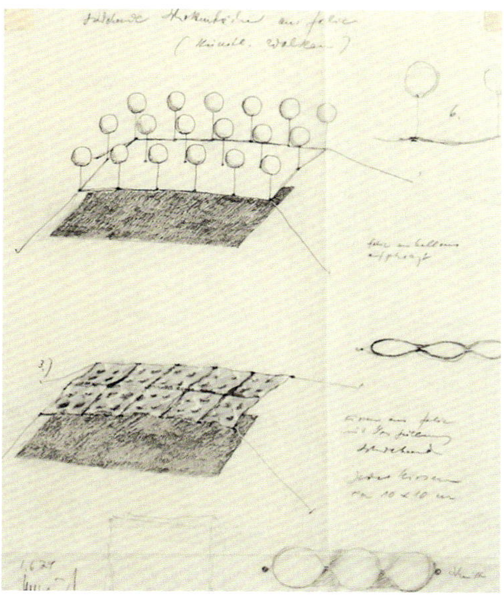

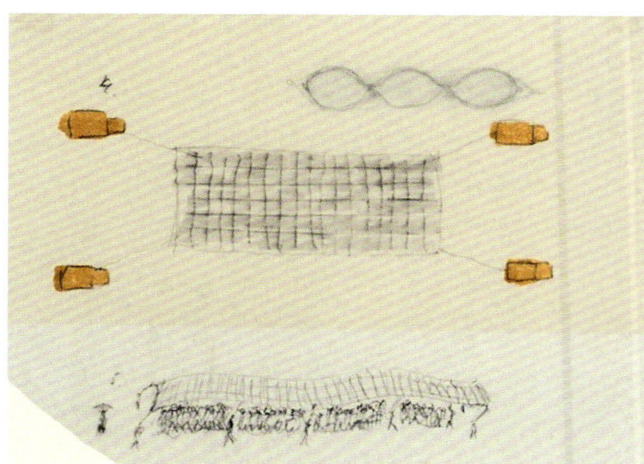

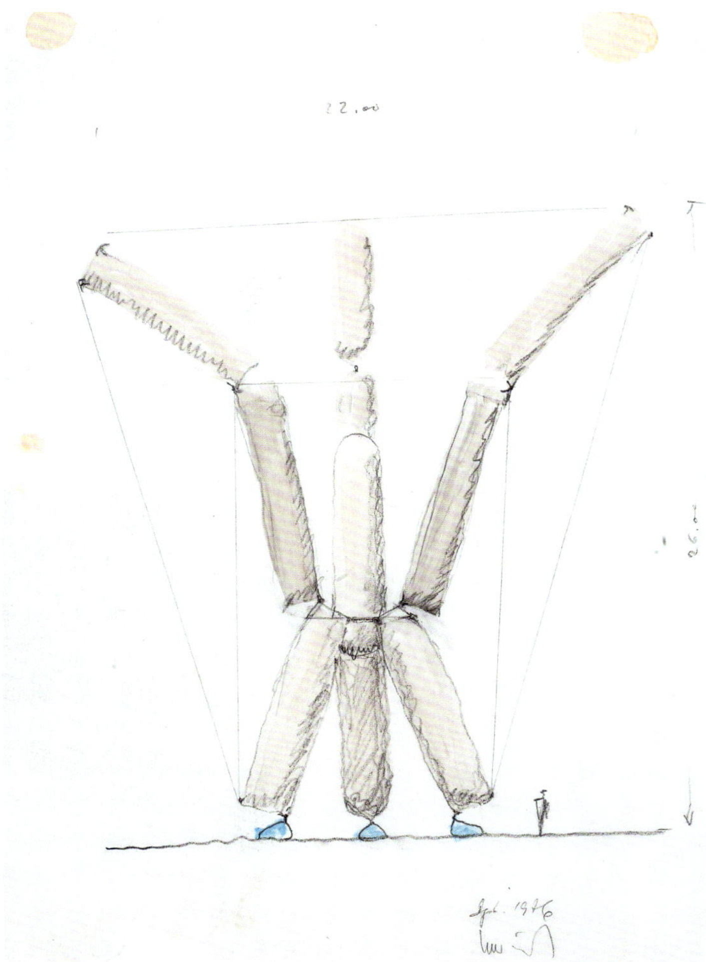

Bodo Rasch
Pneumatische Skulpturen Pneumatic sculptures, **1976**
Bleistift, Marker, Filzstift und Buntstift auf Papier auf Karton
Pencil, marker, tip pen and coloured pencil on paper on cardboard,
40 × 30 cm, 25 × 25 cm
Dr. Bodo Rasch

ANNETTE LUDWIG

„Mies van der Rohe fand es sehr nett bei uns."[1]

Die Brüder Heinz und Bodo Rasch. Zwischen Modernität und Avantgarde (1926–1930)

'Mies van der Rohe felt very comfortable here.'[1] The Brothers Heinz and Bodo Rasch. Between Modernity and Avant-Garde (1926–1930)

I

„Brüder Rasch. Hochbau. Möbelbau. Werbebau"[2] – mit diesem Slogan bewarben die zwischen 1926 und 1930 in einer Lebens- und Arbeitsgemeinschaft verbundenen Brüder Heinz (1902–1996) und Bodo Rasch (1903–1995) ihre berufliche Expertise, die sie praktisch zunächst nur an einzelnen Projekten unter Beweis stellen konnten. Selbstbewusst umrissen die jungen, freigeistigen, neugierigen Stuttgarter „Stürmer und Dränger"[3] nicht nur ihren umfassenden Anspruch – den sie, ganz zeittypisch, mit dem Beruf des Architekten-Ingenieurs verknüpften –, sondern auch ihre Idee vom fruchtbaren Zusammenspiel der Disziplinen Architektur und Städtebau, Innenarchitektur, Ausstellungsgestaltung, Möbeldesign sowie Gebrauchsgrafik, Typografie und Reklamekunst.

1 Heinz Rasch, Brief an Jutta Kochanowski vom 25.2.1927, Deutsches Architekturmuseum Frankfurt am Main, Nachlass Heinz Rasch (im Folgenden: NHR).

2 Vgl. hierzu grundlegend die bislang einzige Monografie über die Brüder Rasch, der die Aufarbeitung größtenteils unveröffentlichter Quellen und unbekannt gebliebener Korrespondenzen mit den Vertretern der internationalen Avantgarde aus den Nachlass-Archiven zugrunde liegt: Annette Ludwig, *Die Architekten Brüder Heinz und Bodo Rasch. Ein Beitrag zur Architekturgeschichte der zwanziger Jahre*, Tübingen, Berlin 2009.

3 [H. P.] E. [ckert], „Zeitgemäße Wohnbauten", in: *Die Bauzeitung*, 25, 2, 14. 1. 1928, S. 130–133, hier S. 131.

I

'Brüder Rasch. Hochbau. Möbelbau. Werbebau' (Rasch Brothers. Making buildings. Making furniture. Making advertising)[2] – was the slogan Heinz (1902–1996) and Bodo Rasch (1903–1995) used to advertise their professional expertise. Initially the brothers, who lived and worked together from 1926 to 1930, had only a few opportunities to demonstrate their skills. The young, free-thinking and inquisitive 'young men'[3] from Stuttgart intended this confident claim not only as an outline of their comprehensive aspirations – which they associated with the profession of the architect-engineer, as was typical at the time – but also of their idea of productive interaction between architecture and urban construction, interior design, exhibition design, furniture design and graphic design, typography and advertising art.

1 Heinz Rasch, letter to Jutta Kochanowski from 25.2.1927, Deutsches Architekturmuseum Frankfurt am Main, estate Heinz Rasch (hereafter: EHR).

2 For more information, see the, to date, only monograph on the Rasch brothers. It is based on the examination of material from the estate archives which comprises largely unpublished sources and unknown correspondence with representatives of the international avant-garde: Annette Ludwig, *Die Architekten Brüder Heinz und Bodo Rasch. Ein Beitrag zur Architekturgeschichte der zwanziger Jahre*, Tübingen, Berlin 2009.

3 [H. P.] E.[ckert], 'Zeitgemäße Wohnbauten', in *Die Bauzeitung*, 25, 2, 14. 1. 1928, pp. 130–133, here p. 131.

Folgerichtig experimentierten sie in den Jahren ihrer Zusammenarbeit im Kontext der gestalterischen Avantgarde und im Austausch mit deren internationalen Hauptvertretern – darunter Walter Gropius, Erich Mendelsohn, Ludwig Mies van der Rohe, Mart Stam, Bruno Taut und Martin Wagner – „auf den verschiedensten Gebieten neuzeitlichen Bauens“[4] und entwarfen Hochhäuser, Villen, Mehrfamilien- und Sommerhäuser, Wohnsiedlungen, Schulen, Verwaltungs-, Industrie- und Verkehrsbauten, Kaufhäuser, Theater, Sportanlagen, Schwimmbäder und Messebauten.

Als Möbelentwerfer und Innenausstatter traten die Brüder Rasch mit kombinierbaren Sitzmöbeln, Tischen und Hängelampen hervor, die sie erstmals 1927 im Rahmen der Werkbundausstellung *Die Wohnung* auf dem Stuttgarter Weißenhof und im darauffolgenden Jahr auf der vom Württembergischen Landesgewerbeamt veranstalteten Präsentation *Der Stuhl* einer breiteren Öffentlichkeit vorstellen konnten. Die vornehmlich aus Holz und gebogenem Sperrholz gefertigten Prototypen folgten der Programmatik des Neuen Wohnens, zielten in ihrer konzeptionellen und stilistischen Vielfalt jedoch vor allem auf (lebens-) „praktische“ Aspekte.

Im Bereich der angewandten Kunst und in der visuellen Kommunikation offerierte das Brüderpaar Buch-, Einband-, Umschlag- und Plakatgestaltungen sowie den Entwurf von Akzidenzen, der ihre sukzessive Hinwendung zur elementaren Typografie deutlich werden lässt. Die Abkehr von gediegenen dekorativen und illustrativen Formelementen war durch die enge Freundschaft mit Willi Baumeister (s. dazu auch S. 12) und die Rezeption der von Herbert Bayer entworfenen Bauhaus-Drucksachen ebenso beeinflusst wie durch den Kontakt zu den Mitgliedern des 1927 gegründeten Rings Neue Werbegestalter und Kurt Schwitters' Merz-Werbezentrale. Durch das unbekümmerte Ausloten der Grenzbereiche zwischen Architektur, Kunst und Design lösten sich Heinz und Bodo Rasch auch in der verkaufswirksamen Einrichtung von Messeständen, Schaufenstern und Ausstellungsflächen vehement von ihrer traditionalistischen, handwerklich grundierten Stuttgarter Prägung.

In Zeitungs- und Zeitschriftenbeiträgen sowie in der umfangreichen Korrespondenz mit den wichtigsten kulturellen Repräsentanten der Weimarer Republik, denen die passionierten Netzwerker völlig unbefangen und bisweilen erfrischend naiv begegneten, erfolgte die Reflexion der aktuellen Diskurse. Diese berührten vom Bauen und Wohnen über Kunst, Literatur, Fotografie, Kino, Kleinschreibung, Mode und Sport bis hin zur ‚Judenfrage', zu Kommunismus und Sozialismus und die Emanzipation der Frau alle Aspekte des modernen Lebens und damit die unmittelbare Alltagswelt der beiden Junggesellen.

Durch fünf zwischen 1927 und 1930 in Stuttgarter Verlagen publizierte Bücher, über die in der nationalen und internationalen Fachpresse wohlwollend berichtet wurde, bestimmten die Brüder Rasch das ‚modern movement' auch publizistisch mit. Diese Werke gehörten zum Kanon der deutschsprachigen Architektenliteratur, wie die Schaufensterauslage einer Leipziger Buchhandlung im Jahr 1929 anschaulich zu belegen vermag (Abb. 1).

4 Ebd.

Within the context of the creative avant-garde and in an exchange with its international protagonists like Walter Gropius, Erich Mendelsohn, Ludwig Mies van der Rohe, Mart Stam, Bruno Taut and Martin Wagner, they spent their collaborative years experimenting in 'an array of different fields of modern construction'[4] and designed towers, villas, blocks of flats, summer houses, housing estates, schools, administrative, industrial and transport structures, department stores, theatres, sports facilities, swimming pools and trade fair buildings.

As furniture designers and interior decorators, the Rasch brothers made a name for themselves with combinable seating furniture, tables and pendant lights that were first shown to a wider audience in the Werkbund exhibition *Die Wohnung* (The Dwelling) at the Weißenhofsiedlung (model housing estate) in Stuttgart in 1927 and a year later at *Der Stuhl* (The Chair), a presentation hosted by the Württemberg trade office. Most of these prototypes were made of wood or bent plywood. Although the designs also reflected the objectives of new living, their conceptual and stylistic variety was primarily inspired by (everyday) 'practical' aspects.

In the field of applied arts and visual communication the brothers offered book, cover, jacket and poster designs and concepts for commercial printing that showed their growing interest in New Typography. Their rejection of staid decorative and illustrative formal elements was not only influenced by their close friendship with Willi Baumeister (see also p. 12) and by Herbert Bayer's Bauhaus printings, but also by their contact with the members of the Ring Neue Werbegestalter (Circle of new advertising designers), which was founded in 1927, and by Kurt Schwitters's Merz advertising centre. The Rasch's bold exploration of the boundaries between architecture, art and design led them to break away from their traditionalist and artisanal Stuttgart background, a development that is also expressed in their commercially effective decoration of fair stands, shop windows and exhibition areas.

They expressed their thoughts on contemporary topics and debates in newspaper and magazine articles and in extensive correspondence with the most important cultural representatives of the Weimar Republic whom the passionate networkers approached unselfconsciously and, at times, with refreshing naivety. As these communications involved all aspects of modern life from building and living to art, literature, photography, cinema, the use of lower-case letters, fashion and sports, the 'Jewish question', communism, socialism and women's emancipation, they also affected the two bachelors' immediate everyday world.

Thanks to five books issued between 1927 and 1930 by Stuttgart publishing houses, which received favourable reviews both in the national and the international trade press, the Rasch brothers also had a determining influence on the 'modern movement' as authors. These works belonged to the canon of German architectural literature, as can be seen from a window display in a Leipzig bookshop from 1929 (fig. 1).

One year after its publication in 1927, the compendium *Wie Bauen? Bau und Einrichtung der Werkbundsiedlung am Weißenhof*

4 Ibid.

Das 1927 erschienene Kompendium *Wie Bauen? Bau und Einrichtung der Werkbundsiedlung am Weißenhof in Stuttgart 1927,* zu dem Adolf Behne ein Vorwort und die an der Mustersiedlung beteiligten Architekten und Firmen Pläne, Fotografien und Erläuterungen zur Verfügung stellten, fand in einer auf die „Materialien und Konstruktionen für industrielle Produktion" gerichteten „Jahresausgabe 1928" eine der – jährlich geplanten – Fortsetzungen.[5] *Wie Bauen?* galt als „geistvolles Manifest für neues Bauen, neue Materialien, neue Konstruktionen, neue Maschinen, neue Erfahrungen", führte „in filmartig raschem Wechsel scheinbar ganz unzusammenhängende Dinge und Vorgänge [...] vor Augen" und ließ den Leser in „wohltuender Weise spüren, daß er ‚Leute vom Bau' und keine ‚Schriftsteller' zu Verfassern hat".[6]

Der ebenfalls im Akademischen Verlag Dr. Fritz Wedekind & Co. erschienene Überblick *Der Stuhl* aus dem Jahr 1928 untersucht die konstruktiven Grundlagen des seit den Studienjahren entworfenen Sitzmöbel-Programms unter den Gesichtspunkten „Festigkeit", „Leichtigkeit", „Bequemlichkeit" und „Billigkeit". Der Buchumschlag (S. 20) zeigt eine ohne stützenden Stuhl im kontextlosen Raum „schwebende" männliche Sitzfigur und fasst die Versuche der beiden Entwerfer, anatomische und ergonomische Voraussetzungen des Sitzens auszuloten, in einer suggestiven Abbildung zusammen. Diese Retusche versinnbildlicht die angestrebte Entwicklung vom traditionellen Zargenstuhl über den hinterbeinlosen Kragstuhl (‚Freischwinger'), dessen Historie die Brüder Rasch 1926 mit dem ersten hölzernen Modell mitbestimmten, bis hin zur entmaterialisierten „Sitzmaschine". Eine ‚echte' Chronologie wurde 1926 im ersten Heft der Zeitschrift *bauhaus* mit Einzelbildern von Stühlen des „operateurs" Marcel Breuer als *bauhaus-film*[7] exemplifiziert, sodass sich der dort abgebildete „Schwebende" unmittelbar auf die in der Zeitschrift ‚buchkinematografisch' imaginierte „elastische Luftsäule" und implizit auf den von den Brüdern Rasch 1927 geschaffenen *Sitzgeiststuhl* (auch „Stuhl in einem Zug") bezog. Sie verwendeten den „ganz leicht elastisch[en]" Stuhl bei der Einrichtung ihrer Weißenhof-Wohnung im Haus von Ludwig Mies van der Rohe, wodurch er für kurze Zeit Publizität errang: „man glaubt zu schweben, wenn man auf [ihm] sitzt, die Sitz- und Rückenfläche ist ganz der Körperform angepaßt."[8]

Konsequenterweise orientierten sich die beiden Buchgestalter auch in der Aufmachung des schmalen Bandes mit mehr als zweihundert aufeinanderfolgenden Schwarz-Weiß-Abbildungen an der filmischen Ästhetik und stellten so die zentralen – und zukunftsweisenden – Leitmotive ihres Schaffes, das Krag-Prinzip und das Schwebemotiv, heraus.

Die mit Unterstützung des Schweizer Werkbundes im Wissenschaftlichen Verlag Dr. Zaugg & Co. herausgegebene Sammlung *Gefesselter Blick. 25 kurze Monografien und Beiträge über neue Werbegestaltung* aus dem Jahr 1930 bildet mit Positionen von Otto Baumberger bis Piet Zwart das erste umfassende Curriculum

5 Eine Teilauflage erschien mit dem rotem Einband-Aufdruck „1929, Nr. 2".
6 Aus Urteilen, Anzeige Akademischer Verlag Dr. Fritz Wedekind & Co., in: Heinz und Bodo Rasch, *Zu – Offen. Türen und Fenster,* Stuttgart 1930, S. 178.
7 *bauhaus,* 1, 4.12.1926, S. 3.
8 Heinz Rasch, Brief an Jutta Kochanowski vom 12.8.1927, NHR (wie Anm. 1).

1

in Stuttgart 1927, with an introduction by Adolf Behne and plans, photographs and commentaries by the architects and companies involved in the Weissenhof Estate, was followed by a publication that was intended to be the first in an annual series dedicated to the 'materials and constructions for industrial production'.[5] *Wie Bauen?* was welcomed as 'a brilliant manifesto for a new way of building, new materials, new structures, new machines, new experiences' that visualised 'seemingly unrelated things and processes in rapid film-like sequences' and gave readers the 'reassuring feeling that they were dealing with "people from the building trade" and not merely with "writers".'[6]

In *Der Stuhl* (1928), published, like *Wie Bauen?,* by Akademischer Verlag Dr. Fritz Wedekind & Co., the brothers assessed the range of seating they had been designing since their student days in terms of 'firmness', 'lightness, 'comfort' and 'low cost'. The book's cover (p. 20) shows a seated male figure, unsupported by a chair, freely floating in space. The two designers' attempts to ascertain the anatomic and ergonomic requirements of sitting are summarised in this emblematic illustration. The image is an epitome of the envisioned evolution from the traditional frame chair to the cantilever chair without back legs ('Freischwinger'), whose history was also defined by the first wooden model designed by the brothers in 1926, to the dematerialised 'sitting machine'. In the first issue of the magazine *bauhaus* from 1926, 'operator' Marcel Breuer established a 'real' chronology by compiling individual pictures of chairs in a bauhaus film.[7] As a result, the 'floating figure' appeared as a direct reference to the 'elastic column of air', which was portrayed in the magazine

5 Parts of the print run were published with '1929, Nr. 2' printed on the binding in red.
6 Opinions quoted in an advertisement, Akademischer Verlag Dr. Fritz Wedekind & Co., in Heinz and Bodo Rasch, *Zu – Offen. Türen und Fenster,* Stuttgart 1930, p. 173.
7 *bauhaus,* 1, 4.12.1926, p. 3.

2

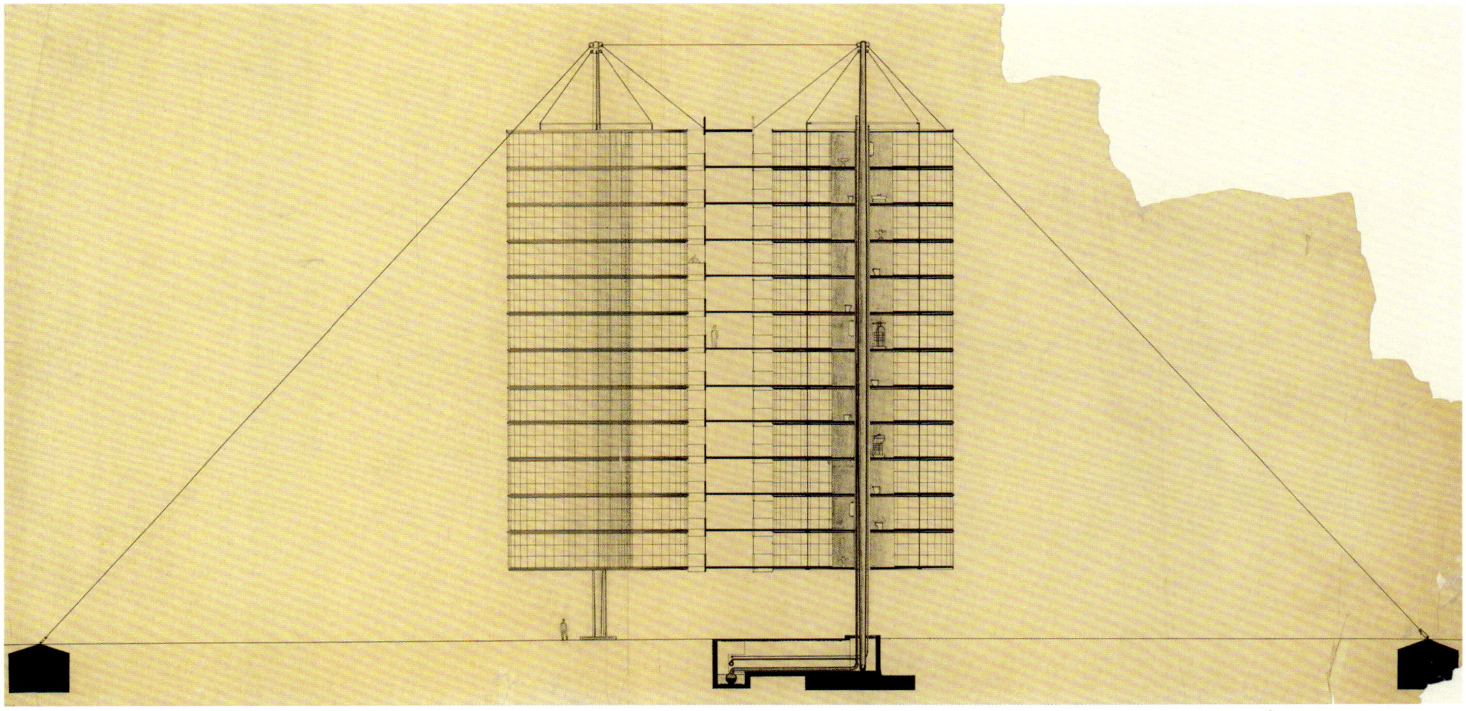

der internationalen zeitgenössischen ‚Typo-Szene'. Heinz und Bodo Rasch reihten sich mit aktuellen Werkbeispielen ganz selbstverständlich in den Reigen der ‚Trendsetter' ein und erläuterten ihre für „alle Tätigkeitsgebiete" geltende Motivation wie folgt: „Unser Bestreben ist [...] die zugrunde liegenden Gesetzmäßigkeiten aufzufinden und Regeln festzustellen, die erlernbar und für jede [...] Aufgabe anwendbar sind."[9]

So versuchten sie auf der Grundlage von Firmenprospekten in der Publikation *Zu – Offen* von 1930 durch eine – gleichsam botanisierende – Typologie von „Türen und Fenstern", so der Untertitel des Buchs, universelle Standards für eine neue Glasarchitektur und damit für das ‚befreite Wohnen' zu definieren. Damit verorteten sich die Brüder Rasch in der ‚Nachfolge' des Schweizer Kunsthistorikers und Generalsekretärs der CIAM-Kongresse für Neues Bauen, Sigfried Giedion, der 1929 in seiner gleichnamigen Publikation zwei wegweisende „Neue Versuche" des Brüderpaars – die in Glas aufgelösten „Hängehäuser" und das mit einem lichten Stadion verbundene „Schwimmbassin aus Glasbeton" – aufgenommen und gewürdigt hatte. Ihren eigenen Band nutzten die beiden Autoren erneut als Medium der öffentlichen Selbstdarstellung, indem sie stilbildende bauliche Umsetzungen der Architekturavantgarde, darunter der Barcelona-Pavillon von Ludwig Mies van der Rohe, Schaufensteranlagen von Erich Mendelsohn und das Weißenhof-Doppelhaus von Le Corbusier, in ihrem seit 1927 virulenten Hängehaus-Projekt kulminieren ließen (Abb. 2).

Die „an Masten aufgehängten" und „über Verbindungsbrücken zugänglichen" gläsernen Wohntürme, deren „ringsum offene Etagen von 15 m Durchmesser [...] sich durch die Falten-

9 Heinz und Bodo Rasch, *Gefesselter Blick. 25 kurze Monografien und Beiträge über neue Werbegestaltung*, Stuttgart 1930, S. 73.

with 'book-cinematographic' means, and as an implicit reference to the Rasch brothers' 1927 *Sitzgeiststuhl* (sit-soul chair), also called 'Stuhl in einem Zug' (chair based on a single line drawing). After featuring in their furnishing of their Weissenhof flat in Ludwig Mies van der Rohe's house, the 'slightly elastic' chair enjoyed a short period of publicity: 'Sitting on it is like floating, the seat and back match the shape of the human body perfectly.'[8]

The two book designers also oriented the style of the slender volume *Der Stuhl* towards the aesthetics of film. In over two hundred consecutive black and white pictures they portrayed the central – and also the progressive – guiding themes of their work, namely the cantilever principle and the floating motif.

The collection *Gefesselter Blick. 25 kurze Monografien und Beiträge über neue Werbegestaltung* (The Captivated Gaze: 25 Short Monographs and Essays on New Advertising Design), published by Wissenschaftlicher Verlag Dr Zaugg & Co in 1930 with the support of the Swiss Werkbund, included contributions from designers ranging from Otto Baumberger to Piet Zwart and represented the first comprehensive compendium of the contemporary international 'typo-scene'.

Their recent work clearly put Heinz and Bodo Rasch among the ranks of the 'trendsetters', and they described their motivation which extended to all 'fields of activity' as follows: 'It is our aim to discover underlying principles and to determine rules that can be learned and applied to every task.'[9]

In their 1930 publication *Zu – Offen* (Closed – Open), company brochures provided the basis for their attempt to define universal standards for a new glass architecture and thus for 'liberated living'. As indicated by its subtitle, 'Türen und Fenster',

8 Heinz Rasch, letter to Jutta Kochanowski from 12.8.1927, EHR (see note 1).
9 Heinz and Bodo Rasch, *Gefesselter Blick. 25 kurze Monografien und Beiträge über neue Werbegestaltung*, Stuttgart 1930, p. 73.

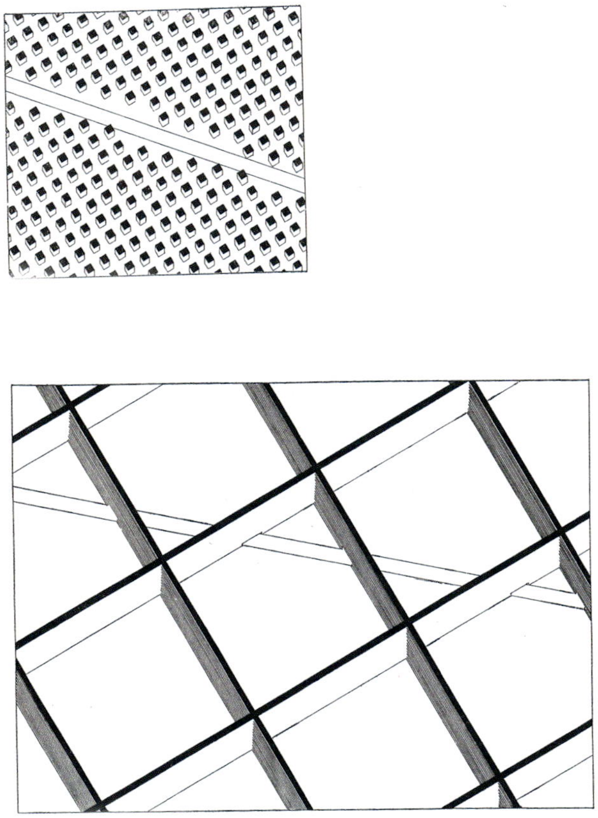

3

4

schiebefenster ganz öffnen lassen",[10] bildeten den spektakulären Höhepunkt der auf 177 Seiten vorgestellten Bestrebungen für ein Leben mit ‚Licht, Luft und Sonne'.[11] Die „wie Vogelnester am Baum"[12] hängenden Glaszylinder repräsentierten dabei nichts weniger als den Vorstoß in eine völlig neue Dimension: die Eroberung der Vertikale durch den „Wohnhaustyp der Zukunft".[13]

Mit der öffentlichkeitswirksamen Manifestation des Hängehauses leisteten die Brüder Rasch einen Beitrag zur Weiterentwicklung des (Massen-)Wohnungsbaus und zur Hochhausdebatte der Zwanzigerjahre, der ihnen im Kreis der europäischen Neuerer eine ganz eigene Stimme verlieh. In Erwartung glänzender Berufsaussichten und in der Hoffnung auf ökonomischen Erfolg reklamierten sie das Primat eines scheinbar voraussetzungslosen Konstruktions- und Bauprinzips für sich: „Eine neue Technik beginnt [aufzublühen], der die alte über kurz oder lang weichen muß. Hier ist der Ausgangspunkt. Hier entsteht die neue Architektur."[14]

Zwischen 1927 und 1930 fertigte das arbeitsteilig organisierte Brüderpaar großformatige Präsentations- und Konstruktionszeichnungen, die das Hängehaus in den Kontext des modernen Siedlungs- und Städtebaus einbetteten. Der als „Hoch-" beziehungsweise „Flachsiedlung" (Abb. 3) nach dem „System Rasch" inszenierte Verbund von Hängehaus-Zeilen war der Versuch,

10 Rasch 1930 (wie Anm. 6), S. 173.
11 Sigfried Giedion, *Befreites Wohnen. 86 Bilder eingeleitet von Sigfried Giedion*, Zürich und Leipzig 1929, S. 19 f., Abb. 42, 84.
12 Annette Ludwig, „‚Wohnungen wie Vogelnester am Baum' – Eine zentrale Vision im Werk des Architekten Heinz Rasch", in: *DAM Architektur-Jahrbuch*, hrsg. von Wilfried Wang und Anna Meseure, München u.a. 2000, S. 164–170.
13 Rasch 1930 (wie Anm. 6), S. 173.
14 Heinz und Bodo Rasch, *Wie Bauen?*, Stuttgart 1927, S. 169.

the book aimed to establish an almost taxonomic typology of 'doors and windows'. With this, they placed themselves in the lineage of Sigfried Giedion, the Swiss art historian and general secretary of the CIAM congresses for new building, who in his 1929 publication *Befreites Wohnen* had included and discussed two of the brothers' groundbreaking 'new attempts': the evanescent glass 'suspension houses' and a 'swimming pool made of glass cement' that was connected to a light-flooded stadium. Once again, the two authors used their book as a means of public self-promotion by portraying their suspension house project, which had gained increasing popularity since 1927, as the culmination in a chain of style-defining structures of the architectural avant-garde such as Ludwig Mies van der Rohe's Barcelona Pavilion, display windows by Erich Mendelsohn, and Le Corbusier's Weissenhof semi-detached house (fig. 2).

Among the aspirations for a life with 'light, air and sun' portrayed on 177 pages,[10] the glass-clad residential towers, which were 'suspended from masts' and could be 'accessed via connecting bridges', were the spectacular highlight. Their floors of 15 m diameter, open all round [...] can be opened completely through folding slide windows'.[11] The glass cylinders that were designed to hang like 'birds' nests in a tree'[12] represented nothing less than the advance towards a completely new dimension: the conquest of verticality with the 'residential building of the future'.[13]

10 Sigfried Giedion, *Befreites Wohnen. 86 Bilder eingeleitet von Sigfried Giedion*, Zurich and Leipzig 1929, p. 19 f., fig. 42, 84.
11 Rasch 1930 (see note 6), p. 173.
12 Annette Ludwig, 'Wohnungen wie Vogelnester am Baum – Eine zentrale Vision im Werk des Architekten Heinz Rasch', in *DAM Architektur Jahrbuch*, ed. Wilfried Wang and Anna Meseure, Munich et al. 2000, pp. 164–170.
13 Rasch 1930 (see note 6), p. 173.

„die Lösung des Doppelproblems bezüglich des Konflikts Verkehrsverstopfung und Wohnungsknappheit"[15] durch ein neues Modell urbanen Zusammenlebens in einer „schwebenden" und damit autogerechten Stadt anschaulich zu machen. Mit einem beachtlichen Weitblick wurde die Ökonomisierung, Rationalisierung und Taylorisierung im Baubetrieb thematisiert: Aspekte wie Material- und Energieersparnis, Wiederverwertbarkeit und Nachhaltigkeit auf einem sich rasant internationalisierenden Wirtschaftsmarkt waren ebenso bedacht wie die durch die Höhe eines Bauwerks und seinen Abstand zum Nachbargebäude definierte Wohndichte, die Anzahl von Grünzonen und der hieraus resultierende ‚Wohnwert'.

Da sich die Brüder Rasch des innovativen Potenzials ihrer bis ins Detail durchdachten Entwürfe für zugbeanspruchte Konstruktionen bewusst waren, betrieben sie eine moderne, an der Bauhaus-Kommunikation orientierte Vermittlungs- und Öffentlichkeitsarbeit. Diese betraf auch das Selbstverständnis und den eigenen Habitus: Die potenziellen Hochhausbauer stilisierten sich als coole Cowboys des 20. Jahrhunderts, so etwa, als sie sich um 1927/28 mit einem Auftraggeber auf dem Tagblatt-Turmhaus ablichten ließen und hierzu vermerkten: „Here upon the houses and streets, near the sky, on the sky-skraper of ‚Stuttgarter Neues Tagblatt' do you see three men [...]. But they aren't Americans, they looke [sic!] only [...] as cowboys of ‚wild west'."[16] (s. Abb. S. 12).

Heinz Rasch hatte als Leiter des Pressedienstes der *Deutschen Bauausstellung 1924* und in seiner Eigenschaft als Redakteur der Zeitschrift des Bundes Deutscher Architekten (BDA), *Die Baugilde*, für die er 1925 von dem Architekturpublizisten Heinrich de Fries nach Berlin berufen worden war, hinreichende Erfahrungen gesammelt. Mit kreativer Energie eruierte er mit seinem Bruder Realisierungsmöglichkeiten durch das Kabelwerk Felten & Guilleaume Carlswerk Actien-Gesellschaft Köln-Mülheim, die M.A.N. AG Gustavsburg und das mit der Durchführung der Bauausstellung 1930 (1931) beauftragte Ausstellungs-, Messe- und Fremdenverkehrsamt Berlin. Für Letzteres hatten die Brüder 1928 ein an der Eleganz von Erich Mendelsohns Stuttgarter Schocken-Filiale (1926–28) geschultes Messehaus in Hängekonstruktion entwickelt (Abb. 4). Darüber hinaus initiierte das Team 1929 nach dem Vorbild des Vereins Bau-Ausstellung 1930 einen Hängehaus-Bauverein, für den es brieflich prominente Multiplikatoren seiner Idee zu gewinnen suchte.

Zeitgleich bemühte sich das Duo aktiv – und mithilfe international agierender Firmen wie der Deutschen Luxfer-Prismengesellschaft mbH – um den Patentschutz seiner visionären ‚Erfindung'. Ihr Hängehaus-Prinzip hatten die Brüder Rasch auch an Verkehrsbauten wie dem Güterbahnhof (1927, S. 47) und dem Flughafen an der Meeresküste (1927/1930) oder an Sportbauten wie der Badeanstalt mit gläsernen Schwimmbassins (1928) und dem Überdachten Stadion für 80 000 Zuschauer (1927/28) (Abb. 5) dekliniert. Eine vor Nachahmung schützende Patentierung und Lizensierung erschien den umtriebigen

15 Theo van Doesburg, „Die Verkehrsstadt", in: *Architektur der Gegenwart. Monatsschrift für Neues Bauen*, 3, 1929, S. 4–6, hier S. 5.

16 Heinz Rasch, Brief an Jutta Kochanowski, undatiert (um 1927/28), NHR (wie Anm. 1).

With their public presentation of the suspension house, the Rasch brothers contributed to the development of (mass) housing and to the high-rise debate of the 1920s and occupied a unique position within the circle of European innovators. In expectation of brilliant career prospects and in hope of economic success, they claimed to be the initiators of an entirely original construction and building principle: 'A new technology is on the rise that will eventually supersede the old method. This is the starting point. This is where new architecture is happening.'[14]

Between 1927 and 1930, the brothers, dividing their labour, produced large-format presentation and construction drawings that placed the suspension house in the context of modern housing and urban development. The rows of suspension houses arranged according to the 'Rasch system', referred to as 'Hochsiedlung' or 'Flachsiedlung' (high-rise or low-rise estates) (fig. 3) were an attempt to present a 'solution to the dual problem of traffic congestion and housing shortage'[15] through a new model of urban living in a 'floating' and thus car-friendly city. With impressive foresight, the brothers address marketisation, rationalisation and Taylorism in the field of construction, taking into account not only aspects such as material and energy saving, reusability and sustainability in an increasingly international market but also residential density, defined by the height of a building and its distance from the neighbouring buildings, the amount of green spaces and the resulting 'residential value'.

As the Rasch brothers were well aware of the innovative potential of their minutely planned designs for tensile structures, they adopted a modern public relations style, which was based on Bauhaus methods. This approach also extended to their self-image and habitus: the potential high-rise builders styled themselves as cool twentieth-century cowboys: their comment to a photo together with a client on top of the Tagblatt-Turmhaus, taken around 1927/28, was: 'Here upon the houses and streets, near the sky, on the sky-skraper of "Stuttgarter Neues Tagblatt" do you see three men [...]. But they aren't Americans, they looke [sic!] only [...] as cowboys of "wild west".'[16] (see fig. p. 12)

Heinz Rasch had gained considerable experience both as head of press of the *Deutsche Bauausstellung 1924* (German building exhibition 1924) and as the editor of *Die Baugilde*, the Berlin-based periodical of the Bund Deutscher Architekten (German architects' association), a position for which the architecture journalist Heinrich de Fries had hired him in 1925. Together with his brother, he explored the possibilities of having their idea put into practice by Kabelwerk Felten & Guilleaume Carlswerk Actien-Gesellschaft Köln-Mülheim, M.A.N. AG Gustavburg, and Ausstellungs-, Messe- und Fremdenverkehrsamt Berlin (Berlin board of exhibitions, trade and tourism) which held the 1930 (1931) building exhibition. For the Berlin board, the brothers had developed an exhibition hall built as a suspended structure, which paid homage to Erich Mendelsohn's elegant Schocken department store in Stuttgart (1926–28) (fig. 4). In 1929, the team also set up an association, modelled on the Verein Bau-Ausstellung 1930

14 Heinz and Bodo Rasch, *Wie Bauen?*, Stuttgart 1927, p. 169.

15 Theo van Doesburg, 'Die Verkehrsstadt', in *Architektur der Gegenwart. Monatsschrift für Neues Bauen*, 3, 1929, pp. 4–6, here p. 5.

16 Heinz Rasch, letter to Jutta Kochanowski, undated (around 1927/28), EHR (see note 1).

5

Propagandisten umso wichtiger, als Richard Buckminster Fuller mit dem Dymaxion House, einer an einem Pylon hängenden mehrgeschossigen ‚Raumkapsel' aus Glas, hervorgetreten war und 1928 eine juristische Auseinandersetzung um den Neuheitswert des Bruchs mit der ‚erdgebundenen' Architektur eröffnete. Zu dieser Zeit erschien ein Artikel in der *Kölner Volkszeitung,* der das Dymaxion House als „Wunder=Hängehaus der Zukunft" apostrophierte und schon in der Diktion Analogien zu den Brüdern Rasch und ihrer zentralen Idee heraufbeschwor:

„Bäume und Menschen – so sagt Herr Fuller aus Chicago – haben einen starken Stamm, an dem ihre Aeste beziehungsweise Gliedmaßen ‚befestigt' sind. Also machen wir es auch so mit unsern Häusern! Das Haus der Zukunft wird kein Fundament mehr haben. Es wird an einem starken Mastbaum hängen, ein Glaspavillon! Der Fußboden erhebt sich neun Fuß hoch über dem Erdboden. Zwischen beiden ist der Raum frei. Die Spaziergänger gehen unter einem Hause her. Die ganze hängende Konstruktion wird durch starke Kabel festgehalten, die zwischen der Spitze des Zentralmastes und Ankern im Erdboden gespannt sind. [...] Der Zentralmast ist die ‚Wirbelsäule' des Hauses. Er enthält alle Verbindungsarterien: Wasserpumpen, elektrische Generatoren, Luftkompressoren."[17]

Auch wenn die Urheberrechtsfrage nicht geklärt werden konnte und auf beiden Seiten des Ozeans knapp fünf Jahrzehnte Thema blieb, bis sie anlässlich der ersten, von dem Architekten Frei Otto arrangierten Begegnung der Protagonisten 1976 in Stuttgart für obsolet erklärt wurde, blieb „Bucky" fortan vor allem für Bodo Rasch eine Projektionsfläche. Seine 1933

17 R.H., „‚Dymaxion' – Das Wunder=Hängehaus der Zukunft!", in: *Kölner Volkszeitung,* undatiert (um 1930). Vgl. hierzu Ludwig 2009 (wie Anm. 2), S. 173 f.

(Association for the 1930 building exhibition), which was dedicated to the construction of suspension houses; they sent letters to prominent potential supporters in order to win their support for their idea.

At the same time, the brothers tried to get patent protection for their visionary 'invention' and sought assistance from internationally active companies like Deutsche Luxfer-Prismengesellschaft mbH. They also applied their suspension house principle to transport facilities such as a goods station (1927, p. 47) and a coastal airport (1927/1930) or to sports facilities such as a public bath with glass swimming pools (1928) and a covered stadium for 80,000 visitors (1927/28) (fig. 5). Patenting and licensing as a means of protection against plagiarism became increasingly important to them after Richard Buckminster Fuller, who had presented his Dymaxion House, a multi-storey glass 'space capsule' suspended from a pylon, instigated a legal dispute over the novelty value of the rejection of 'earthbound' architecture. An article in the Kölner Volkszeitung described the Dymaxion House as a 'miracle=suspension house of the future'. Even the diction was reminiscent of the Rasch brothers and their central idea:

'Trees and people – says Mister Fuller of Chicago – have a strong stem to which their branches or limbs are "attached". So let us do the same with houses! The house of the future no longer has a foundation. It is suspended from a strong mast, a glass pavilion! The floor is nine feet above the ground. Between the two there is empty space. People stroll beneath the house. The whole suspended construction is secured with strong cables that stretch from the top of the central mast to the moorings in the ground [...]. The central mast is the "spine" of the house. It

entstandene Vision einer „Stadt unter einem Dach" weist ebenso eindrücklich auf Buckminster Fullers geodätische Kuppelkonstruktionen voraus wie die in den 1930er-Jahren von Rasch zum Patent angemeldeten pneumatischen Architekturen. Mit der Aufblasbaren Würstchenbude (S. 50) und den Künstlichen Wolken entwickelte er nicht nur mobile Räume oder temporäre Raum- und Schutzhüllen, sondern im Wortsinne ‚soziale Plastiken' für die Bedürfnisse einer ‚entwurzelten' Gesellschaft.

Die in einer Phase der beruflichen Neuorientierung nach Auflösung des Ateliers Brüder Rasch entwickelten pneumatischen Konstruktionen sollten dem architektonischen Kanon eine weitere emblematische Facette hinzufügen. Wie beim Hängehaus-Projekt ging es aber vor allem um die Neubestimmung urbaner Identität und die Vision einer ‚anderen' Stadt. Damit wurde Bodo Rasch zum Impulsgeber für ein weiteres, erst Jahrzehnte später technisch umsetzbares Konstruktionsprinzip: sein 1954 mit einer Arbeit über „Das hängende Dach" promovierter Freund und Stuttgarter Kollege Frei Otto etwa plante 1971 unter anderem mit Kenzo Tange und Ove Arup eine pneumatisch überdachte Stadt in der Antarktis, der österreichische Architekt Hans Hollein entwickelte 1969 ein aufblasbares Büro aus Kunststoff und Architektengemeinschaften wie Archigram, Coop Himmelb(l)au oder Haus Rucker & Co. traten mit einem breiten Spektrum der Einsatzmöglichkeiten von Pneus hervor.

Neben Buckminster Fuller gab es weitere visuelle und konstruktive Bezugspunkte für die nur durch Entwurfszeichnungen und damit in einem allerersten Planungszustand vorgestellte Hängehaus-Idee. Chronologisch, stilistisch und in ihrer Bedeutung sind sie mit den Hauptwerken des russischen Konstruktivismus zu vergleichen. Dieser Umstand verdankt sich ganz wesentlich dem niederländischen Architekten Mart Stam, der die fast gleichaltrigen Brüder durch ihre Arbeit in der Weißenhof-Siedlung kennengelernt hatte und vor allem mit Heinz Rasch lebenslang künstlerisch und persönlich verbunden blieb. In der Züricher Redaktion der Avantgardezeitschrift *ABC. Beiträge zum Bauen* betreute Stam das als „Beton-Nummer" berühmt gewordene Doppelheft 3/4 der ersten Serie aus dem Jahr 1925, das der „Architektur Russlands" gewidmet war. Die von El Lissitzky vorgestellten Projekte illustrierten das „Schwebesyndrom" in der Architektur auf spektakuläre Weise, sodass Heinz und Bodo Rasch für die beiden Ausgaben ihrer Publikation *Wie Bauen?* auf seine Druckvorlagen aus *ABC* zurückgriffen. Mit dem von Stam umgezeichneten Restaurant an einem Felsen über dem Meer, El Lissitzkys *Wolkenbügel* (Abb. 6) und anderen ‚Ikonen' der Kragarchitektur, die sich in *ABC* ebenso abgebildet fanden wie Zeugnisse neuer Konstruktionsmethoden mit Glas und Beton von Mies van der Rohe bis Le Corbusier, verfügten die Raschs über ein Ideenreservoir, das ihre Hängehäuser wie Prototypen der gelungenen Synthese zweier Traditions- und Gesellschaftssysteme erscheinen ließ.[18]

Auch aus diesem Grund waren die Hängehaus-Entwürfe der Brüder Rasch keine Utopien im Sinne von Paul Scheerbart oder Bruno Taut. Vielmehr waren sie eine Antwort auf den Wandel der gesellschaftlichen Verhältnisse, die aus technisch-

18 Vgl. Ludwig 2009 (wie Anm. 2), S. 210–238.

contains all connecting arteries: water pumps, electric generators, air compressors.'[17]

The question of copyright was never settled and continued to be an issue on both sides of the Atlantic for almost five decades until it was declared obsolete in 1976 on the occasion of the protagonists' first meeting in Stuttgart that had been arranged by the architect Frei Otto. Nonetheless, 'Bucky' remained a figure of projection, especially for Bodo Rasch. Not only his vision of a 'city under a roof' (1933) but also his pneumatic structures patented in the 1930s clearly anticipate Buckminster Fuller's geodesic domes. His inflatable hot dog stand (p. 50) and the artificial clouds were more than mobile rooms or temporary covers that provided space and protection. In the true sense of the word, they were 'social sculptures' designed for the needs of an 'uprooted' society.

The pneumatic structures developed by Bodo Rasch during a phase of professional reorientation after the closure of the Rasch brothers' studio added a further emblematic facet to the architectonic canon. But as with the suspension house project, the main aim was to redefine urban identity and to present a vision of a 'different' city. Bodo Rasch thus became the initiator of yet another construction principle that could only be put into practice decades later: in 1971 his Stuttgart-based friend and colleague, Frei Otto, who in 1954 had written a doctoral thesis on suspended roofs, planned a whole city in the Antarctic covered with an air-inflated roof, together with Kenzo Tange, Ove Arup and others; in 1969 the Austrian architect Hans Hollein developed an inflatable plastic office, and architectural groups such as Archigram, Coop Himmelb(l)au and Hans Rucker & Co. presented a wide range of possible uses for pneumatic structures.

Apart from Buckminster Fuller, there were other visual and structural reference points for the suspension house idea, which was still at its initial planning stage, only existing as preliminary sketches. Chronologically, stylistically and also in terms of their significance, these designs can be compared to the key works of Russian Constructivism. An important role in this was played by the Dutch architect Mart Stam, who had met the brothers – almost the same age as him – through their work at the Weissenhof Estate. He maintained a lifelong artistic and personal relationship with them, especially with Heinz Rasch. One of the co-founders of the Zurich avant-garde magazine *ABC: Beiträge zum Bauen,* Mart Stam was the editor in charge of the famous 'Beton-Nummer', the double ('concrete') issue 3/4 of the first series in 1925, which was dedicated to 'Russia's Architecture'. The projects introduced by El Lissitzky served as spectacular illustrations of the 'floating syndrome' in architecture which is why Heinz and Bodo Rasch used his templates from *ABC* in their two editions of *Wie Bauen?*. With Mart Stam's revised design for a restaurant on a sea cliff, El Lissitzky's *Wolkenbügel* (fig. 6) and other 'icons' of cantilever architecture featured in ABC alongside examples of new construction methods with glass and cement, from Mies van der Rohe to Le Corbusier, the Rasch brothers had a pool of ideas at their disposal that made their suspension houses seem like

17 R.H., 'Dymaxion – Das Wunder=Hängehaus der Zukunft!', in *Kölner Volkszeitung*, undated (ca. 1930). Cf. Ludwig 2009 (see note 2), p. 173 f.

6

7

konstruktiven wie aus ökonomischen Gründen in einer weitgehend auftragslosen Krisenzeit notwendigerweise folgenlos bleiben musste.

Als ‚konkrete Utopien' gerieten sie, wie ihre Urheber, weitgehend in Vergessenheit, bis der Kanon der Moderne im Zuge der Revision seit den 1980er-Jahren hinterfragt und neu gemustert wurde. Die Einschätzung von Heinz Rasch, der seiner Verlobten bereits um 1927 bedeutet hatte: „Soll ich Dir ganz heimlich verraten, was unsere entscheidende Erfindung ist? das Hängehaus [...]. Ich will noch nicht zuviel davon erzählen. Du darfst nichts darüber verlauten lassen",[19] erfuhr nun, Generationen später, emphatische Bestätigungen.

Heinrich Klotz, der Gründungsdirektor des Deutschen Architekturmuseums in Frankfurt am Main, der zur Wiederentdeckung der Brüder Rasch als Pioniere des konstruktivistischen Bauens entscheidend beigetragen hat, zählte ihre Projekte „zu den schönsten Arbeiten der frühen Moderne".[20] Der Nestor und Experte für Seilkonstruktionen, Frei Otto, würdigte sie als die „kühnsten von allen. Man konnte die neue Generation der Stahlnetzzelte herauslesen, die in dieser Form unbezweifelbar baubar waren und verwandt sind mit denen, die dann in den 1960er und 1970er-Jahren Wirklichkeit wurden."[21] Und der Begründer des Stuttgarter Instituts für Grundlagen der modernen Architektur, Jürgen Joedicke, attestierte ihnen, dass sie „Möglichkeiten der Anwendung von Hängekonstruktionen im Hochbau

19 Heinz Rasch, Brief an Jutta Kochanowski, undatiert (um 1927), NHR (wie Anm. 1).
20 Heinrich Klotz, *Architektur. Texte zur Geschichte, Theorie und Kritik des Bauens*, Ostfildern 1996, S. 377.
21 Frei Otto, Laudatio anlässlich der Ausstellungseröffnung *Bodo Rasch. Ideen, Projekte, Bauten* in der Architekturgalerie am Weißenhof in Stuttgart, Typoskript, 25. 1. 1984, 8 S., hier S. 1. Privatbesitz, Nachlass Bodo Rasch (im Folgenden: NBR).

prototypes resulting from the successful synthesis of two traditions and societies.[18] This is one of the reasons why their suspension house designs were not utopias like those of a Paul Scheerbart or a Bruno Taut. They were a response to changing social conditions in crisis-ridden times when commissions were scarce, a response which for technical as well as economic reasons had to remain without consequences.

Like their creators, these 'concrete utopias' more or less faded into oblivion until the 1980s when the canon of Modernism began to be reassessed and re-evaluated. As early as 1927, Heinz Rasch shared a prediction with his fiancée: 'Shall I tell you very secretly which of our inventions is the most significant? The suspension house [...] I don't want to reveal too much. Please don't say anything about it'.[19] Some generations later, his hunch was emphatically confirmed. Heinrich Klotz, the founding director of Deutsches Architekturmuseum in Frankfurt am Main, who played an important role in the rediscovery of the Rasch brothers as pioneers of Constructivist building, ranked their projects among 'the most beautiful works of early Modernism'.[20] Frei Otto, the Nestor and expert on cable constructions, acknowledged them as the 'most daring of all. Their designs heralded the new generation of steel net tents that were definitely buildable and are related to those that subsequently became reality in the '60s and '70s'.[21] And Jürgen Joedicke, the founder of

18 Cf. Ludwig 2009 (see note 2), pp. 210–238.
19 Heinz Rasch, letter to Jutta Kochanowski, undated (ca. 1927), EHR (see note 1).
20 Heinrich Klotz, *Architektur. Texte zur Geschichte, Theorie und Kritik des Bauens*, Ostfildern 1996, p. 377.
21 Frei Otto, laudatory speech on the occasion of the opening of the exhibition Bodo Rasch. Ideen, Projekte, Bauten in the architectural gallery at the Weißenhof in Stuttgart, typescript, 25. 1. 1984, p. 8, here p. 1. Private collection, estate Bodo Rasch (hereafter: EBR).

9

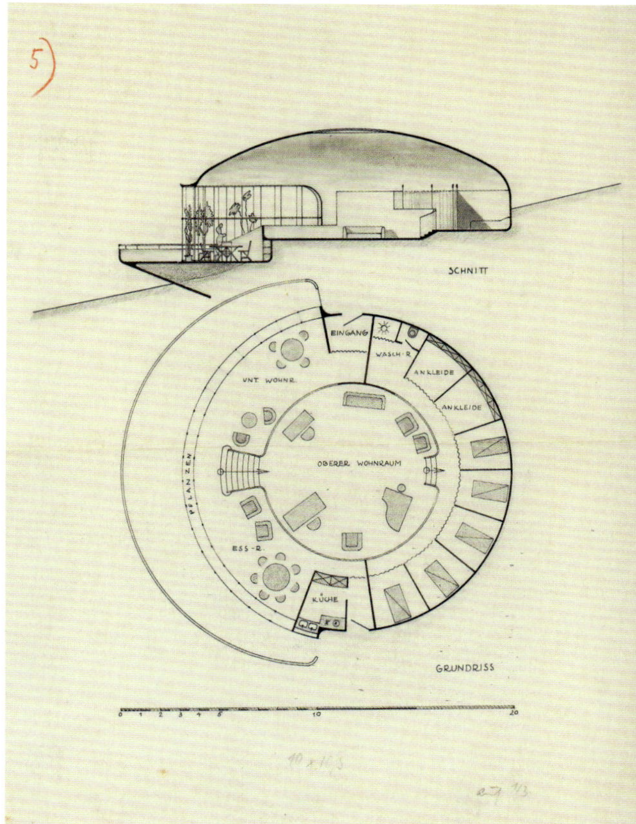

8

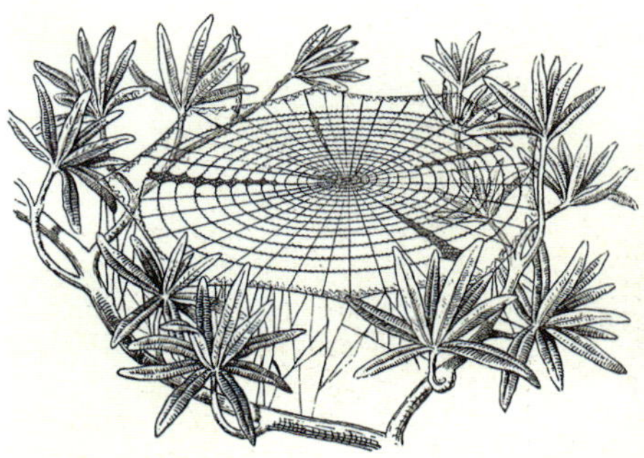

vorwegnahmen […]. Was Heinz und Bodo Rasch damals entwickelten, blieb auf dem Papier. Erst unserer Zeit blieb es vorbehalten, verwandte Ideen zu realisieren."[22]

Nach 1945 fußen zunächst das Rathaus in Marl (1960–1967) von J. H. van den Broek und J. B. Bakema oder das Zeltdach des Münchner Olympiastadions (1968–1972) von Günter Behnisch und Frei Otto auf der 1927 von den Brüdern Rasch entwickelten „stützenfreien" Konstruktionsmethode, die durch den Einsatz neuer Materialien – Spannseile, Netzstrukturen, rahmenloses Glas und metallische Oberflächen – gekennzeichnet ist. Die Relevanz ihres Werkes erstreckt sich damit über die Baugeschichte der deutschen Nachkriegsmoderne hinaus auch auf die Weiterentwicklung einer westeuropäischen Tradition des Konstruktivismus, zu der Norman Foster oder Thomas Herzog entscheidend beigetragen haben.

Aber auch Werke an der Schnittstelle zur künstlerischen Rauminstallation wie etwa die begehbare Netzkonstruktion *in orbit,* die Tomás Saraceno 2013 für die Kunstsammlung Nordrhein-Westfalen in Düsseldorf realisierte, sind auf Ideen der Brüder Rasch zu beziehen (Abb. 7). Drei riesige, unter der zentralen gläsernen Kuppel des K 21 gespannte Netze bilden eine Schwebearchitektur, die einem Spinnennetz nachempfunden ist und „an Modelle des Universums erinnert, die Schwerkraft und planetarische Körper darstellen".[23] Ein Spinnennetz diente mehr als acht Jahrzehnte zuvor auch den Brüdern Rasch zur Visualisierung des Hängeprinzips, das sie in der Erstausgabe

22 Jürgen Joedicke, „Vorbemerkung zu: Rasch, Heinz, und Rasch, Bodo. Vorschläge für Hängekonstruktionen (1927/28)", in: *Bauen und Wohnen,* 5, [Mai] 1967, S. 198 ff.
23 Tomás Saraceno, zit. n.: http://www.vernissage-museen.de/kuenstler/Kunstsammlung_NRW/exponate.html [letzter Zugriff: 16. 8. 2014].

the Stuttgart Institut für Grundlagen der modernen Architektur (Institute of Theory of Modern Architecture and Design), accredited them with having 'anticipated possible uses for suspended structures in building construction […]. What Heinz and Bodo Rasch developed then, has remained on paper. It was not until today that put similar ideas were put into practice.'[22]

The Rasch brothers' 'supportless' construction method from 1927, which uses new materials such as tensioning ropes, net structures, frameless glass and metallic surfaces, was first applied after 1945, for the town hall in Marl (1960–1967) by J.H. van den Broek and J. B. Bakema and the tent roof of the Munich Olympic Stadium (1968–1972) by Günter Behnisch and Frei Otto. Their work not only had an impact on modern building history in postwar Germany but was also relevant to the development of a Western European tradition of Constructivism to which Norman Foster and Thomas Herzog made significant contributions.

But other works, too, at the interface between construction and art installation, such as the accessible net construction *in orbit* created by Tomás Saraceno for the Kunstsammlung Nordrhein-Westfalen in Düsseldorf in 2013, show references to the Rasch brothers' ideas (fig. 7). Three huge nets spread under the central glass dome form a suspended structure that is modelled on a spider's web and 'is reminiscent of models of the universe designed to illustrate gravity and planetary bodies.'[23] More than eight decades earlier, the Rasch brothers had also used a spider's web to visualise the suspension principle which they

22 Jürgen Joedicke, 'Vorbemerkung zu: Rasch, Heinz, und Rasch, Bodo. Vorschläge für Hängekonstruktionen (1927/28)', in *Bauen und Wohnen,* 5, [May] 1967, p. 198 ff.
23 Tomás Saraceno, cited in http://www.vernissage-museen.de/kuenstler/Kunstsammlung_NRW/exponate.html [last accessed: 16. 8. 2014].

10

11

ihres Buches *Wie Bauen?* anschaulich definierten: „Hängewerke sind Konstruktionen, die an einem oder mehreren gegebenen festen Punkten aufgehängt sind. Wie das Netz einer Spinne oder die Hängematte. Hiernach ist klar, dass man es bei Hängewerken mit einer gänzlichen Trennung der auf Zug und der auf Druck beanspruchten Elemente zu tun hat."[24] (Abb. 8). Darüber hinaus gibt es weitere Bezugspunkte: Mit ihrem Haus am Hang aus Torkret-Schalenbeton exemplifizierten sie 1927, also zeitgleich mit den ersten Hängekonstruktionen, die Wölbtechnik in Schalenbauweise (Abb. 9). Hierbei rekurrierten die Brüder Rasch explizit auf das 1919 bis 1922 errichtete Zeiss-Planetarium in Jena, für dessen halbkugelförmige Projektionsfläche ein tragendes Gerüst aus dünnen Eisenstäben errichtet wurde, das sie in der Jahresausgabe 1928 abbildeten (Abb. 10).[25] Die Arbeiter, die sich hier scheinbar schwerelos auf dem dreidimensionalen ‚Spinnennetz' bewegen, begegnen uns in Saracenos Installation als Museumsbesucher wieder.

Bezeichnenderweise entwickelte sich in der ‚Nachfolge' der Brüder Rasch auch eine ‚lokale' Tradition des Leicht- und Ingenieurbaus in der Großregion Stuttgart. Sie führt mit Fritz Leonhardt, der 1938 die erste Hängebrücke über den Rhein spannte, und seinem Mitarbeiter Jörg Schlaich, der unter anderem 1974 einen Seilnetzkühlturm errichtete, beziehungsweise von Frei Otto zu Werner Sobek und dessen gläsernem Wohnhaus R128 (1999/2000) zurück zu Bodo Rasch jun., der in seinem 1948–1950 vom Vater erbauten Haus im Oberaicher Wispelwald heute die weltweit größten Schirmkonstruktionen und Leichtbau-Kuppeln für islamische ‚Zukunftsstädte' entwickelt.[26] (Abb. 11)

explained vividly in the first edition of their book *Wie Bauen?*: 'Suspended works are structures that are suspended from one or more given fixed points. Like a spider's web or a hammock. Thus it is clear that suspended structures are defined by the complete separation of tension and compression elements.'[24] (fig. 8). There are other reference points: in 1927, the same year in which they developed the first suspended structures, the brothers designed a hillside house with a shotcrete shell structure as an example of how to use shell construction to create a vault (fig. 9). The design echoes the Zeiss Planetarium in Jena that was built between 1919 and 1922. The hemispherical projection surface is supported by a structure made of thin iron rods that appeared as an illustration in the 1928 annual edition of *Wie Bauen?* (fig. 10).[25] The workers who seem to defy gravity as they move about on the three-dimensional spider's web reappear as visitors in Saraceno's installation.

The Rasch brothers also inspired the development of a 'local' tradition of lightweight construction and structural engineering in the region around Stuttgart. The succession leads from Fritz Leonhardt, who spanned the first suspension bridge across the Rhine in 1938, and his associate Jörg Schlaich who, among other things, built a cable net cooling tower in 1974, and from Frei Otto to Werner Sobek and his glass house R128 (1999/2000) back to Bodo Rasch junior, who has his office in the house his father built in the Wispelwald in Oberaichen from 1948 to 1950, where he develops the world's most expansive umbrella structures and lightweight domes for Islamic 'cities of the future'[26] (fig. 11).

24 Rasch 1927 (wie Anm. 14), S. 158.
25 Rasch 1928 (wie Anm. 14), S. 80.
26 Vgl. hierzu: Dietrich Heissenbüttel, „Zur Geschichte des Leicht- und Ingenieurbaus in Stuttgart", in: ders. (Hrsg.): *Kunst in Stuttgart. Epochen, Persönlichkeiten, Tendenzen*, Stuttgart 2013, S. 268–287.

24 Rasch 1927 (see note 14), p. 158.
25 Rasch 1928 (see note 14), p. 80.
26 Cf. Dietrich Heissenbüttel, 'Zur Geschichte des Leicht- und Ingenieurbaus in Stuttgart', in Heissenbüttel (ed.), *Kunst in Stuttgart: Epochen, Persönlichkeiten, Tendenzen*, Stuttgart 2013, pp. 268–287.

II

Mit der Stringenz ihrer visuellen Inszenierungen bemühten sich die Brüder Rasch auch um die identitätsstiftende Konstruktion einer ‚Marke', die ihre Lebens- und Arbeitsgemeinschaft repräsentieren sollte. Bereits zu Beginn der Zwanzigerjahre waren sie mit einer gemeinschaftlich betriebenen Werkstätte für moderne Raum- und Flächenkunst auf industrieller Grundlage in Erscheinung getreten. Der unter Werkverbindung Arche beziehungsweise Deutsche WA-Möbel-Gesellschaft firmierende und in Stuttgart-Degerloch ansässige Kleinstbetrieb resultierte aus den unternehmerischen Ambitionen von Heinz Rasch, die sich bereits während der Ausbildung manifestierten. Noch bevor er sein 1920 an der Technischen Hochschule Hannover begonnenes und 1922/23 an der Technischen Hochschule Stuttgart fortgeführtes Architekturstudium zum Wintersemester 1923/24 bei Paul Bonatz abgeschlossen hatte, gründete Heinz Rasch zum 1. Januar 1923 die Werkkunst Arche. Die auf Kleinmöbel und Holzbeleuchtungskörper spezialisierte Firma lebte nach der Liquidation im August des Jahres mit leicht modifiziertem Namen weiter und ging letztlich in dem am 27. Juni 1926 gegründeten Büro Brüder Rasch. Hochbau. Möbelbau. Werbebau auf, das formell bis zum 31. Dezember 1930 in verschiedenen Wohnateliers existierte.

Während Heinz Rasch bei dem frühen Versuch, ein Atelier für „Raumgestaltung" zu etablieren, eng mit dem an der Königlich Württembergischen Akademie der Bildenden Künste in Stuttgart ausgebildeten und bereits 1927 als Professor für Typografie, Werbegrafik und Stoffdruck an die Städelschule berufenen Willi Baumeister zusammenarbeitete, zog er für die Mitarbeit in den WA-Betrieben mit seinem jüngeren Bruder einen Autodidakten hinzu. Bodo Rasch war Lehrling in der Land- und Forstwirtschaft, ehe er ab 1922 an der Württembergischen Landwirtschaftlichen Hochschule in Hohenheim studierte und 1926 diplomierte. Durch mehrere Praktika in Möbel- und Bauschreinereien erarbeitete sich der angehende Agraringenieur profunde handwerklich-praktische Fertigkeiten, die er gewinnbringend, jedoch stets im Bewusstsein der fehlenden formalen Qualifikation als Architekt oder Gestalter in die geschwisterlichen Unternehmungen einbrachte. Sein frühes Interesse für den Werkstoff Holz zeigte sich in einer bis zum Lebensende kultivierten Tätigkeit: der Entwicklung von Klein- und Sitzmöbeln aus gebogenem Schichtholz sowie von Prototypen aus leichtem Stahlrohr, formbaren Kunststoffen und elastischen Geweben. Waren die Ausstattungsstücke zunächst noch dem Geist der Reformbewegung und Künstlern wie Richard Riemerschmid oder Heinrich Tessenow verpflichtet, huldigen sie in den Zwanzigerjahren der akribischen Funktionsanalyse.

Die Hinwendung zur ‚Moderne' war auch für die berufliche Entwicklung von Heinz Rasch konstitutiv. Er wandte sich früh gegen die an der Technischen Hochschule Hannover gelehrte historisierend-epigonale ‚Stilkunst' und wechselte an die Stuttgarter Schule, deren praxisbezogene Werklehre ihm in Paul Bonatz, dem Architekten des Stuttgarter Hauptbahnhofs, idealtypisch verkörpert schien. Durch den fachlichen Austausch mit Richard Döcker, Hugo Keuerleber (Projekt Turmhäuser für

II

The Rasch brothers' compelling visual displays also reflect their attempt to create a distinctive 'brand' that was intended to represent their private and professional joint venture. By the early 1920s they had made an appearance with a collaborative workshop to produce modern interior design and decorative art on a commercial basis. This small business that operated in Stuttgart-Degerloch under the name Werkverbindung Arche or Deutsche WA-Möbel-Gesellschaft was the result of Heinz Rasch's entrepreneurial ambitions that were already apparent when he was a student. Heinz Rasch enrolled at the Technische Hochschule in Hanover in 1920 to study architecture and moved to the Technische Hochschule in Stuttgart in 1922/23 where he studied with Paul Bonatz. On 1 January 1923, even before graduating in the winter semester of 1923/24, he founded the Werkkunst Arche. After its liquidation in August of the same year, this company, which had specialised in small items of furniture and wooden lamps, continued under a slightly modified name. It was finally absorbed into the firm Brüder Rasch. Hochbau. Möbelbau. Werbebau, which had been founded on 27 June 1927. Based in different residential studios, Brüder Rasch continued to exist until 31 December 1930.

Although during his early attempt to establish a studio for 'interior design' Heinz Rasch collaborated closely with Willi Baumeister, who had studied at the Königlich Württembergische Akademie für Bildende Künste in Stuttgart and who became a professor of typography, commercial art and textile printing at the Städelschule in 1927, he aksed his self-taught younger brother to join him at the WA workshop. Bodo Rasch had worked as an agriculture and forestry apprentice before enrolling at the Württembergische Landwirtschaftliche Hochschule in Hohenheim from which he graduated in 1926. Thanks to several internships at carpentry firms specialising in furniture and construction, the prospective agricultural engineer acquired sound practical crafts skills that he was able to put to good use in the brothers' projects, though he was always aware of his lack of formal qualifications as architect or designer. His early interest in working with wood found expression in an activity he continued throughout his life: the development of small items of furniture and seating made of bent plywood and prototypes made of light steel tubing, malleable plastics and elastic fabrics. While the first pieces were still defined by the spirit of the reform movement and artists such as Richard Riemerschmid or Heinrich Tessenow, the designs developed in the 1920s were based on meticulous functional analysis.

The orientation towards 'modernity' was also important for Heinz Rasch's professional development. Early on, he rejected the historicising and derivative 'Stilkunst' (Secession-style art) taught at the Technische Hochschule in Hannover and moved to the Stuttgart school where he found the practical approach towards craft-oriented training to be perfectly embodied by Paul Bonatz, the architect of Stuttgart's central railway station. Even when he was still a student, Heinz Rasch was exchanging ideas with the representatives of new building in Stuttgart, such as Richard Döcker, Hugo Keuerleber (Turmhäuser für Stuttgart

Stuttgart, 1920/21), Ernst Otto Oßwald (Tagblatt-Turmhaus,1927/28) und Erich Mendelsohn (Kaufhaus Schocken,1926–1928), die das Neue Bauen in der württembergischen Kapitale repräsentierten, löste sich Heinz Rasch noch im Studium vom Traditionalismus seiner Lehrer und versuchte, die neue Baukultur und -ästhetik durch eine eigene Position mitzubestimmen.[27] Im Bestreben, sich damit auch finanziell zu reproduzieren, besannen sich die Brüder Rasch auf das Geschäftsmodell der ihnen seit der Stuttgarter Bauausstellung 1924 persönlich bekannten Architektenbrüder Bruno und Max Taut und kreierten ein ‚Label', das die eindrucksvolle Tradition des brüderlichen ‚Künstlerbundes' romantisch überhöhte und eine besondere Nähe zum Kunden suggerierte: „‚Brüder ... Gebrüder ... brothers ... frères'. Da erschien die Verantwortung geteilt, da schien alles gegenseitig kontrolliert ... und ist nicht der Gedanke an eine Familie vertraueneinflößend? ‚Brüder ...' wie anheimelnd das klingt."[28]

Das ‚Tandem' beschäftigte in seinem gleichermaßen als Wohngemeinschaft, Atelier und (Schreib-)Werkstatt dienenden „Forschungslaboratorium"[29] in der Hochphase bis zu sechs Mitarbeiter und avancierte „zu einer kleinen Wallfahrtsstätte"[30] der zeitgenössischen Gestalterszene: Neben dem Stuttgarter Freundeskreis um Willi und Margarete Baumeister, Hans und Gert (Berta) Baumeister, Oskar und Tut Schlemmer sowie Hans und Lily Hildebrandt, der nach dem Zweiten Weltkrieg als Künstlertreff Bubenbad im Gänsheideviertel Geschichte schrieb, fanden sich zu rauschenden Festen die ungarischen Architekten Belá Ballázs und Farkas Molnár ein, logierte – mit einer Vortrags-Offerte nach Rotterdam im Gepäck – Mart Stam und „frühstückten [Hans] Schmidt, [Paul] Artaria und Sulzbacher bei uns. Sehr nett. Abends hatten wir großen Betrieb: das Treppenhaus, durch Lampions beleuchtet, unsere Räume mit Seiden- und Krepppapier stimmungsvoll ausgestattet, Polster die Wände entlang. Alles in allem etwa 25–30 Personen. [...] Dienstag war dann Anton Brauner aus Wien bei uns, der durch die ‚Wiener Volkswohnung' bekannt geworden ist. Herr [Franz] Krause zeichnet einen Wettbewerb bei uns."[31] Zu den „Freunde[n] aus Berlin, die wegen der Werkbund-Ausstellung sporadisch herunter kommen",[32] gesellte sich Ludwig Mies van der Rohe, der sich für die Ausarbeitung des Bebauungsplanes der Weißenhofsiedlung „unser primitives Büro ausgesucht [hat]"[33]: „Da hat er 2 große Reißbretter mit [sic!] Beschlag gelegt, er ist ein mächtig breiter Kerl, mit einem Rücken für 2, Schuhabsatzbreite 12 cm. Ich bin etwas in die Enge getrieben. Aber es geht sehr gut und vor allem ist das Zusammenarbeiten sehr anregend",[34] berichtete Heinz Rasch am 15. Februar 1927 seiner Verlobten Jutta Kochanowski, um zehn Tage später

27 Zu den Biografien vgl. Annette Ludwig, „Rasch, Bodo", in: *Baden-Württembergische Biographien*, Bd. IV, hrsg. v. Fred Ludwig Sepaintner, Stuttgart 2007, S. 279–280; dies.: „Rasch, Heinz", in: ebd., S. 280–282.
28 Heinz Rasch, *Das Anonyme der Brüder Rasch*, Manuskript, undatiert, 2 S., hier S. 2. Zur ‚Marke' Brüder Rasch im Einzelnen: Ludwig 2009 (wie Anm. 2), S. 79–104.
29 Heinz Rasch, „Daten zu 5 Büchern 1927–1930", in: *Polis. Zeitschrift für Architektur, Stadtplanung und Denkmalpflege*, 8, 1, 1997, S. 28–31, hier S. 28.
30 Heinz Rasch, Brief an Jutta Kochanowski vom 26. 9. 1926, NHR (wie Anm. 1).
31 Heinz Rasch, Brief an Jutta Kochanowski vom 16. 9. 1927, NHR (wie Anm. 1).
32 Heinz Rasch, Brief an Jutta Kochanowski vom 26. 9. 1926, NHR (wie Anm. 1).
33 Heinz Rasch, Brief an Jutta Kochanowski vom 17. 12. 1927, NHR (wie Anm. 1).
34 Heinz Rasch, Brief an Jutta Kochanowski vom 15. 2. 1927, NHR (wie Anm. 1).

project, 1920/21), Ernst Otto Oßwald (Tagblatt-Turmhaus, 1927/28) and Erich Mendelsohn (Schocken department store, 1926–1928). This led him to break away from his teachers' traditionalism and try to influence the new building culture and aesthetics by developing his own position.[27] In the hope of also achieving financial success, the Rasch brothers sought inspiration from the business model developed by the architect brothers Bruno and Max Taut whom they had met at the Stuttgart building exhibition in 1924. Thus they created a 'brand' that romantically elevated the brotherly 'association of artists' and suggested a close bond with the client: '"Brüder ... Gebrüder ... brothers ... frères". This implied shared responsibilities, mutual control ... and isn't the idea of a family reassuring? "Brothers ..." how cosy that sounds.'[28]

In its heyday, the 'tandem' employed up to six assistants in its 'research laboratory',[29] which served as flat share, studio and (writing) workshop and eventually became a 'little pilgrimage site'[30] for the contemporary design scene: apart from Willi and Margarete Baumeister, Hans and Gert (Berta) Baumeister, Oskar and Tut Schlemmer, and Hans and Lily Hildebrandt and other members of the Stuttgart set, who made history with their meetings at the Bubenbad in the Gänsheideviertel after the Second World War, the Hungarian architects Belá Ballász and Farkas Molnár also came to lavish parties there, and Mart Stam – bearing a request for a lecture in Rotterdam – lodged with them and '[Hans] Schmidt, [Paul] Artaria and Sulzbacher joined us for breakfast. Very pleasant. In the evening there was a lot of action: the staircase lit up with lanterns, our rooms festively decked out with silk and crêpe paper, cushions lining the walls. All in all, about 25–30 people [...] On Tuesday, Anton Brauner from Vienna came by, who had made a name for himself with his "Wiener Volkswohnung" [model for social housing]. Mister [Franz] Krause is preparing a competition entry at our place. [31] 'Our friends from Berlin, who come down here sporadically for the Werkbund exhibition',[32] were joined by Ludwig Mies van der Rohe. He chose "our primitive office"[33] for his work on the development plan for the Weissenhof Estate'. 'He has monopolised two large drawing boards, he is an enormous fellow with a back for two, the width of his heels is 12 cm. I feel a bit cramped. But things are going very well and, above all, working together with him is very inspiring',[34] Heinz Rasch wrote to his fiancée Jutta Kochanowski on 15 February 1927, only to conclude proudly ten days later: 'He is a splendid person and was a pleasant guest. He felt very comfortable here and also wrote to thank us for our time.'[35]

27 For information on the biographies, cf. Annette Ludwig, 'Rasch, Bodo', in *Baden-Württembergische Biographien*, vol. IV, ed. Fred Ludwig Sepaintner, Stuttgart 2007, pp. 279–280; id.: 'Rasch, Heinz', in ibid., pp. 280–282.
28 Heinz Rasch, *Das Anonyme der Brüder Rasch*, manuscript, undated, 2 p., here p. 2. For detailed information on the Rasch brothers' 'label', see Ludwig 2009 (see note 2), pp. 79–104.
29 Heinz Rasch, 'Daten zu 5 Büchern 1927–1930', in *Polis. Zeitschrift für Architektur, Stadtplanung und Denkmalpflege*, 8, 1, 1997, pp. 28–31, here p. 28.
30 Heinz Rasch, letter to Jutta Kochanowski from 26. 9. 1926, EHR (see note 1).
31 Heinz Rasch, letter to Jutta Kochanowski from 16. 9. 1927, EHR (see note 1).
32 Heinz Rasch, letter to Jutta Kochanowski from 26. 9. 1926, EHR (see note 1).
33 Heinz Rasch, letter to Jutta Kochanowski from 17. 12. 1927, EHR (see note 1).
34 Heinz Rasch, letter to Jutta Kochanowski from 15. 2. 1927, EHR (see note 1).
35 Heinz Rasch, letter to Jutta Kochanowski from 25. 2. 1927, EHR (see note 1).

13

14

stolz zu resümieren: „Er ist ein prächtiger Mensch und ein gemütlicher Gast gewesen. Er fand es sehr nett bei uns und hat uns auch noch schriftlich für die Tage gedankt."[35]

Die diesem intellektuellen Klima entwachsenen Anregungen begünstigten nicht nur die persönliche Entwicklung der Brüder Rasch, sondern schlugen sich auch in ihren eigenen Bauten und Projekten nieder, wie der erste realisierte Bauauftrag, das Einfamilienhaus Ernst Rasch in Bad Oeynhausen von 1926/27, auf das Anschaulichste zeigt.[36] Dem kaum drei Monate nach Schließung der ‚Arbeitsehe' begonnenen Erstlingswerk (Abb. 13, s. dazu auch S. 34/35) folgten bis zu ihrer Auflösung zahlreiche innovative Entwürfe, aber nur eine weitere architektonische Konkretion, das Haus mit auswechselbaren Wänden in Stuttgart (1929/30, S. 37), für das Bodo Rasch als ‚Bauführer' erneut die Bauleitung vor Ort übernahm. Der Bauherr des Hauses Ernst Rasch, der einer alteingesessenen Tonwarenfabrik in Bad Oeynhausen entstammte, beauftragte seine Neffen als Pensionär mit dem Bau seines Wohnhauses und ließ sie ihre Vorstellungen scheinbar unbehelligt umsetzen. Diese entwarfen zwei ineinander verschränkte, unterschiedlich groß und hoch ausgebildete kubische Baukörper für den Wohn- und den Hauswirtschaftsbereich und verblendeten sie mit Bezug auf die lokale Bautradition und die Profession des Besitzers mit Dehmer Klinker. Im Wohnbereich verwiesen mobile Wandelemente und Schiebetüren sowie versenkbare Horizontalfenster und raumhohe Glasflächen auf den zeitgemäßen variablen Grundriss und die optische Verschmelzung von Innen- und Außenraum. In

35 Heinz Rasch, Brief an Jutta Kochanowski vom 25.2.1927, NHR (wie Anm. 1).
36 Vgl. Annette Ludwig, „Heinz und Bodo Rasch. Einfamilienhaus Bad Oeynhausen", in: *Die neue Sammlung. Schenkungen und Akquisitionen 1995–1999*, hrsg. von Anna Meseure und Wilfried Wang, Frankfurt am Main 1999, S. 120f., sowie detailliert Ludwig 2009 (wie Anm. 2), S. 118–143.

The inspiration generated by this intellectual environment not only benefited the Rasch brothers' personal development but also influenced their own buildings and projects as is clearly shown in their first project to be built, the detached family house for Ernst Rasch in Bad Oeynhausen from 1926/27.[36] Barely three months after their 'professional marriage', the brothers started on this first project (fig. 13, see also pp. 34/35). Although many innovative designs followed before the break-up of their alliance, the only other project that was actually built was the house with exchangeable walls in Stuttgart (1929/30, p. 37) for which Bodo Rasch once again took on the site management as 'foreman'. Ernst Rasch, heir to a long-established pottery factory in Bad Oeynhausen, was the owner of the house. The pensioner assigned the construction of his home to his nephews and apparently let them carry out their plans without interference. They designed two interlocked cubic structures of different sizes and heights for the living and utility areas and faced them with Dehmer clinkers in reference to the local building tradition and the owner's profession. In the living area, moveable wall units, sliding doors, horizontal sliding windows and floor-to-ceiling glazing referenced the new idea of a variable floor plan and the visual fusion of inside and outside space. Above all, this amalgam of design premises of the Stuttgart tradition and modern living concepts from Adolf Loos to Frank Lloyd Wright and Theo van Doesburg, shows the influence of Mies van der Rohe, who almost at the same time constructed Haus Wolf in Guben an der Neiße (1925–1927, fig. 14) and the villa ensemble Lange and Esters in Krefeld (1927–1930) – all cubic brick structures clad with unadorned clinker bricks.

36 Cf. Annette Ludwig, 'Heinz and Bodo Rasch. Einfamilienhaus Bad Oeynhausen', in *Die neue Sammlung. Schenkungen und Akquisitionen 1995–1999*, ed. Anna Meseure and Wilfried Wang, Frankfurt am Main 1999, p. 120 f. and for more detail Ludwig 2009 (see note 2), pp. 118–143.

der Amalgamierung von Gestaltungsprämissen der Stuttgarter Schule und Wohnkonzepten der Moderne von Adolf Loos über Frank Lloyd Wright bis Theo van Doesburg dokumentierte sich aber vor allem die Nähe zu Ludwig Mies van der Rohe, der nahezu zeitgleich das Haus Wolf in Guben an der Neiße (1925–1927, Abb. 14) sowie das Villenensemble Lange und Esters in Krefeld (1927–1930) errichtete – allesamt kubische Mauerwerksbauten mit ornamentloser Klinkerverblendung.

In der gründerzeitlich geprägten Kurstadt Bad Oeynhausen verkörperten Formauffassung und Materialästhetik des zweigeschossigen Hauses Rasch den ‚Einbruch' der Moderne, sodass es zur lokalen Attraktion und zum beliebten Exkursionsziel von Schulklassen avancierte. Auch Architekturpublizisten wurden aufmerksam, um sich wie Walter Curt Behrendt „über die Technik dieses interessanten Bauwerkes näher [zu] unterrichten".[37] Durch Vermittlung von Mies van der Rohe wurde es 1927 mit wegweisenden Projekten von „circa 50 Führer[n] der neuen Baukunst aus aller Welt"[38] auf der *Internationalen Plan- und Modellausstellung Neuer Baukunst* im Stuttgarter Kunstgebäude präsentiert, zu der Mies selbst seine Entwürfe für Landhäuser aus Eisenbeton (1923) und aus Backstein (1924) sowie Fotografien von Haus Wolf eingereicht hatte. Die unvermittelte ‚Augenhöhe' zu ihrem Mentor und anderen ‚Stararchitekten' nobilitierte die Debütanten zu den deutschen ‚Entdeckungen' des International Style, zumal sie parallel in der Mustersiedlung auf dem Weißenhof vertreten waren. Während das Duo eine Dreizimmerwohnung im Terrassenhaus von Peter Behrens mit kastenartigen „Versuchsmodellen" aus gebogenem Sperrholz ausstattete und sich damit gleichsam auf dessen Architekturkonzeption bezog, reüssierte es im Mietshaus von Ludwig Mies van der Rohe mit einer Wohnung für einen Junggesellen, deren „transformables Wandtafelsystem aus Gipsdielen" im Zusammenspiel mit „schwebenden" Möbeln (S. 28/29) innovativ auf die zeitgenössische Vorstellung vom Raum als offenem und veränderbaren Gefüge reagierte.

So wurde die Weißenhofsiedlung, die als Modell des Neuen Bauens in Deutschland gilt, für die Brüder Rasch in mehrfacher Hinsicht zu einem Katalysator[39]: Sie zeigten, dass sich ihr auf Konstruktion, Material und Form basierender Begriff von Modernität nicht auf die Architektur beschränkte, sondern das Wohnen sowie das Publizieren und Vermitteln in einem übergreifenden Sinne mit einbezog. Die Weißenhofsiedlung beschleunigte die Auseinandersetzung mit zeitgenössischen Debatten, das technisch-konstruktive Experiment und die Entwicklung singulärer ‚Bilder' einer Neuen Stadt. Und sie bestärkte die brüderliche Symbiose in Kunst und Leben, die ihr äußeres Zeichen in der gleichberechtigten kollektiven Autorschaft fand.

Die Lebens- und Arbeitsgemeinschaft der Brüder Rasch wurde jedoch brüchig, als die Zeitumstände und die Weltwirtschaftskrise die hoffnungsvolle Zusammenarbeit mit der ‚Bauwelt' beendeten und der Wunsch nach wirtschaftlicher Konsolidierung und Unabhängigkeit ebenso wuchs wie der Familienwunsch

37 Walter Curt Behrendt, Brief an die Brüder Rasch vom 9.1.1928, NBR (wie Anm. 21).
38 *Die Baugilde*, 9, 14, 25.7.1927, S. 789.
39 Sowohl Heinz als auch Bodo Rasch setzten sich seit den 1950er-Jahren aktiv für den ‚Denkmalswert' der Mustersiedlung ein.

In Bad Oeynhausen, a town dominated by *Gründerzeit* architecture, the formal concept and material aesthetics used in the two-storey Rasch house epitomised the onset of modernity. It soon became a local attraction and popular field trip destination for school classes. It also drew architecture journalists like Walter Curt Behrendt who sought to 'learn more about the technique behind this interesting structure.'[37] Thanks to Mies van der Rohe, the house was presented at the Internationale Plan- und Modellausstellung Neuer Baukunst in the Stuttgart Kunstgebäude in 1927 alongside groundbreaking projects by 'approximately 50 leaders of the new art of building from all over the world'[38] to which Mies himself contributed his designs for country houses made of ferro-concrete (1923) and bricks (1924) and also photographs of his Haus Wolf. The novices, who were suddenly 'on a par' with their mentor and other 'star architects', became ennobled as German 'discoveries' of the International Style, especially since they were also represented at the Weissenhof Estate. Their furnishing of the three-room flat in Peter Behrens's terrace house with boxy 'experimental models' made of bent plywood was also intended as a reference to his conception of architecture. At the same time, the pair triumphed with a bachelor flat in Mies van der Rohe's block. The interplay between the transformable 'system of wall panels made of plasterboards' and 'floating' furniture (pp. 28/29) was an innovative response to the contemporary idea of living space as an open and transformable structure.

The Weissenhof Estate, which is seen as a model of new building in Germany, became a catalyst for the Rasch brothers in more ways than one[39]: they were able to show that their understanding of modernity as a unity of construction, material and form was not limited to architecture, but also extended to living, publishing and communication in a broader sense. The Weissenhof Estate spurred on their engagement with contemporary debates, their experiments in construction and the development of unique 'images' of a New City. And it reinforced the brotherly symbiosis in art and life that found its outward expression in equal and collective authorship.

However, the Rasch brothers' living and working community started to crumble once circumstances including the Great Depression brought an end to the hopeful collaboration with the 'building world', and the desire for economic consolidation and independence and for starting a family and household became equally strong. But their 'professional marriage' also began to fall apart because of arguments over the authorship and attribution of the most important works. When they stopped living and working together in 1930, they also permanently lost their unanimity as brothers. Yet despite all this, the innovations of their years together – especially the suspension houses that enabled the Rasch brothers to rise above themselves, their times and 'the earthly pull of gravity' – still hold the key to understanding their subsequent separate careers in Wuppertal and Stuttgart, and show how the inherent possibility of failure lends a topicality

37 Walter Curt Behrendt, letter to the Rasch brothers from 9.1.1928, EBR (see note 21).
38 *Die Baugilde*, 9, 14, 25.7.1927, p. 789.
39 From the 1950s onwards both Heinz and Bodo Rasch fought for the recognition of the 'landmark value' of the model housing estate.

und die Begründung eines eigenen Hausstandes. Die ,Arbeitsehe' erodierte aber auch durch Zerwürfnisse um die Urheberschaft, Händescheidung und Zuschreibung der wichtigsten Arbeiten, sodass die 1930 vollzogene räumliche Trennung das dauerhafte Ende des brüderlichen Einvernehmens markiert. Auch unter diesen Auspizien tragen die innovativen Projekte der gemeinsamen Jahre – und insbesondere die Hängehäuser, mit denen die Brüder Rasch über sich, ihre Zeit und die ,Erdgebundenheit' hinauswuchsen – den Schlüssel zum Verständnis ihrer weiteren, an den Wirkungsorten Wuppertal und Stuttgart separat verlaufenden beruflichen Entwicklung in sich. Dieser Schlüssel öffnet den Blick darauf, dass die inhärente Möglichkeit des Scheiterns dem Werk der Brüder Rasch eine bis heute faszinierende Aktualität und Lebendigkeit verleiht. Und er offenbart einmal mehr die Janusköpfigkeit der Moderne, die sich in ihren Projekten zwischen Modernität und Avantgarde artikuliert.

Abbildungen:

1. Architektur-Schaufenster der Leipziger Buchhandlung Gustav Schlemminger mit Publikationen der Brüder Rasch, 1929
2. Brüder Rasch (zugeschrieben Bodo Rasch), Projekt für hängende Wohneinheiten: axonometrische Ansicht im Schnitt, 1927, Bleistift, Tusche und Graphitstift auf Transparentpapier, 99 × 118,2 cm, Inv.-Nr. DR 1984:1562, Collection Centre Canadien d'Architecture / Canadian Centre for Architecture, Montréal
3. Brüder Rasch, »System Rasch« (Projekt), 1929, Flach- und Hochsiedlung
4. Brüder Rasch, Abgehängtes Handelsmesse Haus Projekt: Perspektive, ca. 1931, Bleistift auf Papier, 28,7 × 21,5 cm, Inv.-Nr. 422.2008, The Museum of Modern Art, New York. Gift of Jo Carole and Ronald S. Lauder and the Architecture & Design Purchase Fund, 2008
5. Brüder Rasch (zugeschrieben Bodo Rasch), Projekt für ein Stadion: Ansicht, ca. 1927–1928, Bleistift, Tusche und Graphitstift auf Transparentpapier, 22,7 × 40,2 cm, Inv.-Nr. DR 1984: 1565, Collection Centre Canadien d'Architecture / Canadian Centre for Architecture, Montréal
6. El Lissitzky, Wolkenbügel (Projekt für Moskau), 1923–1925
7. Tomás Saraceno, in orbit, 2013, Kunstsammlung Nordrhein-Westfalen, K21 Ständehaus, Düsseldorf
8. Hängewerke, in: Brüder Rasch, *Wie Bauen?*, 1928, S. 158
9. Brüder Rasch (zugeschrieben Heinz Rasch), Haus am Hang (Grundriss und Querschnitt), 1927 Tusche und Bleistift auf Transparentpapier, 44,5 × 35 cm, Deutsches Architekturmuseum, Frankfurt am Main
10. Zeiss-Planetarium, in: Brüder Rasch, *Wie Bauen?*, 1928, S. 80
11. Bodo Rasch jun., Madinah Piazza Shading, 2009
12. Briefkopf der Brüder Rasch
13. Brüder Rasch, Haus Ernst Rasch, Bad Oeynhausen, 1926/27
14. Ludwig Mies van der Rohe, Haus Wolf, Guben an der Neiße, 1925–1927

and vitality to the Rasch brothers' work that fascinates us to this day. And it reminds us again of the Janus-faced nature of Modernism, which expresses itself in their projects that stand between modernity and avant-garde.

Figures:

1. Architecture display window at the Gustav Schlemminger bookshop in Leipzig with publications by the Rasch brothers, 1929
2. Rasch brothers (attributed to Bodo Rasch), Project for suspension housing units: cut-away axonometric view, 1927, pen, ink and graphite on tracing paper, 99 × 118,2 cm, Inv.-Nr. DR 1984: 1562, Collection Centre Canadien d'Architecture / Canadian Centre for Architecture, Montréal
3. Rasch brothers, Rasch System (project), 1929, Flach- und Hochsiedlung (high-rise and flat estate)
4. Rasch brothers, Suspended Commercial Trade Fair House Project: view, approx. 1931, pencil on paper, 28,7 × 21,5 cm, Inv.-Nr. 422.2008, The Museum of Modern Art, New York. Gift of Jo Carole and Ronald S. Lauder and the Architecture & Design Purchase Fund, 2008
5. Rasch brothers (attributed to Bodo Rasch), Project for a stadium: perspective, approx. 1927–1928, pen, ink and graphite on tracing paper, 22,7 × 40,2 cm, Inv.-Nr. DR 1984: 1565, Collection Centre Canadien d'Architecture / Canadian Centre for Architecture, Montréal
6. El Lissitzky, Wolkenbügel (Cloud Bow, project for Moscow), 1923–1925
7. Tomás Saraceno, in orbit, 2013, Kunstsammlung Nordrhein-Westfalen, K21 Ständehaus, Düsseldorf
8. Suspension works, in: Brüder Rasch, *Wie Bauen?*, 1928, p. 158
9. Rasch brothers (attributed to Heinz Rasch), House on the slope (layout and cross section), 1927, Ink, pencil on tracing paper, 44,5 × 35 cm, Deutsches Architekturmuseum, Frankfurt am Main
10. Zeiss Planetarium, in: Brüder Rasch, *Wie Bauen?*, 1928, p. 80
11. Bodo Rasch (junior), Madinah Haram Piazza Shading, 2009
12. The Rasch brothers' letterhead
13. Rasch brothers, Ernst Rasch House, Bad Oeynhausen, 1926–27
14. Ludwig Mies van der Rohe, Wolf House, Guben an der Neisse, 1925–27

JÖRG STÜRZEBECHER

DIE GRAFISCHE GESTALTUNG DER BRÜDER RASCH

in ihrem regionalen und beruflichen Kontext

The Graphic Works of the Rasch Brothers in their Regional and Professional Context

„Auf das Klosett soll man gerne gehen! Nicht mit angehaltenem Atem! Kein Ort des Grauens mehr! Ein wichtiger Ort! Ich hörte von einem Schriftsteller, der für seine Gäste eine kleine Handbibliothek in seinem ‚Klösterchen' angebracht."[1] So ausrufezeichengesättigt wirbt der Arzt, Schriftsteller und kommunistische Politiker Friedrich Wolf für die Hygiene in der Moderne, zwei Themen, die in Stuttgart eine gewichtige Rolle spielen – man denke nur an die Kehrwoche und die Weißenhofsiedlung. Diese Stadt als Ort von Heinz und Bodo Rasch während ihrer gemeinsamen Arbeitsjahre zu bezeichnen, das Umfeld, in dem ihre gebrauchsgrafischen Werke entstanden, zu beleuchten, das ist der Ausgangspunkt dieses Aufsatzes.[2]

1 Friedrich Wolf, *Die Natur als Arzt und Helfer*, Stuttgart u. a. 1928, S. 259. Friedrich Wolf war mit den Brüdern Rasch bekannt, sein Haus in Stuttgart wurde von Richard Döcker entworfen. Nach der Auflösung der Arbeitsgemeinschaft Heinz und Bodo Rasch war er als Autor der von Bodo Rasch herausgegebenen Zeitschrift *Zirkel* vorgesehen. Am 17. August 1929 veröffentlicht der *Filmkurier* unter dem Titel „Die Stadt der harten Schädel" eine bemerkenswerte Einschätzung Friedrich Wolfs zum Stuttgart der Zwanzigerjahre: „Stuttgart hat die saubersten Straßen, ist die Stadt der Superlative. Stuttgart hat die schönsten Höhenwege, die romantischsten Villenhänge, die meisten Hochhäuser, die zahlreichsten politischen Verfügungen und staatsanwaltlichen Verbote. [...] Stuttgart hat vielleicht die zahlreichsten Filmverbote – aber Stuttgart hat auch die härtesten Schwabenschädel." (Hier zit. n.: *Cyankali*, Programmbuch des Württembergischen Staatstheaters Stuttgart, 1975, S. 97 f.).

2 Ausführlich zu Heinz und Bodo Rasch siehe: Annette Ludwig, *Die Architekten Brüder Heinz und Bodo Rasch. Ein Beitrag zur Architekturgeschichte der zwanziger Jahre*, Tübingen · Berlin 2009. Mein Beitrag verdankt dieser Arbeit zahlreiche, nie zuvor publizierte Informationen. Ich bin der sorgfältigen Arbeit der Autorin und ihren Recherchen sowie zahlreichen Querhinweisen zu Dank verpflichtet.

'Going to the lavatory should be enjoyable! One shouldn't have to hold one's breath! No longer a dreadful place! An important place! I heard of a writer who had equipped his "throne room" with a little reference library for his guests.'[1] This was an exclamatory appeal by the doctor, writer and communist politician Friedrich Wolf for a Modernist approach towards hygiene, two subjects that played a very important role in Stuttgart – of which the *Kehrwoche*[2] and the Weissenhof Estate are but two examples. This essay begins with a characterisation of this city as the place where Heinz and Bodo Rasch spent their time of collaboration and sheds light on the environment in which they developed their commercial graphic works.[3]

1 Friedrich Wolf, *Die Natur als Arzt und Helfer*, Stuttgart et al. 1928, p. 259. Friedrich Wolf was acquainted with the Rasch brothers, his house in Stuttgart had been designed by Richard Döcker. After the liquidation of the joint venture between Heinz and Bodo Rasch he was a designated author for Bodo Rasch's magazine *Zirkel*. On 17 August 1929, the *Filmkurier* published Friedrich Wolf's remarkable assessment of Stuttgart in the twenties with the title 'Die Stadt der harten Schädel' (The City of Hard Heads): 'Stuttgart has the cleanest streets; it is a city of superlatives. Stuttgart has the most beautiful high streets, the most romantic hillside villas, the most tower blocks, the most political decrees and legal prohibitions. ... Stuttgart might have the most film bans – but Stuttgart also has the hardest Swabian knuckleheads.' (Cited in: *Cyankali*, Programmbuch des Württembergischen Staatstheaters Stuttgart, 1975, p. 97 f.).

2 Translator's note: The Swabian or Württemberg *Kehrwoche* ('sweeping week') is a regulation pertaining to the cleaning and tidying of communal areas in blocks of flats in the region previously known as Württemberg. It is based on a number of decrees that were published in Württemberg from the late fifteenth century onwards with the aim of urging people to be clean and tidy in domestic contexts. (cited in: http://de.wikipedia.org/wiki/Schw%C3%A4bische_Kehrwoche, accessed September 2014).

Denn die Moderne im Deutschland der Weimarer Republik war dezentral organisiert, mit regionalen Gewichtungen. Auch wenn Berlin als größte Stadt vieles an sich zog und eine vereinfachende Kunstgeschichte unterschiedliche Gestaltungstendenzen gerne mit dem Begriff des Bauhausstils[3] etikettiert, es gab viele Orte, an denen das Neue oft konsequenter erprobt und realisiert wurde. Wobei Größe längst nicht ausschlaggebend war. So spielte München etwa für die Architektur mit Ausnahme der Postbauten kaum eine Rolle, war aber durch Paul Renner und Jan Tschichold von enormer Bedeutung für die Entwicklung der modernen Typografie; Hamburg blieb mit Ausnahme Karl Schneiders lange Zeit expressionistischen Tendenzen in Architektur, bildender Kunst und Tanz verhaftet; Köln schließlich war durch den Städtewettbewerb mit Düsseldorf, was Messe- und Hochhausarchitektur betraf, in einer Situation, die Experimente schon damals – unter Oberbürgermeister Konrad Adenauer – skeptisch bewertete.

Dagegen gab es an entlegeneren Orten Innovatives, in der Architektur etwa in Celle mit Otto Haeslers modernen Gartenstädten und in Karlsruhe mit dem konsequenten Zeilenbau der Dammerstock-Siedlung; in Halle mit Hans Finslers Fotografie-Unterricht an der Burg Giebichenstein und in Bochum mit Max Burchartz' Fotomontagen und Sachtypografien in der Werbebau-Agentur sowie in Essen mit dem späteren Unterricht von Burchartz. Auch die Gruppe *Die Abstrakten Hannover* ist hier zu nennen, ebenso wie Thilo Schoders Arbeit in Gera oder die neue Gestaltung im damaligen Breslau. All diesen Orten ist aber gemein, dass die Moderne dort nur einen Aspekt neben anderen darstellte, während es in zwei Städten um mehr ging, um die allgemeine Etablierung der Kultur der Moderne im gesamten urbanen Umfeld. Eine dieser Städte war Frankfurt am Main, mit dem Siedlungsbau unter der Leitung von Ernst May, dem Typendesign von Franz Schuster und Ferdinand Kramer, dem Grafikdesign Hans Leistikows und der Theorie der Frankfurter Schule, mit Siegfried Kracauers am Alltag entwickelter Soziologie und mit den von weit links bis weit rechts reichenden Publikationen der mit der *Frankfurter Zeitung* verbundenen Frankfurter Verlagsanstalt. Die andere Stadt war Stuttgart.

WERKBUNDGEIST UND HOCHHAUSSTOLZ

Vieles, was das Stuttgart der Zwanzigerjahre auszeichnete, war schon in den Jahren vor dem Ersten Weltkrieg begründet und einiges sogar trotz des Krieges weiterentwickelt worden. So legte Adolf Hölzel die Grundlagen für das konstruktivistische Menschenbild Oskar Schlemmers und Willi Baumeisters, und der Bau des Hauptbahnhofes von Paul Bonatz wurde auch während

3 Wobei hier die Produkte des späten Weimarer und des Dessauer Bauhauses gemeint sind. Zu dieser falschen Einordnung sei auf den bereits 1964 erschienenen Aufsatz „Der ‚Bauhausstil'. Ein Mythos" von Walter Dexel verwiesen (in: *Bauhaus. Idee, Form, Zweck, Zeit,* Ausst.-Kat. Göppinger Galerie, Frankfurt am Main 1964, S. 62–64). Auch Heinz Rasch bezog in einem Brief an seinen Bruder im Mai 1968 gegen diese Simplifizierung Stellung: „Hierzulande ist seit Jahrzehnten alles, was kubistisch aussieht, Bauhaus-Stil, und da ich so was gebaut habe, bin ich Bauhäusler […]. Wir haben unsere Bücher ohne das Bauhaus gemacht und die Stühle, […] angesichts der Weißenhofsiedlung ist das Bauhaus doch nur eine Quelle der Moderne." (zit. n.: Ludwig 2009 [wie Anm. 2], S. 24).

Modernism in Germany during the time of the Weimar Republic was decentralised and manifested itself differently from region to region. Even if Berlin as the largest city attracted a lot of attention and those favouring a simplistic art-historical approach often label different tendencies in design as Bauhaus style,[4] there were many places that took innovative experiments and implementation a step further, and size was not the deciding factor. Aside from its post-office buildings, Munich, for example, hardly played a role in architecture but was immensely important for the development of modern typography, due to Paul Renner and Jan Tschichold; with the exception of Karl Schneiders, Hamburg remained under the spell of Expressionist tendencies in architecture, art and dance for a long time; and Cologne, owing to its rivalry with Düsseldorf regarding trade fair and high-rise architecture, was in a situation – under Mayor Konrad Adenauer – in which experiments were treated with scepticism even then.

By contrast, some more remote places were venues for innovations. In architecture, this applied to Celle, the site of Otto Haesler's modern garden cities, and to Karlsruhe and the Dammerstock Housing Estate with its consistent row structures; in Halle there were Hans Finsler's photography lessons at Burg Giebichenstein, in Bochum Max Burchartz created photomontages and representational typographies at the *Werbebau* agency and subsequently left his mark on Essen with his later teachings. In this context, the group *Die Abstrakten Hannover,* Thilo Schoder's work in Gera and new design in former Breslau should also be mentioned. But while Modernism represented only one aspect among others in all these places, two cities took the development a step further in an attempt to establish Modernist culture in the overall urban environment. One of these cities was Frankfurt am Main with its housing development programme under the direction of Ernst May, type design by Franz Schuster and Ferdinand Kramer, graphic design by Hans Leistikow, the theory developed by the Frankfurt School, Siegfried Kracauer's mundane approach to sociology and the Frankfurt publishing house that was connected to the *Frankfurter Zeitung* and issued publications covering a broad spectrum of topics and opinions from the far left to the far right. The other city was Stuttgart.

WERKBUND SPIRIT AND TOWER HOUSE PRIDE

Many of the distinguishing features of Stuttgart in the twenties had already been established before the First World War and some even continued to prosper in spite of the war. Adolf

3 For detailed information on Heinz and Bodo Rasch, see: Annette Ludwig, *Die Architekten Brüder Heinz und Bodo Rasch. Ein Beitrag zur Architekturgeschichte der zwanziger Jahre,* Tübingen · Berlin 2009. My essay benefitted from the large amount of to-date unpublished information Annette Ludwig provided in this book. I am grateful to the author for her meticulous work, her research and many cross references.

4 This pertains to the products of the late Weimar and Dessau Bauhaus. This wrong classification was already the topic of an essay in 1964 with the title: 'Der "Bauhausstil". Ein Mythos' by Walter Dexel (in: *Bauhaus. Idee, Form, Zweck, Zeit,* exhib. cat. Göppinger Galerie, Frankfurt am Main 1964, pp. 62–64). In a letter he wrote to his brother in May 1968, Heinz Rasch also criticised this simplification: 'For decades everything in this country that looks slightly cubist has been referred to as Bauhaus style, and because I built these kinds of things, I am seen to be a Bauhaus representative … We created our books and chairs without the Bauhaus, … in view of the Weissenhof Housing Estate, the Bauhaus was only one source of Modernism.' (cited in: Ludwig 2009 (see note 3), p. 24).

der Kriegszeit weitergeführt. Den Industrien, vor allem der elektrotechnischen und der automobilen, verhalf der Krieg sogar zu wichtigen Neuerungen, und die Reformbewegung der Zeit um 1900 hatte 1919 zur Gründung der ersten Waldorfschule geführt. Persönlichkeiten wie Peter Bruckmann und Politiker wie der junge Theodor Heuss waren hier tätig, und für den Werkbund wurde Stuttgart zum wichtigsten Ausstellungsort der Zwanzigerjahre. Drei überregional bedeutende Schauen fanden hier zwischen 1924 und 1929, den stabilen Jahren der Weimarer Republik statt, mindestens zwei von ihnen waren internationale Manifestationen des Begriffes „Neu", der in dieser Zeit als synonym für modern, fortschrittlich oder avantgardistisch weite Verbreitung fand. Diese Ausstellungsreihe begann 1924 mit der Schau *Die Form* (Abb. 1), in der etwa Ferdinand Kramers Gebrauchsobjekte gezeigt wurden,[4] um 1927 mit der Weißenhofsiedlung als Teil der Ausstellung *Die Wohnung* auf dem damaligen Gewerbeschaugelände eine weltweit beachtete Fortsetzung zu finden. Rapportlose Tapeten und raumlineare Stahlrohrstühle waren bei letzterer zu sehen, das farbige Wohnen unter dem flachen Dach und eine Architektur, die keine Schauräume mehr kannte, sondern den Heizungsraum genauso wichtig nahm wie den Eingangsbereich, man denke nur an Le Corbusiers Publikationen bei der Deutschen Verlagsanstalt. 1929 endete diese Reihe mit der Schau *Film und Foto.*[5]

Architektur und Mobiliar, Fotografie und Typografie wurden in Stuttgart als zusammengehörend betrachtet und entsprechend in den ortsansässigen Verlagen publiziert. Stuttgart war Vorhut – Avantgarde – und wollte nach oben: Was bei Bonatz' Hauptbahnhof noch ein Turm als Teil eines größeren Gebäudes war, wurde bei Ernst Otto Oßwald zum Turmhaus – so der seinerzeit verwendete Begriff für das Hochhaus – des Tagblattes (Abb. 2), benachbart lag Erich Mendelsohns Kaufhaus Schocken, dessen die Stromliniengestaltung der Dreißigerjahre vorwegnehmende Fassade mit ihren Horizontalbändern mehr Stockwerke vermuten ließ als vorhanden waren. Postkartenfotografien des Büros Dr. Lossen riefen das Bild einer weißen Moderne, die doch in Wirklichkeit blau, gelb, grün oder rot war, hervor (Abb. 3), Willi Baumeister schuf flächig-asymmetrische Typografien, Hans und Lilly Hildebrandt sorgten für zwanglose Treffen und Richard Döcker plante für Stuttgart Hochhausstandorte im Talkessel – ein wahres Gegenmodell zu den

4 Ebenfalls 1924 wird Heinz Rasch Leiter des Pressedienstes der *Deutschen Bauausstellung* in Stuttgart. In diesem Zusammenhang erscheint die von Willi Baumeister gestaltete und von Heinz Rasch redigierte Zeitschrift *Das Baujahr.*

5 Für das Marta in Herford und Klaus Stefan Leuschel, denen diese Ausstellungsinitiative mit Katalog zu danken ist, sei hier noch darauf hingewiesen, dass auch Richard Neutra mit der *Film und Foto-Ausstellung* 1929 zu tun hatte. Er stellte den Kontakt zwischen den Ausstellungsmachern und Edward Weston her. Vgl. das Vorwort von Karl Steinorth im Reprint des Ausstellungskataloges, Stuttgart 1979, o. S.: „Zu der glückhaften Verbindung der Ausstellung mit dem amerikanischen Fotografen Edward Weston, dem Mitbegründer der gruppe f.64 kam es so. Durch das Weißenhof-Projekt hatte [Gustav] Stotz Verbindung zu dem Architekten Richard Neutra, der sich als Mitarbeiter von Erich Mendelsohn Mitte der Zwanzigerjahre einen Namen gemacht hatte und den ‚Internationalen Stil' nach Los Angeles gebracht hatte, als er 1926 dort hinzog. Ihn bat man, die Ausstellung *Film und Foto* in Amerika zu vertreten. Anfang 1929 suchte Neutra deshalb Edward Weston auf, mit dem er sich in Los Angeles befreundet hatte, und bat ihn um Mithilfe. Über dieses Treffen am 3. Januar 1929 berichtet Edward Weston in seinem Tagebuch: ‚Neutra vertritt in Amerika eine bedeutende Fotoausstellung, die in diesem Sommer in Deutschland stattfinden soll. Er hat mir die volle Verantwortung für die Zusammenstellung unseres Ausstellungsbeitrags übertragen – also für die Auswahl derjenigen, die ich für zeigenswert halte. [...]'"

Hölzel laid the groundwork for Oskar Schlemmer's and Willi Baumeister's Constructivist conception of the human being, and the construction of the main railway station by Paul Bonatz was also continued during the war. Industries, especially those dealing in electro-technology and automobiles, were even able to produce important innovations due to the war, and the reform movement around 1900 led to the founding of the first Waldorf School in 1919. Personages such as Peter Bruckmann and politicians such as the young Theodor Heuss were active in Stuttgart, and for the Werkbund the city became the most important exhibition venue of the twenties. Between 1924 and 1929, the stable years of the Weimar Republic, the city hosted three exhibitions that had a significant impact beyond the regional borders. At least two of them were international manifestations of the term 'new', at the time, a popular synonym for modern, progressive and avant-garde. In 1924, this series of exhibitions started with the show *Die Form* (Form) (fig. 1) which included objects of daily use by Ferdinand Kramer.[5] It continued in 1927 with the Weissenhof Estate, which received worldwide attention as part of *Die Wohnung* (The Dwelling), an exhibition held on the former trade show premises. The latter featured seamless wallpaper and linear arrangements of steel tube chairs, colourful living under a flat roof and architecture that dispensed with show rooms and devoted the same amount of attention to the boiler room as to the entrance area, as is shown in Le Corbusier's publications at the Deutsche Verlagsanstalt (German Publishing Company). In 1929 the series ended with the show *Film und Foto* (Film and Photo).[6]

In Stuttgart, architecture and furniture and photography and typography were believed to belong together. Publications on these topics were issued by the local publishing houses. Stuttgart was in the lead – the avant-garde – and wanted to reach the top: while Bonatz's railway station tower was still just one part of a larger building, Ernst Otto Osswald decided to construct an entire tower house – the term for high-rises – for the headquarters of the Tagblatt (fig. 2). Next to this was Erich Mendelsohn's Schocken department store. Its façade, with the horizontal bands that made it appear as though the building had more storeys than it actually did, was an anticipation of the streamlined designs of the 1930s. Postcard photographs by the firm Dr. Lossen evoked the image of a white Modernist world that was actually

5 Also in 1924, Heinz Rasch became head of the press office of the Deutsche Bauausstellung in Stuttgart. The magazine *Das Baujahr*, which was designed by Willi Baumeister and edited by Heinz Rasch, appeared in this context.

6 For the Marta in Herford and Klaus Stefan Leuschel, thanks to whom this exhibition and catalogue were initiated, I should like to point out that Richard Neutra was also involved in the 1929 Film und Foto show. He established the contact between the organisers of the exhibition and Edward Weston. Compare the introduction by Karl Steinorth in the reprint of the exhibition catalogue, Stuttgart 1979, without page number: 'The fortunate linking of the exhibition with the American photographer Edward Weston, co-founder of the group f. 64, occurred as follows: through the Weissenhof project [Gustav] Stotz got to know the architect Richard Neutra, who had made a name for himself as Erich Mendelsohn's assistant in the middle of the twenties and brought the 'International Style' to Los Angeles when he moved there in 1926. He was asked to represent the show Film und Foto in America. So, in early 1929, Neutra approached Edward Weston with whom he had become friends in Los Angeles and asked him for his assistance. On 3 January 1929, Edward Weston wrote about this meeting in his diary: "Neutra is representing an important photo exhibition in America that is to be on display in Germany this summer. He put me in charge of compiling our contribution to the show – in other words, the selection that I believe to be worthy of presentation."'

1

2

expressionistischen Bergfantasien der Architektenvereinigung „Die Gläserne Kette". Publizistisch wurden all diese unterschiedlichen Strömungen vor Ort zusammengefasst, unter anderem bei der Deutschen Verlagsanstalt (DVA), die ähnlich wie die Frankfurter Verlagsanstalt politisch von weit rechts bis weit links veröffentlichte und deren Leiter Gustav Klipper sich vom Bauleiter der Weißenhofsiedlung, Richard Döcker, ein Haus entwerfen ließ – auch Le Corbusiers *Vers une Architecture* erschien hier unter dem Titel *Kommende Baukunst* in der Übersetzung Hans Hildebrandts. Der Architekt und Ausstellungsgestalter Richard Herre entwarf den Umschlag für Guido Bagiers *Der kommende Film*, Jan Tschichold veröffentlichte bei Fritz Wedekind *Eine Stunde Druckgestaltung* und zusammen mit Franz Roh das Buch *Foto-Auge*, und die Brüder Rasch ihr Werk *Wie Bauen?* Auch der Verlag Zaugg und Co., wo *Gefesselter Blick* der Brüder Rasch herauskam, leistete mit den Büchern von Konrad Werner Schulze Gewichtiges zur Architekturpublizistik der Zwanzigerjahre.

Stuttgart, das war eine Stadt, groß genug, um allseits etwas zu wagen, und klein genug, um sich leicht kennenlernen zu können, ein Ort der Moderne, der sogar Jugendbuch-Thema wurde: Denn in Clara Hohraths Jugendroman in Briefform *Hannelore erlebt die Großstadt*, wie die Ausgabe für den deutschsprachigen Raum hieß und der in Südwestdeutschland unter dem Titel ... *besonders in Stuttgart* verbreitet wurde, kommt all das zusammen (Abb. 4 und 5): Friedrich Wolf, der hier als Dr. Grimm listig verpackt wird; das Le Corbusier-Haus, das

blue, green or red (fig. 3). Willi Baumeister created flat and asymmetrical typography, Hans and Lilly Hildebrandt arranged casual meetings and Richard Döcker planned tower block sites in the Stuttgart basin – a true counter-model to the Expressionist mountain fantasies developed by the architects' association Die Gläserne Kette (The Glass Chain). All of these different trends were covered by local publishing houses such as the Deutsche Verlagsanstalt (DVA) that, like the Frankfurt publishing houses, also covered a wide political spectrum from the far right to the far left. The head of the DVA, Gustav Klipper commissioned Richard Döcker, the construction manager of the Weissenhof Housing Estate, to build him a house. Le Corbusier's *Vers une Architecture* also appeared at the DVA in a translation by Hans Hildebrandt with the title *Kommende Baukunst* (Coming Construction Art). The architect and exhibition designer Richard Herre created the jacket for Guido Bagier's *Der kommende Film* (The Coming Film). Jan Tschichold's *Eine Stunde Druckgestaltung* (One Hour of Print Design) and *Foto-Auge* (Photo-Eye), a book he had written together with Franz Roh, were published by the Akademischer Verlag Dr. Fritz Wedekind & Co, as was compendium *Wie Bauen?* (How to Build?). The publishing house Zaugg und Co., where the Rasch brothers' *Gefesselter Blick* (The Captivated Gaze) appeared, also made important contributions to architectural literature of the twenties with Konrad Werner Schulze's books.

Stuttgart was a city that was big enough for adventures on all levels and small enough for people to get to know each other, a Modernist setting that even featured in a youth book: Clara Hohrath's epistolary novel for young adults, which was published as *Hannelore erlebt die Grossstadt* (Hannelore's Experiences in the Big City) in German-speaking regions and as ...*besonders*

3

Ausgangspunkt der Geschichte ist; die Wandervögel und das Kunstgewerbe, der Vegetarismus und der Bubikopf, die Eurythmie und die Stahlrohrmöbel; und noch ist diese wundervolle Erzählanthologie über die Moderne in Stuttgart antiquarisch recht günstig zu erwerben. Und mitten in diesem Stuttgart, in unmittelbarer Nachbarschaft zu Tagblatt-Turm und Erich Mendelsohns Schocken-Kaufhaus und nahe des Mittnacht-Baues von Ludwig Eisenlohr und Oscar Pfennig, da wirkten sie nun, die Gebrüder Heinz und Bodo Rasch.

PAULINENSTRASSE 3

Das 1926 gegründete Atelier der Gebrüder Rasch befand sich zunächst in der Paulinenstraße 3 am südlichen Rand der Innenstadt, später in der Neckarstraße 208. Den Baufortschritt von Tagblatt-Turm und Schocken-Kaufhaus konnten die beiden beim täglichen Spaziergang erleben, die Moderne war hautnah zu erfahren. Drei Tätigkeitsfelder nannten die Brüder bei der Bürogründung: Hochbau, Möbelbau und Werbebau. Während die ersten beiden Begriffe keiner weiteren Erläuterung bedürfen, verrät der dritte einiges vom Geist der Zwanzigerjahre. Werbebau, das war zunächst der Name der von Max Burchartz und Johannes Canis gegründeten Agentur für Text und Bild in Bochum, die für Theorie und Praxis der Neuen Typografie eine zentrale Rolle spielte. Werbebau, das ist aber darüber hinaus ein typischer Neologismus, der grafische und Ausstellungsgestaltung in einem Wort zusammenfassen will. Angeregt wurde das Wort wohl durch die Schriften des ‚Werbwarts' Johannes Weidenmüller,[6] der die deutsche Sprache – in Nachfolge der DIN-Einführung –

6 Johannes Weidenmüller (1881–1936) änderte seinen Vornamen in seine selbstformulierte Berufsbezeichnung. Nachdem er Fernkurse mit hektografierten Blättern vertrieben hatte, erreichte er mit der Publikation *vom begriffbau der anbietlehre*, Berlin 1926, einen relativ großen Erfolg bei Werbeagenturen. Johannes Canis hatte verschiedene Neuerungen Weidenmüllers in der Bochumer Werbebau für Texte umgesetzt.

in Stuttgart (... especially in Stuttgart) in southwest Germany, comprises all these trends (figs 4 and 5): Friedrich Wolf, cunningly portrayed in the figure of Dr. Grimm; the Le Corbusier house where the story begins; the *Wandervögel*[7] and the arts and crafts movement, vegetarianism and the bob, eurhythmy and steel tube furniture. Reasonably priced copies of this wonderful narrative anthology of Modernism in Stuttgart can still be found in antiquarian contexts. And in the midst of this Stuttgart, in direct proximity to the Tagblatt Tower and Erich Mendelsohn's Schocken department store and near Ludwig Eisenlohr and Oscar Pfennig's Mittnacht-Bau, the brothers Heinz and Bodo Rasch worked on their projects.

PAULINENSTRASSE 3

The studio the Rasch brothers founded in 1926 was initially located in Paulinenstrasse 3 on the southern edge of the city centre and later on in Neckarstrasse 208. They were able to follow the progress of the construction of the Tagblatt Tower and the Schocken department store during their daily walks; Modernism was visible at close range. The brothers named three fields of activity when they started their firm: building construction, furniture construction, promotional construction *(Werbebau)*. While the first two lines of work require no further explanation, the third says a lot about the spirit of the twenties. Initially *Werbebau* was the name Max Burchartz and Johannes Canis chose for their agency for text and illustration in Bochum, which had a decisive impact on the theory and practise of new typography. But Werbebau is also a typical neologism, which aims at summarising graphic and exhibition design in one word. This term was

7 Translator's note: The Wandervogel ('rambling, wandering bird') movement became popular among German youth groups from 1896 onwards. The overall idea was to shake off social restrictions and to return to nature and freedom. (cited in: http://en.wikipedia.org/wiki/Wandervogel, accessed September 2014).

4

5

ebenfalls zu normen versuchte. Berühmt aus seiner *Anbietlehre* ist etwa die Gegenüberstellung von „Sender" und „Empfer" – warum braucht der Empfänger denn eine Silbe mehr? Diese Verknappung Werbebau passte zu den Brüdern Rasch, denen am Bauen und nicht an der Baukunst gelegen war und die in der Schrift- und Bildgestaltung Flächen und Freiräume, Starres und Bewegtes thematisierten. Dazu kommt, dass die Neue Typografie eine starke Affinität zu baugebundenen Aufgaben hatte, erinnert sei hier wieder an Burchartz mit dem Farbleitsystem im Gelsenkirchener Hans-Sachs-Haus, Herbert Bayers Schriftgestaltungen im und für das Bauhaus oder Hans Leistikows Grafik für das Hochbauamt in Frankfurt am Main. Stuttgart war auch in dieser Beziehung ein wichtiger Ort: Willi Baumeister, Mentor von Hans und Bodo Rasch, arbeitete an Beschriftungen und Typografien für Bauthemen und transformierte seine Erfahrungen mit Gebautem in die konstruktivistischen Mauerbilder. Die Arbeit von Richard Herre, der bereits gewichtig zu der Ausstellung *Die Form* beitrug, in Stuttgart kann geradezu als Parallelfall zur Arbeit der beiden Raschs verstanden werden.

Die Arbeit von Heinz und Bodo Rasch erweist sich in diesem Kontext zwar nicht als einzigartig, aber sie liefert einen bedeutenden Beitrag zu Grafik und Bau der Moderne. Anders als die meisten Vertreter der Neuen Typografie kamen sie aber nicht von der Malerei,[7] sondern von der Architektur.[8] Ihr Interesse an Typografie war daher mehr technisch als formal geprägt, was durch den intensiven Kontakt mit Jan Tschichold bestärkt wurde. Weiterhin bemerkenswert scheint, dass beide ihre gebrauchsgrafische Arbeit auch dazu nutzen, eigene Produkte

7 Zu den Absolventen von Kunstakademien gehörten u. a. Willi Baumeister, Max Burchartz, Hans Leistikow, Robert Michel und Kurt Schwitters.

8 Diese Herkunft verbindet sie mit El Lissitzky und Piet Zwart, nimmt man die Auswahl aus *Gefesselter Blick*, sind Franz Krause und Mart Stam zwar ebenfalls Architekten, haben sich aber nur am Rande mit grafischer Gestaltung beschäftigt. Max Bill, dem die Moderne wichtige Bauten wie sein erstes Eigenheim und die Bauten der HfG Ulm verdankt, hat sich zwar seit seinem Aufenthalt am Bauhaus als Architekt bezeichnet, konnte aber keine entsprechende Ausbildung vorweisen. Bodo Rasch ist ebenfalls als Architekt nicht diplomiert worden.

probably inspired by the publications of 'advertising warden' Johannes Weidenmüller[8] who – after the introduction of the DIN[9] – also tried to standardise the German language. A famous quote from his *Anbietlehre* (advertising theory) deals with the comparison between 'Sender' and 'Empfer' (abbreviation of *Empfänger*: 'recipient') – why does *Empfänger* need an extra syllable? The abbreviation *Werbebau* suited the Rasch brothers. They were more interested in building than in the art of construction and their text and pictorial designs focussed on surfaces and open spaces, on stationary and animated contexts. The new typography also had a strong affinity with commissions related to construction. Burchartz once again serves as an example with his colour guide system in the Gelsenkirchen Hans-Sachs House, as do Herbert Bayer's typeface designs at and for the Bauhaus and Hans Leistikow's graphic works for the Frankfurt am Main building department. Also in this regard, Stuttgart was an important venue: Willi Baumeister, Hans and Bodo Rasch's mentor, developed captions and typography for building topics and transformed the experience he had gained in the field of construction into Constructivist murals. The work of Richard Herre, who had already made an important contribution to the Stuttgart exhibition *Die Form*, and the Rasch brothers' work could almost be described as parallel cases. Although the work Heinz and Bodo Rasch produced in this context was not unique, it did contribute significantly to Modernist graphic design and construction. But unlike most representatives of the new typography, they did not

8 Johannes Weidenmüller (1881–1936) changed his first name to his self-styled job description. After developing correspondence courses with hectographed sheets, he achieved a certain amount of success at advertising agencies with his publication *vom begriffbau der anbietlehre* (on the construction of concepts in advertising theory), Berlin 1926. Johannis Canis implemented several of Weidenmüller's innovations at the Werbebau für Texte agency in Bochum.

9 Translator's note: The Deutsches Institut für Normung e.V. (German Institute for Standardization) was founded in 1917 as the Normenausschuss der deutschen Industrie (NADI, Standardisation Committee of German Industry). (cited in: http://en.wikipedia.org/wiki/Deutsches_Institut_f%C3%BCr_Normung, accessed September 2014).

(Haus und Stuhl) vorzustellen und damit auch zu bewerben. Rezipiert wurden seinerzeit allerdings mehr die Inhalte ihrer Publikationen als deren Gestaltung,[9] was zumindest bei *Gefesselter Blick* mit seinem neuartigen Cellophan-Deckel verwundert. Eine mögliche Erklärung dieser Nicht-Rezeption ist, dass gerade *Gefesselter Blick* nach Ausbruch der Weltwirtschaftskrise erschien, was den Erwerberkreis reduzierte, und spätestens nach Beginn der NS-Diktatur nicht weiter vertrieben werden konnte; ein großer Teil der Auflage ist wahrscheinlich nie ausgeliefert worden, sodass der Band heute von enormer Seltenheit ist.[10] Selbst in den Nachlässen der Beiträger ist er nicht immer vorhanden. Die folgenden Anmerkungen verstehen sich so als hinweisende Einordnung der Rasch-Publikationen in die typografische Landschaft der Zwanzigerjahre. Im Zentrum stehen dabei die selbstständigen Buch-Publikationen der Brüder Rasch, die zwischen 1927 und 1930 in fünf Ausgaben erschienen.[11]

WIE BAUEN?, 1928

Wie Bauen? erschien zuerst 1927 und wurde für eine zweite Auflage 1928 komplett überarbeitet (S. 18/19).[12] Diese erhielt 1929 einen stempelartigen roten Aufdruck „1929 – Nr. 2", eine Aktualisierung, die nahelegt, dass es auch seinerzeit ein Problem gegeben hat, Bücher aus dem Vorjahr zu verkaufen. Titel mit Satzzeichen und appellativem Charakter gehörten seit Futurismus und Dadaismus zum agitatorischen Repertoire, Werner Graeff sollte 1933 am Ende der Weimarer Republik noch titeln *Jetzt wird Ihre Wohnung eingerichtet. Wie Bauen?* steht als Buchtitel in Frageform in dieser suggestiv-agitierenden Tradition, da der Titel durch die Versalien – ein betonendes typografisches Mittel – fast zum Ausruf wird und der Band so ein eigenartiges Kombinationsprodukt zwischen Manifest, rhetorischer Frage und Sachbuch vorstellt. Weil es um das Bauen, nicht um Gebäude ging, bleiben bei den Titelfotografien die Bilder der Weißenhofsiedlung im Rohbau auch dann noch erhalten, als diese bei Erscheinen der zweiten Auflage längst fertiggestellt ist. Wie gebaut werden kann, ergänzen die in einer Art Laufschrift – wie sie aus Lichtreklamen bekannt ist – gesetzten Materialangaben, die zum Teil dem Randbeschnitt geopfert werden: „Stahl? Vulkanfibre? Sperrholz? Gummi? Zellon? Zement? Holz? Pappe? Torf? Asbestfaser? Kork? Wellblech? Beton? Glas? Eisen? Kunststein? Emaille? Aluminium?".

9 Dies gilt insbesondere für die meist suggestiv wirkenden Umschläge der Rasch-Publikationen, wie nachfolgend erläutert wird.

10 So war etwa in den 1960er-Jahren in Frankfurt lediglich ein Exemplar in einer Privatsammlung bekannt, das nicht ausgeliehen werden konnte. Der Reprint bei Lars Müller folgte der Wiederentdeckung der typografischen Arbeit von Max Burchartz 1993. Aus dessen Nachlass stammte auch die Vorlage des Reprints.

11 Da Roland Nachtigäller in diesem Katalog einen eigenen Beitrag zum *Gefesselten Blick* verfasst hat, beschränkt dieser Aufsatz sich auf einige ergänzende Hinweise. Auch die anderen selbstständigen Publikationen werden bei Nachtigäller, wenn auch inhaltlich wesentlich weniger umfangreich, behandelt. Da Wiederholungen wenn möglich vermieden werden sollen, sind die nachfolgenden Bemerkungen also nicht als umfassende Beschreibungen, sondern als Skizzen zu verstehen.

12 Ich widme diesen Beitrag der Erinnerung an Arno Stürzebecher (20.1.1930–3.12.2013), der mir *Wie Bauen?* vom Flohmarkt mitbrachte.

come from painting[10] but from architecture.[11] As a result, their interest in typography was more technical than formal, and this was reinforced by their intense contact with Jan Tschichold. It is also worth mentioning that both of them used their graphic works to present and consequently to promote their own products (house and chair). However, at the time, the contents of their publications received more attention than their design,[12] which is surprising – at least as far as *Gefesselter Blick* with its innovative cellophane cover is concerned. A possible explanation for this lack of acknowledgement could be that *Gefesselter Blick* was published after the outbreak of the Great Depression, which reduced the circle of potential buyers, by the time the Nazi dictatorship had begun it could no longer be sold – a large part of the edition was probably never delivered, and consequently the volume is a great rarity today.[13] Often the book does not even appear in the contributors' estates. The following observations are to be seen as an indicative classification of the Rasch publications within the typographic context of the twenties. The main focus is on the Rasch brothers' independent book publications which appeared in five editions between 1927 and 1930.[14]

WIE BAUEN?, 1928

Wie Bauen? (How to Build?) first appeared in 1927 and was then completely revised for a second edition in 1928 (pp. 18/19).[15] In 1929, the stamp-like red imprint '1929 – Nr. 2' was added to this edition, an update that implies that even at the time it was difficult to sell last year's books. Since Futurism and Dadaism titles with punctuation marks and an imploring tone had become part of the agitative repertoire. In 1933, at the end of the Weimar Republic, Werner Graeff still produced a title that announced: *Jetzt wird Ihre Wohnung eingerichtet* (We Are Now Going to Furnish Your Home). As a book title in an interrogative form *Wie Bauen?* was part of this indicative and provocative tradition. The capital letters – a form of accentuation in typography – almost make the title seem like an exclamation, thus transforming the volume into a curious cross between a manifesto, a rhetorical question and a special interest book. Because this book is not about buildings but about construction, photos showing the Weissenhof Housing Estate in

10 Willi Baumesiter, Max Burchartz, Hans Leistikow, Robert Michel and Kurt Schwitters were among those who had graduated from art academies.

11 This background links them to El Lissitzky and Piet Zwart. Franz Krause and Mart Stam, who belonged to the selection represented in *Gefesselter Blick*, were also architects but only concerned themselves with graphic design on the side. Although Max Bill, who contributed to Modernism with important buildings such as his first private residential building and the structures for Ulm's School of Design, referred to himself as an architect since his time at the Bauhaus, he had no official qualifications. Neither did Bodo Rasch have an architectural diploma.

12 Above all, this applies to the often suggestive jacket designs of the Rasch publications, as will be discussed further below.

13 In the 1960s there was only one known copy in Stuttgart that could not be viewed because it belonged to a private collection. Lars Müller's reprint was issued after the rediscovery of Max Buchartz's typographic work from 1993. The copy used for the reprint also came from his estate.

14 As this catalogue already includes an essay on *Gefesselter Blick* by Roland Nachtigäller, I have limited my contribution to a few additional references. Nachtigäller's text also deals with the other independent publications, albeit in far less detail. In order to avoid repetition, the following observations were composed as sketches and not as comprehensive descriptions.

15 This essay is dedicated to the memory of Arno Stürzebecher (20 January 1930 – 3 December 2013) who bought me a copy of *Wie Bauen?* at a flea market.

DER STUHL, 1928

Dass der Umschlag des Buches *Der Stuhl* (S. 20 ff.) durch das Fehlen des behandelten Gegenstandes auffällt, ist verschiedentlich erwähnt worden. Auch der Zusammenhang mit Marcel Breuers Bauhaus-Utopie, derzufolge über kurz oder lang auf einer Luftsäule Platz genommen werde, ist bekannt.[13] Typografisch bemerkenswert ist, dass die Brüder Rasch hier erstmals bei einem Buchtitel eine Schablonenschrift verwendet und damit ihr Thema der Reproduktion[14] aufgegriffen haben. Schablonenschrift ist allgemein zugänglich in dem Sinne, dass zur Gestaltung von Wörtern und kurzen Aussagen keine spezifischen typografischen Kenntnisse notwendig sind und die Schablonen einfach reproduziert (nachgemacht) werden können. Insofern ist sie ein Zwischenglied zwischen Handschrift und Type und ermöglicht auch Satzunkundigen typografische Gestaltung. Wie bei *Wie Bauen?* ist auch hier der Titel auf das Wesentliche beschränkt, und gerade das Fehlen eines Stuhles weißt darauf hin, das es um das Sitzen auf Stühlen an sich, nicht um bestimmte Formpräferenzen geht.

KOMFORT, CIRCA 1929

Komfort war wohl als weniger appellative Fortsetzung der vorangegangenen Publikationen geplant, der erhaltene Prospekt zu dem nicht erschienenen Buch zeigt eine Abkehr von der bislang gepflegten schwarz-weiß-Gestaltung mit roter Signalwirkung (Abb. 8).[15] Gelb trat gleichzeitig als Farbe einer hellen, sachlichen Moderne in den Vordergrund, es korrespondiert mit dem Tageslicht des ‚Licht-Luft-Sonne-Denkens' und wird etwa bei den von Walter Dexel gestalteten Prometheus-Büchern eingesetzt (Abb. 6). Statt der Asymmetrie der Neuen Typografie wird eine Axialanordnung gewählt, die die dem Thema „Komfort" angemessene Ruhe unterstreicht. Die im Prospekt abgedruckten Probeseiten nehmen mit der Abwesenheit von Gegenständen auf den vorangegangenen Band *Der Stuhl* Bezug. Auch dieses Buch sollte in Stuttgart erscheinen, bei der eher populären Franckh'schen Verlagsbuchhandlung, die mit der Veröffentlichung von Bruno Tauts *Ein Wohnhaus* in der Gestaltung von Johannes Molzahn, Mitglied im Ring Neue Werbegestalter, ebenfalls zu dem Kreis der Stuttgarter Architekturverleger gehörte (Abb. 7).

13 Marcel Breuer, „ein bauhaus-film", in *bauhaus* Nummer 1, Dessau 1926, S.3. Die Montage ist in vielen einschlägigen Publikationen zum Bauhaus, zur Kultur der Zwanzigerjahre, zu Marcel Breuer reproduziert. Auch Annette Ludwig bildet sie in ihrer Monografie zu den Brüdern Rasch ab (siehe Ludwig 2009 [wie Anm. 2], S. 179).

14 In *Gefesselter Blick* wird die eigene Arbeit so erläutert: „Ziel unserer Arbeit war seit je: Reproduktion. Vor 1922 Holzschnitte (Ende 1922 in Stuttgart ausgestellt). 1923 eine eigene Fabrikation für Holzbeleuchtungskörper und Kleinmöbel. 1924 auf Stühle beschränkt. Seit 1926 Durcharbeitung von Haustypen für industrielle Produktion in gemeinschaftlichem Architekturbüro. Typografien entstanden – auch aus der Freude an der Reproduktion – zuerst für den Vertrieb unserer eigenen Erzeugnisse." (Heinz und Bodo Rasch, *Gefesselter Blick*, Stuttgart 1930, S. 73).

15 In *Gefesselter Blick* zeigen die Brüder Rasch als erste Arbeit im Geist der Neuen Typografie den Plakat- und Broschürentitel *Haus und Kind*, der exemplarisch für diese Gestaltung steht (Rasch 1930 [wie Anm. 12], S. 73).

an incomplete state were also featured in the second edition, even though the construction work had long since been finished by this time. The question of how to build is answered in material specifications represented in a kind of running writing – similar to the style used in illuminated advertising – some of which fell victim to edge trimming: 'Steel? Vulcanised fibre? Plywood? Rubber? Cellon? Cement? Wood? Cardboard? Peat? Asbestos fibre? Cork? Corrugated iron? Concrete? Glass? Iron? Artificial stone? Enamel? Aluminium?'

DER STUHL, 1928

The conspicuous absence of the object of discussion on the cover of the book *Der Stuhl* (The Chair, p. 20 f.) has been mentioned repeatedly. This also applies to the connection with Marcel Breuer's Bauhaus utopia in which, sooner or later, a column of air was to serve as a seating accommodation.[16] The typography is interesting because, for the first time, the Rasch brothers used stencilled lettering in a book title, thus resorting to reproduction,[17] their topic of interest. Generally speaking, working with stencilled lettering is not too challenging since the creation of words or short statements does not require in-depth typographic knowledge and the stencils are easy to replicate. In this respect it is a link between handwriting and type and can be used to create typographic designs even without experience in the art of typesetting. As with *Wie Bauen?*, the title has been reduced to its essentials and it is the absence of a chair that indicates that the topic at hand is sitting on chairs as such, not specific formal preferences.

KOMFORT, C. 1929

It appears that *Komfort* (Comfort) was planned as a less demonstrative sequel to the preceding publications, a surviving copy of the brochure on this book that was never published shows a departure from the previously cultivated black and white design with the red signal effect (fig. 8).[18] At the same time, yellow became popular as a colour that represented a bright, pragmatic interpretation of Modernism, corresponding to the appeal of daylight in the 'light-air-sun' philosophy and featured in Walter Dexel's Prometheus book designs (fig. 6). Instead of the asymmetry used in the new typography, the brothers chose an axial layout in order to underline the tranquillity befitting the topic

16 Marcel Breuer, 'ein bauhaus-film', in *bauhaus* number 1, Dessau 1926, p. 3. This montage has been reproduced in many relevant publications on the Bauhaus, twenties culture and Marcel Breuer. Annette Ludwig also included the image in her monograph on the Rasch brothers (see Ludwig 2009 [see note 2], p. 179).

17 In *Gefesselter Blick* they describe their own work as follows: 'The aim of our work has always been: reproduction. Before 1922 it was woodcuts (exhibited in Stuttgart in late 1922). In 1923 we founded our own manufacture for wooden lamps and small items of furniture. In 1924 we started specialising in chairs. From 1926 onwards we planned different types of houses for industrial production in our communal architectural firm. We created typography – also for the love of reproduction – initially in order to promote our own products.' (Heinz and Bodo Rasch, *Gefesselter Blick*, Stuttgart 1930, p. 73).

18 *Gefesselter Blick* includes the first work the brothers dedicated to the spirit of new typography, namely the poster and brochure title *Haus und Kind* (House and Child), which is exemplary for this kind of design. (Rasch 1930 [see note 17], p. 73).

6

ZU – OFFEN, 1930

Die Einbandgestaltung von *Zu – Offen. Türen und Fenster* gehört in ihrer Lapidarität sicherlich zum Besten, was in der Gestaltung um 1930 überhaupt geleistet werden konnte (S. 19). Die Schreibschrift erinnert an einige Buchumschläge John Heartfields für den Malik-Verlag, während die meisten Typografen des Rings Neue Werbegestalter handgeschriebene Schriften als subjektiv und nicht optimal maschinell reproduzierbar vermieden. Lediglich bei Willi Baumeister gibt es auf den Plakaten für die Weißenhof-Ausstellung *Die Wohnung* mit dem Schriftzug „wie wohnen?" vergleichbaren Handschrifteinsatz (Abb. 9). Der eigentliche Witz aber ist, dass die Titelwörter in einer Alltagsumgebung gefunden und fotografiert wurden, wie es die Brüder Rasch in *Gefesselter Blick* selbst so beschreiben: „Ein Buch über Tür- und Fenster-Konstruktionen. Die Titelworte existieren als allgemein bekannte Aufschrift an Eisenbahnwagentüren. Es war nur nötig, diese Stelle zu fotografieren. Verfasser und Aufschrift in schwarzen Streifen oben und unten, sekundär behandelt. Der Titel läuft auf dem Rücken weiter."[16] Diese Form der Real-Montage findet ihr Vorbild bei Kurt Schwitters, so zum Beispiel in seinen „gefundenen Gedichten" wie dem berühmten, einer Schulfibel entnommenem „i-Gedicht": „rauf, runter, rauf, Pünktchen drauf". Rot und Schwarz sind wie zuvor aufmerksamkeitswerbend eingesetzt, Gestalter haben später darauf hingewiesen, dass Rot in der Typografie keine Farbe, sondern typografisches Mittel sei.

16 Rasch 1930 (wie Anm. 14), S. 76.

7

of 'comfort'. The absence of objects, which can be deduced from the specimen pages printed in the brochure, is a reference to the preceding volume *Der Stuhl.* This book was also supposed to appear in Stuttgart at the somewhat mainstream Frankh'sche Verlagsbuchhandlung, which also belonged to the circle of Stuttgart's architectural publishing houses and had issued Bruno Taut's *Ein Wohnhaus* (A Residential House) with a cover design by Joannes Molzahn, a member of the Ring Neue Werbegestalter (Association of New Advertising Designers) (fig. 7).

ZU – OFFEN, 1930

The succinct cover of *Zu – Offen. Türen und Fenster* (Open – Closed: Doors and Windows) is undoubtedly among the best that design around 1930 had to offer (p. 19). The cursive handwriting is reminiscent of several jackets that John Heartfield created for the Malik publishing house, although most of the typographers at the Ring Neue Werbegestalter avoided handwriting because they found it too subjective and difficult to reproduce mechanically. Only Willi Baumeister's posters for the Weissenhof exhibition *Die Wohnung* show a similar use of handwriting in the question 'wie wohnen?' (fig. 9). However, the truly amusing aspect is the fact that all the title words were found and photographed in an everyday context, as the Rasch brothers explained in *Gefesselter Blick:* 'A book about door and window constructions. The title words exist in the shape of common signs on train doors. These sections just had to be photographed. The authors and the writing in the black stripes at the top and bottom play a secondary role. The title is continued on the back.'[19] This kind of reality montage was inspired by Kurt Schwitters and his 'found poems', such as the famous 'i-Gedicht' (i-poem) he discovered in a schoolbook:

19 Rasch 1930 (see note 17), p. 76.

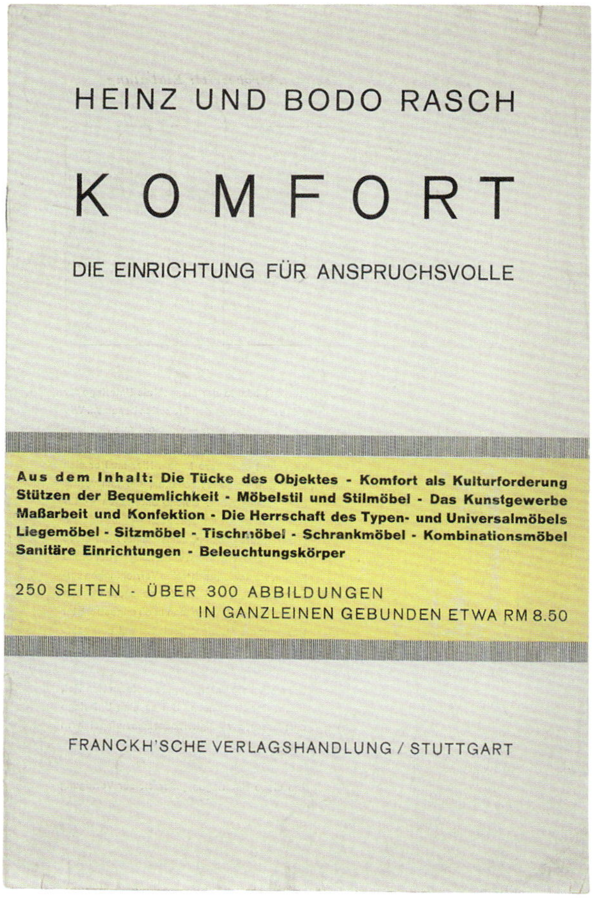

8

9

'rauf, runter, rauf, Pünktchen drauf' (up, down, up, dot on top). As before, black and red were applied to attract attention – designers subsequently pointed out that in typography red is not so much a colour as a typographical device.

PROSPEKT GEFESSELTER BLICK, 1930

Das Finden von Motiven ohne eigenen Eingriff, dass bei *Zu – Offen* begonnen hat, wurde im Prospekt *Gefesselter Blick* erneut aufgegriffen (Abb. 10.1–10.3). Dabei kommt eine surreale Komponente hinzu. Puppenköpfe waren Ende der Zwanzigerjahre ein beliebtes Sujet der avantgardistischen Fotografie, da sie die menschliche Figur und ihre Verfremdung (Puppen imitierten reale Köpfe) und Verfremdung (Lippen als schematisierte Kussmünder, Reduktionen, Anwendung des Kindchenschemas) verbanden. Hingewiesen sei hier auf entsprechende Beispiele von Max Burchartz, dem Fotostudio ringl + pit von Ellen Auerbach und Grete Stern oder Umbo (d. i. Otto Umbehr) sowie die Mannequin-Obsessionen der Surrealisten, insbesondere bei Hans Bellmer. Die Brüder Rasch nahmen diese zeitgenössischen Bildvorstellungen auf. Bemerkenswert ist der Einsatz der Hände, die den Puppenkopf halten: Die Daumen übernehmen dabei die Funktion, das (erzwungene) Offenhalten des Blicke zu suggerieren. Insofern handelt es sich tatsächlich um eine Fixierung oder Fesselung, auch wenn die Hände nicht als gewalttätig gezeigt werden. Der Schrifteinsatz weist Verwandtschaft mit der Titelgestaltung von *Der Stuhl* auf, doch handelt es sich nun um eine Plakat-, nicht um eine Schablonenschrift, wie überhaupt der Plakatcharakter gegenüber einem Buchtitel durch die Reduktion auf nur wenige Elemente (Puppenkopf, Hände, Titel) betont wird. Es handelt sich, ganz nach Franz Mons Definition des Plakats, um „eine Fläche, die ins Auge springt".

BROCHURE *GEFESSELTER BLICK,* 1930

In the brochure *Gefesselter Blick* (The Captivated Gaze) the Rasch brothers continued working with the principle of finding but not changing motifs as they had done for the first time in *Zu – Offen* (fig. 10.1–10.3). But they added a surreal element to this design. In the late twenties dolls' heads were a popular theme in avant-garde photography because they combined the human body and its transformation (dolls imitate real heads) with transformation (lips as schematised kissable mouths, reductions, application of childlike characteristics). Works by Max Burchartz, by Ellen Auerbach and Grete Stern's photo studio ringl + pit, by Umbo (Otto Umbehr) and the Surrealists' mannequin obsessions, especially Hans Bellmer's works, exemplify this trend. The Rasch brothers seized on these contemporary images. The way in which the hands are holding the doll's head is remarkable: the function of the thumbs is to imply the (enforced) opening of the eye. In this respect, the design alludes to fixation or captivation, even though the hands are not portrayed as forceful. The writing is reminiscent of the title design for *Der Stuhl,* although in this case poster type was used instead of stencilled lettering. On the whole, the reduction to just a few elements (doll's head, hands, title) further emphasises the contrast between poster style and book title. True to Franz Mon's definition of a poster, this is an 'eye-catching surface'.

10.1

Heinz und Bodo Rasch, Gefesselter Blick

Werbegraphik ist eine ganz besondere Form der Mitteilung, nämlich eine *Verschmelzung von Bild und Wort.* Das Wort in der graphischen Form der *Schrift* ist das Mittel, um *gedankliche Kontakte* herzustellen. Wort, d. h. Schrift, wendet sich an die Ueberlegung. Eine *Funktion der Zeit.* Das *Bild* wirkt auf das *Auge,* momentan und unmittelbar. Eine *Funktion des Raumes.*

Typo von Franz Krause - Berlin

. . . . . . „Schließlich kann die Werbegraphik nur Dinge abbilden, die man *optisch* wahrnehmen und kontrollieren kann. Das ist keine Einschränkung. Man muß nur in ganz einfacher Weise das, was man sagen will, durch sichtbare Dinge belegen. Also statt: Diese Hautcreme ist gut — Wenn Sie diese Hautcreme benützen, bekommen Sie einen vorzüglichen Teint wie dieses junge Mädchen. Das junge Mädchen kann man abbilden. Auf optisch wahrnehmbare Gedankenverbindungen kommt es an: Hautcreme, Teint, Schönheit. Oder: Taschenlampe, hell, Schrift zu erkennen, wobei die Schrift lustigerweise die Markenbezeichnung enthüllt."

In der Werbegraphik kommt es nun darauf an, einen unmittelbaren Kontakt zwischen dem angebotenen Gegenstand und dem Publikum *in möglichst kurzer Zeit* herzustellen. Daher ist das Bild das wichtigste Mittel der Werbegraphik

Werbegraphik muß davon ausgehen, daß der Mensch an sich die angebotenen Dinge haben möchte, ja sogar haben muß. Daß es nur auf die Art der Darstellung ankommt, um sie zu ihm in ein *persönliches Verhältnis* zu bringen

Photomontagen von Rasch

Der Photograph will sagen: „Ich mache sehr lebendige Porträtaufnahmen — graphisch ausgedrückt: Das Objektiv meiner Kamera, von meiner Hand gelenkt, vermag mit Sicherheit den günstigsten Moment festzuhalten . . ."

10.2

***GEFESSELTER BLICK,* 1930**

Das Schaubuch *Gefesselter Blick* ist mit seinem Celluloid-Einband die aufwendigste Publikation der Brüder Rasch (S. 15). Es erschien kurz nach Ausbruch der Weltwirtschaftskrise, was den Vertrieb einer solchen Publikation erschwert haben dürfte. Die Jugendstil-Schrift dürfte gewählt worden sein, weil in der Setzerei keine andere schmalfette Schrift zur Verfügung stand. Die Auswahl der Mitarbeiter an dieser Publikation weist einige Besonderheiten auf: Der Architekt Franz Krause wurde wohl aufgrund langjähriger Bekanntschaft mit den Brüdern Rasch aufgenommen, und Dr. Hermann Elias fehlt ansonsten in den Texten der Avantgarde. Gerade das aber macht seinen Beitrag interessant, geht es doch um die Möglichkeiten des mechanisierten Satzes. Max Bill stellt sich erstmals als Typograf vor, und die Arbeiten, die unter dem Namen der Agentur von Johannes Canis firmieren, sind Gestaltungen des 1938 nach Stuttgart gezogenen Burchartz-Schülers Anton Stankowski.

Von den eigenen Arbeiten der Brüder Rasch soll neben den bereits behandelten auf zwei weitere, in *Gefesselter Blick* abgebildete, kurz eingegangen werden (Abb. 11). Der Prospekt für das Nordseebad Juist soll am linken Rand an eine Glasscheibe erinnern und damit Reinheit und Transparenz assoziieren, es dürfte sich damit zumindest gedanklich um einen unmittelbaren Vorläufer des Einbandes von *Gefesselter Blick* handeln. Die gemalte, flächig verzogene Schrift wird um 1933 von Anton Stankowski aufgegriffen und für den berühmten

***GEFESSELTER BLICK,* 1930**

The picture book with its celluloid cover is the Rasch brothers' most elaborate publication (p. 15). It appeared just after the outbreak of the Great Depression which must have made it difficult to market a publication of this kind. The Jugendstil writing was probably chosen because it was the only bold condensed type the case room had to offer. The selection of collaborators involved in this publication is unusual: the architect Franz Krause must have been included because he had known the Rasch brothers for a long time and Dr Hermann Elias is not represented in any other avant-garde texts. However, that makes his contribution all the more interesting, seeing how it is all about the possibilities enabled by mechanised setting. For the first time, Max Bill presented himself as a typographer and the works ascribed to Johannes Canis's agency were designed by the Burchartz pupil Anton Stankowski, who moved to Stuttgart in 1938. Besides those that have already been discussed, two further works by the Rasch brothers that are represented in *Gefesselter Blick* deserve closer attention (fig. 11). The left margin of the brochure on the North Sea resort Juist is supposed to resemble a glass pane, thus evoking the impression of purity and transparency. At least conceptually this design must have been a direct forerunner of the jacket for *Gefesselter Blick.* Anton Stankowski adopted the painted, flat and warped writing and used it for the famous Sulzer logo in 1933. The picture following the next one marks the beginning of Heinz Rasch's many years of collabora-

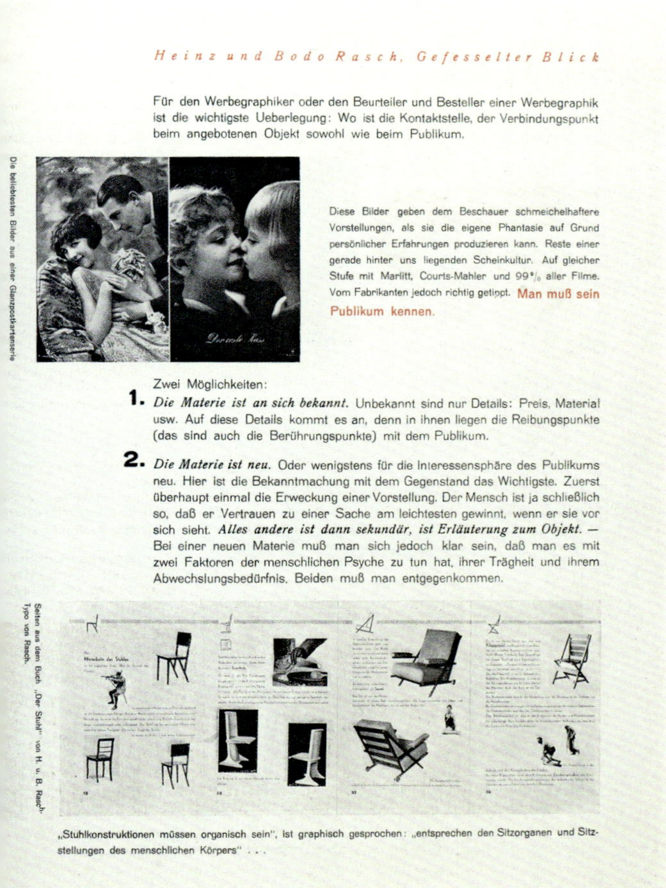

Heinz und Bodo Rasch, Gefesselter Blick

Für den Werbegraphiker oder den Beurteiler und Besteller einer Werbegraphik ist die wichtigste Ueberlegung: Wo ist die Kontaktstelle, der Verbindungspunkt beim angebotenen Objekt sowohl wie beim Publikum.

Die beliebtesten Bilder aus einer Glanzpostkartenserie

Diese Bilder geben dem Beschauer schmeichelhaftere Vorstellungen, als sie die eigene Phantasie auf Grund persönlicher Erfahrungen produzieren kann. Reste einer gerade hinter uns liegenden Scheinkultur. Auf gleicher Stufe mit Marlitt, Courts-Mahler und 99% aller Filme. Vom Fabrikanten jedoch richtig getippt. **Man muß sein Publikum kennen.**

Zwei Möglichkeiten:

1. ***Die Materie ist an sich bekannt.*** Unbekannt sind nur Details: Preis, Material usw. Auf diese Details kommt es an, denn in ihnen liegen die Reibungspunkte (das sind auch die Berührungspunkte) mit dem Publikum.

2. ***Die Materie ist neu.*** Oder wenigstens für die Interessensphäre des Publikums neu. Hier ist die Bekanntmachung mit dem Gegenstand das Wichtigste. Zuerst überhaupt einmal die Erweckung einer Vorstellung. Der Mensch ist ja schließlich so, daß er Vertrauen zu einer Sache am leichtesten gewinnt, wenn er sie vor sich sieht. ***Alles andere ist dann sekundär, ist Erläuterung zum Objekt.*** — Bei einer neuen Materie muß man sich jedoch klar sein, daß man es mit zwei Faktoren der menschlichen Psyche zu tun hat, ihrer Trägheit und ihrem Abwechslungsbedürfnis. Beiden muß man entgegenkommen.

Seiten aus dem Buch „Der Stuhl" von H. u. B. Rasch. Typo von Rasch.

„Stuhlkonstruktionen müssen organisch sein", ist graphisch gesprochen: „entsprechen den Sitzorganen und Sitzstellungen des menschlichen Körpers" . . .

10.3

11

Sulzer-Schriftzug verwendet. Das übernächste Bild weist auf die hier beginnende langjährige Tätigkeit von Heinz Rasch für die Lackfabrik Kurt Herberts in Wuppertal hin. Aufgrund dieser Arbeit wird Heinz Rasch dann auch Stuttgart verlassen und in Wuppertal einen neuen Wirkungsort finden, womit die Arbeitsgemeinschaft ein Ende findet. Doch setzen beide ihre Tätigkeit als Publizisten und Grafiker fort.

Bodo Rasch wird zusammen mit seiner ersten Frau Hanne Bauer 1933 die Avantgardezeitschrift *Zirkel* begründen, von der zwei Ausgaben nachgewiesen werden können (Abb. 12). Die politische Situation ist für eine solche Zeitschrift, in der bürgerliche und linke Intellektuelle zu Wort kommen sollen, denkbar schlecht. *Zirkel* ist als Journal mit breiter Themenvielfalt angelegt, der Heterogenität des Materials entspricht die Gestaltung, die Schreibmaschinenschrift mit Satz und von Fremdpublikationen übernommenen Druckklischees kombiniert. 1970 nimmt Bodo Rasch die *Zirkel*-Idee wieder auf und stellt unter Rückgriff auf das jahrzehntelang zurückliegende collagenhafte Layout nun eigene Projekte vor (Abb. 13).

Ebenfalls 1933 wird Heinz Rasch Werbeleiter bei Kurt Herberts, arbeitet aber dort vor allem als Architekt. Zusammen mit Herberts bietet er Franz Krause, Willi Baumeister, Hans Hildebrandt und Oskar Schlemmer neben vielen anderen, die von der NS-Regierung geächtet sind, Arbeitsmöglichkeiten. Nach 1945 ist er auch wieder unter eigenem Namen als Herausgeber und Autor tätig, wobei die Gestaltung der eigenen Publikationen zumindest von ihm beeinflusst sein dürfte (Abb. 14.1 und 14.2).

tion with Kurt Herbert's lacquer factory in Wuppertal. Due to this employment, Heinz Rasch also left Stuttgart to find a new sphere of activity in Wuppertal, a step that led to the end of the joint venture. However, both brothers continued their work as publicists and graphic designers.

In 1933 Bodo Rasch founded the avant-garde magazine *Zirkel* together with his first wife Hanne Bauer, of which two verifiable editions are still in existence (fig. 12). The political situation was imaginably bad for a magazine intended as a platform for middle-class and left-wing intellectuals. *Zirkel* was conceived as a journal with a broad variety of topics, the heterogeneity of the material was reflected in the design, which combines typewriter lettering with type and printing clichés from other publications. In 1970 Bodo Rasch picked up on the *Zirkel* idea and used the collage-like layout of many decades ago for the presentation of his own projects (fig. 13).

Also in 1933, Heinz Rasch became Kurt Herberts's advertising manager, although his main work involved architecture. Together with Herberts he found job opportunities for Franz Krause, Willi Baumeister, Hans Hildebrandt, Oskar Schlemmer and many others who had been ostracised under the Nazi regime. After 1945 he resumed publishing and writing under his own name and it can be assumed that the designs of his own publications were at least influenced by him (fig. 14.1 and 14.2).

Presumably the basis for the brothers' success was established during their collaborative years, after which they both invested a lot of energy in building and construction. Neither

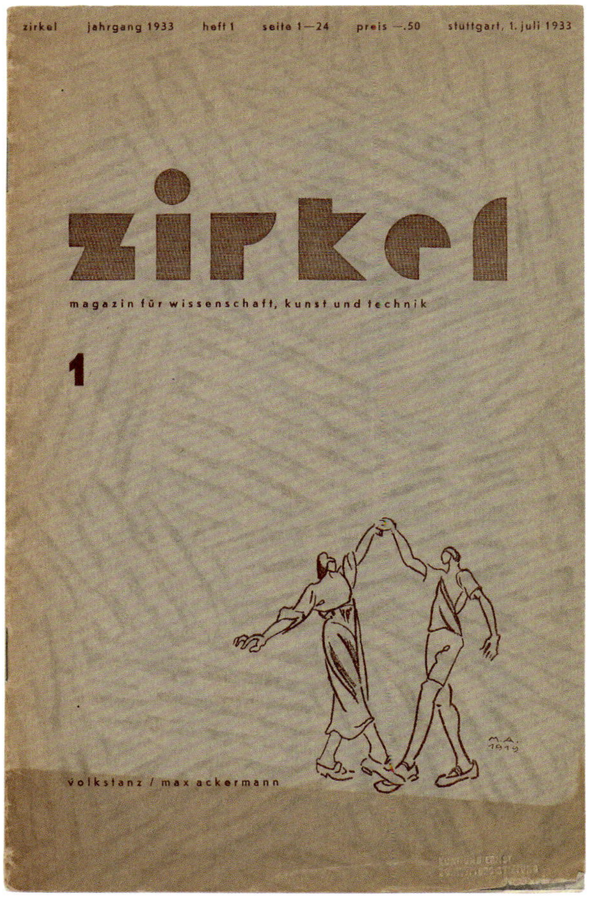

12

13

Sicherlich wurde in den Jahren der Arbeitsgemeinschaft die Grundlage für den Erfolg der beiden Brüder gelegt, die sich nach Ende dieser Zusammenarbeit mit großer Energie dem Bauen und der Baukonstruktion zuwandten. Beide haben ihre interdisziplinären Anfänge – Möbel, Publizistik, Bauen, auch das politische und kulturelle Engagement – nicht vergessen. So war Heinz Rasch unmittelbar nach dem Zweiten Weltkrieg an zahlreichen kulturellen Initiativen in Wuppertal, aber auch in Stuttgart beteiligt, schrieb 1947 eine Einführung für eine lithografierte Grafikmappe Willi Baumeisters, die von der Eidos-Presse verlegt wurde oder eröffnete Ausstellungen seiner Schwägerin, Bodo Raschs zweiter Ehefrau, Lilo Rasch-Naegele. 1953 sorgte er, nachdem die Weißenhofsiedlung im Krieg stark beschädigt worden war und Um-, An- und Neubauten des Wiederaufbaus dem Zerstörungswerk der Bombardements im Jahre 1944 folgen, dafür, dieses Ensemble der Moderne zu sichern und unter Denkmalschutz zu stellen – ein Engagement, das erst 1956 zum Erfolg führte. Ebenso wie sein Bruder engagierte sich auch Bodo Rasch kulturell, wobei die Ausstellungen seiner Frau sicherlich dabei halfen, manche Kontakte zu knüpfen.[17] 1977 startete er zusammen mit Berthold Burkhardt und Frei Otto eine Initiative, die zur Gründung des Vereins

17 Heinz Rasch, Eröffnungsansprache zur Grafikausstellung von Lilo Rasch-Naegele in der Galerie Lutz & Meyer, Stuttgart, im Herbst 1957, im Katalog der Ausstellung, Stuttgart 1957. Spätestens seit dieser Zeit kennen sich Bodo Rasch und Anton Stankowski.

forgot their interdisciplinary beginnings – furniture, publishing, building and political and cultural involvement. Immediately after the Second World War, Heinz Rasch committed himself to many cultural initiatives not only in Wuppertal but also in Stuttgart. In 1947 he wrote an introduction to a lithographed portfolio with graphic art by Willi Baumeister which was published by Eidos-Presse. He also inaugurated exhibitions for his sister in law, Bodo Rasch's second wife, Lilo Rasch-Naegele. In 1953, after the Weissenhof Housing Estate had suffered severe damage during the war and the destruction of the bombings of 1944 was followed by redevelopment in the shape of conversions, extensions and new buildings, he saw to it that this Modernist ensemble was saved and listed as a protected monument – an initiative that succeeded only in 1956. Like his brother Bodo Rasch also committed himself to cultural causes – in this respect his wife's exhibitions[20] must have been helpful in establishing contacts. In 1977 he started an initiative which led to the founding of the association Freunde der Weissenhofsiedlung (Friends of the Weissenhof Housing Estate). Increasingly, both were also discovered and interviewed as contemporary witnesses, not only by art historians but also by business people like Axel Bruchhäuser Junior, the manager of the furniture factory Tecta, who corresponded with Heinz Rasch about the cantilever chair. A compilation which was issued by Edition Marzona in 1981 contained the first reference to the joint venture at a time when the 1920s were thought to be largely canonised.[21] During the 1980s, Heinz Rasch was also visited by the art historian Werner Möller,

20 Heinz Rasch, inauguration speech at Lilo Rasch-Naegele's graphic art exhibition in the Lutz & Meyer Gallery, Stuttgart, autumn 1957, in the exhibition catalogue, Stuttgart 1957. Since then, if not earlier, Bodo Rasch and Anton Stankowski were acquainted with each other.

21 In May 2014 the Stuttgart design professor Uwe Fischer said that, at the time, he literally discovered this volume. Unlike today with the Internet, there was hardly any new information to be found on historical topics when he saw the suspension houses and rows of serially produced chairs in the Marzona book. This serial aspect interested Fischer, who had been working together with Achim Heine on moveable furniture in row arrangements in the 1980s. Although the Rasch brothers did not initiate this design concept, they did help the quest by confirming the theory.

14.1

14.2

Freunde der Weißenhofsiedlung führte. Zunehmend werden beide auch als Zeitzeugen entdeckt und befragt, von Kunsthistorikern, aber auch von Unternehmern wie dem Leiter der Möbelmanufaktur Tecta, Axel Bruchhäuser jr., der mit Heinz Rasch über den Kragstuhl korrespondierte. 1981 wies eine Zusammenstellung in der Edition Marzona erstmals nach 50 Jahren auf die Arbeitsgemeinschaft hin, zu einer Zeit, als das Wissen über die 1920er-Jahre weitgehend kanonisiert schien.[18] In den 1980er-Jahren erhielt Heinz Rasch auch Besuch von dem Kunsthistoriker Werner Möller, der ihn in Zusammenhang mit seinen Kragstuhlrecherchen befragte. Was Werner Möller auffiel, war, dass Heinz Rasch keine große Bibliothek besaß und diese also durchaus in kleinen Räumen – wie zu Anfang dieses Artikels erwähnt – Platz finden konnte. Aber, so Werner Möller, es waren alles die ‚richtigen', die wirklich wichtigen Bücher. Zu diesen gehören auch die Publikationen, die Heinz und Bodo Rasch selbst geschrieben, redigiert und gestaltet haben. Und auch, wenn es nur wenige sind, wenig ist das nicht.

18 So berichtet im Mai 2014 der Stuttgarter Designprofessor Uwe Fischer, dass er damals diesen Band regelrecht entdeckt habe. Es habe – anders als heute mit dem Internet – kaum neue Informationen über historische Themen gegeben, und dann sehe er in dem Marzona-Band diese Hängehäuser und aneinander gereihten seriellen Stühle. Dieses Serielle beschäftigte Fischer, der in den 1980er-Jahren zusammen mit Klaus-Achim Heine an beweglichen und gereihten Möbeln arbeitet; die Brüder Rasch waren hier wohl nicht Anregung, wohl aber Bestätigung einer Gestaltungssuche.

who interviewed him in connection with his research on cantilever chairs. Möller noticed that Heinz Rasch's library was not extensive and could easily fit into the kind of small space described at the beginning of this article. But according to Möller, it contained the 'right', the really important books. Among these were the publications that Heinz and Bodo Rasch had written, edited and designed themselves. And even if the size is small, the collection is no small feat.

Figures

1. Interior design by Richard Herre for the exhibition *Die Form.*
2. Max Ackermann, *Tagblatt-Turm,* etching, 1928, 53.5 × 17.5 cm (plate), Stadtmuseum Stuttgart
3. Reinhold Nägele, *Werkbundsiedlung Weißenhof,* 1927, tempera on cardboard, 31,5 × 50 cm, Staatsgalerie Stuttgart
4. Alfred Hugendubel, jacket design for Clara Hohrath (i.e., Clara Rommel), *... besonders in Stuttgart,* Stuttgart 1931 Depiction of the main railway station and the Weissenhof Housing Estate; the goose in the foreground is a reference to the narrator of the epistolary novel who initially sees herself as a 'silly country goose'.
5. Gottlieb Ruth, jacket design for Clara Hohrath (i.e., Clara Rommel), *Hannelore erlebt die Grossstadt,* Stuttgart 1932 This edition with illustrations by Alfred Hugendubel was intended for the German-speaking regions beyond Stuttgart. Buildings belonging to the Weissenhof Housing Estate can be seen in the background.
6. Walter Dexel, serial cover design for the Prometheus books published by Hesse & Becker, Leipzig 1927

Abbildungen

1. Von Richard Herre entworfener Raum in der Ausstellung *Die Form.*
2. Max Ackermann, *Tagblatt-Turm,* Radierung, 1928, 53,5 × 17,5 cm (Platte), Stadtmuseum Stuttgart
3. Reinhold Nägele, *Werkbundsiedlung Weißenhof,* 1927, Tempera auf Karton, 31,5 × 50 cm, Staatsgalerie Stuttgart
4. Alfred Hugendubel, Umschlaggestaltung zu Clara Hohrath (d. i. Clara Rommel), *...besonders in Stuttgart,* Stuttgart 1931 Darstellung von Hauptbahnhof und Weißenhofsiedlung, die Gans im Vordergrund spielt auf die Erzählerin des Briefromans an, die sich zunächst als „dumme Gans vom Lande" sieht.
5. Gottlieb Ruth, Umschlaggestaltung zu Clara Hohrath (d. i. Clara Rommel), ... *Hannelore erlebt die Großstadt,* Stuttgart 1932 Mit Illustrationen von Alfred Hugendubel versehen, ist dies die für den deutschsprachigen Raum außerhalb Stuttgarts bestimmte Ausgabe. Bauten der Weißenhofsiedlung sind im Hintergrund zu erahnen.
6. Walter Dexel, Reiheneinbandgestaltung für die Prometheus-Bücher des Verlags Hesse & Becker, Leipzig 1927
7. Johannes Molzahn: Einband- und Umschlaggestaltung zu Bruno Taut, *Ein Wohnhaus,* Stuttgart 1927 Beide Umschläge dokumentieren, wie die Farbe Gelb in der Neuen Typographie verwendet wurde.
8. Heinz und Bodo Rasch, Umschlaggestaltung des Prospektes *Komfort,* Stuttgart ca. 1929
9. Willi Baumeister, Plakat *Wie Wohnen?* für die Werkbund-Ausstellung „Die Wohnung", Stuttgart 1927, Offsetdruck, Archiv Baumeister im Kunstmuseum Stuttgart
10. (10.1–10.3) Heinz und Bodo Rasch, Prospekt zu *Gefesselter Blick,* Stuttgart 1930
11. Heinz und Bodo Rasch, Doppelseite aus *Gefesselter Blick,* Stuttgart 1930
12. Bodo Rasch und Hanne Bauer-Rasch, *Zirkel. Magazin für Wissenschaft, Kunst und Technik,* Nr. 1 (Juli), 1933, Die Zeitschrift *Zirkel* erschien damals im kleinformatigen Magazin-Format, das zum Beispiel auch von der von Willi Baumeister mit einem prägnanten Signet versehenen Zeitschrift *Querschnitt* verwendet wurde.
13. Bodo Rasch, *Zirkel. Magazin für Wissenschaft, Kunst und Technik,* Nr. 6, „Großrelais", 1970 Das Heft wurde von Rob Krier und Dietmar Frey zusammengestellt. Krier hatte seinerzeit bei Frei Otto studiert und war so mit Hängekonstruktionen vertraut.
14. (14.1 und 14.2) Heinz Rasch, *Die Elemente des Raumes,* Kassel 1965 Wie sein Bruder Bodo setzte auch Heinz Rasch die Publikationsarbeit und wohl auch -gestaltung nach der Auflösung der Arbeitsgemeinschaft fort.

7. Johannes Molzahn: cover and jacket for Bruno Taut, *Ein Wohnhaus,* Stuttgart 1927 Both covers show how the colour yellow was used in the new typography.
8. Heinz and Bodo Rasch, jacket design for the brochure *Komfort,* Stuttgart c. 1929
9. Willi Baumeister, poster *Wie Wohnen?* for the Werkbund exhibition *Die Wohnung,* Stuttgart 1927, offset print, Baumeister archive at the Stuttgart Kunstmuseum
10. (10.1–10.3) Heinz and Bodo Rasch, brochure *Gefesselter Blick,* Stuttgart 1930
11. Heinz and Bodo Rasch, double-page spread from *Gefesselter Blick,* Stuttgart 1930
12. Bodo Rasch and Hanne Bauer-Rasch, *Zirkel. Magazin für Wissenschaft Kunst und Technik,* no. 1 (July), 1933 *Zirkel* was published in a small magazine format that was also used for other publications, such as the magazine *Querschnitt,* for which Willi Baumeister had designed a distinctive signet.
13. Bodo Rasch, *Zirkel. Magazin für Wissenschaft Kunst und Technik,* no. 6, 'Gross relais', 1970 This issue was compiled by Rob Krier and Dietmar Frey. Krier had studied under Frei Otto and was consequently familiar with suspended constructions.
14. (14.1 and 14.2) Heinz Rasch, *Die Elemente des Raumes,* Kassel 1965 Like his brother Bodo, Heinz Rasch continued writing and also designing publications after the liquidation of their joint venture.

ROLAND NACHTIGÄLLER

MIT SCHARFEM AUGE ZUM GEFESSELTEN BLICK

Die Brüder Rasch und die konstruktivistische Typografie der 1920er-Jahre[1]

Bringing a Sharp Eye to *The Captivated Gaze*
The Rasch Brothers and Constructivist Typography in the 1920s[1]

Seit Kurt Schwitters 1928 den Ring Neue Werbegestalter gründete liegt ihm ein Kompendium der Neuen Werbegestaltung, ein Almanach der innovativsten Typografen der 1920er-Jahre am Herzen, ein Vorhaben, das er mehrfach zur Sprache bringt: „der werbegestalter lenkt die aufmerksamkeit des beschauers nun nicht durch worte, phrasen oder künstliche künstlerische zutat auf den gegenstand, für den er wirbt, sondern schlicht durch die gestaltung der drucksache als einheit."[2] Denn „man denke nicht, daß gestaltung etwa dekoration mit balken wäre, wie es unsere imitatoren denken", Gestaltung war für Schwitters und die Typografen seiner Zeit die Schaffung einer bewussten Einheit zwischen Bild- und Textelementen, deren Regeln und Möglichkeiten sich nur anhand guter Beispiele studieren und in das allgemeine Bewusstsein einpflanzen lassen. Doch nicht

1 Dieser Text wurde in seiner ursprünglichen, deutlich längeren Fassung 1996 verfasst und war als Kommentar zum Reprint von *Gefesselter Blick* im Verlag Lars Müller vorgesehen. Es sollte nicht nur die Entstehungsgeschichte der Publikation beleuchtet, sondern auch weiter reichende Hinweise auf die Brüder Rasch gegeben werden. Die Veröffentlichung eines Kommentars konnte seinerzeit allerdings nicht realisiert werden. Vieles von den damaligen Erkenntnissen findet sich heute in ausführlicherer Form in der Dissertationsschrift von Annette Ludwig (*Die Architekten Heinz und Bodo Rasch. Ein Beitrag zur Architekturgeschichte der zwanziger Jahre,* Tübingen · Berlin 2009) sowie in den Beiträgen dieses Katalogbuches. Inhaltlich reflektiert dieser Beitrag den Stand der Forschung um 1996, der allerdings bis auf wenige neu hinzugekommene Quellen nach wie vor Gültigkeit besitzt. Ein Dank für die kompetente Durchsicht gilt Jörg Stürzebecher.

2 Kurt Schwitters, „der ring neue werbegestalter", in: Friedhelm Lach (Hrsg.), *Kurt Schwitters. Das literarische Werk,* Bd. 5, Köln 1981, S. 337.

Ever since Kurt Schwitters founded the Ring Neue Werbegestalter (circle of new advertising designers) in 1928, he had nurtured the idea of creating a compendium of new advertising design, an almanac of the most innovative typography of the 1920s. He mentioned this project several times: 'the advertising designer draws the viewer's attention towards the object he is advertising not through words, phrases or artificial artistic additions but simply by designing the printed material as a unified whole.'[2] For 'one should not think, as our imitators do, that design is decoration with printer's rules' – Schwitters and the typographers of his time regarded design as the creation of a deliberate union of pictorial and textual elements whose principles and possibilities could only be studied and implanted into general consciousness through good examples. But in the end it was not Schwitters but two young Stuttgart-based architects and designers who

1 The original, longer version of this text was written in 1996 and planned as a commentary for the reprint of *Gefesselter Blick* (The Captivated Gaze) by Lars Müller Publishers. It was intended not only to illuminate the history of the publication but also to discuss the Rasch brothers in detail. But the publication of a commentary turned out to be impossible. Many of the findings from that time can today be found in more detailed form in a PhD thesis by Annette Ludwig (*Die Architekten Heinz und Bodo Rasch: Ein Beitrag zur Architekturgeschichte der zwanziger Jahre,* Tübingen · Berlin 2009) as well as in the contributions in this catalogue. The content of the current contribution reflects the state of research around 1996, which remains valid although a small number of new sources have emerged. I am grateful to Jörg Stürzebecher for his very helpful review of the text.

2 Kurt Schwitters, 'der ring neue werbegestalter', in: Friedhelm Lach (ed.), *Kurt Schwitters: Das literarische Werk,* vol. 5, Cologne 1981, p. 337.

Schwitters, sondern zwei in Stuttgart arbeitende junge Architekten und Gestalter stellen schließlich dieses Kompendium unter dem Titel *Gefesselter Blick* mit Begeisterung und gutem Auge zusammen: die Brüder Heinz und Bodo Rasch.

VORGESCHICHTE UND AUFBRÜCHE

Noch während der Weißenhof-Ausstellung 1927 erhalten Heinz und Bodo Rasch vom ortsansässigen Akademischen Verlag Dr. Fr. Wedekind den Auftrag, die in der Weißenhofsiedlung verwendeten Konstruktionssysteme zu beschreiben und zu analysieren. So entsteht 1927 als dritte der Weißenhofsiedlung gewidmete Werkbundpublikation das von den beiden zusammengestellte Buch *Wie Bauen?*, dem ein Jahr später eine veränderte Fassung gleichen Titels folgt.[3] Bereits bei dieser ersten Buchpublikation der Brüder Rasch fällt deren gestalterische Handschrift ins Auge. Vor allem in *Wie Bauen?* Nr. 2[4] wird der Leser durch eine ausgearbeitete Textdramaturgie und eine damit einhergehende strenge Strukturierung des Themas in das Buch hineingeführt. Es ist eine Art ‚versachlichte' Blickfang-typografie, die im Gegensatz zu den ersten Publikationen El Lissitzkys[5] ausschließlich mit einer kontrollierten Hervorhebung einzelner Wörter sowie mit einer bisweilen sehr freien Text-Bild-Kombination und mit weißen Flächen arbeitet. Sicherlich ist diese Grafik nicht allein der gestalterischen Hand der Brüder Rasch zuzurechnen, doch die Prinzipien ihrer letztlich zugleich streng didaktischen wie spielerisch unterhaltsamen Layout-Auffassung lassen sich hier bereits ausmachen.

Im folgenden Jahr, 1928, eröffnet im Landesgewerbeamt Stuttgart die von Adolf G. Schneck und Hugo Keuerleber zusammengestellte Ausstellung *Der Stuhl*, in der nach eigenen Angaben die Brüder Rasch „etwa 50 Modelle ausgestellt [haben]. Die[se] sind allerdings zunächst unterdrückt worden durch Professor Keuerleber und Adolf Schneck. Dann wurde dies aufgeklärt und am Tag vor der Eröffnung durften die Stühle alle wieder in die Ausstellung hinein."[6] Vielleicht ist solcherart Zurückweisung ein weiterer Grund dafür, noch im gleichen Jahr die programmatische Schrift *Der Stuhl* herauszubringen, „eine frischgeschriebene, dabei doch gründliche und systematische, sehr instruktiv illustrierte Studie", wie Adolf Behne in der

3 Vom Verlag als „vollständig umgearbeitete Auflage des Konstruktionsbuches" angekündigt, ist es doch eher eine konsequente Fortsetzung der breiten Darstellung moderner Konstruktions- und Bauverfahren sowie der benötigten Materialien mit historischen Ableitungen und umfangreichem Herstellerverzeichnis – alles in allem ein „richtiges Handbuch des Architekten, aber auch [...] ein gutes Informationsmittel für den Laien und den Baulustigen". Vgl. Heinz und Bodo Rasch, *Der Stuhl*, Stuttgart, o. J. [1928, Reprint Weil a. Rhein 1992], S. 67. Lag das Schwergewicht der ersten Ausgabe von *Wie Bauen?* auf der detaillierten Darstellung der Konstruktionen und Baumaterialien der Weißenhofsiedlung, nahmen die Brüder Rasch in *Nr. 2* eine Generalisierung des Themas vor, die eher weg von der konkreten Beschreibung der Weißenhofsiedlung und hin zu einem allgemeinen Baukompendium mit Rückbezügen und Ableitungen aus Bauformen anderer Kulturen führte.

4 Die „Jahres-Ausgabe" für 1929 erschien bereits im Jahr zuvor. Die Verwirrung ist der mehrfach geänderten Titelgestaltung geschuldet. Kurz nach Erscheinen 1928 wurde der Titel von *Wie Bauen?* rot mit „Nr. 2" überdruckt und dies später noch mit „1929" ergänzt. Es handelt sich aber jeweils um den gleichen Inhalt.

5 Vgl. beispielsweise Ilja Ehrenburg und El Lissitzky, *Vešč, Objet, Gegenstand*, Nr. 1/2 u. 3, 1922 [Reprint Baden (CH) 1994], Begleitbuch S. 131.

6 Bodo Rasch, „Interview vom 16. 11. 1979", in: *Die Zwanziger Jahre des Deutschen Werkbunds*, Gießen 1982, S. 131.

assembled this compendium under the title *Gefesselter Blick* (The Captivated Gaze) with enthusiasm and a good eye: the brothers Heinz and Bodo Rasch.

BACKGROUND AND BEGINNINGS

During the 1927 exhibition *Die Wohnung* (The Dwelling) in Stuttgart, Heinz and Bodo Rasch were commissioned by the local publisher Akademische Verlag Dr. Fr. Wedekind to describe and analyse the construction systems used in the Weissenhofsiedlung (Weissenhof Estate), which was part of the exhibition. The result was *Wie Bauen?*, the third publication of the German Werkbund (industrial design association) dedicated to the Weissenhofsiedlung, edited by the Rasch brothers and published in 1927, and followed a year later by a revised version under the same title.[3] This, the first book to be published by the brothers, already displays their striking and innovative approach to design. In *Wie Bauen? Nr. 2*[4] the reader is drawn into the book by a well-composed textual dramaturgy, which is linked to a precise structuring of the theme. It is a kind of 'objectivised' *Blickfang* (eye-catching) typography, which – unlike El Lissitzky's first publications[5] – works exclusively with a controlled emphasis of individual words as well as a sometimes very free combination of text and image, and with white space. The graphic design can probably not be attributed to the Rasch brothers alone, but their basic ideas about layout, which were both didactic and playfully entertaining, are already apparent here.

In the following year, 1928, the exhibition *Der Stuhl* (The Chair), organised by Adolf G. Schneck and Hugo Keuerleber, opened in the Württembergische Landesgewerbeamt in Stuttgart. The brothers Rasch, according to their own information, exhibited 'some 50 models. But these were initially rejected by Professor Keuerleber and Adolf Schneck. This problem was then resolved, and the day before the opening all the chairs were allowed into the exhibition again.'[6] Perhaps such rejection is a further reason why the Rasch brothers published the programmatic text *Der Stuhl* the very same year, 'a lively yet thorough and systematic, very instructive study', as Adolf Behne described it in the Berlin paper *Welt am Abend*.[7] It leaves the reader in no

3 Although announced by the publisher as a 'completely revised edition of the construction book', it is more like a logical continuation of the broad representation of modern construction and building techniques as well as the necessary materials, the historical background and a comprehensive list of producers – all in all a 'proper handbook for architects but also ... a good reference work for the layperson and anybody with an interest in building'. Cf. Heinz and Bodo Rasch, *Der Stuhl*, Stuttgart, undated [1928, reprint Weil a. Rhein 1992], p. 67. Whereas the first edition of *Wie Bauen?* focussed on a detailed representation of the structures and building materials of the Weissenhof Estate, in *Nr. 2* the Rasch brothers broadened the subject, moving away from a concrete description of the Weissenhof Estate to a more general building compendium with references to and adaptations from building types of other cultures.

4 The 1929 edition had already been published the previous year. This confusion was caused by repeated changes of the title. Shortly after publication in 1928 the title *Wie Bauen?* was overprinted in red with 'Nr. 2' and later complemented with '1929'. But the content remained the same.

5 Cf. for example Ilja Ehrenburg and El Lissitzky, *Vešč, Objet, Gegenstand*, no. 1/2 and 3, 1922 [reprint Baden (CH) 1994], accompanying book p. 131.

6 Bodo Rasch, 'Interview vom 16. 11. 1979', in: *Die Zwanziger Jahre des Deutschen Werkbunds*, Giessen 1982, p. 131.

7 Quoted from an advertisement in: *Wie Bauen? Nr. 2. Materialien und Konstruktionen für industrielle Produktion*, ed. Heinz and Bodo Rasch, Stuttgart 1928, p. 287.

Berliner Zeitung *Welt am Abend* lobt.[7] Anschaulich wird hier dem Leser vor Augen geführt, dass hinsichtlich einer Verbesserung des Stuhles in Bezug auf seine „Festigkeit", „Leichtigkeit", „Bequemlichkeit" und „Billigkeit" „das Handwerk sein Bestes getan" hat und nun einzig „die industrielle Produktion" dazu in der Lage ist, der Forderung nach „eine[m] Sitz für 100 Bedürfnisse statt 100 Sitzen für 100 Bedürfnisse" nachzukommen.[8] Beeindruckend an diesem Büchlein sind auch heute noch sowohl die Leichtigkeit, mit der hier Text und Bild zu einer argumentativen Einheit verbunden werden, wie auch die durchgehaltene Logik einer Ableitung, die „bei der konzentrierten Form des Zargenstuhls [beginnt und] über eine Reihe von Auflösungen und Zusammenballungen wieder zu einer konzentrierten Form [kommt]: dem Spantenstuhl von [Mart] Stam oder Mies van der Rohe und den Sperrholzstühlen."[9]

Mit dem in den Werkbundjahren seit 1924 in Stuttgart gewachsenen Freundeskreis – darunter Richard Döcker, Hans und Lily Hildebrandt sowie Friedrich Wolf – halten sich die Brüder Rasch 1929 in einem geistigen Umfeld auf, das voller Begegnungen und Anregungen ist und damit zugleich ein idealer Nährboden für die Zusammenstellung des *Gefesselten Blicks.* In Willi Baumeister haben sie zudem einen Freund, der spätestens mit seinen „ganz im modernen Sinne Leit- und Orientierungssysteme entfaltenden Hallen-Beschriftungen" und einer „umfangreiche[n], vorbildlich angelegte[n] Drucksachen-Suite" im Rahmen der Ausstellung *Die Wohnung* eine hervorragende Demonstration seiner schrift- und reklamegestalterischen Fähigkeiten liefert und diese auch „zu einem Höhepunkt der Neuen Typographie überhaupt" macht.[10]

Baumeister ist folglich auch eines der ersten neun Mitglieder des Rings Neue Werbegestalter, dessen Gründung von Kurt Schwitters seit einem gemeinsamen Pläneschmieden mit Robert Michel auf der Schmelzmühle in Eppstein-Vockenhausen Ende 1927 intensiv betrieben wurde.[11] Bereits kurz nach der Gründung kann er stolz an Piet Zwart schreiben: „Als Vorsitzender der im Januar 1928 gegründeten Vereinigung der neuen Werbegestalter teile ich Ihnen mit, dass wir Gründungsmitglieder, das sind Vordemberge-Gildewart, Trump, Burchartz, Michel, Baumeister, Dexel, Domela und ich, im ganzen 9 [in dieser Aufzählung vergisst er Jan Tschichold! Anm. R. N.], dass wir also unter uns darüber abgestimmt haben, wen wir noch als Mitglieder hinzuwählen möchten, und dass wir Sie gern als Mitglied unserer Vereinigung begrüssen würden."[12]

Bis auf Jan Tschichold und Georg Trump, dem Leiter einer neu aufgebauten grafischen Abteilung der Kunstgewerbeschule Bielefeld und ab 1929 Lehrer an der Münchener Meisterschule

7 Zit. n. einer Werbeanzeige in: *Wie Bauen? Nr. 2. Materialien und Konstruktionen für industrielle Produktion,* hrsg. v. Heinz und Bodo Rasch, Stuttgart 1928, S. 287.
8 Rasch 1928 (wie Anm. 3), S. 5, 7, 54.
9 Ebd., S. 51.
10 Wolfgang Kermer, „Zu Ausstellung und Publikation", in: ders., *Willi Baumeister. Typographie und Reklamegestaltung,* Ausst.-Kat. Staatliche Akademie der Bildenden Künste, Stuttgart 1989, S. 34.
11 Vgl. Kees Broos, „Das kurze, aber heftige Leben des Rings ‚neue werbegestalter'", in: „Typographie kann unter Umständen Kunst sein", Bd. Ring ‚neue werbegestalter'. Die Amsterdamer Ausstellung 1931, Ausst.-Kat. Landesmuseum Wiesbaden; Sprengel Museum Hannover; Museum für Gestaltung Zürich, Wiesbaden 1990, S. 7–10.
12 Ebd., S. 112.

doubt that when it comes to improving the chair, in terms of its 'firmness', 'lightness', 'comfort' and 'low cost', 'craftsmanship has done its best' and now only 'industrial production' is able to meet the 'requirement of one seat for 100 needs instead of 100 seats for 100 needs'.[8] This little booklet remains impressive today with its effortless combination of text and image into a single cohesive argument, as well as the unerring logic with which it traces the history of design, which begins with the 'compact shape of the frame chair [and], via a series of divergences and convergences, [arrives] again at a compact shape: the cantilever chair by [Mart] Stam or Mies van der Rohe, or the plywood chairs.'[9]

The Rasch brothers' intellectual environment in 1929, with their circle of friends dating from the Werkbund years from 1924 in Stuttgart – including Richard Döcker, Hans and Lily Hildebrandt as well as Friedrich Wolf – provided many encounters and stimulating ideas which proved to be fruitful sources for putting together *Gefesselter Blick.* And in Willi Baumeister they had a friend whose 'lettering for the [exhibition] halls, which unfolds very much like modern signage systems' and 'extensive, exemplary range of printed materials' for the exhibition *Die Wohnung* left no doubt about his abilities as an advertising copywriter and designer, being a 'pinnacle of the New Typography'.[10]

So it is not surprising that Baumeister became one of the nine founding members of the Ring Neue Werbegestalter, which, after initial plans had been worked out by Kurt Schwitters and Robert Michel at the Schmelzmühle in Eppstein-Vockenhausen, was set up by Schwitters in late 1927.[11] Shortly after the founding he proudly wrote to Piet Zwart: 'As chair of the association of the new advertising designers that was founded in January 1928, I am writing to inform you that the founding members, that is Vordemberge-Gildewart, Trump, Burchartz, Michel, Baumeister, Dexel, Domela and I, 9 in total [This list omits Jan Tschichold!], that we have mutually agreed on who else we would like to vote in as members, and that we would be pleased to welcome you as a member of our association.'[12]

Apart from Jan Tschichold and Georg Trump, the head of a new graphic design department at the Kunstgewerbeschule Bielefeld and from 1929 Professor at the Meisterschule für Deutschlands Buchdrucker in Munich, all the founding members were artists (the majority of them painters) who, at a time when the boundaries between fine and applied arts were breaking down, had turned to design. Many of these self-taught designers had been engaging with the subject intensively for considerable time. Thus the design ideas and working techniques of the individual members were accordingly heterogeneous and undogmatic, quite unlike Tschichold's functional typography.

8 Rasch 1928 (see note 3), p. 5, 7, 54.
9 Ibid., p. 51.
10 Wolfgang Kermer, 'Zu Ausstellung und Publikation', in: id., *Willi Baumeister. Typographie und Reklamegestaltung,* exhibition catalogue Staatliche Akademie der Bildenden Künste, Stuttgart 1989, p. 34.
11 Cf. Kees Broos, 'Das kurze, aber heftige Leben des Rings "neue werbegestalter"', in: *'Typographie kann unter Umständen Kunst sein'*, vol. *Ring 'neue werbegestalter'. Die Amsterdamer Ausstellung 1931* (exhib. cat. Landesmuseum Wiesbaden; Sprengel Museum Hannover; Museum für Gestaltung Zürich), Wiesbaden 1990, pp. 7–10.
12 Ibid., p. 112.

für Deutschlands Buchdrucker, handelt es sich bei den Gründungsmitgliedern um Künstler (und vornehmlich Maler), die sich im Zuge der zunehmenden Grenzüberschreitungen zwischen bildender und angewandter Kunst als Autodidakten, doch zum Teil bereits seit geraumer Zeit und in intensiver Auseinandersetzung dem Gebiet der Druck- und Werbegestaltung zugewandt haben. Entsprechend heterogen und im Gegensatz zu Tschicholds Funktionaler Typografie undogmatisch sind daher die Arbeitsansätze und Gestaltungsvorstellungen der einzelnen Mitglieder.

WAS IST DIE NEUE WERBEGESTALTUNG?

Auch wenn *Gefesselter Blick* erst zwei Jahre nach Gründung des Rings Neue Werbegestalter erscheint, so geben die hier abgedruckten Beiträge der Mitglieder einen aufschlussreichen Eindruck davon wieder, welche Haltungen und Positionen die im Ring zusammengeschlossenen Gestalter verband. So stellt Walter Dexel noch einmal die wesentlichen, „nur scheinbar beschränkt[en]“ Mittel des „neuen Typografen“ wie Blickfänge, Asymmetrie („Symetrie [sic] setzt fast stets eine Vergewaltigung des Textes voraus, eine natürliche Ordnung des Schriftbildes, die das *Wesentliche* des Mitteilungsinhaltes hervorhebt, wird von selbst *asymetrisch“)*, Schrift- und Farbeinsatz vor, um deren Ökonomisierung aus der Perspektive des modernen Menschen zu begründen: Dieser „hat das Recht zu fordern, daß ihm die Mitteilungen, die er *braucht,* knapp und klar dargeboten werden und vor allem kann er verlangen, daß ihm die Fülle nicht gewünschter Mitteilung, worunter die Reklame in fast allen ihren Spielarten fallen dürfte, nur ein Mindestmaß von Zeitverlust verursacht“.[13] Auch Max Burchartz plädiert für diese Form des präzise auswählenden, ökonomischen Vorgehens: „typographie ist die optische formorganisierende gestaltung von drucktechnisch zu vervielfältigenden mitteilungen“, bei deren Gestaltung drei wichtige Gesichtspunkte zu beachten sind: erstens „isolierung und gruppierung des zu vermittelnden inhaltsstoffes“, zweitens die „richtige, mäßig angewandte verteilung der betonungsakzente“ und drittens ein auf optische Suggestionskraft und innere Spannung hin ausgewähltes Bildmaterial.[14] Robert Michel wendet diese Arbeitsweise noch viel konsequenter in Richtung Kunden- und Zielorientierung und formuliert damit bereits die Grundsätze heutiger Produkt- und Marktananlysen: „Absatzgebiete, Konsumenten u.s.w. muß ich mit ihrem ganzen Milieu studieren [...]. Kurz: wenn ich den ganzen Weg (des Produktes, der Sache, der Idee u.s.w. um die ich werbe) vom Urbeginn der Produktion bis zum Endziel: Absatz beim Verbraucher u.s.w. genau ‚intus‘ habe, dann entscheiden die ökonomischen Erwägungen etc., wie weit meine Reklame Bestandteil des ganzen Betriebes werden muß. (Packungstyp etc.)“[15] In

13 Heinz und Bodo Rasch (Hrsg.), *Gefesselter Blick*. Stuttgart 1930 [Reprint Baden 1996], S. 41. Sämtliche Zitate aus diesem Buch wurden hier in ihrer orthografischen, grammatischen und interpunktionsbezogenen Eigenwilligkeit übernommen. Lediglich die Sperrungen im Originaltext werden kursiv wiedergegeben, eine Auszeichnungsform, die die Brüder Rasch nicht in ihrem Buch verwenden.
14 Ebd., S. 26.

WHAT IS NEW ADVERTISING DESIGN?

Although *Gefesselter Blick* was published only two years after the establishment of the Ring Neue Werbegestalter, the contributions included in it give a good idea of the attitudes and positions of its individual members. Thus Walter Dexel discussed the 'only seemingly limited' means of the 'new typographer' such as eye-catchers, asymmetry ('symmetry almost always requires a violation of the text; a natural order of the typographic design, which emphasizes the essence of the content to be communicated, will automatically become asymmetrical') and the use of typefaces and colour, in order to argue that these should all be used sparingly and precisely so as to meet the demands of modern life, where everybody 'has the right to demand that the information that he needs is presented concisely and clearly and above all that the abundance of unnecessary information, which is likely to include advertising in almost all its forms, only causes minimal loss of time.'[13] Max Burchartz, too, argued for a way of working that involves precision and economy: 'typography is the optical shaping and organising of messages that are to be disseminated by means of print', and in its design three important points have to be observed: firstly 'isolation and grouping of the content to be conveyed', secondly the 'appropriate, moderately applied distribution of emphasis', and thirdly image material that is chosen with regard to its suggestive optical power and inner tension.[14] Robert Michel's even more consistently client- and purpose-orientated approach already formulated the foundations of today's product and market analysis: 'I have to study markets, consumers, etc. together with their whole milieu ... In short: once I have grasped the whole path (of the product, the thing, the idea, etc. that I advertise) from the point of production to their final purpose, i.e., the sale to the consumer, then economic considerations, etc. decide how far my advertising has to become part of the whole enterprise. (Type of packaging, etc.)'[15] A similar product-focussed approach was advocated by the copywriter Johannes Canis of Agentur Werbebau, the agency that he set up together with Max Burchartz: 'advertising work = sales work'.[16]

Friedrich Vordemberge-Gildewart's contribution to *Gefesselter Blick*, however, explicitly refers to the arts, to (abstract) painting and architecture, and also distinguishes between free, 'intimate', 'self-contained works' and those (such as posters) that have to assert themselves in public. He took a critical view of overly artistic ambitions in advertising design: 'the primary element in typography is not "aesthetic-optical" but "functional-optical". Therefore no division in favour of a decidedly "modern" or "radically" desired principle!!!'[17] In his work too, Willi Baumeister referred mostly to his intuition as a painter: 'typographic design is primarily based on content, also on a meaningful striving for

13 Heinz and Bodo Rasch (eds.), *Gefesselter Blick*, Stuttgart 1930 [reprint Baden 1996], p. 41. All the orthographic, grammatical and punctuation-related idiosyncrasies of the quotes from this book have been left unchanged. Only increased spacing for emphasis in the original text has been changed to italics, a form of display not used by the Rasch brothers in their book.
14 Ibid., p. 26.
15 Ibid., p. 66.
16 Ibid., p. 35.
17 Ibid., p. 104.

ähnlich produktorientierter Weise stellt sich in diesem Buch im Übrigen auch der Texter der von ihm und Max Burchartz begründeten Agentur Werbebau, Johannes Canis, vor: „werbe-arbeit = anbiet-arbeit".[16]

Friedrich Vordemberge-Gildewart dagegen nimmt in seinem Beitrag zu *Gefesselter Blick* noch ganz explizit Bezug auf die Künste, auf (abstrakte) Malerei und Architektur und unterscheidet darüber hinaus zwischen freien, „intimen", „in sich abgeschlossenen arbeiten" und solchen, die sich (wie Plakate) in der Öffentlichkeit zu behaupten haben. Kritisch allerdings sieht er allzu künstlerische Ambitionen in der Werbegestaltung: „das primäre in der typografie ist nämlich nicht das ‚ästhetisch-optische' sondern das ‚funktionell-optische'. also keine aufteilung zugunsten eines unbedingt ‚modern' oder ‚radikal' gewollten prinzips!!!"[17] Auch Willi Baumeister bezieht sich in seiner Arbeit mehr auf seine Intuition als Maler: „typo-gestaltung geht in erster linie vom inhalt aus, des weiteren von einem sinnvollen formwillen (das lesen ist eine bewegung von links nach rechts u.s.w.); die gesamtlösung aller auftauchenden fragen sind im sinne einer *‚optischen organisation'* zu lösen, die einbildungskraft und fantasie sind der nährboden alles spekulativ-künstlerischen schaffens."[18] Und während César Domela-Nieuwenhuis ganz auf ein Statement verzichtet und nur seine Gestaltungen für sich sprechen lässt, stellt Kurt Schwitters unmissverständlich fest, „daß es keine Regel gibt, etwa ein Schema, nach dem man immer wieder arbeiten könnte. Manchmal kann man für die einzelne Arbeit ein System schaffen, aber hier sind die Ausnahmen nicht selten. Man sollte sich dadurch aber nicht beirren lassen, denn es ist das Wesen der Ideale nicht erreicht werden zu können." Der erfolgreiche Werbegestalter für so renommierte Auftraggeber wie Pelikan, Bahlsen oder die Stadt Hannover bekennt sich noch 1930 unter Bezugnahme auf ein gutes künstlerisches Auge zu seinem Autodidaktentum: „Uebung macht den Meister".[19]

Im Jahre 1929 erweitert sich der Ring Neue Werbegestalter, dessen Mitglieder auch den *Gefesselten Blick* bestimmen, um Piet Zwart – der nach anfänglichem Zögern als erstes ‚Auslandsmitglied' aufgenommen wird – und um den auf Vermittlung Walter Dexels hinzukommenden Frankfurter Maler und Gebrauchsgrafiker Hans Leistikow. Und nachdem Paul Schuitema noch im selben Jahr für die erste Auslandsausstellung des Rings in Rotterdam gesorgt hat, wird auch er als – zweites ausländisches – Mitglied akzeptiert. Schwitters' Anfragen an Werner Graeff,[20] Hans Richter, John Heartfield und Johannes Molzahn bleiben jedoch unbeantwortet, während Theo van Doesburg einen Beitritt explizit ablehnt.

Die beiden Holländer Zwart und Schuitema geben sich im *Gefesselten Blick* wesentlich unorthodoxer als ihre deutschen Kollegen. Während Schuitema zwar darauf besteht, dass „reklame [...] weder kunst noch gestaltung", sondern „der umbau der argumente zu optischer suggestion" sei, solle seine

15 Ebd., S. 66.
16 Ebd., S. 35.
17 Ebd., S. 104.
18 Ebd., S. 19.
19 Ebd., S. 89.
20 Im *Gefesselten Blick* wird durchgehend Werner Gräff geschrieben.

form (reading is a movement from left to right, etc.); a comprehensive solution to all questions that may arise should be found as a kind of *"optical organisation"*, powers of imagination and invention are the source of all speculative-artistic creation.'[18] And whereas César Domela-Nieuwenhuis did entirely without a statement, letting his design speak for itself, Kurt Schwitters asserted unambiguously 'that there is no rule, no model according to which one could work again and again. Sometimes a system can be created for an individual project but exceptions are not uncommon. Yet one should not be deterred by this since it is in the nature of ideals to be unattainable.' Stressing the need for a good artistic eye, Schwitters, whose studio had by then devised successful designs for Pelikan inks, Bahlsen biscuits and the city of Hannover, confessed even in 1930 to being self-taught: 'Practice makes perfect'.[19]

In 1929 the Ring Neue Werbegestalter, whose members shaped *Gefesselter Blick*, welcomed Piet Zwart – after some initial hesitation – as its first 'foreign member'. On the recommendation of Walter Dexel, the Frankfurt-based painter and graphic designer Hans Leistikow also joined. Having organised the first foreign exhibition of the Ring in Rotterdam that same year, Paul Schuitema was accepted as the second foreign member. But Schwitters's invitations to Werner Graeff,[20] Hans Richter, John Heartfield and Johannes Molzahn remained unanswered, whereas Theo van Doesburg explicitly rejected joining the Ring.

The two Dutchmen, Zwart and Schuitema, appear considerably less orthodox in the *Gefesselter Blick* than their German colleagues. Although Schuitema insists that advertising is 'neither art nor design', he says his work should always remain 'like a tree ... natural and carefree', 'no art but reality!'[21] And Zwart is even more offhand about his own approach: 'how i work? always with the thought that everything we do is tosh and has nothing to do yet with a new design.... perhaps one day i will have the opportunity to sit under a linotype machine for a week to listen to its rhythm to purge my baroque disposition.'[22]

Until the end, Schwitters remained the driving force of an association which in practice was rather loose. It is thanks to his tireless work between 1928 and 1931 that many of the considerable number of exhibitions of the Ring Neue Werbegestalter came into being, among others those in Wiesbaden, Hamburg, Berlin, Essen, Basel, Stockholm and Amsterdam.

GIVING THE ASSOCIATION A PUBLIC FACE

In 1929–30 the Graphische Klub Stuttgart e.V., an 'association of printers, especially good printers and print designers, typographers',[23] was preparing an international exhibition of new advertising design, which was shown for only four days, from

18 Ibid., p. 19.
19 Ibid., p. 89.
20 The spelling in the *Gefesselter Blick* is Werner Gräff throughout.
21 Ibid., p. 80 f.
22 Ibid., p. 108.
23 Bodo Rasch in conversation with Carola Schelle in 1987, quoted from: *'Typographie kann unter Umständen Kunst sein', vol. Kurt Schwitters. Typographie und Werbegestaltung* (exhib. cat. Landesmuseum Wiesbaden et. al., see note 11), 1990, p. 260. Some of the following details are from the same source.

Arbeit aber auf jeden Fall „wie ein baum [...] natürlich und ungezwungen" bleiben, eben „keine kunst, sondern wirklichkeit!"[21] sein. Und Zwarts Blick auf seine Arbeit ist noch wesentlich lapidarer: „wie ich arbeite? immer mit dem gedanken, daß es alles quatsch ist, was wir machen und daß das mit einer neuen gestaltung überhaupt noch nichts zu tun hat. [...] hoffentlich habe ich noch einmal die möglichkeit, mich eine woche unter eine linotype zu setzen und ihren rytmus zu belauschen zur austilgung meiner barocken gesinnung."[22]

Bis zum Schluss bleibt Schwitters die treibende Kraft dieses in der Praxis recht lockeren Zusammenschlusses. Seiner unermüdlichen Arbeit verdanken sich zwischen 1928 und 1931 nicht wenige der beachtlichen Zahl von Ausstellungen des Rings Neue Werbegestalter, unter anderem in Wiesbaden, Hamburg, Berlin, Essen, Basel, Stockholm oder Amsterdam.

VOM ZUSAMMENSCHLUSS ZUR SELBSTDARSTELLUNG

Auch der Graphische Klub Stuttgart e. V., ein „Verein von Druckern, vor allem guten Druckern und Druckgestaltern, Typographen",[23] bereitet 1929/30 eine internationale Ausstellung neuer Werbegestaltung vor, die dann für nur vier Tage, vom 8. bis 11. Februar 1930 im Stuttgarter Gustav-Siegle-Haus gezeigt wird. Laut Bodo Rasch ist es vor allem dem Interesse eines (nicht weiter benannten) Mannes im Umkreis des ortsansässigen *Schwäbischen Merkurs* zu verdanken, dass bereits im Vorfeld der Ausstellungsorganisation dafür gesorgt wird, aus diesem kleinen Ereignis eine dauerhafte Manifestation in Form eines Buches hervorgehen zu lassen. Der neben der Zeitung geführte Wissenschaftliche Verlag Dr. Zaugg & Co. wird daher mit der Vorbereitung einer Publikation beauftragt, die ursprünglich von Willi Baumeister gestaltet werden sollte.[24] Dieser hat jedoch mittlerweile seine Professur an der Frankfurter Kunstgewerbeschule angetreten und hält sich jeweils nur noch kurz und vornehmlich aus familiären Gründen in Stuttgart auf. Es ist wohl die enge freundschaftliche Verbindung der Brüder Rasch zu Baumeister, die ihnen schließlich Gestaltung und Herausgeberschaft des *Gefesselten Blicks* einbringt. Der gut dokumentierte Briefwechsel bezüglich Baumeisters Beitrag – denn auch für diese Abstimmung reicht seine Zeit in Stuttgart zumeist nicht aus – belegt die redaktionelle Arbeit bereits für September 1929 und damit weit vor Eröffnung der Stuttgarter Ausstellung;[25] das Buch selbst allerdings erscheint erst gegen Ende des Jahres 1930.

Bei der Zusammenstellung der Beiträge gehen Heinz und Bodo Rasch äußerst sorgfältig vor, und sie sind von vornherein bemüht, „allen Beteiligten Korrekturabzüge [zu] schicken".[26]

21 Ebd., S. 80 f.
22 Ebd., S. 108.
23 Bodo Rasch im Gespräch mit Carola Schelle 1987, wiedergegeben in: „Typographie kann unter Umständen Kunst sein", Bd. *Kurt Schwitters. Typographie und Werbegestaltung,* Ausst.-Kat.-Kat. Landesmuseum Wiesbaden u. a. (vgl. Anm. 11), 1990, S. 260. Auch die nachfolgenden Detailangaben entstammen zum Teil dieser Quelle.
24 Auskunft von Heinz Rasch 1989, in: Kermer 1989 (wie Anm. 10), S. 202.
25 Bodo Rasch allerdings war sich nicht mehr sicher, ob die Arbeiten von der Ausstellungs- oder der Buchkonzeption ausgingen.
26 Brief von Heinz Rasch an Willi Baumeister, 17. 1. 1930, vgl. Kermer 1989 (wie Anm. 10), S. 203.

8 to 11 February 1930 in Stuttgart in the Gustav-Siegle-Haus. According to Bodo Rasch it was especially thanks to the interest of a man (whose name he does not mention) from the circle associated with the local paper *Schwäbischer Merkur* that it was ensured even before the staging of the exhibition that this little event would be immortalised in the form of a book. The local academic publisher Wissenschaftliche Verlag Dr. Zaugg & Co. was asked to prepare a publication that Willi Baumeister was supposed to design.[24] But by then Baumeister had accepted a professorship at the Frankfurter Kunstgewerbeschule and only travelled to Stuttgart occasionally for brief family-related stays. It was probably the close friendship between him and the Rasch brothers that led to the brothers becoming the editors and designers of *Gefesselter Blick.* The well-documented correspondence about Baumeister's contribution – for he did not spend enough time in Stuttgart to make these arrangements in person – shows that although commissioning had started by September 1929, long before the opening of the Stuttgart exhibition,[25] the book itself was only published in late 1930.

When putting together the contributions, Heinz and Bodo Rasch worked very carefully, always making sure that 'all those concerned [were] sent proofs'.[26] Despite the existence of the Ring Neue Werbegestalter, all contact with Schwitters was only in writing. It was not until 1932, when preparing a series of talks in the Klub der Geistesarbeiter, that Bodo Rasch would meet Schwitters personally for the first time. During the commissioning stage the circle of contributors expanded rapidly. 'The book has become ... an international enterprise. The Swiss Werkbund is officially taking part. Czechoslovakia, France and Russia are also participating.'[27] Whereas the Swiss support was certainly at least partially responsible for the inclusion of Otto Baumberger, Max Bill and (Walter) Cyliax, the list of the other countries does look a little exaggerated. El Lissitzky's participation as representative of Russia, with two samples of his work, was more likely to have been a result of the involvement of the Swiss Werkbund. It is surprising that Lissitzky's very sparse pictorial material was presented without a text, since in 1929 he spent some time in Stuttgart, designing the Russian section of the exhibition *Film und Foto,* and also travelled to Zurich to collaborate on *Die russische Ausstellung.* The Czech Karel Teige became known in Germany via the Bauhaus and Mart Stam, whereas the French contribution mentioned never happened.

It was obvious from the start and also entirely in the spirit of the enterprise that the '25 short monographs and contributions about new advertising design'[28] did not introduce a homogenous group of modern typographers who all shared common aims, but individualists from many different backgrounds. The desire to take a neutral position is already apparent in a little

24 According to Heinz Rasch 1989, in: Kermer 1989 (see note 10), p. 202.
25 Bodo Rasch was no longer sure whether the concept for the book or the exhibition was devised first.
26 Letter from Heinz Rasch to Willi Baumeister, 17. 1. 1930, cf. Kermer 1989 (see note 10), p. 203.
27 Letter from Heinz Rasch to Willi Baumeister dated 27.1.1930, cf. ibid., p. 204. The participation of the Swiss Werkbund probably came about thanks to Jan Tschichold, who by then had visited the Rasch brothers on several occasions and had maintained good contacts with Swiss colleagues for some time.
28 It seems that they do not count themselves, since in reality there were 26 portraits.

Trotz der Präsenz des Rings Neue Werbegestalter findet auch der Kontakt zu Schwitters bis dahin noch auf schriftlichem Wege statt, denn persönlich lernt Bodo Rasch ihn erst 1932 in der Folge der Vorbereitungen einer Vortragsreihe im Klub der Geistesarbeiter kennen. Im Laufe der Redaktionsarbeit wächst der Teilnehmerkreis rasch an. „Das Buch hat sich mittlerweile [...] zu einem internationalen Unternehmen ausgewachsen. Der Schweizer Werkbund hat sich offiziell beteiligt. Die Tschechoslowakei, Frankreich und Rußland machen ebenfalls mit."[27] Während die Schweizer Unterstützung sicherlich auch mitverantwortlich für die Einbeziehung von Otto Baumberger, Max Bill und (Walter) Cyliax ist, nehmen sich die übrigen Ländernennungen dann doch etwas übertrieben aus. Auch El Lissitzky als Vertreter Russlands geht mit seinen zwei Arbeitsproben wohl eher auf die Beteiligung des Schweizer Werkbundes zurück. Erstaunlich bleibt indes Lissitzkys äußerst knappes Bildmaterial ohne eigenen Text, hält er sich doch 1929 zur Gestaltung der russischen Abteilung der Ausstellung *Film und Foto* zeitweise in Stuttgart und für die Mitarbeit an der *Russischen Ausstellung in Zürich* auf. Der Tscheche Karel Teige ist über das Bauhaus und Mart Stam in Deutschland bekannt geworden, während der erwähnte französische Beitrag nicht zustande kommt.

Es ist von vornherein offensichtlich und letztlich auch ganz im Sinne des Vorhabens, dass die „25 kurze[n] Monografien und Beiträge über neue Werbegestaltung"[28] keine homogene, in jeder Hinsicht an einem Strang ziehende Gruppe moderner Typografen vorstellen, sondern unterschiedliche Individualisten mit jeweils anderem Hintergrund. Der Wille zur möglichst neutralen Präsentation äußert sich schon in einer kleinen Notiz auf Seite 2: „Die einzelnen Beiträge sind jeweils auf Anordnung ihrer Verfasser in herkömmlicher Schreibweise oder in Kleinschreibung abgesetzt worden. Auf Einheitlichkeit in dieser Beziehung wurde grundsätzlich verzichtet."

GROSS- ODER kleinschreibung – EINE GRUNDSÄTZLICHE DISKUSSION

Gerade das Thema der ausschließlichen Kleinschreibung, zieht eine mal scharfe, mal weniger eindeutige Trennlinie quer durch die Gestalterszene. „der moderne typograf [...] hält sich an normungen und schreibt kleinschrift", stellt Max Burchartz in seinem Text fest,[29] doch nicht nur er war sich auch darüber im Klaren, dass mit einer völlig kompromisslosen Haltung in dieser Frage vor allem mit Blick auf die letztlich umworbenen Auftraggeber das Problem nicht zu lösen war. Schon das Bauhaus wollte die Verwendung nur einer einzigen Schrift, das heißt eines Buchstabens für einen Laut, und nachdem man feststellen musste, dass eine durchgängige Verwendung von

27 Brief von Heinz Rasch an Willi Baumeister vom 27.1.1930, vgl. ebd., S.204. Die Unterstützung des Ringes der Werbegestalter des Schweizer Werkbundes kam wahrscheinlich auf Vermittlung von Jan Tschichold zustande, der mittlerweile des Öfteren bei den Raschs zu Besuch gewesen war und schon länger rege Kontakte in die Schweiz unterhielt.

28 Offensichtlich zählten sie sich selbst bei der Titelzählung nicht mit, denn es handelt sich tatsächlich um 26 Porträts.

29 Rasch 1930 (wie Anm. 13), S.27.

note on page 2: 'The different contributions have been set either in standard script or in lower case, depending on the instructions of each author. We have deliberately abstained from standardising this.'

CAPITALS OR lower-case – THE GREAT DEBATE

The subject of *Kleinschreibung,* the exclusive use of lower-case letters, drew a sometimes sharp, sometimes more ambiguous dividing line through the design world. 'The modern typographer ... adheres to norms and writes in lower-case', states Max Burchartz in his text,[29] but he was not the only one to understand that an uncompromising position in this matter did not solve the problem, since after all the clients had to be kept happy. At the Bauhaus a new simplified lettering using a single letter for each sound had been discussed, but when it was found that continuous use of capital letters had a negative impact on legibility, despite conveying a greater urgency in a textual message, the exclusive use of lower-case letters was adopted in 1925. One of the most important proponents of this was Walter Porstmann, the 'father of the DIN standard',[30] who, influenced by Taylorist ideas, advocated radical language reform for a greater economy of news and its transmission. His ideas were championed especially by Lázló Moholy-Nagy, who emphasised that they met the practical needs of modern printing (simpler use in typesetting and typewriting). Max Bill, who, in a letter to the Rasch brothers, saw himself as 'one of the only representatives of modern typography' explained this position in his contribution to *Gefesselter Blick:* 'each design, taking account of today's living conditions, requires the greatest possible economy.... standardisation of printed materials is a demand for functionality.... *kleinschreibung* has arisen, on the one hand, from the need for simplification, on the other from a need for a wealth of forms (compared to a script which exclusively uses capital letters).'[31]

Although the Ring Neue Werbegestalter had always kept its distance from the Bauhaus,[32] some members of the Ring did prefer the exclusive use of lower case. It is one of the achievements of the Rasch brothers that they took this issue beyond the purely formal level to make it a more fundamental question. In their introduction text discussing the pictorial quality of the type, they developed the idea of a universal 'functional script', a script that could be read in different directions and could also be used internationally as a phonetic script. Although they conceded that typewriters and typesetting machines demanded a functional script with lower-case letters, they drew attention to

29 Rasch 1930 (see note 13), p. 27.

30 Porstmann's book *Sprache und Schrift* was published in 1920, and he also gave several talks at the Bauhaus.

31 Rasch 1930 (see note 13), p. 23 f.

32 An initial approach by Schwitters suggesting a collaboration in the magazine sector met with a rather cool response from the Bauhaus, leading to increasing distance between the school and the Ring, despite their firm solidarity in other respects, especially in the face of growing hostility from the right: 'The good thing about the Ring has been that it managed to do without the Bauhaus ... during each attachment to the Bauhaus only the Bauhaus has profited ... advise independence in every way.' But it soon happened 'that the "New Frankfurt" wanted to become our let's say "official organ".' Letters from Kurt Schwitters to Piet Zwart dated 21 July and 16 June 1928, quoted from: 'Typographie kann unter Umständen ...' (see note 11), p. 9, 117.

Versalien zwar eine größere Dringlichkeit der Textbotschaft vermitteln konnte, dies jedoch auf Kosten der Lesbarkeit geschah, ging man 1925 zur absoluten Kleinschreibung über. Einer der wichtigsten Anreger hierfür ist Walter Porstmann, der ‚Vater der DIN-Norm',[30] der im Lichte des Taylorismus' für eine grundsätzliche Sprachreform zur Ökonomisierung von Nachrichten und ihrer Übermittlung eintritt. Seine Ideen werden vor allem von Lázló Moholy-Nagy verbreitet und mit praktischen Erfordernissen einer modernen Druckherstellung (einfachere Handhabung von Setz- und Schreibmaschinen) unterstrichen. Max Bill, der sich im Schreiben an die Brüder Rasch als „einer der einzigen vertreter der modernen typografie" sieht, erklärt diese Haltung in seinem Beitrag zum *Gefesselten Blick* noch einmal ausdrücklich: „jede gestaltung, im sinne unserer heutigen lebensbedingungen, erfordert größtmöglichste wirtschaftlichkeit. [...] die typisierung der drucksache ist eine zweckmäßigkeitsforderung. [...] kleinschreibung ist einesteils entsprungen aus dem bedürfnis einer vereinfachung, anderteils aus einem bedürfnis nach formenreichtum (gegenüber der schreibweise, die ausschließlich die versalien berücksichtigt."[31]

Wenngleich der Ring Neue Werbegestalter während der gesamten Zeit seiner Existenz ein recht distanziertes Verhältnis zum Bauhaus unterhält,[32] finden sich doch auch unter den Ring-Mitgliedern einige, die der absoluten Kleinschreibung den Vorzug geben. Es ist mit das Verdienst der Brüder Rasch, dieses Problem über die formale Ebene hinausweisend zu einer grundsätzlichen Frage erhoben zu haben. In ihrem Einleitungstext entwickeln sie über die Bildlichkeit des Schriftsatzes den Gedanken einer universellen „Funktionsschrift", die hinsichtlich der Richtung ihrer Lesbarkeit variabel und darüber hinaus als einwandfreie phonetische Schrift international verwendbar wäre. Zwar gestehen sie zu, dass Schreib- und Setzmaschinen nach einer Funktionsschrift mit Kleinschreibung verlangen, weisen aber gleichzeitig auch darauf hin, dass mit der gegenwärtigen, nicht rein phonetischen, mit zahlreichen unlogischen Elementen durchzogenen Orthografie die wechselnde Groß- und Kleinschreibung „bildmäßiger, [...] für das Auge leichter erfaßbar [ist]. Große Type gliedern das Satzbild, bieten dem Auge einen Rhythmus."[33]

Der Aspekt des Bildlichen und damit der Verbindung von Abbildung und Text zu einer größeren optischen Einheit bis hin

30 Porstmanns Buch *Sprache und Schrift* erschien 1920, auch hielt er mehrere Vorträge am Bauhaus.

31 Rasch 1930 (wie Anm. 13), S. 23 f.

32 Eine erste Anfrage von Schwitters zur Zusammenarbeit auf dem Zeitschriftensektor wurde seitens des Bauhauses recht kühl beantwortet, und so ging man bald, ungeachtet aller Solidarität mit der Schule hinsichtlich der zunehmenden Anfeindungen aus dem rechten Lager, auf Distanz: „Das Gute am Ring war bisher sein Auskommen ohne Bauhaus ... bei jeder Bindung mit dem Bauhaus hat nur das Bauhaus profitiert ... rate zur Unabhängigkeit in jeder Weise." Allerdings ergab es sich bald, „dass das ‚Neue Frankfurt' unser sagen wir ‚amtliches Organ' werden wollte." Briefe von Kurt Schwitters an Piet Zwart vom 21.7. und 16.6.1928, zit. nach: „Typographie kann unter Umständen .." (wie Anm. 11), S. 9, 117.

33 Rasch 1930 (wie Anm. 13), S. 13 ff. In einem Brief an Willi Baumeister betreffs der Auswahl seiner vorgestellten Arbeiten wird Heinz Rasch sogar noch deutlicher: „Es ist allerdings kein Minuskelaphabet verwendet und das Ganze [die Titelgestaltung der Zeitschrift *Baujahr*] sieht auch nicht nach Einheitsstil 1930 aus, aber es ist echt Baumeister und enthält viele wertvolle Anregungen, vor allem für Leute, die heute ohne Rücksicht auf Sinn und Inhalt die Normierung und Mechanisierung auf ein letztes Einheitsschema zu bringen versuchen." Zit. nach Kermer 1989 (wie Anm. 10), S. 205 f.

the fact that with the current, not purely phonetic, orthography, which is full of illogical elements, the alternate use of capital and lower-case letters is 'more pictorial, ... easier to grasp for the eye ... Capital letters lend structure to typographical design, offer a rhythm to the eye.'[33]

Beyond the Rasch brothers' introduction, the pictorial aspect and thus the fusion of illustration and text into a bigger optical whole, including even film, was also addressed in numerous contributions to the book: 'Images are supported by texts, texts are supported by images. This mixing of image and word is the main activity of advertising design.... The eye has to go for a walk.'[34] This pioneering belief in the great importance of an indissoluble, dynamically informative union of letter and image was mirrored explicitly in Werner Graeff's text and also vividly illustrated in the carefully chosen works by John Heartfield. But the extensive and often rather didactic commentaries accompanying the images, mostly written by the editors,[35] repeatedly point to the major role that photography and photomontage played for modern typographic design.

NEW DIRECTIONS FOR DESIGN

The striving for a value-neutral presentation which, at the same time, presents each individual position as convincingly as possible, becomes particularly apparent if we compare *Gefesselter Blick* with *Der Stuhl*, the book that the Rasch brothers designed two years earlier. The chosen typeface is much lighter, the graphic design is very restrained and does not try to compete with the originality of the contributions. With their names announced in a running foot on every page, 'all the most popular typographers line up and parade in alphabetical order',[36] and the work of the Rasch brothers is mainly confined to commentary, sometimes quite extensive, which lends the work something of the character of a textbook.

Unlike the beginnings of the New Typography (as for example in El Lissitzky's design of *Vešč, Objet, Gegenstand)*, here the white space on the paper became a design element in its own right, bringing an attractive dynamism to the individual pages, with the individual contributions arranged loosely and the blocks of text always offset against each other. In contrast to their own, often very systematic, examinations of construction principles, the Rasch brothers treated the contributions to this book in a rather undogmatic fashion: a set of rules that has

33 Rasch 1930 (see note 13), p. 13 ff. In a letter to Willi Baumeister regarding the choice of his proposed works Heinz Rasch puts it even more clearly: 'But a lower-case alphabet was not used, and although the whole [the title design of *Baujahr* magazine] does not look like a unified 1930 style, it is truly Baumeister and contains many valuable suggestions, especially for people who with no regard for meaning or content are trying to take standardisation and mechanisation towards a final model standard.' Quoted from Kermer 1989 (see note 10), p. 205 f.

34 Rasch 1930 (see note 13), p. 6, 8 f.

35 Bodo Rasch, in an interview with C. Schelle ('Typographie kann unter Umständen . .' [see note 23], p. 261), later stated that, for example, the comments on the works by Schwitters came from Schwitters himself. But the identical style of all the texts and the proven attribution of a commentary to Willi Baumeister, with a letter written earlier by Heinz Rasch to the artist, suggests that most or all comments were written by Heinz Rasch.

36 Letter from Heinz Rasch to Willi Baumeister, 17 January 1930, in: Kermer 1989 (see note 10), p. 203.

zum Filmischen zieht sich ausgehend von diesem Einleitungstext durch zahlreiche Beiträge des Buches: „Bilder werden durch Texte unterstützt, Texte werden durch Bilder unterstützt. Diese Vermischung von Bild und Wort ist das Haupttätigkeitsgebiet der Werbegestaltung. [...] Das Auge muß spazieren laufen."[34] Explizit im Text von Werner Graeff und anschaulich in den gut gewählten Arbeiten John Heartfields spiegelt sich dieser weit vorausweisende Glaube an die große Bedeutung einer unauflöslichen, dynamisch informativen Einheit von Buchstabe und Bild. Doch vor allem auch die ausführlichen, zum Teil sehr didaktischen Kommentare zu den jeweiligen Abbildungen, die maßgeblich aus der Feder der Herausgeber stammen,[35] weisen immer wieder auf die große Rolle von Fotografie und Fotomontage für die moderne typografische Gestaltung hin.

NEUE WEGE DER GESTALTUNG

Das Bemühen um eine wertneutrale, dabei die einzelnen Positionen so aussagekräftig wie möglich zur Geltung bringende Präsentation lässt sich vor allem auch im Vergleich mit dem zwei Jahre zuvor von den Brüdern Rasch gestalteten Buch *Der Stuhl* erkennen. Die Schrifttype ist wesentlich leichter gewählt, die grafischen Ideen fallen äußerst zurückhaltend aus und versuchen nicht, mit der Originalität der vorgestellten Beiträge zu konkurrieren. Unterstützt von einer lebenden Kolumne am Seitenfuß „marschiert dem Alphabet nach geordnet die ganze Reihe der prominentesten Typografen auf",[36] und die Arbeit der Brüder Rasch konzentriert sich vornehmlich auf eine bisweilen äußerst umfangreiche Kommentierung, die dem Werk einen leichten Lehrbuchcharakter verleiht.

Im Unterschied zu den Anfängen der Neuen Typografie (wie sie beispielsweise in El Lissitzkys Gestaltung der Zeitschrift *Vešč, Objet, Gegenstand* erscheint) ist das Weiß des Papiers mittlerweile zu einem eigenen Gestaltungselement, dem Weißraum, herangewachsen, der mit den locker auf den Seiten angeordneten Arbeitsproben und den immer wieder gegeneinander versetzten Textblöcken eine angenehme Dynamisierung der einzelnen Seiten bewirkt. Überhaupt pflegen die Brüder Rasch in diesem Buch – ganz im Gegensatz zu ihren teilweise sehr systematischen Untersuchungen von Konstruktionsprinzipien – einen recht undogmatischen Umgang mit dem präsentierten Material: Nie wird ein einmal gefundenes Schema sklavisch durchgezogen, jede Anordnungsregel erfährt je nach Materiallage ihre individuelle Ausprägung,[37] und den Künstlern wird durch

34 Rasch 1930 (wie Anm. 13), S. 6, 8 f.

35 Bodo Rasch ist im Interview mit C. Schelle („Typographie kann unter Umständen ..." [wie Anm. 23], S. 261) im Nachhinein der Meinung, dass beispielsweise die Kommentierung der Schwitters-Arbeiten von diesem selbst stammen. Allerdings deutet die einheitliche Diktion der Texte und die nachweisliche Identität eines Kommentars zu Willi Baumeister mit einem zuvor von Heinz Rasch an den Künstler geschriebenen Brief auf eine weitreichende bis ausschließliche Autorenschaft von Heinz Rasch hin.

36 Brief von Heinz Rasch an Willi Baumeister, 17. 1. 1930, in: Kermer 1989 (wie Anm. 10), S. 203.

37 Das reicht bis hin zu relativ seltsamen Gewichtungen bei der Vergabe der Seitenmenge für die einzelnen Beiträge. „Jeder bekommt zuerst eine leere Seite, auf der sein kleiner Text mit Originalfaksimile steht, 2 oder 3 Seiten mit 2, 3 höchstens 4 Beispielen und entsprechende Anschriften darunter," schreibt Heinz Rasch am 17. 1. 1930 an Willi Baumeister. Zehn Tage später bereits wird

been established once was never applied slavishly elsewhere, and each rule was open to adaptation, depending on the nature of the material submitted.[37] This conceptual flexibility, with a light editorial touch, left the greatest possible freedom to each individual artist. It seems that the ensuing disparity and inconsistency of the book as whole, which goes as far as the very free handling of classic typesetting rules and standard orthography, did not trouble the Rasch brothers.

What is also striking in *Gefesselter Blick* is Heinz and Bodo Rasch's love of new industrial materials. Printed in two colours throughout on a relatively thick, very dense and shiny coated paper, the book was bound in black linen on the back and spine. Its front cover, overlaid with a sheet of acrylic glass, had a half page in bright red as an 'eye-catcher'. In production as well as aesthetic terms, it was a small sensation in the book market of the day.

In hindsight it can be said that the publication of *Gefesselter Blick* was both a brilliant climax and an involuntary final flourish in the history of Neue Werbegestaltung. After a final, splendid contribution to the *Internationale Ausstellung Kunst und Werbung* in Essen and the *Internationaal Reclamedrukwerk* exhibition in Amsterdam in 1931, the Ring Neue Werbegestalter de facto ceased to exist even though it was never officially dissolved. Under the increasing pressure of political turmoil the time of ambitious new design was over, at least in Germany. Their firm commitment to internationalism, their pursuit of high aesthetic quality (which repeatedly opened museum doors to the works) and also the playful, joyful experiments of the New Typographers all now seemed increasingly suspect. Yet that this internationalism was possible is something that the Rasch brothers demonstrated impressively, and uniquely for their time.

37 This included some relatively bizarre variations in apportioning the number of pages for each individual contribution. 'Everybody initially gets an empty page on which there will be his small text with the original facsimile, 2 or 3 pages with 2, 3 or at most 4 examples and corresponding addresses below', Heinz Rasch wrote on 17 January 1930 to Willi Baumeister. Ten days later this concept was explained in more detail: 'We have now handled it in such a way that each artist is given 2–4 pages.' (27 January 1930) The fact that the final contributions ranged from two pages (Tschichold and Lissitzky) to nine pages (Schuitema and Burchartz) can only be explained by a continuous readiness to modify the concept according to the material available, for the reactions that the Rasch brothers got to their requests, as was the case with Schwitter's requests for work samples for new exhibitions, varied considerably and some of them were lukewarm. For correspondence see also ibid.

diese Offenheit eines bereits auf Zurückhaltung angelegten Konzepts größtmöglicher Freiraum gelassen. Dass dies zugleich zu einer Disparatheit und Uneinheitlichkeit des ganzen Buches führt, die bis hin zum äußerst freien Umgang mit den klassischen Satzregeln und der gängigen Orthografie reicht, wurde offensichtlich billigend in Kauf genommen.

Auffällig aber ist im *Gefesselten Blick* auch Heinz und Bodo Raschs Liebe zu neuen, industriellen Materialien. Gedruckt wurde auf einem relativ dicken, hochdichten und glänzend beschichteten Papier, dem Buch wurde als Blickfang eine halbe erste Seite in leuchtendem Rot vorgesetzt und das ganze, durchgehend zweifarbig gedruckte Werk rückseitig in schwarzes Leinen mit einem vorderseitigen Acrylglas-Deckel gebunden. Das war nicht nur herstellungstechnisch, sondern auch ästhetisch eine kleine Sensation auf dem damaligen Buchmarkt.

Rückblickend lässt sich sagen, dass das Erscheinen von *Gefesselter Blick* zugleich leuchtender Höhepunkt und unfreiwilliger Schlussakzent der Geschichte der Neuen Werbegestaltung war. Der Ring Neue Werbegestalter hörte nach einer noch einmal glanzvollen Beteiligung an der *Internationalen Ausstellung Kunst und Werbung* in Essen und der Ausstellung *Internationaal Reclamedrukwerk* in Amsterdam 1931 de facto auf zu existieren, auch wenn er nie offiziell aufgelöst wurde. Im Lichte des größer werdenden Drucks der politischen Umwälzungen war die Zeit der ambitionierten gestalterischen Erneuerungen zumindest in Deutschland vorüber. Die konsequente Ausrichtung auf Internationalität, der hohe ästhetische Anspruch (der den Arbeiten immer wieder auch die Museumsräume öffnete), aber auch der Witz und die Experimentierfreudigkeit der Neuen Typografen erschienen zunehmend verdächtig. Dass diese Internationalität aber möglich war, das haben die Brüder Rasch eindrucksvoll und für ihre Zeit einmalig dokumentiert.

dieses Konzept präzisiert: „Wir haben es nun so gehandhabt, daß jeder Künstler 2–4 Seiten erhält." (27.1.1930) Letztlich ist wohl auch die Spanne von 2 (Tschichold und Lissitzky) bis 9 Seiten (Schuitema und Burchartz) allein durch die fortwährende Bereitschaft zur Konzeptmodifikation entsprechend der Materiallage zu erklären, denn die Reaktionen auf die versandten Anfragen waren, wie schon bei den Aufrufen von Schwitters zur Bereitstellung von Arbeitsproben für neue Ausstellungszusagen, äußerst unterschiedlich und zum Teil sehr verhalten. Zur Korrespondenz vgl. ebd.

ORAL HISTORY

Ein Interview mit Egidio Marzona

Marta Herford (MH): Uns interessiert Ihre persönliche Geschichte: Wie sind Sie überhaupt mit Heinz und Bodo Rasch in Kontakt gekommen? Hat das etwas mit Ihrem Archiv zur Avantgardekunst oder vielmehr mit Ihrer Verlegertätigkeit zu tun?

Edigio Marzona (EM): Das hat mit meiner Arbeit als Verleger zu tun. Ich hatte mich Ende der 1970er-, Anfang der 1980er-Jahre im Wesentlichen auf die Fotografie beschränkt, bis mir die Idee kam, parallel zu diesem retrospektiven Blick auf das fotografische Bild auch etwas zur Architektur der 1920er-Jahre zu publizieren. Ich versuchte, Heinz Rasch dafür als Berater zu gewinnen. Im Grunde hatte ich vor, ein Buch über den deutschen Fotografen Umbo (Otto Umbehr) zu machen, ähnlich wie Paul Citroen zuvor. Citroen war damals mit Umbo sehr eng befreundet und kannte auch andere Fotografen wie Marianne Breslauer und Erwin Blumenfeld persönlich. Etwas Ähnliches schwebte mir vor: Heinz Rasch sollte mir als Berater zuerst dabei helfen, vergessene Fotografen wieder aufs Tableau zu holen. Und so ähnlich wollte ich es dann auch mit der Architektur machen. Mich interessierten natürlich vor allem Personen, die bisher wenig bekannt waren, wie beispielsweise Franz Krause, der mithilfe der gemeinsamen Publikation neue Aufmerksamkeit erhielt.

MH: Wie kam es zu dem Kontakt? Und hatten Sie damals zuerst nur mit Heinz oder auch mit Bodo Rasch zu tun?

EM: Heinz Rasch war damals eine ziemlich bekannte Figur; nicht nur als Architekt, sondern auch als Sammler im

An Interview with Egidio Marzona

Marta Herford (MH): We are interested in your personal story: how did you actually meet Heinz and Bodo Rasch? Did this encounter have anything to do with your archive on avant-garde art or your publishing work?

Edigio Marzona (EM): It had to do with my work as a publisher. In the late 1970s and early 1980s, my main focus was on photography until I had the idea of supplementing this retrospective presentation of the photographic image by publishing something on architecture of the 1920s. I tried to get Heinz Rasch to be my adviser. Basically, my plan was to produce a book on the German photographer Umbo (Otto Umbehr) as Paul Citroen had done before. At the time, Citroen was good friends with Umbo and also knew other photographers personally, such as Marianne Breslauer and Erwin Blumenfeld. I had something similar in mind: with Heinz Rasch's help, I hoped to put forgotten photographers back in the spotlight. Of course, I was primarily interested in lesser known people such as Franz Krause, who received renewed attention thanks to this joint publication.

MH: How did this contact come about? And did you initially have dealings with only Heinz or also with Bodo Rasch?

EM: At the time, Heinz Rasch was quite a well-known figure; not only as an architect but also as a collector in the art scene.
As both my office and the publishing house were in Düsseldorf, I used to commute between Bielefeld and Düsseldorf. Back then I was very active in the Rhineland.

Kunstumfeld. Mein Büro und der Verlag waren in Düsseldorf und ich pendelte zwischen Bielefeld und Düsseldorf hin und her. Daher war ich in dieser Zeit im Rheinland sehr aktiv.

MH: Der Kontakt entstand also vor allem aufgrund der Kunstaktivitäten von Heinz Rasch, der nach dem Krieg eine eigene Galerie betrieb und Ausstellungen organisierte?

EM: Ja, es hatte ganz massiv mit seinen Kunstaktivitäten zu tun. Ich hatte bereits Kontakt zu Rolf Jährling, dessen Galerie Parnass in Wuppertal schon damals legendär war. Er hatte die ersten Ausstellungen mit Gerhard Richter und Sigmar Polke realisiert. Ihn lernte ich durch den Galerist Konrad Fischer kennen, der seinerzeit mein bester Freund war.

MH: War Rolf Jährling auch Architekt?

EM: Ja, er war Architekt und arbeite bei Heinz Rasch im Büro. So ist Jährling überhaupt erst zur Kunst gekommen. Sie hatten in den 1950er-Jahren in Wuppertal das Studio für Neue Kunst gegründet und dort bereits zahlreiche Ausstellungen organisiert. Über Jährling habe ich dann Heinz Rasch kennengelernt. Bodo bin ich nur am Rande begegnet.

MH: Und wann und wie genau kam es zum ersten persönlichen Kontakt?

EM: Das muss 1979 gewesen sein. Ich wollte ihn einfach einmal kennenlernen und habe ihn dann aufgesucht. Damals lebte seine Frau noch. Und sofort entstanden gemeinsame Ideen. Er wirkte an meiner ersten Publikation über Bauhaus-Fotografie mit und kontrollierte, dass keine überflüssigen Texte darin erschienen. Seine Bücher funktionieren wie Bildergeschichten – man kann sie fast wie einen Film anschauen. Er hat Texte immer ganz sparsam eingesetzt. So auch in seinen eigenen Publikationen, beispielsweise *Wie Bauen?* oder *Der Stuhl*. Dieses Prinzip hat er bei mir dann sofort eingeführt.

MH: Und wollten Sie das? Oder hat er sich so massiv eingemischt, dass Sie sich kaum dagegen wehren konnten?

EM: Es war mir äußerst sympathisch, jemanden an der Seite zu haben, der eine ganz spezielle Sicht auf die Dinge hatte und Erfahrung mitbrachte. Heinz Rasch war damals der Assistent von Heinrich de Fries, dem Publizisten und Architekturkritiker aus Düsseldorf, und hatte bereits eine Frank-Lloyd-Wright-Monografie im Wasmuth-Verlag herausgegeben. Frank Lloyd Wright schätzte er, weil er ihn für einen fabelhaften Zeichner hielt.

Damit hatte alles begonnen, als er, noch nicht 20 Jahre alt, bei de Fries assistierte. Mir hat er erzählt, dass er zur Post gegangen ist und einen Umschlag mit achtzig Zeichnungen von Frank Lloyd Wright auf dünnem Papier abgeholt hat, um sie sich mit zitternden Händen anzuschauen. Das war 1920 – Raschs Bücher waren sehr ungewöhnlich und Ausdruck besonderen Sachverstands.

MH: So first and foremost, you got to know Heinz Rasch through his artistic activities, such as the gallery he had opened after the war and the exhibitions he organised?

EM: Yes, his artistic activities were an important factor. I already knew Rolf Jährling whose Parnass Gallery in Wuppertal was legendary even then. He had been the first to host exhibitions with Gerhard Richter and Sigmar Polke. I met him through the gallerist Konrad Fischer who was my best friend at the time.

MH: Was Rolf Jährling also an architect?

EM: Yes, he was an architect and worked at Heinz Rasch's office. That is actually how Jährling got involved in art in the first place. In the 1950s they had founded the studio for New Art in Wuppertal where they held many exhibitions. I got to know Heinz Rasch through Jährling. I only met Bodo in passing.

MH: And when and how did the first encounter come about?

EM: That must have been in 1979. I simply wanted to get to know him and then went to see him. His wife was still alive at the time. We immediately started developing ideas together. He participated in my first publication on Bauhaus photography and made sure that there were no superfluous texts. His books function like picture stories – it is almost like watching a film. He was always very sparing with texts, also in his own publications such as *Wie Bauen?* (How to Build) or *Der Stuhl* (The Chair). The first thing he did was to establish this principle with me.

MH: And were you happy with that? Or was he so interfering that you were unable to defend yourself?

EM: I found it very pleasant to have someone by my side who had a very particular view on things and who was also experienced. Heinz Rasch used to work as an assistant for Heinrich de Fries, the architecture critic from Düsseldorf, and had already brought out a Frank Lloyd Wright monograph with the publisher Wasmuth. He admired Frank Lloyd Wright because he thought he was an excellent draughtsman.

That's how everything started; he was not even 20 and was working as de Fries's assistant. He told me that he went to the post office to pick up an envelope containing 80 drawings by Frank Lloyd Wright on thin paper and leafed through them with shaking hands. That was in 1920 – Rasch's books were very unusual and showed great expertise.

MH: Would you say he had natural authority?

EM: Yes, absolutely. I would even go so far as to describe him as a kind of father substitute. He was a bit younger than my father who died relatively early (I was 24 at the time), but Heinz Rasch was also a figure of authority for me, a father substitute and a fatherly friend. At least, that is how I would interpret it after all these years.

MH: Würden Sie ihn als eine natürliche Autorität beschreiben?

EM: Absolut, ja. Ich würde sogar so weit gehen, ihn als eine Art Vaterersatz zu bezeichnen. Er war zwar etwas jünger als mein Vater, der relativ früh gestorben ist (damals war ich 24), aber Heinz Rasch war für mich eine Autorität, ein Vaterersatz und ein väterlicher Freund zugleich. Zumindest kann man das nach so vielen Jahren so sehen.

MH: Vaterersatz vor allem in kunsthistorischer Hinsicht oder auch persönlich?

EM: Auch als persönliche Figur, die mich bei allen meinen Problemen und in persönlichen Lebenslagen beraten hat: Es gibt einen wunderbaren Brief von ihm. Ich hatte eine Tochter bekommen. Sie ist heute 20 Jahre alt – also ein Nachzügler. Damals war ich eigentlich über die Situation entsetzt, noch einmal Vater zu werden. Da hat er mir in einem Brief geschrieben, auf was ich alles zu achten hätte.

MH: In unserem ersten Gespräch hatten Sie mehrmals mit einer beeindruckenden Fachkompetenz festgestellt: „Das muss Heinz Rasch gewesen sein." Heinz und Bodo haben an einigen Projekten sehr eng zusammengearbeitet. Wie genau muss man sich die Zusammenarbeit der Brüder vorstellen?

EM: Die beiden Brüder hatten ihren Vater ebenfalls früh, im Jahr 1918, verloren – damals war Heinz gerade erst 16 und Bodo 15 Jahre alt. Als ältester Sohn nahm Heinz Rasch seine Verantwortung für die Familie wahr, indem er seine Hand schützend über den jüngeren Bruder hielt. Bei allen seinen Aktivitäten nahm er ihn mit ins Boot, bis es im reiferen Alter zum Streit kam und sie sich trennten.

MH: Haben Sie ihre Schwester Ruth Rasch auch persönlich kennengelernt?

EM: Natürlich. Sie war die ‚graue Eminenz' in der Familie. In späteren Zeiten wirkte sie als eine Art Mediatorin zwischen den Brüdern. Sie war wirklich eine Autorität; dabei hatte sie eine Behinderung. Sie saß im Rollstuhl, fuhr aber mit ihrem Auto auf große Tour bis nach Italien. Sie hatte alles so perfekt organisiert, dass sie so etwas durchsetzen konnte. Und sie war mit einer berühmten englischen Persönlichkeit verheiratet. Wenn sie zu irgendwelchen öffentlichen Anlässen musste, hatte sie sämtliche Orden von ihrem Mann, das ganze ‚Lametta', auf der Brust. Das war schon eine Nummer!

MH: Sie hatten uns erzählt, dass Ruth Rasch mit dem in England erschienenen Buch *Some Roots of Modern Architecture* den letzten Brückenschlag zwischen den Brüdern unternommen hatte.

MH: A father substitute with regard to art history or also on a personal level?

EM: Also on a personal level as someone who offered advice when I had problems and in personal situations: he once sent me a wonderful letter. I had just got a daughter. She is 20 today – in other words, a latecomer. Back then I was terrified at the prospect of becoming a father again. So he wrote a letter explaining what I had to look out for.

MH: In our first conversation you repeatedly showed stunning expertise by concluding: 'This must be Heinz Rasch's work.' Heinz and Bodo Rasch worked together very closely on some projects. How did their collaboration function?

EM: The brothers had also lost their father at an early age in 1918 – Heinz was only 16 and Bodo was 15. As the older son, Heinz accepted responsibility for his family by watching over his younger brother. He included him in all his activities until tension developed in later years and they finally went their different ways.

MH: Did you also become personally acquainted with Ruth Rasch, their sister?

EM: Of course. She was the 'éminence grise' of the family. Later on, she took on the role of a kind of mediator between the brothers. She really had authority – in spite of being disabled. She was bound to a wheelchair but went on a big tour with her car all the way to Italy. She had organised everything so perfectly that she was able to push through an endeavour like that. And she was married to a famous Englishman. When she had to go to official functions, she would wear all her husband's medals on her chest, the entire hardware. She really was a character!

MH: You told us that *Some Roots of Modern Architecture*, the book that was published in England, was Ruth Rasch's final attempt at making peace between her brothers.

EM: Yes, the publication came about with the help of Mr Bondy, a well-known engineer from England. Apparently she got in touch with him and organised everything.

MH: How were you able to publish the book dedicated to Heinz and Bodo Rasch's work?

EM: It wasn't easy because I had to deal with both brothers. I have to say that Ruth Rasch really played a very important role as a mediator during this time. Heinz, of course, was a bit stubborn and insisted on carrying things through according to his wishes. Matters got problematic and contentious when Bodo started interfering in a few points. Because the book was supposed to be about both Rasch brothers, we had to try to come to an agreement. This is where Ruth was very helpful.

EM: Ja, das war mithilfe von Herrn Bondy, einem bekannten Ingenieur aus England. Sie hatte wohl den Kontakt hergestellt und alles organisiert.

MH: Wie kam es dann zu dem von Ihnen verlegten Buch, das sich dem Werk von Heinz und Bodo Rasch widmet?

EM: Das war nicht so leicht, weil ich mit beiden Brüdern zugleich zu tun hatte. Ich muss schon sagen, dass Ruth Rasch in dieser Zeit eine ganz wichtige Rolle als Schlichterin übernahm. Heinz war natürlich ein wenig starrsinnig und wollte die Dinge so durchzuziehen, wie er es wünschte. Als sich Bodo in einigen Punkten einmischte, gab es Probleme und mehrere Auseinandersetzungen. Da das Buch unter dem gemeinsamen Namen der Brüder Rasch lief, mussten wir versuchen, alle auf einen Nenner zu bringen. Dabei war Ruth sehr hilfreich.

MH: Das heißt, sie hat tatsächlich zwischen beiden vermitteln können?

EM: Sie war eine gute Mediatorin, auch, weil sie als Autorität von beiden respektiert wurde.

MH: Die Brüder Rasch haben in der Architekturgeschichte immer nur in der zweiten Reihe mitgespielt. Niemals haben sie versucht, die Rolle der ‚Primadonna' zu spielen, wie beispielsweise Ludwig Mies van der Rohe. Ist dies exemplarisch für diese Art von ‚Ideenermöglichern' wie es die Brüder Rasch waren?

EM: In Bezug auf Heinz kann ich durchaus sagen, dass er die Bedeutung und Qualität seiner Arbeit sehr genau kannte. Er hat sich dennoch eher ‚dienend' eingebracht, anstatt sich mit irgendeiner Idee oder Geschichte in den Vordergrund zu spielen. Dies war wider seine Natur. Bei Bodo mag es ein bisschen anders gewesen sein. Er war auch wesentlich exzentrischer im Auftreten.

Für Heinz gab es im Wesentlichen drei Architekten: Nummer eins war Ludwig Mies van der Rohe, den er vergöttert hat, Nummer zwei Mart Stam, den er bewundert hat und Nummer drei war Franz Krause, der ja nur ein einziges Mal gebaut hat.

MH: In Wuppertal.

EM: Genau, das Haus Waldfrieden, das sich jetzt im Besitz von Tony Cragg befindet. Ursprünglich wurde es für den Wuppertaler Lackfabrikanten Kurt Herberts gebaut. Heinz Rasch war damals quasi der Hausarchitekt von Herberts und hatte eigentlich den Auftrag erhalten, die Villa zu bauen. Er sagte einfach: „Ich verzichte. Mach' es mit Franz Krause."

MH: Können Sie sagen, was genau ihn an Franz Krause interessiert hat? Sieht man das Haus heute, ist das nicht gerade leicht nachzuvollziehen.

MH: That means she really was able to mediate between the two?

EM: She was a good mediator, also because she was respected as an authority by both of them.

MH: The Rasch brothers always played second fiddle in architectural history. Unlike Mies van der Rohe, for example, neither of them ever tried to take on the role of 'prima donna'. Is this a typical approach for the kind of 'enablers of ideas' that the Rasch brothers were?

EM: As far as Heinz Rasch is concerned, it is definitely fair to say that he was very aware of the value and quality of his work. Nonetheless, he was more inclined to take on an 'attendant' role than to monopolise the stage with a story or an idea. That was against his nature. Perhaps it was a little bit different with Bodo. He was a lot more eccentric.

For Heinz there were basically three architects: his number one was Ludwig Mies van der Rohe whom he idolised, number two was Mart Stam whom he admired and number three was Franz Krause who only ever completed one building.

MH: In Wuppertal.

EM: Exactly, the Villa Waldfrieden that now belongs to Tony Cragg. It was originally built for the lacquer factory owner Kurt Herberts. Actually Heinz Rasch, who at the time was practically employed as Herbert's regular architect, had been commissioned to build the villa. But he just said: 'I'll pass. Do it with Franz Krause.'

MH: Do you know what exactly it was about Franz Krause that interested him? When looking at his house today, it's not all that easy to understand.

EM: Franz Krause and Heinz Rasch shared a similar approach. Rasch was a great tinkerer and theoretician. He had already done a fair amount of building and also a lot of publishing. He thought about architecture a lot and many inventions can be ascribed to him. Franz Krause was the same in that respect.

MH: And what fascinated Heinz Rasch about Mart Stam?

EM: It thrilled him that Stam was also an 'attendant' architect. Although the Van Nelle factory, today a feature on UNESCO's World Heritage list, is actually Stam's design from doorknob to roof, the building was ascribed to Brinkman & Van der Vlugt. And the other projects he carried out are also fantastic, aren't they? For instance, the Hellerhof Housing Estate or the Budge Retirement Home in Frankfurt that were both constructed in the late 1920s.

MH: And the Weissenhof Estate in Stuttgart?

EM: Franz Krause war ähnlich geartet wie Heinz Rasch. Rasch war ein großer Tüftler und Theoretiker. Er hatte schon relativ viel gebaut und auch sehr viel publiziert. Er hat viel nachgedacht über Architektur und viele Erfindungen sind auf ihn zurückzuführen. Franz Krause war ihm in dieser Beziehung ähnlich.

MH: Und was hat Heinz Rasch an Mart Stam so fasziniert?

EM: Ihn begeisterte, dass Stam auch ein ‚dienender' Architekt war. Obwohl er die Van-Nelle-Fabrik, die heute zum UNESCO-Weltkulturerbe zählt, von der Türklinke bis zum Dach konzipiert hat, läuft der Bau heute unter dem Namen Brinkman & Van der Vlugt. Und das, was Stam sonst noch gebaut hat, ist ja auch fabelhaft, nicht wahr? Wie die Hellerhofsiedlung oder das Budge-Altersheim in Frankfurt, die Ende der 1920er-Jahre entstanden.

MH: Und der Stuttgarter Weißenhof?

EM: Ja, aber in Frankfurt hat er am meisten gebaut, und zwar im Rahmen von Ernst Mays Wohnungsbauprojekt Neues Frankfurt.

MH: Könnte man sagen, dass Rasch mehr an Haltungen als an architektonischen Meilensteinen interessiert war?

EM: Die Haltung war für ihn sehr wichtig. Er gehörte zu den Menschen, die eine Art von Universalwissen besitzen. Dies imponierte mir sehr. Ganz anders als die Leute heutzutage, die sich früh spezialisieren. Er hatte ein unglaublich breites Wissen, konnte mir auf dem Klavier Erik Satie vorspielen, griff in den Bücherschrank und hat mir Texte von Paul Scheerbart vorgelesen und so weiter. Dieses Allgemeinwissen verband sich bei ihm mit einem traumwandlerischen Gefühl, Bedeutungen und Qualitäten zu definieren. Das war herausragend. Er war eine wirkliche Lichtgestalt für mich.

MH: Könnten Sie uns sagen, wie viele Jahre Sie mit ihm letzten Endes in Kontakt waren?

EM: Er ist 1996 gestorben und wenn wir mal annehmen, es war 1979 als wir uns das erste Mal trafen, dann waren das knapp zwanzig Jahre, die wir uns kannten. In dieser Zeit haben wir uns mit großer Regelmäßigkeit fast zweimal pro Woche gesehen.

MH: Hat sich das Bild, das Sie von ihm hatten, in dieser Zeit verändert?

EM: Er war wirklich ein Solitär und zwar glasklar! Da gibt es kein Wenn und Aber.

MH: So schwierig der Begriff des Designs heute auch ist, möchte ich unser Gespräch gerne noch einmal auf die Möbelentwürfe lenken.

EM: Yes, but he did most of his building in Frankfurt, in connection with Ernst May's housing project *Neues Frankfurt* (New Frankfurt).

MH: Could one say that Rasch was more interested in approaches than in architectural milestones?

EM: The underlying approach was very important to him. He was one of those people whose knowledge can be described as universal. This impressed me a lot. Quite unlike people today who specialise early on. He had an amazingly broad general knowledge and would play me pieces by Erik Satie on the piano or reach into his bookshelf and read me texts by Paul Scheerbart and so on. This general knowledge went hand in hand with an intuitive ability to define meanings and qualities. It was outstanding. In my eyes he really was a luminary.

MH: Could you tell us for how many years you were actually in touch with him?

EM: He died in 1996, so assuming that our first encounter was in 1979, we knew each other for almost 20 years. During this time, we met almost twice a week on a very regular basis.

MH: Did your impression of him change over time?

EM: He really was one of a kind and crystal clear! With him there were no ifs, ands, or buts.

MH: Design as a concept is a complicated issue today, but nonetheless, let us talk about the furniture designs.

EM: Seating furniture played an especially important role for all these people. In fact, it was Heinz Rasch who triggered the legal dispute over the cantilever chair. In the end Mart Stam was assigned copyright to the design.

MH: Did you find Heinz and Bodo Rasch's furniture designs and their architecture equally interesting?

EM: Yes, definitely, even though many pieces were strongly influenced by the weird times of the early Werkbund with its root wood carvings and fretwork. The brothers' early lamps and interiors followed a style that I personally could not relate to. I suppose that it had developed from a Werkbund tradition. However, I never discussed the topic with Heinz Rasch. Or maybe it was a bourgeois trend. He was very friendly with the Cunos, a couple from Hagen who had commissioned Peter Behrens to build them a house, the Cuno Villa. Peter Behrens also designed cutlery, glasses and many others things for this residence. This connection with the bourgeoisie at the beginning of his career also explains Heinz Rasch's fascination with Frank Lloyd Wright's early work.

MH: Yes, it is not for nothing that today Frank Lloyd Wright is seen to be the last great architect of the nineteenth century.

EM: Vor allem die Sitzmöbel spielten bei all diesen Leuten, mit denen er zu tun hatte, eine große Rolle. Heinz Rasch war eigentlich sogar der ausschlaggebende Punkt bei dem Rechtsstreit, der um den Freischwinger entstanden war. Letztlich wurde das Urheberrecht Mart Stam zugesprochen.

MH: Haben Sie die Möbelentwürfe von Heinz und Bodo Rasch gleichermaßen interessiert wie ihre Architektur?

EM: Ja durchaus, obwohl da einiges sehr stark von der verqueren Zeit mit dem frühen Werkbund geprägt war, von Wurzelholzschnitzereien und Laubsägearbeiten. Die frühen Leuchten und Interieurs gingen in eine Richtung, mit der ich persönlich nichts zu tun hatte. Ich nehme an, dass dies aus einer Werkbund-Tradition heraus entstand. Ich habe jedoch niemals mit Heinz Rasch darüber geredet. Vielleicht war es auch eher eine bürgerliche Entwicklung, denn er war sehr befreundet mit einem Ehepaar Cuno aus Hagen, die sich ein Haus von Peter Behrens bauen ließen, die Villa Cuno. Peter Behrens entwarf auch Besteck, Gläser und vieles mehr für dieses Wohnhaus. Aus dieser Verbindung zum Bürgertum zu Beginn seiner Karriere kann man auch die Faszination für den frühen Frank Lloyd Wright begreifen.

MH: Ja, nicht umsonst gilt Frank Lloyd Wright mittlerweile als der letzte große Architekt des 19. Jahrhunderts.

EM: Exakt. Und die frühen Villen von Mies van der Rohe stehen ebenfalls in dieser Tradition.

MH: Bevor wir zum Schluss kommen, hätten wir gerne noch eine abschließende Einschätzung von Ihnen: Unsere Ausstellung greift ja vor allem die visionären Entwürfe der Brüder Rasch auf und fragt danach, wie sich diese auf die nachfolgenden Generationen ausgewirkt haben. Da vieles erst später gebaut werden konnte, würde uns interessieren: Warum konnte so wenig von dem, was sie bereits früh erdacht haben, zu ihrer Zeit umgesetzt werden? Waren die Brüder Rasch tatsächlich mehr an Utopien interessiert als an der Realität des Bauens?

EM: Nein. Zwar spielt Utopie bei einem Erfinder immer eine Rolle, aber der Ansatz für die Architektur war doch eher eine rationale Architektur insofern, dass Heinz Rasch spezifische technologisch-konstruktive Probleme mit den Hängehäusern aufgegriffen und Lösungen dafür entwickelt hat. So ist das Hängehaus zum Beispiel erdbebensicher. Die Grundlagen waren stets ganz pragmatische: So auch das Stabkreuz. Heinz Rasch hat sich viele seiner Erfindungen, ob Möbel oder die Hängehäuser, patentieren lassen. Davon hat er bis zum Schluss profitiert.

MH: Vielen Dank für das Gespräch.

Das Interview wurde im Frühjahr 2014 in Berlin geführt.

EM: Exactly. And Mies van der Rohe's early villas were also defined by this tradition.

MH: Before we finish, we would like you to give us a final assessment: the main focus in our exhibition is on the visionary designs by the Rasch brothers and their influence on subsequent generations. As many projects were only carried out later, we would like to know: why were only so few of their early ideas implemented during their lifetime? Were the brothers indeed more interested in utopias than in the reality of building?

EM: No. Even though there is always a utopian aspect to an inventor's work, their approach to architecture was very rational. In the case of the suspension houses, Heinz Rasch identified specific technological and constructional problems and developed solutions for them. They are earthquake-resistant, for instance. The basic elements were always very pragmatic: the cross-frame is just one example. Heinz Rasch had many of his inventions patented, not only furniture but also the suspension houses. This paid off until the end.

MH: Thank you for your time.

The interview was conducted in Berlin in the spring of 2014.

KARIN KIRSCH

HEINZ UND BODO RASCH UND DIE WEISSENHOFSIEDLUNG IN STUTTGART

Heinz and Bodo Rasch and the Weissenhof Estate in Stuttgart

Die Weißenhofsiedlung in Stuttgart ist ein gebautes Manifest, eine Art Gründungsdenkmal der frühen modernen Architektur. 17 Architekten bauten im Jahre 1927 auf einem schön gelegenen Hang in Stuttgart, dem Killesberg, 21 Häuser mit 63 Wohnungen. Was man damals noch nicht wusste, war, dass die Siedlung zu den bedeutendsten des 20. Jahrhunderts gehören würde.

Während des Ersten Weltkrieges war die Bautätigkeit in Deutschland nahezu zum Erliegen gekommen. Nach dem Krieg wurden überall Überlegungen zum Bau bezahlbarer Wohnungen angestellt, die, um die Nachteile der Vorkriegsbauten zu vermeiden, Licht, Luft und Sonne in die Wohnungen der arbeitenden Massen bringen sollten.

Als 1924 die Idee einer Siedlung in Stuttgart aufkam und klar wurde, dass die Württembergische Arbeitsgemeinschaft des Deutschen Werkbundes zusammen mit der Stadt Stuttgart das Projekt stemmen wollte, war es der Geschäftsführer der Arbeitsgemeinschaft, Gustaf Stotz, der den Namen Ludwig Mies van der Rohes als künstlerischen Leiter ins Spiel brachte. Im Juni 1973 erinnerte sich Erna Stotz in einem Gespräch mit dem damaligen Kurator des Mies-van-der-Rohe-Archivs im Museum of Modern Art in New York: „Und dann hat sich mein Mann überlegt, irgend jemand muss es sein, der prominent ist und eigentlich ein unbeschriebenes Blatt."[1]

1 Vgl. Karin Kirsch (Hrsg.), *Briefe zur Weißenhofsiedlung*, Stuttgart 1997, S. 8.

The Weissenhof Estate in Stuttgart is a constructed manifesto, a kind of monument to early modern architecture. In 1927, 17 architects built 21 houses with 63 flats on the Killesberg, a nicely situated hillside near Stuttgart. At the time, nobody knew that this was to become one of the most important housing estates of the twentieth century. During the First World War, building activity in Germany had virtually come to a halt. After the war, the construction of affordable accommodation designed to avoid the disadvantages of pre-war buildings by bringing light, air and sun into the homes of the working masses was widely discussed.

The idea for a housing estate in Stuttgart developed in 1924. When it became clear that the Württemberg committee of the German Werkbund and the city of Stuttgart were going to shoulder the project, Gustaf Stotz, the manager of the committee, was the first to suggest Ludwig Mies van der Rohe for the post of artistic director. 'And then my husband came to the conclusion that it had to be someone who was prominent enough but essentially a newcomer',[1] Erna Stotz recalled during a conversation with the curator of the Mies van der Rohe archive in June 1973.

From the winter semester 1922–1923 onwards, Heinz and Bodo Rasch lived in Stuttgart. Heinz Rasch studied architecture at the Technische Hochschule (technical college) under Paul

1 Compare Karin Kirsch (ed.), *Briefe zur Weissenhofsiedlung*, Stuttgart 1997, p. 8.

1

2

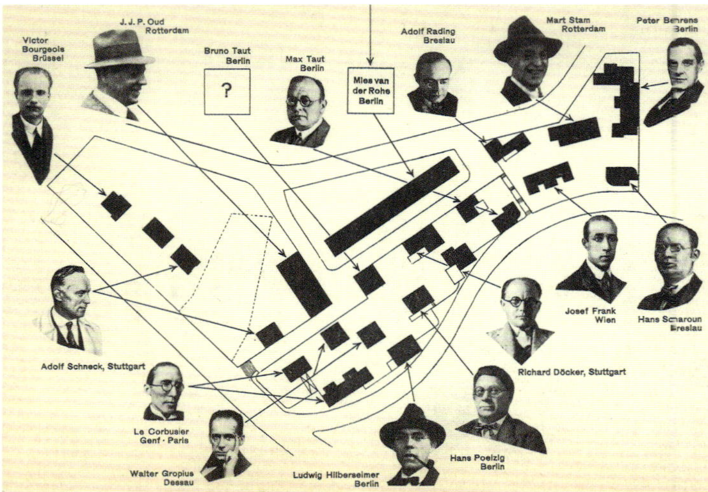

3

Heinz und Bodo Rasch lebten ab dem Wintersemester 1922/23 in Stuttgart. Heinz Rasch studierte an der Technischen Hochschule bei Paul Bonatz Architektur und erwarb ein Jahr später sein Diplom, während Bodo Rasch die Württembergische Landwirtschaftliche Hochschule Hohenheim bei Stuttgart besuchte.[2] In dieser Zeit begann die Zusammenarbeit der Brüder Rasch bei der Fabrikation kunstgewerblicher Gegenstände und Stühle.[3]

Heinz Rasch trat publizistisch hervor, knüpfte viele Kontakte und wurde schließlich 1924 Leiter des Pressedienstes für die *Bauausstellung im alten Bahnhof* (Abb. 1). Bei dieser Bauausstellung wirkten die damals noch jungen Architekten Richard Döcker und Richard Herre sowie der Maler und Grafiker Willi Baumeister mit. Döcker war zu dieser Zeit Assistent bei Paul Bonatz.

Heinz Rasch und sein Bruder Bodo waren, obwohl erst so kurze Zeit in Stuttgart, dabei. 1925 nahm Heinz Rasch zwar die Schriftleiterstelle der Fachzeitschrift *Die Baugilde* in Berlin an, kehrte aber schon bald nach Stuttgart zurück. Er war im Gespräch für die Pressestelle der neuen Werkbundausstellung *Die Wohnung*. Das Angebot schlug er aus, um „für eigene Aufgaben frei zu sein".[4] Die Pressearbeit übernahm schließlich Werner Graeff, während Heinz Rasch und sein Bruder mit der Inneneinrichtung zweier Wohnungen in der Weißenhofsiedlung betraut wurden.

2 Gespräche der Verfasserin mit Heinz und Bodo Rasch persönlich und telefonisch, 1984–1987 und 1990.
3 Karin Kirsch, *Die Weißenhofsiedlung. Werkbundausstellung „Die Wohnung"*, Stuttgart 1927, Stuttgart 1987, S. 220.
4 Heinz Rasch, „Daten zu 5 Büchern 1927–1930"; in: *Polis, 1*, 1997, S. 28–31.

Bonatz and received his diploma a year later, while Bodo Rasch attended the Württembergische Landwirtschaftliche Hochschule Hohenheim (agricultural college) near Stuttgart.[2] During this time, the Rasch brothers started working together on the production of commercial art objects and chairs.[3]

Heinz Rasch made a name for himself as a journalist, made many contacts and finally became head of the news service for the exhibition *Bauausstellung im alten Bahnhof* (Building Exhibition in the Old Railway Station) in 1924 (fig. 1). Young architects Richard Döcker and Richard Herre and painter and graphic artist Willi Baumeister participated in the show. At the time, Döcker was an assistant to Paul Bonatz.

Although Heinz Rasch and his brother Bodo had only just arrived in Stuttgart, they were already part of the scene. In 1925 Heinz Rasch accepted a position as editor of the specialist journal *Die Baugilde* in Berlin, but it was not long before he returned to Stuttgart. He had been considered for the press office of the new Werkbund exhibition *Die Wohnung* (The Dwelling). However, he turned down the offer in order 'to be free for his own projects'.[4] In the end, Werner Graeff took over the press work while Heinz Rasch and his brother were assigned the furnishing of two flats in the Weissenhof Estate. For many of the participants the Werkbund exhibition *Die Wohnung* represented a highlight in their lives.

2 Conversations between the author and Heinz and Bodo Rasch, in person and on the telephone, 1984–1987 and 1990.
3 Karin Kirsch, *Die Weissenhofsiedlung. Werkbundausstellung 'Die Wohnung'*, Stuttgart 1927, Stuttgart 1987, p. 220.
4 Heinz Rasch, 'Daten zu 5 Büchern 1927–1930'; in: *Polis*, no. 1, 1997, pp. 28–31.

4

Für viele der an der Werkbundausstellung *Die Wohnung* Beteiligten war dieses Ereignis ein Lebenshöhepunkt. Sicher auch für die Brüder Rasch.

Parallel zur ersten Bauausstellung nach dem Ersten Weltkrieg, im sogenannten Stuttgarter Kunstsommer 1924, zeigte die Württembergische Arbeitsgemeinschaft des Deutschen Werkbundes die aufsehenerregende Ausstellung *Die Form* – gemeint war „die Form ohne Ornament"–, die ihr Geschäftsführer Gustaf Stotz initiierte und organisierte und Adolf Gustav Schneck gestaltete.

Es war eine optimistische Zeit, eine Zeit, als der Krieg und die große Inflation vorbei waren, als alle aufatmeten und sich wieder trauten, Pläne zu machen. Es soll im Zusammenhang mit der Bauausstellung gewesen sein,[5] dass die Idee zu einer Siedlung aufkam, die nicht nur zu Ausstellungszwecken dienen, sondern zugleich kritisch durch Fachleute und reale Dauerbewohner begleitet werden sollte (Abb. 2).

Die Stadt Stuttgart stellte dem Werkbund Geld und Grundstücke für 63 Wohnungen zur Verfügung. Nach einer Bebauungsplanskizze von Mies van der Rohe bauten die Mitarbeiter der Bauverwaltung ein erstes Modell. In einem Brief vom 11. September 1925 schrieb Mies van der Rohe an Gustaf Stotz: „Ich bin davon ausgegangen, eine insichzusammenhängende [!] Bebauung anzustreben, einmal weil ich das für künstlerisch wertvoll halte, dann aber auch, weil wir in einem solchen Falle nicht so sehr von den einzelnen Mitarbeitern abhängig werden."[6] (Abb. 3)

Wie immer bei groß gedachten Projekten, konnte nicht alles verwirklicht werden, doch es blieb so viel an neuen Ideen sichtbar, dass eine halbe Millionen Besucher aus dem In- und Ausland den Weg nach Stuttgart fanden. Zeitungen und Fachzeitschriften waren voller Lob und zugleich harter Ablehnung (Abb. 4).

Am 23. Juli 1927 wurde die Ausstellung des Deutschen Werkbundes und der Stadt Stuttgart eröffnet. Sie bestand aus vier Teilen:

5 Vgl. Kirsch 1987 (wie Anm. 3), S. 13.
6 Ludwig Mies van der Rohe an Gustaf Stotz, 11.9.1925, *Mies-van-der-Rohe-Archiv im Museum of Modern Art*, New York, in: ebd., S. 53.

Parallel to the first building exhibition after the First World War, during the so-called Stuttgarter Kunstsommer (Stuttgart Summer of Art) in 1924, the Württemberg committee of the German Werkbund presented the sensational show *Die Form* (Form), dedicated to 'the unadorned form'. The exhibition was initiated by the manager of the Werkbund, Gustaf Stotz, and organised and designed by Adolf Gustav Schneck. It was an optimistic time, the war and the great inflation were over and the overall feeling of relief gave people the courage to start making plans again. Apparently the idea to exhibit a housing estate that would also be critically surveyed by experts and permanent residents developed in connection with the building show (fig. 2).[5]

The city of Stuttgart provided the Werkbund with money and land for 63 flats. The building department carried out a first model on the basis of a development plan by Mies van der Rohe. In a letter from 11 September 1925, Mies van der Rohe wrote to Gustaf Stotz: 'It was my intention to create a correlating development, not only because of the artistic value, but also to avoid being too dependent on individual colleagues.'[6] (fig. 3).

As always with large-scale projects, not everything could be carried out. However, there were still enough new ideas on display to draw half a million visitors from all over Germany and abroad to Stuttgart. Newspapers and specialist journals were full of both praise and harsh criticism (fig. 4).

The exhibition by the German Werkbund and the city of Stuttgart opened on 23 July 1927. It consisted of four parts:

- the estate with model houses at the Weissenhof
- the adjacent experimentation site with booths in which representatives of the building trade presented construction methods and materials.
- the *Internationale Plan- und Modellausstellung Neuer Baukunst* (International Plan and Model Exhibition of New Architecture) in Stuttgart's city centre where, alongside other icons of early Modernism, the Rasch brothers were able to show their house for Ernst Rasch in Bad Oeynhausen.

5 Compare Kirsch 1987 (see note 3), p. 13.
6 Ludwig Mies van der Rohe to Gustaf Stotz, 11 September 1925, Mies van der Rohe archive in the Museum of Modern Art, New York, in: ibid., p. 53.

5

- der Siedlung mit Musterhäusern am Weißenhof
- dem danebengelegenen Experimentiergelände mit Ständen des Baugewerbes, in denen die verwendeten Baumethoden und Materialien gezeigt wurden
- der *Internationalen Plan- und Modellausstellung Neuer Baukunst* in der Stuttgarter Innenstadt, wo neben den Ikonen der frühen Moderne auch die Brüder Rasch ihr Haus für Ernst Rasch in Bad Oeynhausen zeigen konnten
- der Hallenausstellung mit den vom Werkbund empfohlenen Haushaltsausstattungen. Dort zeigten auch Mies van der Rohe und Lilly Reich einen Musterraum der Spiegelglasindustrie, der als direkter Vorgänger des Barcelona-Pavillons gelten kann.

Um einen einheitlichen Eindruck der von so unterschiedlichen Architekten geplanten Häuser in der Siedlung zu erreichen, einigte man sich auf das flache Dach. Forderungen der Medizin nach gesunden und hellen Wohnräumen, in denen die Sonne bis in alle Winkel scheinen konnte, Beachtung der Hygienefragen bei der Auswahl der Materialien für Wand, Decke und Fußboden, das Angebot von Freiflächen für gymnastische Übungen am oder auf dem Haus verbanden sich mit den Erfordernissen der Zeit. So gibt es eine Vielzahl von Vorschlägen der Hausfrauenverbände, die in der Weißenhofsiedlung erfüllt wurden (Abb. 5).

Als sich Mies van der Rohe entschloss, einen Miethausblock zu errichten, „bestehend aus 4 Reihenhäusern zu je sechs Wohnungen verschiedener Größe, Keller, Erdgeschoß, Dachgeschoß mit Dachgärten, Waschküchen, in Haus 2 und 3 Trocken- und Bodenräumen",[7] übertrug er den im Büro- und Industriebau bekannten Stahlskelettbau auf den Geschosswohnungsbau. Er legte nur die Treppenhäuser und die Lage der Installationen fest. In Stuttgart zog er 29 Architekten und Innenarchitekten hinzu, die die Einrichtung der Häuser übernahmen. (Abb. 6)

7 *Werkbund-Ausstellung Die Wohnung.* Amtlicher Katalog, Stuttgart 1927, S. 25.

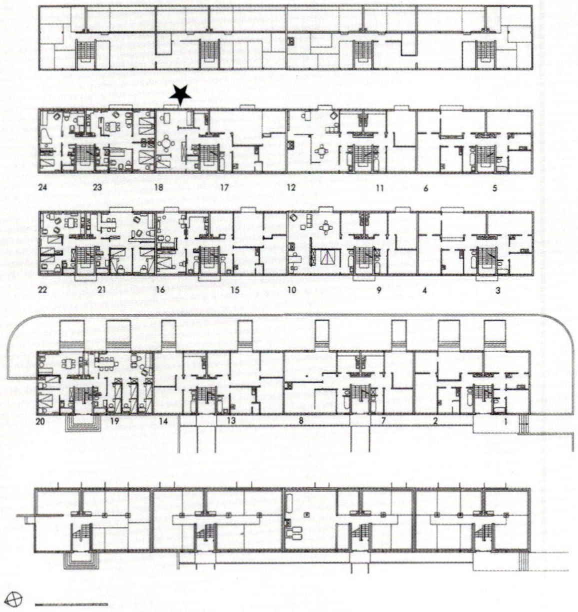

6

- the exhibition in the hall with the Werkbund's ideas on household furnishing. In this context Mies van der Rohe and Lilly Reich presented a model room designed by the mirror glass industry that can be seen as a direct predecessor of the Barcelona Pavilion.

In order to achieve uniformity in an estate planned by such different architects, it was agreed that the houses should have flat roofs. Healthy living areas designed to let sunlight into every corner as required by medical experts, a selection of materials for walls, ceilings and floors in accordance with hygiene standards, an offer of open spaces for gymnastics either next to or on top of the buildings were features that corresponded with the demands of the times. Many suggestions forwarded by housewives' associations were carried out in the Weissenhof Estate (fig. 5).

Mies van der Rohe decided to apply the method of steel frame construction used in office and industrial buildings to a block of flats 'consisting of four terraced houses with six flats of varying size with cellars, ground floors, top floors with roof gardens, laundry rooms and drying rooms and storerooms in houses 2 and 3'.[7] He only specified the position of the staircases and the installations. In Stuttgart he assigned the furnishing of the houses to twenty-nine architects (fig. 6).

The Rasch brothers' 'bachelor flat'[8] was located in house 3, flat 18, on the second floor to the left of the landing – an apt assignment given that the Rasch brothers were living as bachelors at the time. There was also a flat for a lady furnished by Lilly Reich and a flat for a working woman that representatives of working women and housewives' commissions had arranged according to several designers' suggestions[9] – fine distinctions indeed (fig. 7.1 and 7.2).

7 *Werkbund-Ausstellung Die Wohnung.* Amtlicher Katalog, Stuttgart 1927, p. 25.
8 Mies van der Rohe to Heinz Rasch, 19 April 1927, compare Kirsch 1987 (see note 3), p. 84.
9 Ibid. p. 69 and p. 73.

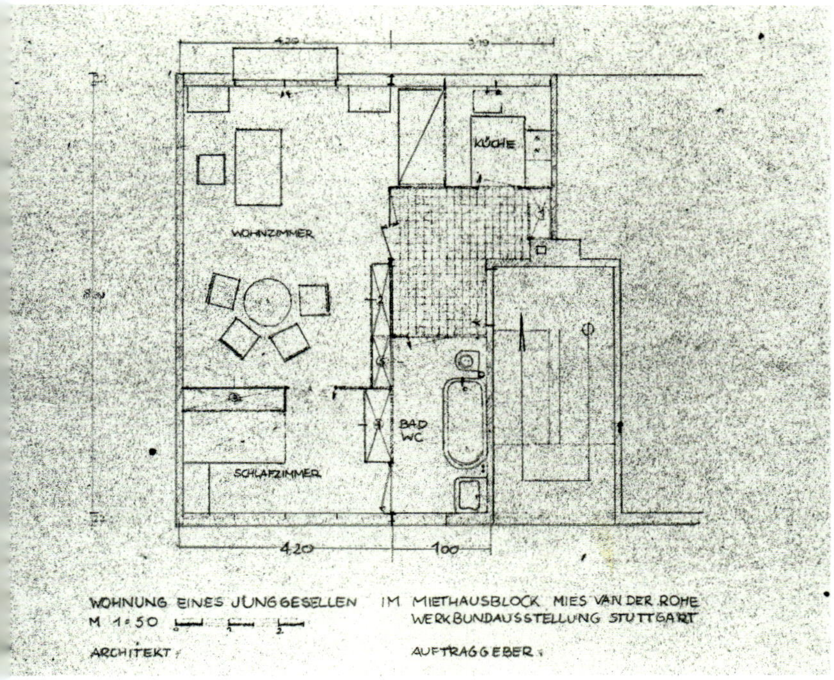

7.1

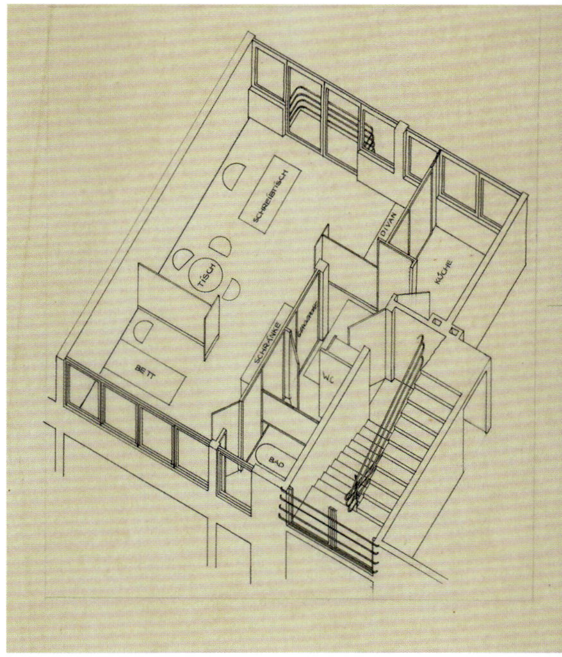

7.2

Im Haus 3, Wohnung 18, 2. Obergeschoss links vom Treppenpodest, befand sich die von den Brüdern Rasch eingerichtete Wohnung „für einen Junggesellen“,[8] was insofern sinnig war, da die Brüder Rasch zu diesem Zeitpunkt selbst als Junggesellen lebten. Es gab auch eine Wohnung für eine Dame, die Lilly Reich möblierte und eine für eine berufstätige Frau, zusammengestellt von den Vertreterinnen der berufstätigen Frauen und den Hausfrauen-Kommissionen nach den Vorschlägen mehrerer Entwerfer.[9] So fein war die Unterscheidung (Abb. 7.1 und 7.2).

In der Einrichtung der Wohnung 18 folgten die Brüder Rasch dem Prinzip des freien, gleitenden Raumes. Deckenhohe und halbhohe Stellwände (Holzkonstruktion mit Isoliermaterial) unterteilen die Grundfläche in Bereiche mit verschiedener Funktion – durchaus mit einem Seitenblick auf Mies' Grundidee der versetzbaren Trennwände, des flexiblen Grundrisses. Mies sei daran interessiert gewesen, schrieb Heinz Rasch am 6. Januar 1986, „die nur aus Baracken bekannten transformablen Wandtafeln in seinem geradezu dafür prädestinierten Bau auszuprobieren. Die Türen sah Mies als Unterbrechung der Wand und machte sie daher raumhoch.“[10] Dies veranlasste den Künstler Kurt Schwitters zu grundsätzlichen Überlegungen zu Mies van der Rohe. Er schrieb 1927 in der holländischen Zeitschrift *i10* eine köstliche Kritik zur Werkbundausstellung in Stuttgart: „Mies van der Rohe vereinigt Geist der Zeit und Format. [...] Und dabei ist das Haus von Mies van der Rohe gross, das grösste der ganzen Siedlung. Und innen wirkt es riesig durch die bis zur Decke hochgezogenen Türen. Ich kann mir nicht denken, dass man durch diese Türen einfach gehen soll, sondern man schreitet hindurch. Grosse, edle Gestalten schreiten durch die Türen, voll neuen Geistes. Hoffentlich wenigstens. Es kann ja auch werden wie in den Frankfurter Siedlungen, wo die Leute mit ihren grünen Plüschsofas ankommen. Es kann

8 Mies van der Rohe an Heinz Rasch, 19.4.1927, vgl. Kirsch 1987 (wie Anm. 3), S. 84.
9 Ebd., S. 69 und S. 73.
10 Ebd., S. 77 f.

The Rasch brothers furnished flat 18 according to the principle of unrestricted flowing space. Ceiling-high and half-height partitions (insulated timber structures) divided the floor space into areas with different functions – an unmistakable reference to Mies's basic concept of mobile partition walls and a flexible ground plan. 'As they seemed to have been almost made for his construction, Mies was eager to try out the transformable wall panels that, at the time, were only known from barracks. Because Mies perceived doors as interruptions in the wall, he designed them to reach up to the ceiling', Heinz Rasch wrote on 6 January 1986.[10] This feature inspired some general reflections on Mies van der Rohe in the artist Kurt Schwitters. In 1927 he wrote a delightful review on the Werkbund exhibition in Stuttgart for the Dutch magazine *i10:* 'Mies van der Rohe has given shape to the spirit of the times ... And what is more, Mies van der Rohe's house is big, the biggest on the whole estate. And inside it seems huge because of the doors that reach up to the ceiling. Simply walking through these doors seems unimaginable, one must stride through them. Great and noble figures imbued with the new spirit shall stride through these doors. At least I hope so. Then again, it might be the same as in the Frankfurt estates which people insist on furnishing with their green plush sofas. In some cases the residents turn out to be less mature and liberated than their own doors. But let us hope that the house will ennoble them.'[11]

'The furnishing concept was simple', Heinz Rasch wrote in March 1986. 'Both flats [the flat in Mies's house and the flat in the Behrens house] featured cantilever chairs and tables without frames. They were all flawless apart from one table in the Mies flat which had a torsion that needed to be evened out subsequently'[12] (fig. 8.1 and 8.2).

Later on Heinz Rasch tried to have his seating furniture produced serially. He spoke to Mies van der Rohe who had

10 Ibid., p. 77 f.
11 In: Karin Kirsch (ed.), *Kleiner Führer zur Weissenhofsiedlung,* 2006 [1989], p. 4.
12 From a letter by Heinz Rasch to the author, March 1986.

8.1

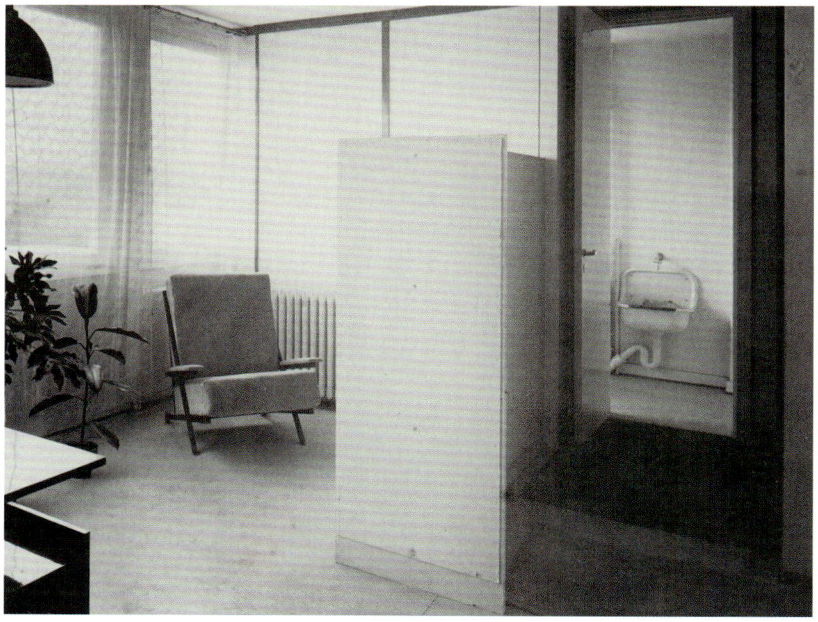

8.2

vorkommen, dass nachher die Einwohner nicht so reif und frei sind wie ihre eigenen Türen. Aber hoffen wir, daß das Haus sie adelt."[11]

„Das Möbelkonzept war einfach", schrieb Heinz Rasch im März 1986. „In beiden Fällen [Wohnung im Hause Mies und Wohnung im Hause Behrens] ging es um Kragstühle und zargenfreie Tische, die alle einwandfrei ausfielen bis auf den Tisch in der Mieswohnung, bei dem eine Torsion nachträglich beseitigt werden mußte."[12] (Abb. 8.1 und 8.2)

Später versuchte Heinz Rasch seine Sitzmöbel in Serie produzieren zu lassen. Er sprach mit Mies van der Rohe, weil dieser inzwischen ein Patent auf seinen freischwingenden Stuhl, den wir heute ‚Freischwinger' nennen, erworben hatte. Mies machte ihm unmissverständlich klar, dass er nicht bereit sei, Rasch an seinem Patent teilhaben zu lassen.[13]

Auf den erhalten gebliebenen Fotos der von den Brüdern Rasch eingerichteten Wohnungen sind keine Kragstühle aus Metall zu sehen. Gegen den Ausdruck ‚Freischwinger' wehrte sich Heinz Rasch vehement. Die Stühle, die um den Esstisch gruppiert sind, bezeichneten die Raschs „nach einer mit Morgensternzitat versehenen Veröffentlichung im UHU-Magazin 1927" als „Sitzgeiststuhl".[14]

Der Aesthet
Wenn ich sitze, will ich nicht
sitzen, wie mein Sitz-Fleisch möchte,
sondern wie mein Sitz-Geist sich,

11 In: Karin Kirsch (Hrsg.), *Kleiner Führer zur Weißenhofsiedlung*, 2006 [1989], S. 4.
12 Aus einem Brief von Heinz Rasch an die Verfasserin, März 1986.
13 Vgl. Kirsch 1987 (wie Anm. 3), S. 85.
14 Heinz Rasch im Gespräch mit der Verfasserin, 12.4.1985.

managed to acquire a patent for his cantilever chair which is known as the *Freischwinger* today. Mies told him in no uncertain terms that he was not prepared to share the patent with Rasch.[13]

There are no metal cantilever chairs in the surviving pictures of the flats furnished by the Rasch brothers. Heinz Rasch vehemently rejected the term *Freischwinger* (free swinging chair). 'Inspired by a Christian Morgenstern quote in an article published in the magazine UHU in 1927', the Raschs referred to the chairs surrounding the dining table as *Sitzgeiststühle* (sit-soul chairs)'.[14]

The Aesthete
When I sit, I sitting, tend
to sit a seat with sense so fine
that I can feel my sit-soul blend
insensibly with seat's design.

Seeking no support the while
it assesses stools for style,
leaving what the structure means
for blind behinds of Philistines.[15]

Besides their furnishing ideas for flat 18 in Mies van der Rohe's house, the Rasch brothers also presented furniture made out of three-millimetre plywood sheets in one of Peter Behrens's twelve flats. Behrens – the doyen of Modernism, the great teacher of Mies van der Rohe, Le Corbusier, Walter Gropius and

13 Compare Kirsch 1987 (see note 3), p. 85.
14 Heinz Rasch in conversation with the author, 12 April 1985.
15 Christian Morgenstern, 'Der Aesthet', in: id., *Gesammelte Werke in einem Band*, Munich 1965, p. 301; English translation by Jerry Lettvin, in: *The Fat Abbot*, no. 4, 1962, p. 4.

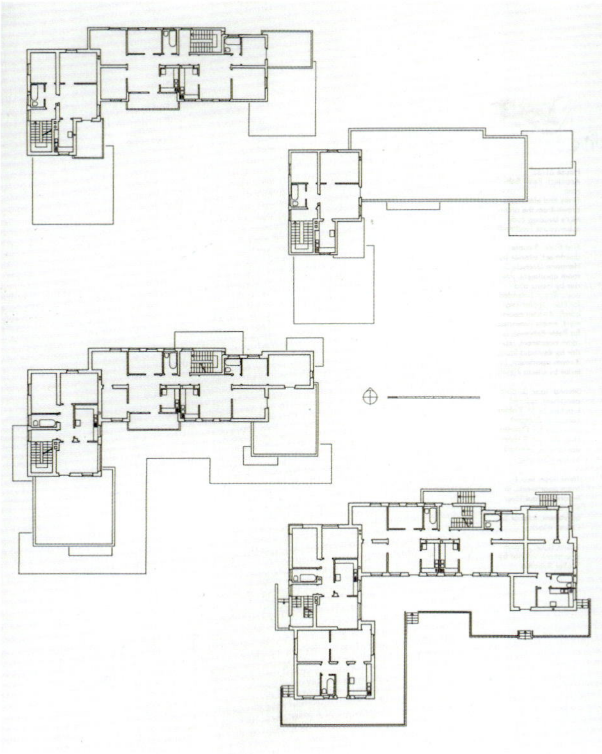

9

10.1

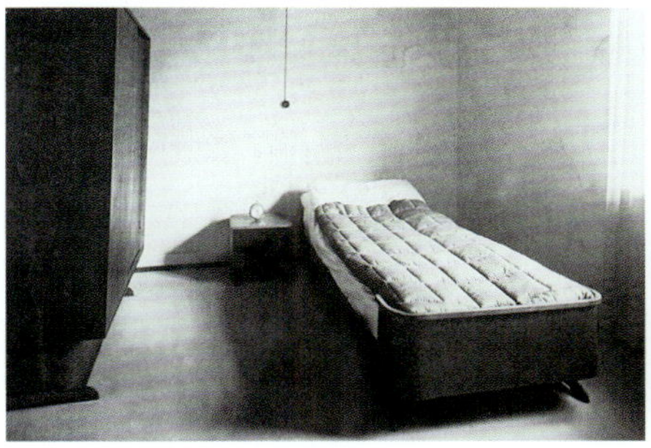

10.2

10.3

säße er, den Stuhl sich flöchte.
Der jedoch bedarf nicht viel,
schätzt am Stuhl allein den Stil,
überläßt den Zweck des Möbels
ohne Grimm der Gier des Pöbels.[15]

Neben der Einrichtung der Wohnung 18 im Haus von Mies van der Rohe zeigten die Brüder Rasch Möbel aus 3 Millimeter starkem Sperrholz in einer der zwölf Wohnungen im Haus von Peter Behrens. Behrens – der Altmeister der Moderne, der große Lehrer von Mies van der Rohe, Le Corbusier, Walter Gropius und Adolf Meyer – gehörte keineswegs von Anfang an zu den Auserwählten des Werkbund-Projektes. Er kam sehr spät zu den meist viel Jüngeren hinzu, und sein Haus zeigt deutlich den Generationenunterschied. Es ist ein biederer Mauerwerksbau mit relativ kleinen Sprossenfenstern und kleinteilig geschnittenen Räumen (Abb. 9).

Es ist anzunehmen, dass Bodo Rasch diese Möbel entworfen und hergestellt hat. Er hatte neben seinem Studium an der Landwirtschaftlichen Hochschule ein Schreinerpraktikum absolviert und sich mit den Techniken des Baus von Segelflugzeugen beschäftigt.[16]

Bei ihren Entwürfen betonten die Brüder Rasch das geringe Gewicht ihrer Sperrholzmöbel – der Stuhl wog 2, der Schreibtisch 20 Kilogramm – und versuchten die Kahlheit der Räume und die Wirkung von „Büromöbeln“ durch die Bespannung der Wände mit „Rohseidenvitrage“ wie in Mies'

15 Christian Morgenstern, »Der Aesthet«, in: ders., *Gesammelte Werke in einem Band,* München 1965, S. 301.
16 Annette Ludwig, *Die Architekten Brüder Heinz und Bodo Rasch,* Tübingen · Berlin 2009; und Gespräche der Verfasserin mit Bodo Rasch.

Adolf Meyer – had by no means been among the chosen ones of the Werkbund project from the beginning. He joined the other participants, who were all considerably younger, very late in the day. His house, a conservative brick structure with relatively small muntin windows and fragmented rooms, is a distinct reflection of the generational difference (fig. 9).

The furniture was presumably designed and produced by Bodo Rasch. During his studies at the Landwirtschaftliche Hochschule (agricultural college) he did an internship as a carpenter and concerned himself with the construction of sailplanes.[16]

In their designs the Rasch brothers laid emphasis on the lightness of their plywood furniture – the chair weighed 2 kilograms and the desk 20 – and tried to reduce the bleakness of the rooms and the impression of 'office furniture' by covering the walls with 'raw silk vitrage' as was used in Mies's flat on Am Karlsbad in Berlin. Heinz Rasch explained that these means were helpful in making at least the living room appear more welcoming[17] (fig. 10.1–10.3).

The furniture – especially the pieces in the house by Behrens – is defined by a somewhat inept use of the otherwise very interesting material plywood. Lightness is definitely a desirable quality in moveable everyday objects, however, without elegance even light things seem bulky and heavy. According to Heinz Rasch, Mies, at any rate, did not like the furniture.

So what became of the Weissenhof Estate and its architects? From the beginning the housing estate had many opponents. Stuttgart's leading architects of the day, Paul Bonatz and Paul

16 Annette Ludwig, *Die Architekten Brüder Heinz und Bodo Rasch,* Tübingen · Berlin 2009; and conversations between the author and Bodo Rasch.
17 Heinz Rasch in conversation with the author, 12 April 1985.

11

Wohnung am Karlsbad in Berlin zu mildern. Hierdurch sei es möglich gewesen, zumindest den Wohnraum freundlicher erscheinen zu lassen, erzählte Heinz Rasch (Abb. 10.1–10.3).[17]

Betrachtet man die Möbel – vor allem die im Haus von Behrens –, so fällt eine große formale Unbeholfenheit in der Verwendung des interessanten Sperrholzes auf. Leichtigkeit ist sicher eine erstrebenswerte Eigenschaft von beweglichen Dingen des Alltags, wenn sie jedoch nicht mit Eleganz einhergeht, erscheinen auch die leichten Dinge plump und schwer. Laut Heinz Rasch sollen die Möbel Mies jedenfalls nicht gefallen haben.

Wie ging es mit der Weißenhofsiedlung und ihren Architekten weiter? Die Gegner der Weißenhofsiedlung waren von Anfang an zahlreich. Es war für die beiden damaligen Stuttgarter Architektenstars, Paul Bonatz und Paul Schmitthenner, schwer zu verkraften, dass nicht sie mit der künstlerischen Leitung der Siedlung am Weißenhof beauftragt worden waren. Schmitthenner verglich in einem Zeitungsartikel die geplante Siedlung mit einem „italienischen Bergnest", Bonatz sah sich an eine „Vorstadt Jerusalems" erinnert.[18] Um Auseinandersetzungen während der Ausstellung zu vermeiden, wurden die Hochschullehrer mit der Aussicht auf den Bau einer weiteren Siedlung beschwichtigt, der Kochenhofsiedlung, die 1933 ebenfalls in Stuttgart entstand. Die Anregung zum dortigen Bau von Holzhäusern ging von Bodo Rasch aus, der eine gute Verwendung für im Winter angefallenes Sturmholz sah. Er selbst baute aber nicht am Kochenhof (Abb. 11).[19]

Der „theoretische" Teil der Werkbundausstellung, die *Internationale Plan- und Modellausstellung Neuer Baukunst,* wurde nach dem Ende der Gesamtausstellung umgestellt und reduziert als Ausstellung *Neues Bauen* auf Wanderschaft durch siebzehn Städte Europas geschickt. Zusammen mit der Weißenhofsiedlung war sie ein internationales Signal zum Wandel der Prinzipien in Architektur und Leben (Abb. 12).

17 Heinz Rasch im Gespräch mit der Verfasserin, 12. 4. 1985.
18 Artikel von Paul Bonatz, in: *Schwäbischer Merkur Stuttgart,* 5. 5. 1926; Paul Schmitthenner, in: *Süddeutsche Zeitung,* Abendausgabe, Stuttgart, 5. 5. 1926.
19 Bodo Rasch im Gespräch mit der Verfasserin, 1985.

Schmitthenner, found it hard to accept that they had not been appointed as artistic directors of the estate at the Weissenhof. In a newspaper article Schmitthenner compared the planned settlement to an 'Italian mountain village' and Bonatz felt reminded of a 'suburb of Jerusalem'.[18] In order to avoid conflicts during the exhibition, the professors were assuaged with the prospect of constructing another housing estate. The Kochenhof Estate was developed in 1933, also in Stuttgart. It had been Bodo Rasch's suggestion to build timber houses so that trees damaged during the winter storms could be put to good use. However, he himself was not involved in the Kochenhof project (fig. 11).[19]

After the overall exhibition had come to an end, the 'theoretical' part of the Werkbund show *Internationale Plan- und Modellausstellung Neuer Baukunst* (International Plan and Model Exhibition of New Architecture) was reorganised and reduced under the heading *Neues Bauen* (New Construction) and sent on tour through 17 European cities. Together with the Weissenhof Estate it represented an international signal of the changing principles in architecture and life (fig. 12).

In 1933 the Weissenhof Estate was referred to as a blot on Stuttgart. The German Werkbund was disbanded. The streets were renamed. Stuttgart, like all German cities, became National Socialist. In 1938 the city of Stuttgart sold the Weissenhof Estate to the German Reich to be demolished. In 1942 and 1944 airstrikes by the allies destroyed 10 of the 21 houses.[20]

Even after their definitive professional separation in 1930, the Weissenhof Estate continued to be an important topic for both of the Rasch brothers until the end of their lives. The Weissenhof architects' future was largely determined by their political convictions. In a letter from 1925 to Gustaf Stotz, Mies van der Rohe wrote: 'I had the audacious idea of assembling all the leftwing architects, as I believe this would make for a hugely successful exhibition. The estate would become just as significant

18 Article by Paul Bonnatz, in: *Schwäbischer Merkur Stuttgart,* 5 May 1926; Paul Schmitthenner, in: *Süddeutsche Zeitung,* evening edition, Stuttgart, 5 May 1926.
19 Bodo Rasch in conversation with the author, 1985.
20 Airstrikes on 22 November 1942 and in July and August 1944.

12

1933 wurde die Weißenhofsiedlung als Schandfleck Stuttgarts bezeichnet. Der Deutsche Werkbund wurde aufgelöst. Die Straßen wurden umbenannt. Stuttgart, wie alle deutschen Städte, wurde nationalsozialistisch. 1938 verkaufte die Stadt Stuttgart die Weißenhofsiedlung an das Deutsche Reich zum Abriss. 1942 und 1944 zerstörten Luftangriffe der Alliierten 10 der 21 Häuser.[20]

Auch nachdem sich die Brüder Heinz und Bodo Rasch 1930 beruflich für immer getrennt hatten, blieb der Weißenhof für sie bis zu ihrem Lebensende ein wichtiges Thema. Die Zukunft der Weißenhof-Architekten hing wesentlich mit ihren politischen Überzeugungen zusammen. In einem Brief an Gustaf Stotz schrieb Mies van der Rohe 1925: „Ich habe die verwegene Idee, alle auf dem linken Flügel stehenden Architekten heranzuziehen, das würde ausstellungstechnisch glaube ich unerhört erfolgreich sein. Hierdurch könnte diese Siedlung eine Bedeutung erreichen, wie etwa die Mathilden-Höhe in Darmstadt sie seinerzeit erreicht hat."[21] Heinz Rasch antwortete 1984 auf die Frage nach der politischen Einstellung Mies van der Rohes in den Zwanzigerjahren: „Mies war Kommunist, aber wer war nicht Kommunist? Wenn man fragte, sagte jeder – ich auch –, man sei Kommunist." Die Ziele, die man sich gesetzt habe, seien aus dem Wunsch nach sozialem Ausgleich entstanden. Man sei kein Parteikommunist gewesen, sondern hingezogen zur idealistischen Richtung.[22]

Heinz Rasch fand in Wuppertal ein neues privates und berufliches Leben als Architekt. Es gelang ihm, den Kontakt mit den Nationalsozialisten so gut es ging zu vermeiden.[23] Bodo Rasch arbeitete als Architekt in Stuttgart und lernte im Jahre 1932 über den behandelnden Arzt seiner durch Polio gelähmten Schwester Ruth, Dr. Friedrich Wolf, den Vorsitzenden des Klubs

20 Luftangriffe am 22.11.1942; Juli und August 1944.
21 Mies van der Rohe an Stotz, 11.9.1925 (wie Anm. 6).
22 Heinz Rasch im Gespräch mit der Verfasserin in Wuppertal, 12.4.1985. Ebenfalls anwesend war Egidio Marzona.
23 Landesarchiv Düsseldorf, Bestand 5, Rheinland, Sign. NW 1022-R, Nr. 7393, Entlastungs-Zeugnis (Clearance Certificate) für Heinz Rasch, 14.8.1947.

as the Mathilden-Höhe in Darmstadt was in its day."[21] In 1984 Heinz Rasch described Mies van der Rohe's political attitude in the twenties as follows: 'Mies was a communist, but who wasn't a communist? When asked, everyone – including myself – said they were a communist.' All ambitions, Rasch explained, had developed from a yearning for social equality. He and his contemporaries had not been members of the Communist Party but had instead felt drawn to a more idealistic course.[22]

Heinz Rasch made a new life for himself as an architect in Wuppertal. As far as possible he avoided contact with the National Socialists.[23] Bodo Rasch worked as an architect in Stuttgart. In 1932 the doctor who was treating his sister for polio introduced him to Dr. Friedrich Wolf, the chairman of the *Geistesarbeiter* (mind workers) society of which he became a member. The society was close to the Communist Party but 'independently represented its own cultural and spiritual ideas. A few days after the Nazi takeover it was banned.'[24] 'After the takeover', Bodo Rasch wrote, 'I actively supported the illegal Communist Party until my work not only ceased to be practicable but also became impossible because I had attracted too much attention after a series of house searches that occurred in the course of a new wave of arrests ... Due to my anti-National-Socialist attitude, I was detained under preventive detention from September to October 1933 ... In the late autumn of 1938 a Gestapo officer visited me and told me that, in case of war, I should expect to be subjected to preventive detention again. In order to avoid being seized by the Gestapo, acquaintances interceded on my behalf so that I could participate in a military exercise. After that, I successfully took part in so-called pre-military training by becoming a member of the SA ... When the war broke out, I was conscripted

21 Mies van der Rohe to Stotz, 11 September 1925 (see note 6).
22 Heinz Rasch in conversation with the author in Wuppertal, 12 April 1985. Egidio Marzona was also present.
23 State archive Düsseldorf, stock 5, Rhineland, sign. NW 1022-R, no. 7393, Clearance Certificate for Heinz Rasch, 14 August 1947.
24 State archive Ludwigsburg, attachment to a survey by the 'Military Government of Germany' on the architect B. Rasch, Stuttgart, Reinsburgstr. 38, 14 May 1946.

der Geistesarbeiter kennen und wurde Mitglied. Der Klub stand der Kommunistischen Partei nahe, „vertrat jedoch selbständig seine kulturellen und geistigen Interessen. Er wurde einige Tage nach der Machtübernahme 1933 verboten."[24] „Nach der Machtübernahme", schrieb Bodo Rasch, „war ich für die illegale kommunistische Partei tätig, bis im Verlauf einer neuen Verhaftungswelle und durch mehrere Haussuchungen bei mir die Aufmerksamkeit auf mich so groß wurde, dass meine Tätigkeit nicht mehr zweckmäßig war und auch unmöglich wurde. [...] Auf Grund meiner antinationalistischen Einstellung wurde ich im September–Oktober 1933 in Schutzhaft genommen. [...] Im Spätherbst 1938 besuchte mich ein Beamter der Gestapo und sagte mir, dass ich im Falle eines Krieges erneut mit Schutzhaft zu rechnen habe. Um dem Zugriff der Gestapo zu entgehen, bemühte ich mich, durch Vermittlung von Bekannten eine Militärübung mitzumachen und anschließend an der sogenannten ‚vormilitärischen Ausbildung' durch Eintritt in die SA teilzunehmen, was mir auch gelang. [...] Bei Kriegsausbruch wurde ich sofort eingezogen und blieb bis Kriegsende als Angehöriger des Mannschaftsstandes Soldat, froh, auf diese Weise unterzutauchen."[25]

„Von 1939 bis 1946", schrieb er am 27. März 1946, „war ich bei vielen verschiedenen Landesschützenbataillonen [...] d. h. von dort meist abkommandiert für Bauarbeiten, Einrichtung von Kriegslazaretten und dergl." „1940 im Mai" wurde Bodo Rasch das Eiserne Kreuz II. Klasse „für Tapferkeit vor dem Feinde" verliehen.[26]

1953 regte Heinz Rasch an, die Weißenhofsiedlung unter Denkmalschutz zu stellen. Dies erfolgte 1956, trotzdem ließ die Wertschätzung durch die Stuttgarter Bevölkerung lange auf sich warten. Aus Anlass des 50-jährigen Jubiläums der Eröffnung der Werkbundausstellung initiierte Bodo Rasch 1977 den Verein der Freunde der Weißenhofsiedlung, der sich bis heute um die Erhaltung der Musterbauten von 1927 kümmert und versucht, weitere Zerstörungen zu verhindern. 2006 eröffnete die Stadt Stuttgart nach dem Rückkauf des Doppelhauses von Le Corbusier und Pierre Jeanneret das Weissenhofmuseum [!] im Haus Le Corbusier.

Die Brüder Rasch überlebten die dunkle Zeit des Nationalsozialismus. Die Stars der Weißenhofsiedlung, Mies van der Rohe und Walter Gropius zum Beispiel, wurden in den USA mit offenen Armen empfangen und aufgenommen. Andere litten im inneren oder äußeren Exil.

Bodo Rasch starb 1995, Heinz Rasch 1996. Bodo Rasch, der Quereinsteiger in die Architektur, wartete vergeblich auf ein anerkennendes Wort zu seinen Bauten von seinem älteren Bruder.

24 Staatsarchiv Ludwigsburg, *Anlage zum Fragebogen des „Military Government of Germany"* von Architekt B. Rasch, Stuttgart, Reinsburgstr. 38, 14.5.1946.
25 Ebd. „Bodo Rasch machte vom 1.11.–1.12.1938 als Schütze bei der Infanterie eine Militärübung; vom 26.8.1939 bis zum 1.5.1946 war er bei der Wehrmacht [...] tätig."
26 Ebd.
27 Archiv Karin Kirsch.

immediately and held the rank of soldier until the end of the war. I felt fortunate to have been able to submerge in this way."[25]

'From 1939 to 1946', he wrote on 27 March 1946, 'I served with many different battalions of *Landesschützen* ... meaning that I was usually assigned to construction work and setting up military hospitals, etc.' 'In May 1940' Bodo Rasch was awarded the Iron Cross Second Class 'for bravery in the field'.[26]

In 1953 Heinz Rasch suggested having the Weissenhof Estate listed as a protected monument. Even after this came to pass in 1956, the people of Stuttgart were very slow to show their appreciation. In 1977 Bodo Rasch founded the Association of the Friends of the Weissenhof Estate on the occasion of the 50-year anniversary of the opening of the Werkbund exhibition. To this day, the association is dedicated to the preservation of the model buildings and tries to prevent further destruction. In 2006, after the repurchase of the semi-detached house by Le Corbusier and Pierre Jeanneret, the city of Stuttgart opened the Weissenhof Museum in the Le Corbusier House.

The Rasch brothers survived the dark time of National Socialism. The stars of the Weissenhof Estate, such as Mies van der Rohe and Walter Gropius, were welcomed with open arms in the United States. Others suffered in inner or outer exile. Bodo Rasch died in 1995 and Heinz Rasch in 1996. Bodo Rasch, whose career in architecture had progressed along a sideways path, waited in vain for appreciation from his older brother.

Figures:

1. Stamp advertising the building exhibition in the old railway station, Stuttgart 1924[27]
2. Site plan with portraits of the architects, in: *Führer durch die Weissenhofsiedlung,* 1927
3. First model of the Weissenhof Estate
4. Werkbund exhibition *Die Wohnung,* Stuttgart 1927. View from the north onto the housing estate at the Weissenhof. Text from 10 September 1927: 'What you can see in front are not barracks but houses of the future. Let's not even mention the interior decoration. Give me that good old cosiness back home!'[28]
5. House by Mies van der Rohe, south side, photo: 1927
6. Ground plans of the flats in the house by Mies van der Rohe. Drawn by Gerhard Kirsch according to the architects' pre-construction drawings and retrieved furnishing sketches. Flat 18, which was furnished by the Rasch brothers, is marked with an asterisk.
7. (7.1 and 7.2) Isometric drawing and ground plan[29] of the bachelor's flat in the house by Ludwig Mies van der Rohe
8. (8.1 and 8.2) Pendant lamp by the Rasch brothers. Living room in the house by Mies van der Rohe with a view into the kitchen[30]
9. House by Peter Behrens, three-room flat on the ground floor[31]

25 Ibid. Bodo Rasch participated in a military exercise as an infantry rifleman from 1.11.–1.12.1938; from 26.8.1939 to 1.5.1946 he was with the Wehrmacht".
26 Ibid.
27 Archive Karin Kirsch
28 Postcard archive Karin Kirsch.
29 Compare Kirsch 1987 (see note 3), p. 85.

Abbildungen:

1. Werbemarke der Bauausstellung im alten Bahnhof, Stuttgart 1924[27]
2. Lageplan mit Porträts der Architekten, aus: *Führer durch die Weißenhofsiedlung,* 1927
3. Erstes Modell der Weißenhofsiedlung
4. Werkbund-Ausstellung *Die Wohnung,* Stuttgart 1927. Blick von Norden auf die Siedlung am Weißenhof. Text vom 10. September 1927: „[…] Was Ihr vorne seht, sind keine Baracken, sondern Häuser der Zukunft. Von der Inneneinrichtung gar nicht zu reden. Da lobe ich mir die alte Gemütlichkeit daheim!“[28]
5. Haus von Mies van der Rohe, Südseite, Foto: 1927
6. Grundrisse der Wohnungen im Haus von Mies van der Rohe. Gezeichnet von Gerhard Kirsch nach den Baueingabeplänen der Architekten und den aufgefundenen Möblierungszeichnungen. Die Wohnung 18, eingerichtet von den Brüdern Rasch, ist mit einem Stern markiert.
7. (7.1 und 7.2) Isometrie und Grundriss[29] der Wohnung für einen Junggesellen im Hause von Ludwig Mies van der Rohe
8. (8.1 und 8.2) Pendelleuchte der Brüder Rasch. Wohnraum im Haus von Mies van der Rohe mit Blick in die Küche[30]
9. Haus von Peter Behrens, Dreizimmerwohnung im Erdgeschoss[31]
10. (10.1–10.3) Essplatz, Schreibtisch und Schlafraum der Dreizimmerwohnung im Hause von Peter Behrens
11. „Siedlung am Weißenhof – wie sie würde, wenn Rechtsmittel zur Verfügung stünden.“[32]
12. „Araberdorf“[33]

10. (10.1–10.3) Dining area, desk and bedroom in the three-room flat in the house by Peter Behrens
11. 'The Weissenhof Estate – as it would be if legal means were available'[32]
12. 'Arab village'[33]

28 Ansichtskarte, Archiv Karin Kirsch.
29 Vgl. Kirsch 1987 (wie Anm. 3), S. 85.
30 Ebd.
31 Im *Amtlichen Katalog* von 1927 ist Else Oppler-Legband als Innenausstatterin angegeben. Die Wohnung wurde jedoch von den Brüdern Rasch eingerichtet. Da nicht klar ist, um welche Wohnung genau es sich handelt, wurde auf eine Kennzeichnung verzichtet. Gezeichnet von Gerhard Kirsch, aus: Kirsch 1987 (wie Anm. 3), S.188.
32 Werbekarte zur Weißenhofsiedlung mit Einzeichnungen von Mies van der Rohe. Nachlass Mia Seeger, Stadtarchiv Stuttgart.
33 Etwa 1932 erschien die Ansicht der Weißenhofsiedlung durch hinzugefügte Araber mit Kamel und Löwe als Ansichtskarte. Hier mit Text, in: *Schwäbisches Heimatbuch,* 1941, S. 31.

30 Ibid.
31 In the *Amtliche Katalog* (official catalogue) from 1927 Else Oppler-Legband is named as the interior decorator. However, the flat was actually furnished by the Rasch brothers. Identification was dispensed with as it is not clear which flat it is. Drawn by Gerhard Kirsch, in: Kirsch 1987 (see note 3), p. 188.
32 Card advertising the Weissenhof Estate with additional drawings by Mies van der Rohe. From the estate of Mia Seeger, municipal archive Stuttgart.
33 Around 1932 a postcard was produced showing a view of the Weissenhof Estate supplemented by depictions of Arabs with camels and lions. Here with text, in: *Schwäbisches Heimatbuch,* 1941, p. 31.

OTAKAR MÁČEL

DIE TRADITION DES KRAGSTUHLS UND DIE GEBRÜDER RASCH[1]

The Tradition of the Cantilever Chair and the Rasch Brothers[1]

„Kennen Sie den Stuhl von Mart Stam, der nur zwei Beine hat?“[2] Diese Frage von Kurt Schwitters aus dem Jahr 1927 konnten damals nur wenige Menschen mit „Ja“ beantworten, weil der Stuhl in diesem Jahr erst der Öffentlichkeit gezeigt wurde. Seit der Präsentation des Stuhls in der Stuttgarter Weißenhofsiedlung hat sich vieles geändert. Heutzutage sind Stühle ohne Hinterbeine allgemein verbreitet, von ordinären Stühlen in Wartezimmern bis zu schicken Versionen für Interieure im Retro-Bauhausstil. Die meisten Benutzer verbinden wahrscheinlich keinen Namen eines Gestalters mit dem Stuhl, die Liebhaber sprechen von Marcel Breuer, Ludwig Mies van der Rohe oder Mart Stam. Ein Name wird allerdings nie genannt, und zwar der der Gebrüder Rasch, obwohl beide Brüder in den Zwanzigerjahren an der Entwicklung des Kragstuhls beteiligt waren und Zeugen der damaligen Stuhlgeschichte waren. Und obwohl die Brüder später, als diese Geschichte vergessen oder verunklärt worden war, eine wichtige Quelle für die Rekonstruktion der damaligen Ereignisse waren.[3]

Abgesehen von kuriosen Patenten aus dem Ende des 19. und Beginn des 20. Jahrhundert fängt die tatsächliche Tradition des modernen Kragstuhls am 22. November 1926 in Stuttgart mit dem Treffen von Le Corbusier, Mies van der Rohe und Mart Stam im Hotel Marquart an. Bei den vorbereitenden

1 ‚Kragstuhl‘ war Ende der 1920er-Jahre die übliche Benennung von Stühlen ohne Hinterbeine, in der juristischen Sprache damals ‚hinterbeinloser Stuhl‘ genannt. Das Wort ‚Freischwinger‘ ist erst in den 1960er-Jahren entstanden. Mit diesen drei Bergriffen wird oft dasselbe bezeichnet, aber nur das Wort ‚Freischwinger‘ nimmt auf die federnde Eigenschaft des Stahlrohrs Bezug.

2 Kurt Schwitters, „Stuttgart. Die Wohnung“, in: *i10. Internationale Revue,* 10, 1927, S. 348.

3 Otakar Máčel, *Der Freischwinger. Vom Avantgardeentwurf zur Ware,* Delft 1992, S. 21–38.

"Do you know the chair by Mart Stam that only has two legs?"[2] When Kurt Schwitters asked this question in 1927, only a handful of people were able to answer "yes", since the chair had just been presented to the public that same year. A lot has changed since the chair was first exhibited in the Weissenhof Housing Estate in Stuttgart. Today chairs without back legs are very common, from ordinary chairs in waiting rooms to elegant versions in retro Bauhaus-style interiors. Most users probably do not associate the chair with a particular designer. Enthusiasts might mention Marcel Breuer, Ludwig Mies van der Rohe or Mart Stam. The names Bodo Rasch and Heinz Rasch, however, never come up – even though the two brothers were involved in the development of the cantilever chair and witnessed the story of its development in the 1920s. And later, when the story had been either forgotten or falsified, the brothers played an important role in reconstructing the historical events.[3]

Excluding a few peculiar patents from the late nineteenth and early twentieth centuries, the tradition of the modern cantilever chair started with a meeting between Le Corbusier, Mies van der Rohe and Mart Stam at the Hotel Marquart in Stuttgart on 22 November 1926. During their preparatory discussion about the model housing estate at Weissenhof, the Dutch architect used a blue pen on the back of Willi Baumeister's wedding announcement

1 In the late 1920s Kragstuhl (cantilever chair) was the customary term for chairs without back legs – *hinterbeinloser Stuhl* (back-legless chair) in the legal parlance of the day. The name *Freischwinger* (freely swinging chair) only developed in the 1960s. These terms are often used interchangeably, but only the word *Freischwinger* is able to describe the bouncy, flexible quality of the steel tubing.

2 Kurt Schwitters, "Stuttgart. Die Wohnung", in: *i10. Internationale Revue,* 10, 1927, p. 348.

3 Otakar Máčel, *Der Freischwinger. Vom Avantgardeentwurf zur Ware,* Delft 1992, pp. 21–38.

1

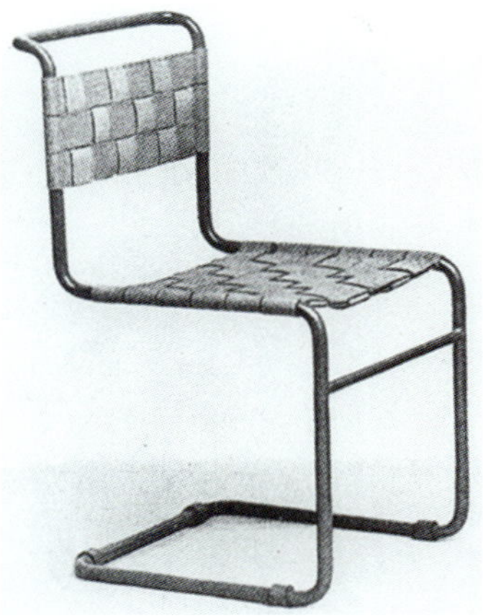

2

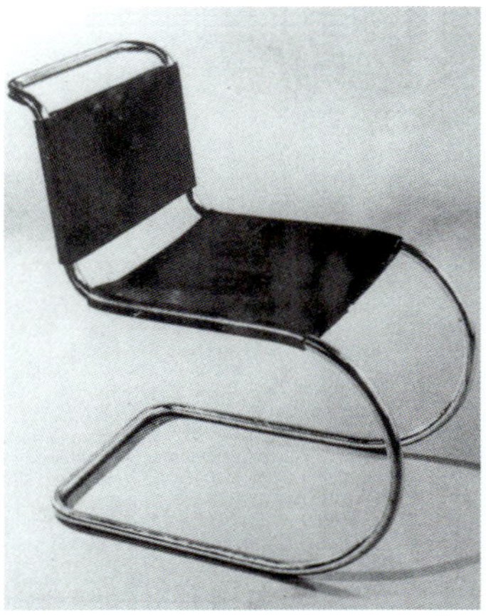

3

Besprechungen über die Modellsiedlung Am Weißenhof hat der holländische Architekt Stam auf der Hinterseite der Hochzeitannonce von Willi Baumeister mit blauen Stift einen Stuhl skizziert, den er für die Einrichtung seiner Wohnungen am Weißenhof vorgesehen hatte. Der Stuhl sah fremd aus: er bestand aus mit Muffen verbundenen Gasrohrteilen und hatte keine Hinterbeine. Stam erläuterte, dass er einen solchen Stuhl, mit einem Holzbrett als Sitz, zu Hause in Rotterdam für seine schwangere Frau gebaut hatte. Aber warum ist uns die Geschichte aus dem Hotel Marquart überhaupt bekannt? Bei der damaligen Besprechung der inzwischen berühmten Architekten waren auch zwei junge Männer aus Stuttgart anwesend, Heinz und Bodo Rasch, und Heinz Rasch berichtete im *Stuttgarter Neuen Tageblatt* über dieses Treffen.[4] Nach dieser Geschichte hat Mart Stam in Rotterdam seinen Prototyp ausgearbeitet[5] und bei der Schorndorfer Firma Gebrüder L. & C. Arnold anfertigen lassen. Letzteres ging nicht ohne Schwierigkeiten, weil Stam auf zu dünnen und zu stark gebogenen Rohren bestand und der Stuhl beim Probesitzen anfänglich durchbrach. Mit Volleisenanlagen wurde dieses Problem schließlich gelöst, aber der Stuhl federte dadurch nicht mehr (Abb. 1).

Als die Ausstellung *Die Wohnung* eröffnet wurde, konnten die Besucher nicht nur in der Modellwohnung von Stam einen Freischwinger sehen, sondern auch in den Mietwohnungen von Mies van der Rohe. Der in Berlin arbeitende Architekt hatte schon im November 1926 in Stuttgart das Potenzial der stamschen Idee erkannt, aber den Entwurf für unzureichend gehalten. Mies van der Rohe hat stärkere Rohre in halbkreisförmigem Bogen verwendet, sodass das Rohr elastisch blieb und sein Stuhl federte.[6] Im Gegensatz zu dem grau lackierten spartanischen

4 Heinz Rasch, „Wege der neuen Architektur“, in: *Stuttgarter Neues Tageblatt,* 29.9.1926.
5 Werner Möller und Otakar Máčel, *Ein Stuhl macht Geschichte,* Ausst.-Kat. Bauhaus Dessau, München 1992, S. 25.
6 Otakar Máčel, „Vom Serienmöbel zum Designklassiker. Die Metallmöbel von Ludwig Mies van der Rohe“, in: Mies van der Rohe. *Möbel und Bauten in Stuttgart,* Barcelona und Brno, hrsg. von Alexander von Vegesack und Matthias Kries, Ausst.-Kat. Vitra Design-Museum u. a, Mailand 1998, S. 18–61.

to sketch a chair that he had planned for the furnishing of his flats at the housing estate. The chair was unusual: it had been assembled from pieces of gas pipes and fittings and did not have any back legs. Stam explained that he had built a chair of this kind with a wooden board for a seat for his pregnant wife. But why is this anecdote from the Hotel Marquart still known today? At the time two young men from Stuttgart, Heinz and Bodo Rasch, were also present and Heinz Rasch wrote about this meeting between the now famous architects in the *Stuttgarter Neues Tageblatt.*[4] After the event, Mart Stam completed his prototype[5] in Rotterdam and had it built by the company Gebrüder L. & C. Arnold in Schorndorf. There were some difficulties involved in the implementation since – because Stam insisted on tubes that were not only too thin but also too curved – the chair broke during the first trial sitting. The decision to use solid iron construction finally brought a solution to this problem, but also deprived the chair of its springy flexibility (fig. 1).

At the opening of the exhibition *Die Wohnung* (The Dwelling), cantilever chairs were on display not only in Stam's model flat but also in Mies van der Rohe's housing units. The Berlin-based architect had already recognised the potential of Stam's idea in Stuttgart in November 1926 but had found his design insufficient. Because the tubes he used were stronger and bent into semicircles, they had enough elasticity to allow the chair to bounce.[6] In contrast to Stam's chair with its grey lacquering and rather Spartan appearance, Mies van der Rohe's chair was nickel-plated and elegant (fig. 2). Incidentally, one of Mies van Rohe's flats also featured wooden cantilever chairs by the Rasch brothers.

The third cofounder of the cantilever chair tradition was Marcel Breuer, the inventor of modern steel tube furniture. He

4 Heinz Rasch, "Wegen der neuen Architektur", in: *Stuttgarter Neues Tagblatt,* 29 September 1929.
5 Werner Möller and Otakar Máčel, *Ein Stuhl macht Geschichte* (exhib. cat. Bauhaus Dessau), Munich 1992, p. 25
6 Otakar Máčel, "Vom Serienmöbel zum Designklassiker. Die Metallmöbel von Ludwig Mies van der Rohe", in: Mies van der Rohe. *Möbel und Bauten in Stuttgart, Barcelona und Brno,* ed. by Alexander von Vegesack and Matthias Kries (exhib. cat. Vitra Design Museum, et al.), Milan 1998, pp. 18–61.

Stuhl von Stam war der von Mies van der Rohe vernickelt und sein Aussehen elegant (Abb. 2). Übrigens waren in einer der Wohnungen von Mies auch hölzerne Kragstuhle der Brüder Rasch zu sehen.

Der dritte Mitbegründer der Kragstuhltradition ist der Erfinder des modernes Stahlrohrmöbels, Marcel Breuer. Er hat als Erster Stahlrohr für Wohnmöbel angewendet und damit auch die Grundlage für den Freischwinger geschaffen. Mit Ausnahme des Kragstuhls hat Breuer mit seinen Entwürfen die Typologie der Stahlrohrmöbel bestimmt. Ein Jahr nach der Weißenhofsiedlung hat Breuer dieses Manko behoben und einige federnde Stühle ohne Hinterbeine für die Firma Thonet entworfen.[7] Unter anderem den bis heute bekannten Stuhl B32, dessen Sitz und Rückenlehne aus Bugholzrahmen mit Rattangeflecht gestaltet ist (Abb. 3). Seine Stühle waren eine Weiterentwicklung des stamschen Stuhls, was ab 1929 Anlass zu verschiedenen Urheberprozessen gegeben hat.

Stam hat zwar den Typus des Kragstuhls geschaffen, aber in der näheren Ausarbeitung verhielt er sich widersprüchlich. Einerseits war er nicht an Ästhetik und Salonfähigkeit seiner Stühle interessiert, andererseits beharrte er auf den rechten Winkeln und der kubischen Form, die symbolhaft für die sachliche Geometrie standen. Die praktische Ausarbeitung überließ er seinem Lizenznehmer Anton Lorenz. Breuer dagegen hat die neue Ästhetik des Stahlrohrs gut begriffen. Obwohl sein Stuhl auf demselben Grundkonzept wie der von Stam basiert, ist Breuers Version viel eleganter: glänzend verchromt, leicht und federnd. Ein Knick im unteren Drittel der Rückenlehne macht zudem das Sitzen angenehmer und das Aussehen freundlicher. Mies van der Rohe hat mit den halbrunden Vorderbeinen einen anderen Freischwinger-Typus geschaffen, der typologisch seltener ist, ästhetisch ausgewogen und beinahe klassisch zeitlos wie seine Architektur. Diese drei Entwerfer, Stam, Breuer und Mies van der Rohe, haben Ende der Zwanzigerjahre die Grundformen des hinterbeinlosen Stahlrohrstuhls bestimmt.[8]

„Die Idee des freitragenden Stuhls lag in der Luft“, bemerkte Sigfried Giedion in seiner Geschichte des Freischwingers.[9] Tatsächlich haben Stam, Mies van der Rohe und Breuer schnell nacheinander einen Stuhl ohne Hinterbeine entwickelt. Als Inspiration werden Auto- oder Flugzeugsitze genannt, aber der Hintergrund dieser Idee ist viel allgemeiner. Das Interesse für das „Schweben-Wirken“, wie es der Architekturkritiker Adolf Max Vogt nannte,[10] wurde inspiriert von der allgemeinen technischen Entwicklung, die die Bewegung und das Schweben ermöglichte und die Verneinung der Schwerkraft darstellte: Autos, Flugzeuge und andere mechanische Apparate wie zum Beispiel Kräne. Auch der Gebrauch von modernen Materialien wie Beton, Stahl und Glas, der die großen Auskragungen und Glasflächen in der Architektur ermöglichte, trug zu diesem

7 Christopher Wilk, Marcel Breuer. *Furniture and Interiors*, Ausst.-Kat. The Museum of Modern Art, New York, New York 1981, S. 71–78.

8 Siehe u. a. *Frei Schwingen. Stühle zwischen Architekturmanifest und Materialexperiment*, hrsg. von Peter Noever, Ausst.-Kat. MAK, Wien, Wien 2006.

9 Sigfried Giedion: *Die Herrschaft der Mechanisierung*, Frankfurt am Main 1982 [1948], S. 538.

10 Adolf Max Vogt, „Das Schwebe-Syndrom in der Architektur der zwanziger Jahre“, in: *Die Hunde bellen, die Karawane zieht weiter.* Adolf Max Vogt, Schriften, Zürich 2006, S. 152–187.

was the first to use steel tubing in domestic furniture, an innovation that also paved the way for the *Freischwinger.* With the exception of the cantilever chair, Breuer's designs had a defining impact on the typology of steel tube furniture. One year after the Weissenhof Estate project he remedied this shortcoming by designing several flexible chairs without back legs for the company Thonet.[7] One of these was the well-known model B32 with its bentwood frame and woven rattan seat and backrest (fig. 3). As his chairs were basically refined versions of Stam's chair, this led to a series of copyright lawsuits from 1929 onwards.

Although Stam was actually the inventor of the cantilever chair as a type, his attempts at further development were contradictory. On the one hand, he did not care whether or not his chairs were aesthetically pleasing and presentable and, on the other, he insisted on the right angles and cubic shapes that epitomise functional geometry. He left the practical development to his licensee Anton Lorenz. By contrast, Breuer understood the aesthetics of steel tubing. Even though his chair is based on the same principle as Stam's, Breuer's version is far more elegant: shiny chrome plating, light, flexible. A bend in the lower third of the backrest also makes the chair more comfortable and gives it a more welcoming appearance. Mies van der Rohe created another rarer type of cantilever chair characterised by the same kind of aesthetic harmony and classic timelessness as his architecture. During the late twenties these three designers – Stam, Breuer and Mies van der Rohe – defined the basic shape of the steel tube chair without back legs.[8] "The idea to create a cantilever chair was in the air", as Sigfried Giedion wrote in his history of the cantilever chair.[9] In point of fact Mart Stam, Mies van der Rohe and Marcel Breuer did develop chairs without back legs in quick succession. It is said that the idea was derived from car and airplane seats, but actually it developed on a far more general basis. The desire to create a sense of *Schweben-Wirken* (an impression of floating), as the architecture critic Adolf Max Vogt called it,[10] had been inspired by general technological developments that enabled movement that floated and defied gravity: cars, airplanes and other mechanical devices such as cranes.

Concrete, steel, glass and other modern materials, which enabled the construction of expansive cantilevers and glass surfaces, contributed to the feeling of lightness and transparency – aspects that have also shaped modern interior design. These developments were also reflected in experiments in avant-garde art and architecture: "New painting, sculpture and architecture teach us to construct life on the spot and to expand: society, a house, a chair",[11] as Ilja Ehrenburg wrote in his Constructivist manifesto *Und sie bewegt sich doch* (But It Does Move) in 1922. The reference to the Russian avant-garde movement must have

7 Christopher Wilk, Marcel Breuer. *Furniture and Interiors* (exhib. cat. The Museum of Modern Art), New York 1981, pp. 71–78.

8 See, for example, *Frei Schwingen, Stühle zwischen Architekturmanifest und Materialexperiment*, ed. by Peter Noever (exhib. cat. MAK), Vienna 2006.

9 Sigfried Giedion, *Die Herrschaft der Mechanisierung*, Frankfurt am Main 1982 [1948], p. 538.

10 Adolf Max Vogt, "Das Schwebe-Syndrom in der Architektur der zwanziger Jahre", in: *Die Hunde bellen, die Karawane zieht weiter.* Adolf Max Vogt, Schriften, Zurich 2006, pp. 152–187.

11 Ilja Ehrenburg, *Und sie bewegt sich doch*, Baden 1986 [1922], p. 127.

Gefühl von Leichtigkeit und Transparenz bei. Aspekte, die übrigens auch für das moderne Interieur maßgebend geworden sind. Auch die Experimente in avantgardistischer Kunst und Architektur reflektierten diese Entwicklungen: „Die neue Malerei, Bildhauerei und Architektur lehren, das Leben an Ort und Stelle und in die Breite zu konstruieren: die Gesellschaft, ein Haus, einen Stuhl",[11] schrieb Ilja Ehrenburg 1922 in seinem konstruktivistischen Manifest *Und sie bewegt sich doch.*

Der Verweis auf die russische Avantgarde war für Mart Stam sicher von Bedeutung. Die Jahre von 1922 bis 1925 verbrachte er in Berlin und in Zürich. 1922 kam er in Berlin mit El Lissitzky in Kontakt, dort wurde die *1. Russische Kunstausstellung* organisiert und dort ist das Buch von Ehrenburg zuerst erschienen. Die Entwürfe von Mart Stam waren für die Arbeit der Brüder Rasch eine bedeutende Inspiration, wobei es schwierig ist, zwischen der Architektur und den Stühlen zu unterscheiden. Bei der Vorbereitung der Weißenhofsiedlung kam es auch zum persönlichen Kontakt zwischen Stam und den Brüdern Rasch. Stam besuchte die Brüder mehrmals und Heinz Rasch wurde von ihm 1927 nach Rotterdam eingeladen.[12]

Dass das Schweben für Heinz und Bodo Rasch ein wichtiges Thema war, bezeugen ihre Hängehausprojekte und der Entwurf eines auskragenden Pilzhauses aus den 1920er-Jahren. Bei den Stuhlentwürfen seit 1923 ist dies nicht so eindeutig. Die Brüder waren in erster Linie an der Funktion und der Konstruktion des Möbels interessiert. Auf die äußere Erscheinung legten sie im Allgemeinen weniger Wert. In dieser Hinsicht standen sie dem Frankfurter Volksmöbel und Mart Stam nahe. Ihrer Meinung nach waren die wichtigsten konstruktiven Aspekte beim Entwurf eines Stuhls die Trennung von Hinterbeinen und Rückenlehne, die Loslösung des „Sitzlehnwinkels" von der Stützkonstruktion und die Verlagerung der Stützfunktion auf die Vorderbeine.[13] Durch Experimentieren und Weglassen von Konstruktionsteilen sind sie schließlich 1926 zum ersten hölzernen Kragstuhl gekommen (Abb. 4). Wichtig dabei war auch die Wahl des neuen Materials: drei Millimeter dickes Sperrholz, das in der Richtung seiner Biegung außerordentliche Festigkeit besitzt. „So wurde bei dem vorstehenden Stuhl zur Druckübertragung gebogenes Sperrholz verwendet. Durch die Zurücklegung der Konstruktion ergibt sich ein Übergewicht nach vorne. Die Biegung ist aus diesen Gründen hinten offen gelassen. [...] Die Wölbungen nehmen den gesamten Druck auf und die seitlichen Flächen dienen als Zugfelder."[14] Den Kragstuhl könnte man als vorderbeinlos bezeichnen, das Wort Freischwinger ist hier wahrscheinlich nicht ganz richtig, da die Konstruktion notwendigerweise steif war; das Sperrholz federte zwar ein wenig, aber viel weniger als Stahlrohr. Der Stuhl war leicht, seine verbesserte Version aus dem Jahr 1927 wog nur zwei Kilogramm. Laut Heinz Rasch soll Mart Stam am Morgen des erwähnten Treffens im Hotel Marquart bei ihm auf diesem Stuhl gesessen haben.

11 Ilja Eherenburg, *Und sie bewegt sich doch,* Baden 1986 [1922], S. 127.
12 Annette Ludwig, *Die Architekten Brüder Heinz und Bodo Rasch,* Tübingen und Berlin 2009, S. 87.
13 Siehe auch Otakar Máčel und Marijke Kuper, „The Chairs of Heinz Rasch", in: *Journal of Design History, 6, 1,* 1993, S. 25–44.
14 Heinz und Bodo Rasch, *Der Stuhl,* Stuttgart 1928, S. 28–29.

been significant for Mart Stam who spent time in Berlin and in Zurich from 1922 to 1925. In 1922 he met El Lissitzky in Berlin where the *First Russian Art Exhibition* was on display and where Ehrenburg's book first appeared. Mart Stam's designs were an important source of inspiration for the Rasch brothers' work, although it is hard to say whether it was his architecture or his chairs that had the greater influence. During preparations for the Weissenhof Estate, Stam and the Rasch brothers also met in person. Stam visited the brothers on several occasions and invited Heinz Rasch to Rotterdam in 1927.[12]

In the 1920s Heinz and Bodo Rasch developed projects for suspension houses and created a design for an overhanging mushroom house, evidence that the idea of floating structures was an important topic for them. However, this fascination is less noticeable in their chair designs from 1923 onwards. As the brothers' main focus was on the function and construction of furniture, its appearance was not of particular interest to them. In this respect, their approach shows a close affinity to the Frankfurt *Volksmöbel* (furniture for the people) concept and Mart Stam's work. In their opinion, the most important constructional aspects in chair design were the separation of the back legs from the backrest, the detachment of the "sitting and leaning angle" from the supporting structure and the relocation of the supporting function to the front legs.[13] By experimenting with leaving out certain constructional elements, they finally arrived at their first wooden cantilever chair in 1926 (fig. 4). Their new material of choice was also significant: three-millimetre thick plywood that could be bent to develop extraordinary sturdiness. "Bent plywood was used for this chair as a means of pressure transmission. The reclined structure leads to an overbalance in front which is why the arch was left open at the back ... The curved elements absorb the entire pressure and the flat sides function as tension fields."[14] Although this model can be described as a chair without front legs, it does not really qualify as a *Freischwinger* due to its necessarily rigid construction. The plywood provided a certain amount of elasticity but certainly a lot less than steel tubing. The chair was light, the improved version from 1927 weighed only two kilograms. According to Heinz Rasch, Mart Stam was sitting on this very chair on the morning of the above-mentioned meeting in the Hotel Marquart.

In 1927 the Rasch brothers participated in the interior decoration of the accommodations at the Weissenhof Estate. They furnished one flat in the block by Mies van der Rohe and another in the Behrens house. Their contributions included cantilever chairs, tables without aprons and two offices.[15] A revamped version of the cantilever chair from 1926 was on display in the Behrens house and the flat for a bachelor in Mies von der Rohe's block featured a new model, the so-called *Sitzgeiststuhl* (sit-soul chair). Besides Stam's and Mies von der Rohe's chairs, it was one of the most original pieces in the Weissenhof Estate. While on the other chairs without front or back legs the supporting structures ran

12 Annette Ludwig, *Die Architekten Brüder Heinz und Bodo Rasch,* Tübingen and Berlin 2009, p. 87.
13 Also see Otakar Máčel and Marijke Kuper, "The Chairs of Heinz Rasch", in: *Journal of Design History, 6, 1,* 1993, pp. 25–44.
14 Heinz and Bodo Rasch, *Der Stuhl,* Stuttgart 1928, pp. 28–29.
15 See Karin Kirsch, *Die Weissenhofsiedlung,* Stuttgart 1987, pp. 83–85, 188–190.

4

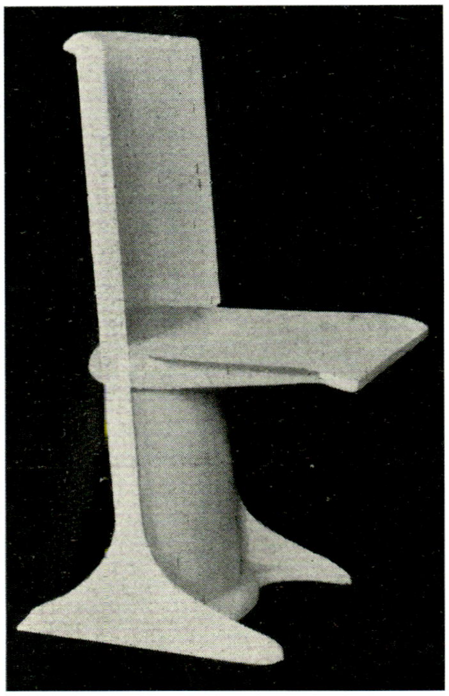

5.1

1927 haben sich die Brüder mit Innenausstattungen an der Weißenhofsiedlung beteiligt. Sie haben eine Wohnung im Miethausblock von Mies van der Rohe eingerichtet und eine Wohnung im Haus Behrens. Es ging um Kragstühle, zargenfreie Tische und zwei Büros.[15] Im Haus von Behrens stand die verbesserte Version des Kragstuhls von 1926, in der Wohnung für einen Junggesellen im Block von Mies van der Rohe war ein neues Kragstuhlmodel, der sogenannte Sitzgeiststuhl. Dieser Stuhl gehörte, neben denen von Stam und Mies van der Rohe, zu den originellsten auf der Weißenhofsiedlung. Im Gegensatz zu den hinterbein- oder vorderbeinlosen Stühlen, bei denen die Beine vom Sitz zum Boden vertikal verlaufen, lief diese Verbindung hier diagonal, was 1927 sowohl in Metall als auch in Holz ein Unikum war. Die Inspiration war anthropomorph – ein in Kniebeugehaltung verharrender Mensch –, anderseits spielte in den konstruktiven Experimenten der Brüder die Diagonale häufig eine wichtige Rolle. Der Stuhl verdankt seine Steifheit der Tatsache, dass vier Furnierschichten gebogen und miteinander verleimt sind, aber er war dennoch leicht elastisch (Abb. 5.1). In der Presse wurde er nach dem Gedicht „Der Aesthät“ von Christian Morgenstern Sitzgeiststuhl genannt.[16] Aber die Publizität war von kurzer Dauer. Der Stuhl wurde, wie auch alle anderen Stuhlentwürfe der beiden Brüder, bald vergessen. Erst 1933 wurde das Prinzip der tragenden Diagonale von Gerrit Rietveld bei seinem hölzernen Zig-Zag-Stuhl wieder angewendet – ohne jede Referenz an den Sitzgeiststuhl übrigens (Abb. 5.2). Obwohl von dem gleichen Prinzip ausgehend, gibt es auch Unterschiede: der Zig-Zag-Stuhl ist gradlinig, sein Profil ist wie ein scharf geschnittenes Z, der Sitzgeiststuhl dagegen ist leicht nach hinten geneigt und seine Formen sind ergonomisch angepasst. Rietvelds Stuhl stand für modernes, abstraktes, geometrisches

15 Siehe Karin Kirsch, *Die Weißenhofsiedlung*, Stuttgart 1987, S. 83–85, 188–190.
16 Laut Heinz Rasch im Magazin *UHU*.

vertically from the seat to the floor, the connecting element on this model was diagonal. In 1927 there was nothing comparable, neither in metal nor in wood. The image that had inspired this design was anthropomorphic: a squatting human being. However, diagonals were a recurring feature in the brothers' experiments with construction. In spite of the four layers of veneer that had been bent and glued together in order to stiffen the chair, it retained a certain amount of flexibility (fig. 5.1). In reference to the poem *Der Aesthät* (The Aesthete) by Christian Morgenstern it became known as the *Sitzgeiststuhl* in the press.[16] However, publicity was short-lived. Like all the brothers' chair designs it was soon forgotten. The diagonal support first resurfaced in 1933 when Gerrit Rietveld applied it to his wooden Zig-Zag Chair – albeit without any reference to the *Sitzgeiststuhl*. Although based on the same principle, there are differences: the Zig-Zag Chair is vertical and resembles a clear-cut Z when seen from the side, while the *Sitzgeiststuhl* has a slight backwards tilt and is shaped according to ergonomic requirements. Rietveld's chair represented modern, abstract, geometric design. In the wake of its creator's growing fame, it became an icon of pre-war design. The *Sitzgeiststuhl*, on the other hand, had been developed according to ergonomic and constructional principles and was not necessarily intended as an aesthetic manifesto. Had Rietveld come across the *Sitzgeiststuhl?* It is unlikely that he did not know it. News from the Weissenhof Estate must have reached him via Stam and J. J. P. Oud and there is also a copy of *Der Stuhl* (The Chair) in the archive of the Rietveld Schröder House in Utrecht where the designer had his studio until 1933. The book that the brothers published in Stuttgart in 1928 contains pictures not only of the *Sitzgeiststuhl* but also of Stam's and Mies van der Rohe's chairs.[17] The brothers were more inclined to work with wood than with

16 In the magazine *UHU*, according to Heinz Rasch.
17 Marijke Kuper, "Rasch, Rietveld, Berkovich, Panton. Imitatio et Aemulatio", *Ezelsoren, 8, 2,* 2010, pp. 13–19.

5.2

Design und ist mit dem steigenden Ruhm des Entwerfers zu einer Ikone des Vorkriegsdesigns geworden. Der Sitzgeiststuhl war mehr von Ergonomie und Konstruktion her gedacht und weniger als ein ästhetisches Manifest. War Rietveld der Sitzgeiststuhl bekannt? Es ist unwahrscheinlich, dass er ihn nicht kannte. Die Neuigkeiten aus der Weißenhofsiedlung wurden im Kontakt mit Stam und J. J. P. Oud verbreitet und ein Exemplar des Buches *Der Stuhl,* das die Brüder 1928 in Stuttgart herausbracht hatten und wo unter anderen der Sitzgeiststuhl und die Stühle von Stam und Mies van der Rohe abgebildet waren, befindet sich im Archiv von Rietvelds Schröder-Haus in Utrecht, in dem er bis 1933 sein Atelier hatte.[17]

Die Brüder haben weit weniger mit Stahlrohr als mit Holz gearbeitet. Den 150 Modellen aus Holz, die die Brüder Rasch in ihrem Buch *Der Stuhl* erwähnen, stehen in dieser Periode (1923–1928) nur 7 aus Metall gegenüber.[18] Darunter ist ein Stahlrohrmodell mit und ohne Armlehnen und ein Klappstuhl in Flachstahl, die bei der Firma Gebrüder L. & C. Arnold in Schorndorf ab 1927 in die Serienherstellung gelangte. Andere waren Prototypen oder nur Zeichnungen. Bemerkenswert ist, dass die ausgeführten Stahlrohrstühle vor allem Übersetzungen der Experimente in Holz gewesen sind.

Das gilt auch für die ersten zwei Kragstühle von 1928. Der nur als Prototyp ausgeführte Sessel ist die Übersetzung einer hölzernen Konstruktion, bei dem die Kräfte des Stuhles statt nach hinten nach vorne konzentriert werden und die Vorderbeine die vordere Hälfte der Stuhllasten übernehmen.[19] Die Hinterbeinstützen sind aus konstruktiven Gründen mit dem Sitz

17 Marijke Kuper, „Rasch, Rietveld, Berkovich, Panton. Imitatio et Aemulatio",in: *Ezelsoren, 8, 2,* 2010, S. 13–19.

18 Rasch 1928 (wie Anm. 14), S. 20–21, 33, 38–41,46. Siehe auch Jan van Geest und Otakar Máčel, *Stühle aus Stahl. Metallmöbel 1925–1940,* Köln 1980, S. 104–105; Egidio Marzona, *Brüder Rasch. Material, Konstruktion, Form, 1926–1930,* Düsseldorf 1981, S. 20–22, 31.

19 Rasch 1928 (wie Anm. 14), S. 45–46.

6

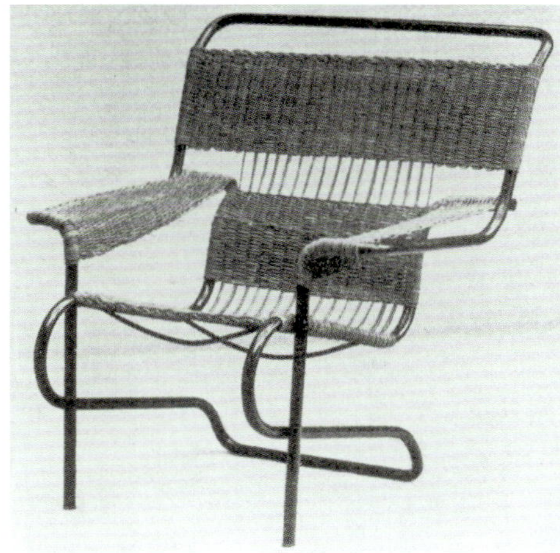

steel tubing. According to *Der Stuhl,* the Rasch brothers developed 150 wooden and only seven metal chairs during this period (1923–1928).[18] This selection included steel tube models with and without armrests and a flat steel folding chair that the company Gebrüder L. & C. Arnold in Schorndorf started producing in 1927. The other models existed only as prototypes and drawings. Interestingly enough, the steel tube chairs that went into production were primarily adaptations of the experiments in wood.

This also applies to the first two cantilever chairs from 1928. The armchair, which was only ever carried out as a prototype, was derived from a wooden construction. The forces of the chair are concentrated forwards instead of backwards, so that the front legs carry the weight resting on the front half of the chair.[19] The supports at the back were integrated into the seat for constructional reasons and end in slanted skids. Basically, the armchair consists of two open tube curves. The first makes up the front legs, the armrest and the upper part of the backrest; and the second completes the skids, the seat and the lower part of the backrest. The two parts are connected by wickerwork. All in all, it is a complex and odd creation (fig. 6). The second cantilever chair exists only as an illustration of the adaptation of a hanging steel tube seat and backrest. The design shows an open tube curve with a suspended saddle seat made of plywood or "fibre".[20] The chair has no back legs. Its front legs slant forwards and end in skids. Although this design was also an attempt at a translation from wood into metal, it shows that the brothers had arrived at a better understanding of steel tubing. The combination of a steel tube frame and a shell seat consisting of a single piece of plywood was very fashionable in 1928: from 1929 to 1930 it was used by Alvar Aalto in Finland and in 1932 it featured in the models B 248 to B 250 by Thonet in Germany.

After termination of the nominal partnership with his brother in 1930, Heinz Rasch continued to concern himself with the cantilever chair. The separation of the sitting and leaning

18 Rasch 1928 (see note 14), pp. 20–21, 33, 38–41, 46. Also see Jan van Geest and Otakar Máčel, *Stühle aus Stahl. Metallmöbel 1925–1940,* Cologne 1980, pp. 104–105; Egidio Marzona, *Brüder Rasch. Material Konstruktion Form 1926–1930,* Düsseldorf 1981, pp. 20–22, 31.

19 Rasch 1928 (see note 14), pp. 45–46.

20 Ibid. p. 33.

7.1

7.2

8.1

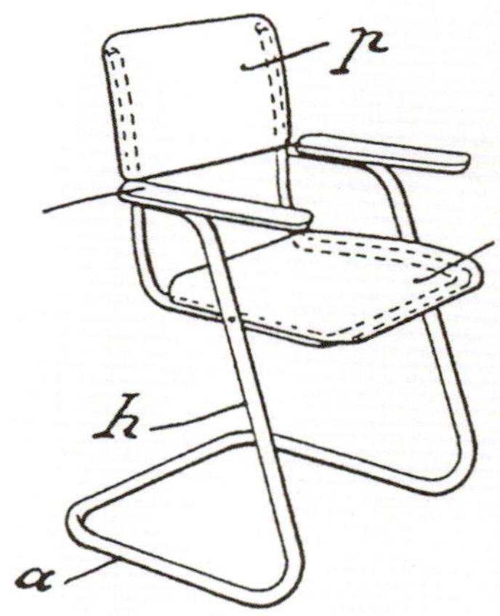

8.2

verbunden und als Querkufen ausgeführt. Der Sessel ist also aus zwei offenen Rohrlinien zusammengefügt, wobei die erste die Vorderbeine, Armlehnen und den oberen Teil der Rückenlehne formt, die zweite die Kufen, die Sitzfläche und den unteren Teil der Rückenlehne. Beide sind mit Peddigrohr-Geflecht miteinander verbunden. Das Ganze ist ein kompliziertes und merkwürdiges Geschöpf (Abb. 6). Der zweite Kragstuhl, der nur als Zeichnung zur Illustration der Übersetzung einer hängenden Sitz- und Rückenlehne in Stahlrohr gezeigt wird, ist aus einer offenen Rohrlinie gebildet, mit eingehängtem Sattelsitz aus Sperrholz oder „Fiber".[20] Der Stuhl hat keine Hinterbeine, die Vorderbeine laufen schräg nach vorne und formen auf dem Boden Kufen. Obwohl es hier auch um die Übersetzung von Holz in Metall ging, kann man sehen, dass die Brüder jetzt das Material Stahlrohr besser verstanden haben. Diese Kombination von Stahlrohrgestell und einer Sitzschale aus einem einzigen Stück Sperrholz war 1928 ganz modern: 1929 bis 1930 hat Alvar Aalto sie in Finnland verwendet und 1932 die Firma Thonet in Deutschland mit den Modellen B 248 bis B 250.

Nach der Auflösung der nominalen Partnerschaft mit seinem Bruder 1930 beschäftigte Heinz Rasch sich weiter mit dem Kragstuhl. Die Trennung des Sitzlehnwinkels von der Konstruktion und die Diagonale, die schon in dem Sitzgeiststuhl prägnant anwesend war, blieben für ihn eine Herausforderung. Im Laufe des Jahres 1930 hat er einen hinterbeinlosen Stahlrohrstuhl mit Armlehnen entworfen, der aus zwei Teilen zusammengestellt war: Ein schwarz lackiertes Rohrgestell und der darin eingehängte Sitz und die Rückenlehne aus einem Stück. Im Konzept ähnelt dieser Stuhl dem gezeichneten Modell mit Traggestell und Sitzschale aus *Der Stuhl* von 1928 (Abb. 7.1 und 7.2). Rasch ließ den Entwurf am 2. März 1931 als Gebrauchsmuster schützen. Bei der Firma Arnold wurde ein Prototyp angefertigt (Abb. 8.1 und 8.2), aber die Firma Thonet erhob gegen

20 Ebd., S. 33.

angle from the construction and the diagonal support that had already featured as a defining element in the *Sitzgeiststuhl* continued to pose a challenge. In 1930 he designed a steel tube chair without legs that consisted of two parts: a black tube frame with a suspended seat and a backrest in one piece. The concept is reminiscent of a drawing from 1928 in *Der Stuhl* which shows a model with a supporting frame and a shell seat (fig. 7.1 and 7.2). On 2 March 1931 Rasch had his design registered. The company Arnold made a prototype (fig. 8.1 and 8.2) but Thonet appealed against its production. The problem, according to Heinz Rasch, was Mies van der Rohe's patent. Arnold demanded that Rasch settle the matter with Mies van der Rohe himself. As he was personally acquainted with the architect and since "his chair looked completely different from his own *Freischwinger,* Rasch had high hopes when he went to see Mies van der Rohe. He had even planned to offer Mies van der Rohe participation in the patent. However, the great master favoured a very broad interpretation of the protection of his patent. Because he believed that Rasch's chair was a violation of his invention, he was not prepared to consent to its production under any circumstances."[21] Rasch tried to get an approval from Anton Lorenz, Thonet's patent lawyer, but as he too protected Mies van der Rohe's interests this effort remained fruitless.

However, Arnold did produce two other cantilever chairs based on designs by Heinz Rasch. These were derived from the above-mentioned *Freischwinger* and a variation without armrests. This version also evolved around 1930, but the slanted skids are the only feature it has in common with the armchair. The two-piece construction was essentially a reversal of the 1927 steel-tube chair. In this design Rasch had also separated the seat and backrest from the supporting frame. However, the manufacturing company altered the construction by turning the supporting frame and the backrest into one U-shaped tube

21 Máčel 1992 (see note 3), p. 105; also see Kirsch 1987 (see note 15), p. 85.

9.1

9.2

10.1

10.2

die Herstellung Einspruch. Der Anlass war, laut Heinz Rasch, das Patent von Mies van der Rohe. Die Firma Arnold hat Rasch beauftragt, das Problem mit Mies van der Rohe selbst zu lösen. Rasch kannte den Architekten persönlich und da „dessen Stuhl ziemlich anders aussah als sein eigener Freischwinger, ging Heinz Rasch guten Mutes zu Mies van der Rohe. Er wollte Mies van der Rohe sogar eine Beteiligung anbieten. Aber der große Meister faßte den Schutz seines Patentes ziemlich weit und meinte unter Wahrung seiner Patentinteressen, daß der Stuhl von Rasch eine Verletzung seiner Erfindung sei und wollte keinesfalls die Zustimmung für die Herstellung geben."[21] Rasch versuchte über Anton Lorenz, der damals Patentanwalt bei Thonet war, die Zustimmung zu bekommen, aber das scheiterte – Lorenz verwaltete auch die Interessen von Mies van der Rohe.

Doch wurden noch zwei Kragstühle auf der Grundlage von Raschs Entwürfen bei der Firma Arnold hergestellt. Die Grundlage dazu waren der oben genannte Freischwinger und seine Variante ohne Armlehnen. Diese Version ist auch um 1930 entstanden, aber hat mit dem Armlehnstuhl nur die schrägen Füße gemeinsam. Die zweiteile Konstruktion war im Grunde eine Umkehrung seines Stahlrohrstuhls von 1927, wo auch der Sitz und die Rückenlehne vom Traggestell getrennt wurden. Der Hersteller hat aber die Konstruktion geändert, das Traggestell und die Rückenlehne wurden zu einer U-förmigen Rohrlinie, der Sitz zur zweiten (Abb. 9.1 und 9.2). Mit dem Zufügen der dritten U-förmigen Rohrlinie für die Armlehnen wurde schließlich auch die Armlehnversion vollendet (Abb. 10.1 und 10.2). Allerdings hatten die konstruktiven Abänderungen nicht mehr viel mit den Prinzipien von Rasch zu tun. Es ist nicht deutlich, ob er dabei beteiligt war. Rasch selbst hat sich von diesen Stühlen distanziert. In den Katalogen der Firma Arnold und in der juristischen Korrespondenz ist bei den Stühlen kein Autor vermerkt.

21 Máčel 1992 (wie Anm. 3), S. 105; siehe auch Kirsch 1987 (wie Anm. 15), S. 85.

and the seat into another (fig. 9.1 and 9.2). The version with armrests was finally completed by adding a third U-shaped tube (fig. 10.1 and 10.2). In the end, these constructional alterations had little to do with Rasch's original concept and it is unclear whether or not he was involved in this process. Rasch distanced himself from the chair. In Arnold's catalogues and legal correspondence there is no mention of a designer.

During the early thirties, several designers attempted to develop cantilever chairs with slanted feet. In Berlin Max Verch registered a design for a chair consisting of a curved tube with angled feet as early as 1928[22] and a year later Hans Luckhardt created his chair ST 14. In 1930 André Lurçat, Jindřich Halabala and Kalmán Lengyel developed cantilever chairs with slanted feet[23] and the architect Hans Nitzschke got a patent for an armchair with slanted feet and a supporting frame that was separated from the angle of the backrest.[24] However, it is almost certain that these designers knew either nothing or very little of each another. At that time news of designs did not spread very far, if at all, and only after the production of a prototype or the registration of a patent. Only Hans Luckhardt's chair became reasonably well-known, after it went into production at the company Desta (Deutsche Stahlmöbel).

Heinz Rasch's interest in cantilever chairs with diagonal supporting structures also continued after the Second World War. In the 1960s he used a closed loop of tubing to construct a chair without back legs, a steel tube interpretation of the *Sitzgeiststuhl.*[25] In contrast to Rietveld's steel tube version of the Zig-Zag Chair from 1933, which was also based on a single

22 See Möller and Máčel 1992 (see note 5), p. 68, 76.
23 Otakar Máčel, *2100 Metal Tubular Chairs,* Rotterdam 2006, p. 46, 48, 95.
24 For information on Nitzschke see Jan van Geest and Otakar Máčel, "Hans Nitzschke. Eine provisorische Rekonstruktion", in: *die abstrakten hannover. Internationale Avantgarde 1927–1935* (exhib. cat. Sprengelmuseum), Hanover 1987, pp. 79–81; Möller and Máčel 1992 (see note 5), p. 69.
25 Heinz Rasch, *Angewandte Raumtheorie. Rückschau,* Privatdruck, Wuppertal 1971, p. 6; id., Variationen 1992, typescript, Wuppertal 1992, p. 31.

11.1

11.2

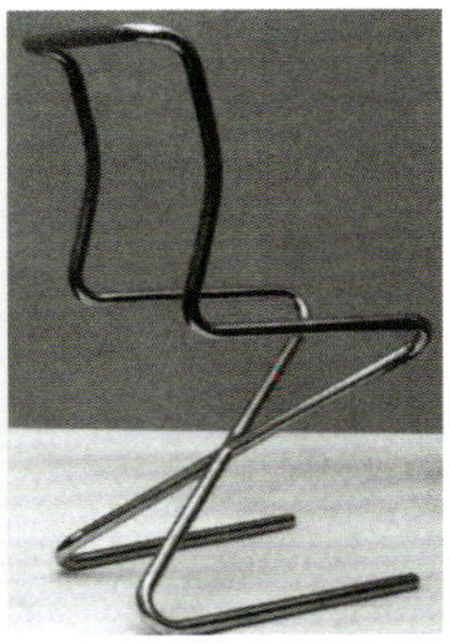

12.1

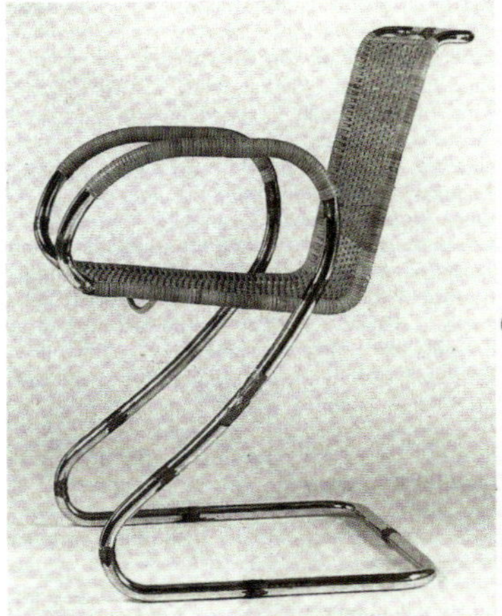

12.2

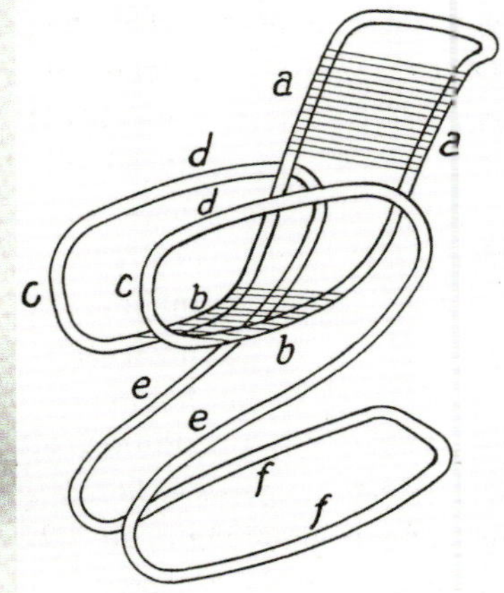

Zu Beginn der Dreißigerjahre waren mehrere Entwerfer mit Kragstühlen mit schrägen Füßen beschäftigt. Schon 1928 hat der Berliner Designer Max Verch ein Gebrauchsmuster für Stühle aus einer Rohrlinie mit schrägen Füßen angemeldet[22] und ein Jahr später hat Hans Luckhardt seinen Stuhl ST 14 entworfen. 1930 haben André Lurçat, Jindřich Halabala und Kalmán Lengyel Freischwinger mit schrägen Füßen entworfen,[23] der Architekt Hans Nitzschke ließ einen Armlehnstuhl patentieren, bei dem der Winkel der Lehne vom Traggestell getrennt war und die Füße schräg standen.[24] Aber es ist beinahe sicher, dass die oben genannten Entwerfer nichts oder wenig voneinander gewusst haben. Entwürfe waren damals kaum über weite Distanzen bekannt, wenn überhaupt, dann nur nach Herstellung eines Prototyps oder Anmeldung eines Patents. Nur der Stuhl von Hans Luckhardt war durch die Herstellung bei der Firma Desta (Deutsche Stahlmöbel) bekannter.

Sein Interesse für Kragstühle mit schräger Unterkonstruktion behielt Heinz Rasch auch nach dem Zweiten Weltkrieg. In den Sechzigerjahren hat er einen hinterbeinlosen Stuhl aus einer geschlossenen Rohrlinie konstruiert, eine Übersetzung des Sitzgeiststuhls in Stahlrohr.[25] Im Vergleich mit Rietvelds Stahlrohrübersetzung des Zig-Zag-Stuhls aus dem Jahr 1933, die auch aus einer Rohrlinie entworfen ist, ist der Prototyp von Rasch nicht auf die Ästhetik gerichtet, sondern auf die Konstruktion und die Vollständigkeit der ‚Übersetzung', also ein Versuchsobjekt (Abb. 11.1 und 11.2). Das Ergebnis war wahrscheinlich nicht befriedigend und Rasch hat weiter experimentiert. So kam er 1963 zu einem Freischwinger mit Armlehnen aus einer Rohrlinie, die aber aus zwei Teilen zusammengestellt war. Mit Unterstützung von Axel Bruchhäuser von Tecta arbeitete Heinz Rasch an diesen Entwurf weiter, sodass der Stuhl 1985, diesmal aus einer Linie, als Modell HR 1 bei Tecta in die

22 Siehe Möller und Máčel 1992 (wie Anm. 5), S. 68, 76.

23 Otakar Máčel, *2100 Metal Tubular Chairs*, Rotterdam 2006, S. 46, 48, 95.

24 Über Nitschke siehe Jan van Geest und Otakar Máčel, „Hans Nitzschke. Ein provisorische Rekonstruktion", in: *die abstrakten hannover. Internationale Avantgarde 1927–1935*, Ausst.-Kat. Sprengelmuseum, Hannover, Hannover 1987, S. 79–81; Möller und Máčel 1992 (wie Anm. 5), S. 69.

25 Heinz Rasch, *Angewandte Raumtheorie. Rückschau*, Privatdruck, Wuppertal 1971, S. 6; ders., Variationen 1992, Typoskript, Wuppertal 1992, S. 31.

tube loop, Rasch's prototype was not dedicated to aesthetic principles but to the construction itself and to the exactness of the "translation", in other words, it was a test object (fig. 11.1 and 11.2). Apparently Rasch was not satisfied with the result as he continued experimenting. In 1963 he developed a cantilever chair with arm rests constructed from a single tube loop which consisted of two parts. With the support of Axel Bruchhäuser of Tecta, Heinz Rasch continued to work on this design. In 1985 Tecta started producing model HR 1 which now featured a single piece of tubing.[26] (fig. 12.1 and 12.2) A cantilever chair with armrests constructed from a closed tube loop is a rare phenomenon in the history of steel tube furniture – there are often problems with stability and the many bends lead to high production costs. There are two comparable designs that were both developed in the early thirties: a cantilever chair without front legs but with proper feet by Jindřich Halabala and a utility model by Anton Lorenz. The latter, however, was never intended for production and was only registered as a means against potential competition. Neither design was particularly well-known.

The cantilever chair always played an important role in the Rasch brothers' work. It was developed during the 1920s as a result of their ideas about construction and experiments with wooden furniture. From 1927 onwards they tried to apply what they had learnt from wood construction to steel tubing. A few years after the Second World War the brothers continued experimenting, independently of one another. In 1961 Bodo Rasch developed his double-shell chair, a plywood cantilever chair, while Heinz Rasch found a radical solution to the problem of the two chair parts by joining instead of separating them.

In spite of their endeavours, the Rasch brothers' work is hardly known today. In 1928 Adolf Gustav Scheck's book on the exhibition *Der Stuhl* was published in Stuttgart but the brothers' work was not included. Many other books on interior design published around 1930 also fail to mention them.[27] This probably had to do with the fact that at the time their furniture was not

26 Axel Bruchhäuser, *Der Kragstuhl*, Cologne 1998, p. 73, 79.

27 Herbert Hoffmann, *Die neue Raumkunst in Europa, Stuttgart 1930; Alexander Koch, Einzelmöbel und neuzeitliche Raumkunst*, Darmstadt 1930; Hans Eckstein, *Die schöne Wohnung*, Munich 1931.

Produktion aufgenommen werden konnte.[26] (Abb. 12.1 und 12.2) Ein Kragstuhl mit Armlehnen aus einer geschlossenen Rohrlinie ist in der Geschichte der Stahlrohrmöbel eine Seltenheit, weil es oft Stabilitätsprobleme gibt und die Herstellung wegen der vielen Biegungen teuer ist. Aus den frühen Dreißigerjahren sind zwei vergleichbare Entwürfe bekannt: ein vorderbeinloser Freischwinger von Jindřich Halabala, der aber richtige Füße hat, und ein Gebrauchsmuster von Anton Lorenz. Letzteres wurde aber nie mit der Absicht einer Serienproduktion angemeldet, sondern nur als Maßnahme gegen mögliche Konkurrenz. Beide Entwürfe waren ziemlich unbekannt.

Der Kragstuhl hat in der Designarbeit der Brüder Rasch immer eine wichtige Rolle gespielt. In den Zwanzigerjahren war er eine Folge ihrer konstruktiven Überlegungen und Experimente mit Holzmöbeln, ab 1927 haben sie sich bemüht, die Erfahrung aus der Holzkonstruktion auf das Stahlrohr zu übertragen. Einige Jahre nach dem Zweiten Weltkrieg haben die Brüder unabhängig voneinander die Experimente fortgesetzt. Bodo Rasch hat noch 1961 einen auskragendem Sperrholzstuhl entworfen, den Zweischalenstuhl, und Heinz Rasch hat das Problem der zwei Stuhlteile radikal gelöst – statt einer Trennung hat er die zwei Teile miteinander vereint.

Trotz dieser Anstrengungen ist ihre Arbeit bis heute wenig bekannt. 1928 ist das Buch *Der Stuhl* von Adolf Gustav Schneck in Stuttgart erschienen, das die gleichnamige Ausstellung reflektierte, aber die Arbeit der Brüder war in dem Buch nicht vertreten. Auch in mehreren Büchern über Innenausstattung um 1930 waren die Brüder nicht vertreten.[27] Vermutlich wegen der Tatsache, dass ihre Möbel damals nicht serienmäßig hergestellt wurden und nicht käuflich waren. Sie gehörten auch nicht zum ‚Interieur-Establishment' Deutschlands. Sie selbst haben ihre Arbeit in dem Büchlein *Der Stuhl*[28] publiziert, ebenfalls 1928 in Stuttgart herausgegeben. Es ist ein einzigartiges Dokument des sachlichen und konstruktiv bedingten Designs, das nicht der Mode, sondern Konstruktion und Ergonomie folgte. Auf dem Umschlag ist ein ‚in der Luft' sitzender Mann abgebildet – eine Anspielung auf den Freischwinger-Gedanken. Zur tatsächlichen Verbreitung ihrer Möbelentwürfe hat das Buch aber nicht viel beigetragen.

Abbildungen:

1. Mart Stam, Freischwinger für die Weißenhofsiedlung, 1927 [Archiv O. M.]
2. Ludwig Mies van der Rohe, Freischwinger für die Weißenhofsiedlung, 1927 [Archiv O. M.]
3. Marcel Breuer, Stuhl B 32, 1928 [Archiv O. M.]
4. Heinz und Bodo Rasch, Sperrholzkragstuhl, 1926 [Heinz und Bodo Rasch, *Der Stuhl*, Stuttgart 1928]

5.1. Heinz und Bodo Rasch, Sitzgeiststuhl, 1927 [Archiv O. M.]
5.2. Gerrit Rietveld, Zig-Zag-Stuhl, 1933 [Archiv O. M.]

26 Axel Bruchhäuser, *Der Kragstuhl*, Köln 1998, S. 73, 79.
27 Herbert Hoffmann, *Die neue Raumkunst in Europa*, Stuttgart 1930; Alexander Koch, *Einzelmöbel und neuzeitliche Raumkust*, Darmstadt 1930; Hans Eckstein: *Die schöne Wohnung*, München 1931.
28 Siehe u. a. Christopher Wilk, *Modernism 1914–1939. Designing a New World*, London 2006, S. 239.

mass produced and could not be purchased. They did not belong to Germany's "interior design establishment". In the same year and also in Stuttgart they themselves published their work in the booklet *Der Stuhl*.[28] It is a unique document of functional and constructional design following the principles of construction and ergonomics rather than fashion. The cover shows a man "sitting in the air"– a reference to the *Freischwinger* concept. However, the book had no significant impact on the promotion of their furniture designs.

Figures:

1. Mart Stam, cantilever chair for the Weissenhof Estate, 1927 [archive O.M.]
2. Ludwig Mies van der Rohe, cantilever chair for the Weissenhof Estate, 1927 [archive O.M.]
3. Marcel Breuer, chair B32 [archive O.M.]
4. Heinz and Bodo Rasch, plywood cantilever chair, 1926 [Heinz and Bodo Rasch, *Der Stuhl,* Stuttgart 1928]

5.1. Heinz and Bodo Rasch, Sitzgeiststuhl, 1927 [archive O.M.]
5.2. Gerrit Rietveld, Zig-Zag Chair, 1933 [archive O.M.]
6. Heinz and Bodo Rasch, steel tube armchair, 1928 [archive O.M.]

7.1. Heinz and Bodo Rasch, design for a cantilever chair, 1928 [Heinz and Bodo Rasch, *Der Stuhl,* Stuttgart 1928]
7.2. Heinz Rasch, prototype, 1930 [archive O.M.]
8.1. Heinz Rasch, patent drawing, 1931 [archive Vitra Design Museum]
8.2. Heinz Rasch, prototype, 1930 [archive O.M.]
9.1. Heinz Rasch, prototype, 1930 [archive O.M.]
9.2. 'Operational alternation' carried out by the company Arnold, model 3058, 1933 [archive O.M.]
10.1. Prototype by the company Arnold after a design by Heinz Rasch
10.2. 'Operational alternation' carried out by the company Arnold, model 3138, around 1933 [archive O.M.]
11.1. Heinz Rasch, steel tube Sitzgeiststuhl, early 1960s [archive O.M.]
11.2. Gerrit Rietveld, steel tube Zig-Zag Chair, 1933 [archive O.M.]
12.1. Heinz Rasch, cantilever chair HR 1 [archive O.M.]
12.2. Anton Lorenz, utility model 1 190 422, 1931 [archive O.M.]

28 Also see Christopher Wilk, *Modernism 1914–1939: Designing a New World*, London 2006, p. 239.

6. Heinz und Bodo Rasch, Stahlrohrsessel, 1928 [Archiv O. M.]
7.1. Heinz und Bodo Rasch, Entwurf für einen Freischwinger, 1928. [Heinz und BodoRasch, Der Stuhl, Stuttgart 1928]
7.2. Heinz Rasch, Prototyp, 1930 [Archiv O. M.].
8.1. Heinz Rasch, Patentzeichnung, 1931. [Archiv Vitra Design Museum]
8.2. Heinz Rasch, Prototyp, 1930 [Archiv O. M.]
9.1. Heinz Rasch, Prototyp, 1930
9.2. ‚Betriebsmäßige Abänderung' der Firma Arnold, Modell 3058, 1933 [Archiv O. M.]
10.1. Prototyp der Firma Arnold nach einem Entwurf von Heinz Rasch.
10.2. ‚Betriebsmäßige Abänderung' der Firma Arnold, Modell 3138, um 1933. [Archiv O. M.]
11.1. Heinz Rasch, ‚Sitzgeiststuhl' aus Stahlrohr, Anfang der 1960er-Jahre [Archiv O. M.]
11.2. Gerrit Rietveld, Zig-Zag-Stuhl aus Stahlrohr, 1933 [Archiv O. M.]
12.1. Heinz Rasch, Freischwinger HR 1 [Archiv O. M.]
12.2. Anton Lorenz, Gebrauchsmuster 1 190 422, 1931 [Archiv O. M.]

AXEL BRUCHHÄUSER

DER KRAGSTUHL ALS ZEITSYMBOL UND CHARAKTERISTIKUM DER MODERNE

Besuche bei Heinz Rasch in den Jahren 1975 bis 1995

The Cantilever Chair as a Symbol of the Times and a Feature of Modernism
Meetings with Heinz Rasch from 1975 to 1995

Der russische Visionär, Konstruktivist und Architekt El Lissitzky formulierte das neue Zeitgefühl der Schwerelosigkeit schon 1923 am Beispiel seines *Wolkenbügels* für Moskau: „Die statische Architektur der ägyptischen Pyramide ist überwunden: Unsere Architektur rollt, schwimmt, fliegt. Es kommt das Schweben, Schwingen."[1] Fasziniert von dieser Vision, sich optisch von der Schwerkraft der Erde zu lösen, entwickelte El Lissitzkys Mitstreiter Mart Stam eine eigene *Wolkenbügel*-Version, vor allem aber einen vollkommen neuartigen, schwebenden, hinterbeinlosen Kragstuhl aus Gasrohren und Muffen „mit sensationeller Wirkung", denn „die Zukunft war plötzlich sichtbar geworden" und sollte „das Bild unserer Umwelt bestimmen" (Abb. 1).[2] Die Zitate stammen von Heinz Rasch, der in den 1920er-Jahren eng mit Mart Stam zusammenarbeitete. Rasch bewertete mit diesen Zitaten El Lissitzkys Vision und deren elementare Bedeutung als Kragkonstruktionen in der Architektur, auch weil er selbst in den Zwanzigerjahren Stühle aus gebogenen Sperrholzplatten mit auskragendem Sitz im Geist der Moderne entwickelt hatte (Abb. 2).

1 Zit. n.: Axel Bruchhäuser (Hrsg.), *Der Kragstuhl*, Berlin 1986 (2. überarbeitete Auflage: Köln 1998), S. 42.
2 Heinz Rasch, zit. n.: ebd., S. 8.

As early as 1923, the Russian visionary, Constructivist and architect El Lissitzky used his *Wolkenbügel*, the horizontal skyscraper he had designed for Moscow, to describe the modern feeling of weightlessness: 'We have surpassed the static architecture of the Egyptian pyramids: our architecture rolls, swims, flies. These are the days of floating and swinging.'[1] El Lissitzky's collaborator Mart Stam was fascinated by the idea of defying gravity with visual means and developed his own version of the *Wolkenbügel*. But above all, he constructed a completely new suspended cantilever chair without back legs from gas pipes and fittings which had a 'sensational impact' because 'a suddenly visible future' was to 'define the appearance of our surroundings' (fig. 1).[2] Heinz Rasch, who worked closely with Mart Stam in the 1920s, intended these comments as an appraisal of El Lissitzky's vision and its fundamental significance for cantilever constructions in architecture. During this time, Rasch himself had developed bent plywood chairs with cantilevered seats that also reflected the spirit of Modernism (fig. 2).

1 Quoted in: Axel Bruchhäuser (ed.), *Der Kragstuhl*, Berlin 1986 (second revised edition: Cologne 1998), p. 42.
2 Heinz Rasch, quoted in: ibid., p. 8.

1

2

Seinen ersten Sperrholz-Kragstuhl schenkte Heinz Rasch kurz vor einem Treffen zur Vorbereitung der Stuttgarter Weißenhofsiedlung im November 1926 seinem Wegbegleiter Mart Stam, nachdem er schon 1925 eine Skizze zu einem hinterbeinlosen Sperrholzstuhl mit halbkreisförmigem Untergestell angefertigt hatte. Von diesem so denkwürdigen Treffen in Stuttgart berichtete mir Heinz Rasch am 19. Oktober 1984 zusammenfassend, um es für die Architekturgeschichte und das Kragstuhlmuseum als Zeitzeugenbeleg zu dokumentieren. Den Inhalt habe ich am 22. Oktober 1984 wie folgt zusammengefasst:

„Heinz Rasch erinnert sich noch einmal an die Entwicklung des hinterbeinlosen Kragstuhles, die ihren Ausgangspunkt in dem Vorläufer des Stuhles aus Gasrohren von Mart Stam hatte. Diesen Stuhl, der nach den Angaben Mart Stams von Axel Bruchhäuser im Jahre 1977 rekonstruiert wurde, hat Heinz Rasch bei seinem Besuch im Jahre 1926 in Rotterdam im Haus von Mart Stam gesehen.

Zur Vorbereitung der Weißenhofsiedlung fand ein Gespräch am 22.11.1926 im Hotel Marquart in Stuttgart statt. Über dieses Vorbereitungstreffen hat Heinz Rasch einen Zeitungsartikel geschrieben, in dem die teilnehmenden Architekten charakterisiert wurden. Während dieses Gesprächs hat Mart Stam seine Stuhlidee aus Rotterdam mit einem blauen Farbstift auf die Rückseite des Umschlags der Hochzeitsanzeige von Willi Baumeister räumlich skizziert.[3]

Heinz Rasch hat selbst einen Stuhl aus Stahlrohr schon im Jahre 1924 entwickelt.[4] Zum Thema hinterbeinloser Kragstuhl hob Heinz Rasch noch einmal das in dieser Zeit von führenden

3 (siehe auch Film von Heinz Rasch zu diesem Thema)
4 (siehe *Der Stuhl* von Heinz und Bodo Rasch, 1928)

In November 1926, shortly before a preparatory meeting dedicated to the Weissenhof Estate in Stuttgart, Heinz Rasch presented his collaborator Mart Stam with his first plywood cantilever chair. He had already made a sketch of a plywood chair without back legs and a semicircular base in 1925. On 19 October 1984 Heinz Rasch gave me a summary of this noteworthy meeting in Stuttgart with the aim of providing architectural history and the cantilever chair museum with an account by a contemporary witness. On 22 October 1984, I summed up his story as follows: 'Once again Heinz Rasch looks back at the evolution of the cantilever chair without back legs that started with the predecessor of Mart Stam's gas pipe chair. Heinz Rasch first saw the chair in Mart Stam's house in Rotterdam during a visit in 1926. It was reconstructed by Axel Bruchhäuser in 1977 according to Mart Stam's instructions.

On 22 November 1926 a preparatory discussion about the Weissenhofsiedlung took place at the Hotel Marquart in Stuttgart. In a newspaper article on this meeting, Heinz Rasch described the participating architects. During the talks, Mart Stam used a blue pen to make a three-dimensional drawing of a chair he had developed in Rotterdam on the back of Willi Baumeister's wedding announcement.[3]

Heinz Rasch himself had already developed a steel tube chair in 1924.[4] On the subject of the chair without back legs he once again referred to the cantilever principle favoured by the leading architects of the day (El Lissitzky, Le Corbusier, Ludwig Mies van der Rohe, et al.). When Mart Stam first applied this architectural concept to a chair, it had not been his intention to create elasticity. According to Heinz Rasch, Mies van der Rohe's

3 (see also the film by Heinz Rasch for further information on this topic)
4 (see *Der Stuhl* by Heinz and Bodo Rasch, 1928)

Architekten (El Lissitzky, Le Corbusier, Ludwig Mies van der Rohe usw.) bevorzugte Kragprinzip hervor. Dieses Architekturprinzip hat Mart Stam als Erster in einen Kragstuhl umgesetzt, d.h. er hat keine Elastizität beabsichtigt. Demgegenüber ging es Mies van der Rohe nach Angaben von Heinz Rasch ausschließlich um den Federcharakter des Stahlrohrs und seine adäquate, d. h. federartig gebogene Form, die er von dem amerikanischen Patent aus dem Jahr 1922 von Harry E. Nolan abgeleitet hat und patentieren ließ.

Heinz Rasch hat nach dem Gespräch in Stuttgart und in Vorbereitung der Werkbund-Ausstellung bzw. der Weißenhofsiedlung Mart Stam zur Realisierung seiner Stuhlidee mit der Firma L. & C. Arnold in Schorndorf zusammengeführt. Bei den ersten Biegearbeiten in Schorndorf waren – neben dem Direktor Eisenmenger – Mart Stam und Heinz Rasch anwesend. Durch das Produktionsprogramm der Firma Arnold standen für die Biegeversuche nur Rohre mit 20 Millimeter Durchmesser aus Eisen zur Verfügung. Nach dem ersten Biegeversuch des hinterbeinlosen Kragstuhles wurde auf das rohe, gebogene Gestell ein Brett aufgelegt, um die Belastung zu prüfen. Mart Stam setzte sich auf den Stuhl, knickte jedoch sofort nach hinten ab. Daraufhin wurden massive Einlagen in den Radienbereich eingelegt, sodass das Gestell fest, aber auch sehr schwer wurde.

Die drei entscheidenden frühen hinterbeinlosen Kragstühle von Mart Stam 1926, von Ludwig Mies van der Rohe 1927 und von Marcel Breuer 1928 wertet Heinz Rasch folgendermaßen: „Mart Stam war der Prophet des Stuhles (‚der Mythos') und hat als erster die elementare, konsequente und reduzierteste Form und Ausführung gefunden. Mies und Breuer sind daher mit ihren Entwicklungen Epigonen, d.h. Vollender der vorhergegangenen Idee von Mart Stam. In dem Buch *Wie Bauen* (1927) von Heinz und Bodo Rasch wird der Kragstuhl von Mies daher bewusst mit dem Zusatz ‚Idee Mart Stam' versehen."[5] Als „mythischen Beginn" bezeichnete auch Peter Smithson den ersten Stahlrohr-Kragstuhl in der Ausstellung *TISCHLEINDECKDICH usw.* in Köln und Berlin 1993, in der er und Alison Smithson auch die verschollenen Maler-Schränke von Oskar Schlemmer und Heinz Rasch neben den Stühlen von Jean Prouvé, Marcel Breuer und Ludwig Mies van der Rohe ausgestellt hatten.

Bei meinen intensiven Besuchen in Wuppertal 1984 berichtet Heinz Rasch auch ausführlich über die Ausführung von Sitz- und Lehnfläche des Stuhles von Mies van der Rohe in Naturrohrgeflecht. Es war 1929 im Berliner Atelier Am Karlsbad in Berlin von Lilly Reich mit einem Korbflechter entwickelt worden. Ebenfalls erzählte Heinz Rasch vom allgemeinen Kragprinzip, das schon 1910 im hinterbeinlosen Autonotsitz erkennbar gewesen war, und von dem daraus abgeleiteten Kragstuhl, im Gegensatz zum nach Raschs Meinung fälschlicherweise sogenannten ‚Freischwinger'.

Der Architekt und Möbelgestalter Sergius Ruegenberg, in den Zwanzigerjahren Mitarbeiter von Mies van der Rohe bestätigte mir im Dezember 1985 in einem Tonbandmitschnitt

5 Axel Bruchhäuser, Bericht über einen Besuch bei Heinz Rasch, 22.10.1984, Rasch-Archiv, Lauenförde.

concern, on the other hand, was exclusively the flexibility of the steel tubing and its spring-like shape, following a design which had been inspired by Harry E. Nolan's American patent from 1922 and for which he himself had acquired a patent.

After the talks in Stuttgart and in connection with the preparations for the Werkbund exhibition and the Weissenhof Estate, Heinz Rasch brought together Mart Stam and the company L. & C. Arnold in order to implement Stam's idea for a chair. Together with Eisenmenger, the company's director, Heinz Rasch and Mart Stam witnessed the first attempts to bend the tubing into shape. Due to Arnold's production policy, the bending tests had to be carried out with iron tubes with a 20-millimetre diameter. After the first trial bending of the cantilever chair without back legs, a board was placed on the bare, bent frame in order to test its load-bearing capacity. Mart Stam sat down on the chair and it immediately folded backwards. Consequently the bends were reinforced with solid inserts which stabilised the frame but also made it very heavy. Heinz Rasch assessed the three most important early cantilever chairs without back legs by Mart Stam 1926, Ludwig Mies van der Rohe 1927 and Marcel Breuer 1928 as follows: 'Mart Stam was the prophet of the chair ("the legend"), he was the first to arrive at a basic, consistent and pared down shape and design. This makes Mies and Breuer epigones because they completed Mart Stam's earlier idea with their improvements. In their book *Wie Bauen?* (1927) Heinz and Bodo Rasch pointedly added the caption 'Idea Mart Stam' to Mies's cantilever chair.'[5] In his exhibition *TISCHLEINDECKDICH usw.* (The Wishing-Table etc.) that was on display in Cologne and Berlin in 1993, Peter Smithson also described the first steel tube cantilever chair as 'a mythical beginning'. Besides the rediscovered painted cupboards by Oskar Schlemmer and Heinz Rasch, he and Alison Smithson presented chairs by Jean Prouvé, Marcel Breuer and Ludwig Mies van der Rohe and the TECTA cantilever chair model in the show.

During my many memorable visits to Wuppertal in 1984, Heinz Rasch also talked at length about the wickerwork seat and backrest of Mies van der Rohe's chair. Together with a basket weaver, Lilly Reich had developed these components in their Berlin studio on Am Karlsbad in 1929. Heinz Rasch also explained the basic cantilever principle which, he claimed, had already been discernible in an emergency seat without back legs in a car from 1910. He contrasted the cantilever chair derived from this idea to the *Freischwinger*, an erroneous term in Rasch's opinion.

In an audio recording from December 1985, the architect and furniture designer Sergius Ruegenberg, who had been an assistant to Mies van der Rohe in the 1920s, confirmed Heinz Rasch's account of the meeting in Stuttgart in November 1926. According to him, Stam's sketch ('with those ugly fittings') gave Mies van der Rohe the idea for the elegant, expansive curves which Ruegenberg himself had drawn after a semicircular gesture made by Mies.[6] 'The secret is in the spring', he wrote to me in 1991. He called the refined version of the chair the 'virtuous armchair'.[7]

5 Axel Bruchhäuser, account of visit with Heinz Rasch, 22.10.1984, Rasch archive, Lauenförde.

6 Audio recording of a conversation with Sergius Ruegenberg, December 1985, Ruegenberg archive, Lauenförde.

7 Letter from Sergius Ruegenberg to Axel Bruchhäuser from 31.7.1991.

3

die Angaben von Heinz Rasch zu dem Treffen im November 1926 in Stuttgart. Ihm zufolge hatte Mies van der Rohe erst nach der Skizze von Stam („mit diesen hässlichen Muffen") die Idee mit den eleganten, großen Radien, die Ruegenberg selbst nach einer halbkreisförmigen Handbewegung von Mies gezeichnet hatte.[6] „Das Geheimnis ist die Federung" schrieb er mir 1991 und nannte die Weiterentwicklung des Stuhles den „Tugendhaften Sessel".[7]

Dass die Kragkonstruktion Heinz Rasch sein Leben lang begleitete und für ihn eine grundlegende Bedeutung hatte, belegt auch ein Ende der Fünfzigerjahre entstandener – bisher unveröffentlichter – 16-mm-Film in deutscher und englischer Version. Dieser trägt den Titel *Die Kragkonstruktion in der Architektur. Zwei Skizzen von Mart Stam – aus den Jahren 1926 und 1956 (mitgeteilt von Heinz Rasch).*[8] In diesem Film zeigt er den *Wolkenbügel* und die erste Stuhlskizze von Mart Stam von 1926, die Stühle von Breuer und Mies sowie seine Schrägstützenstühle. Das Ursprungsmodell von Stam bezeichnete er als „technisch nicht vollkommen". Rasch hebt in diesem einzigartigen Filmdokument dennoch die besondere Bedeutung dieser „grundsätzlichen Skizze" als Schlüsselidee hervor, als „einen dieser genialen Augenblicke in der Geschichte der Technik" und bedauert zutiefst, diese Skizze später Mies ausgehändigt zu haben.

Zwischen 1975 und 1995 besuchte ich Heinz Rasch in seinem Atelier in Wuppertal jährlich mehrfach, auch um die Kragstuhlexperimente von Rasch, seine kinetischen Stuhlideen sowie seinen Stabkreuz-Tisch und die Malerschränke von Oskar Schlemmer und Heinz Rasch weiterzuentwickeln. Ich berichtete Rasch von meiner vierjährigen abenteuerlichen, teils von der ‚Vorsehung' geleiteten und mysteriösen Suche nach Mart Stam, der sich – unter falschen Namen wechselnd an mehr als zehn

6 Tonbandmitschnitt eines Gesprächs mit Sergius Ruegenberg, Dezember 1985, Ruegenberg-Archiv, Lauenförde.
7 Brief von Sergius Ruegenberg an Axel Bruchhäuser vom 31.7.1991.
8 Heinz Rasch, *Die Kragkonstruktion in der Architektur. Zwei Skizzen von Mart Stam – aus den Jahren 1926 und 1956 (mitgeteilt von Heinz Rasch)*, 16-mm-Film, Ende der 1950er-Jahre, Rasch-Archiv, Lauenförde.

A 16mm film from the late 1950s, as yet unreleased, which exists both in German and English versions, serves as further proof of Heinz Rasch's lifelong fascination with the cantilever construction and the great importance it had for him. The film, with the title *Die Kragkonstruktion in der Architektur. Zwei Skizzen von Mart Stam – aus den Jahren 1926 und 1956 (mitgeteilt von Heinz Rasch)* (The Cantilever Construction in Architecture: Two Sketches by Mart Stam – from 1926 and 1956 [presented by Heinz Rasch]),[8] focuses on the *Wolkenbügel,* Mart Stam's first sketch for a chair from 1926, Breuer's and Mies's chairs and also Rasch's own designs for chairs with angled bases. Although in this unique film document he describes Stam's original model as 'technically incomplete', Rasch also characterises his 'principal sketch' as a highly significant key concept, as 'one of those brilliant moments in the history of technology' and deeply regrets having given it to Mies.

Between 1975 and 1995, I visited Heinz Rasch in his studio in Wuppertal several times a year, among other things to help with the refinement of Rasch's cantilever chair experiments, his ideas for kinetic chairs, his cross-frame table and the painted cupboards he had developed together with Oskar Schlemmer. I told him about my quixotic, mysterious and to some extent 'providentially' guided four-year search for Mart Stam who had been persistently denying his own identity while living in more than ten different places in Switzerland under false names: 'I've never heard of Mart Stam'. After my persistent attempts, a door with the name 'Heller' miraculously opened on 20 July 1977. During our long conversation, Mart Stam also reconstructed the story of the gas pipe chair in a few words: 'The seat height of 46 cm determines the cube size of the chair.'[9] Rasch was virtually euphoric about my sensational contact with the long-lost Stam. Once more he gave me a detailed account of the evolution

8 Heinz Rasch, *Die Kragstuhlkonstruktion in der Architektur. Zwei Skizzen von Mart Stam – aus den Jahren 1926 und 1956 (mitgeteilt von Heinz Rasch)*, 16mm film, end of the 1950s, Rasch archive, Lauenförde.
9 Mart Stam in a conversation with Axel Bruchhäuser on 20.7.1977 in Hilterfingen, Switzerland.

4

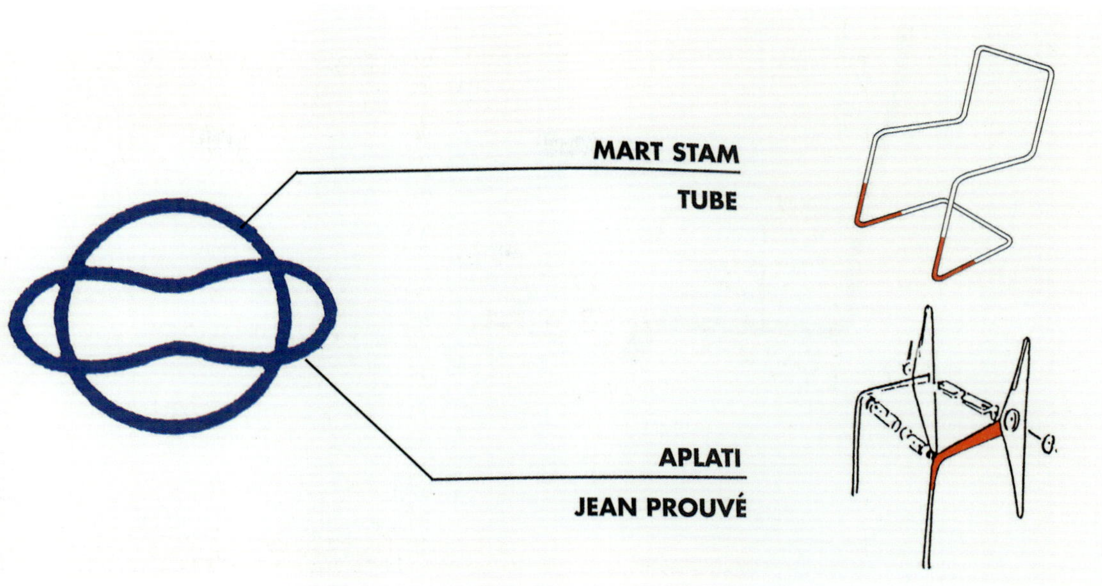

Orten in der Schweiz lebend – beharrlich selbst verleugnete: „Ich kenne keinen Mart Stam". Wundersamerweise öffnete sich dann nach meinen beharrlichen Versuchen plötzlich doch die Tür mit dem Namen „Heller" für ein langes Gespräch von Stam mit mir am 20. Juli 1977, in dem er auch den Gasrohrstuhl mit den knappen Worten rekonstruierte: „Die Sitzhöhe von 46 cm bestimmt die Würfel-Maße des Stuhles."[9] Rasch reagierte geradezu euphorisch auf diesen sensationellen Kontakt zu dem verschollen geglaubten Stam. Er erläuterte wiederholt und ausführlich die Evolution der Kragkonstruktionen von Marcel Breuer und Mart Stam, dessen „geniales Raumgebilde" erst durch unsichtbare, massive Einlagen stabil wurde, über den federnden Kragstuhl von Ludwig Mies van der Rohe und seinen eigenen, noch unvollkommenen Schrägstützen-Kragstuhl von 1930. Und ich berichtete Heinz Rasch von meiner Zusammenarbeit mit Jean Prouvé in Nancy und Paris anhand eines Stuhles mit neuartiger ‚Rohr-Biegetechnik', die ich 1987 auf den Kragstuhl übertragen hatte. Diese Idee, die Rohre anstelle der massiven Einlagen abzuflachen, traf den Nerv von Heinz Rasch schlagartig. Lachend zeigte er mir ein Foto seiner Hände, die zwei Rohr-‚Fittings' halten: Eines davon vorne abgeflacht – damit sich das eingeschraubte Rohr nicht verdrehen konnte, so seine Erläuterung. Diese Versinnbildlichung mit den Händen griff ich auf, um die Skizze „Tube aplati" (abgeflachtes Rohr) von Jean Prouvé als Aussteifung im gefährdeten Rohrquerschnitt eines Kragstuhles zu demonstrieren und gleichzeitig den organischen Kraftverlauf sichtbar zu machen (Abb. 3).

Danach schrieb Heinz Rasch am 20. Juli 1989 begeistert: „Die geniale Idee mit den gepressten Rohren – der Beginn einer neuen Stahlrohr-Generation."[10] Und er bestätigte die Prämisse von El Lissitzky aus dem Jahr 1924, dass nur Erfindungen die Gestaltung bestimmen, so wie es Jean Prouvé mir 1983 erläuterte: „[...] mittels eines Schraubstocks wurde dieses runde Profil zu einer elliptischen Form zusammengepresst. Ein derart abgeflachtes

9 Mart Stam in einem Gespräch mit Axel Bruchhäuser am 20.7.1977 in Hilterfingen, Schweiz.
10 Heinz Rasch, Schreiben an Axel Bruchhäuser vom 24.7.1988, Rasch-Archiv, Lauenförde.
11 Jan van Geest, *Jean Prouvé*, Köln 1991, S. 16 und Abb. S. 89.

of the cantilever constructions by Marcel Breuer and Mart Stam whose 'brilliant spatial structure' initially had to be stabilised with invisible solid inserts, of Mies van der Rohe's springy cantilever chair and of his own yet to be perfected cantilever chair with an angled base from 1930. And I told Heinz Rasch about my collaboration with Jean Prouvé in Nancy and Paris. We had been working on a novel tube bending technique that I applied to a cantilever chair in 1987. The idea to flatten the tubes instead of using solid inserts immediately hit a nerve with Heinz Rasch. He laughed and showed me a photo of his own hands holding two tube fittings: one of them was flattened in front – to keep the tube from turning around, he explained. I seized on this image with the hands in order to illustrate Jean Prouvé's sketch thereby showing how the 'tube aplati' (flattened tube) method could be used to reinforce the sensitive tube cross-section of a cantilever chair while demonstrating the organic force progression at the same time (fig. 3).

Subsequently, on 20 June 1989, I received an enthusiastic letter from Heinz Rasch: 'That brilliant idea with the flattened tubes – the beginning of a new steel tube generation.'[10] And he confirmed El Lissitzky's premise from 1924 according to which only inventions truly define design. In 1983 Jean Prouvé had explained the procedure to me as follows: '[...] this round section was squeezed into an elliptic shape with a vice. A tube flattened in this way can bear a greater load, even on its narrow side.'[11] I combined Jean Prouvé's constructional idea and Heinz Rasch's account of the 'compromise' with the solid inserts in the first cantilever chair by Mart Stam in the organically designed cantilever chair series for TECTA that was patented in 1987 and 1990 (fig. 4). Heinz Rasch was fascinated by this bafflingly simple technique which he referred to as 'Columbus's egg'. He was sorry that Mart Stam had not been able to witness this development 'that had needed 70 years before it was ready to stun the world'.[12] (fig. 5) 'A true continuation of Stam's and Mies's ideas!' From one moment to the next, this patent also paved the way

10 Heinz Rasch, letter to Axel Bruchhäuser from 24.7.1988, Rasch archive, Lauenförde.
11 Jan van Geest, *Jean Prouvé*, Cologne 1991, p. 16 and fig. 89.
12 Rasch 1988 (see note 8).

5

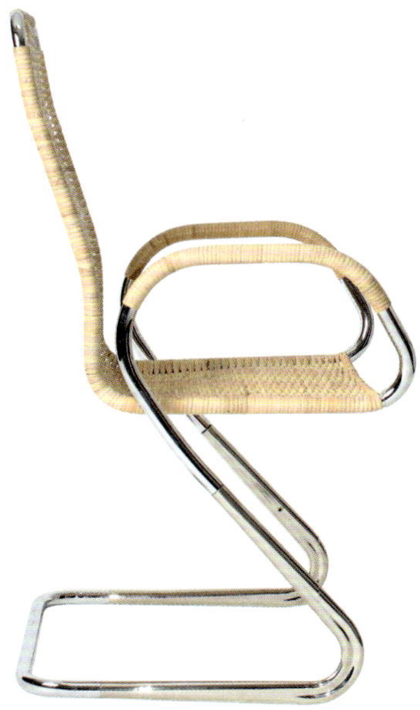

6

Rohr konnte auch an seiner Schmalseite eine viel größere Belastung aushalten.“[11] Diese konstruktive Idee von Jean Prouvé sowie den Bericht von Heinz Rasch über die „Notlösung“ mit den massiven Einlagen beim ersten Kragstuhl von Stam kombinierte ich zu der organisch gestalteten „TECTA-Kragstuhlserie“, die 1987 und 1990 patentiert wurde (Abb. 4). Heinz Rasch, fasziniert von dieser neuartigen Technik, bezeichnete sie als „Ei des Kolumbus“ und bedauerte, dass Mart Stam diese Entwicklung, „die 70 Jahre brauchte, um die Welt zu überraschen“,[12] nicht mehr miterleben konnte (Abb. 5). „Eine echte Weiterführung von Stam und Mies!“ Mit diesem Patent war plötzlich auch der Weg frei, den unvollendeten Schrägstützen-Kragstuhl von Heinz Rasch als für ihn typische Hängekonstruktion und mit abgeflachten Rohren serienreif zu gestalten (Abb. 6).

Bei meinen vielen Besuchen über zwei Jahrzehnte in Wuppertal, die nur durch das Taubenfüttern unterbrochen wurden, erläuterte Heinz Rasch häufig seine „Kraglehre“ und benutzte dazu sein Stabkreuz-Demonstrationsmodell von 1924. Ich berichtete Heinz Rasch über meine Zusammenarbeit mit Marcel Breuer in New York 1978 zum Zweck der Edition der Breuer-Stahlrohr-Modelle aus der Bauhaus-Zeit. Und Rasch erläuterte mir die konstruktive Entwicklung vom Stabrahmen des ersten Breuer-Stuhls 1926 über die Stabkreuz-Konstruktion des ‚Wassily‘-Faltsessels von Marcel Breuer 1927 bis zum hinterbeinlosen Kragstuhl 1928 (Abb. 7.1 und 7.2). Auch Breuer hatte schon 1925 in seinem *bauhaus-film* den Traum vom Schweben „auf einer elastischen Luftsäule“.[13] Rasch nannte Stam den „Erfinder“ und Mies den „Vollender“, denn die aus dem Stam-Stuhl abgeleitete, raumgreifende Form des Kragstuhles von Mies aus dem Jahr 1927 war zweifellos die schönste Ausführung. Sie fand ihren großzügigen Ausdruck in der sinnfälligen Federform (Abb. 8).

12 Rasch 1988 (wie Anm. 8).
13 Marcel Breuer, in: Bruchhäuser 1986 (wie Anm. 1), S. 23.

for the production of Heinz Rasch's cantilever chair with the angled base. He completed this typical suspended construction by applying flattened tubing (fig. 6).

Over the course of two decades, I frequently met Heinz Rasch in Wuppertal. During these visits that were only interrupted by pigeon feeding, he often explained his 'cantilever theory' on the basis of his cross-frame demonstration model from 1924. I told Heinz Rasch about my collaboration with Marcel Breuer in New York in 1978 on the production of Breuer's steel frame models from the Bauhaus period. And Rasch gave me an account of the development of the design from the rectangular frame of the first Breuer chair from 1926, to the cross-frame construction of Marcel Breuer's 'Wassily' folding chair from 1927 and to the cantilever chair construction without back legs from 1928 (fig. 7.1 and 7.2). In his Bauhaus film from 1925, Breuer had also expressed his dream of floating on an 'elastic column of air'.[13] Rasch described Stam as the 'inventor' and Mies as the 'completer', as Mies's expansive model from 1927 was without doubt the most attractive implementation of Stam's idea for a cantilever chair. It found its lavish expression in the unmistakable spring shape (fig.8).

From 1978 onwards, Heinz Rasch and I, together with Alison Smithson, Stefan Wewerka and Jean Prouvé, took up Heinz Rasch's initial idea for a cantilever chair from 1928, developing it into a kinetic suspended armchair. While I was in Paris in 1983, Prouvé provided me with the following explanation: 'You have to feel the way the material thinks.'[14] By this he meant that a designer has to internalise the malleability of the steel tubing. Peter Smithson in particular was quick to recognise the important role these organic cantilever chairs played as a 'synthesis of diversities'. He referred to them as *Flying Furniture* (a book with the same title was published in Cologne in 1999) and described

13 Marcel Breuer, in: Bruchhäuser 1986 (see note 1), p. 23.
14 Jean Prouvé, in: *Tecta. Flying Furniture*, Cologne 2013, p. 130.

7.1

7.2

An der konstruktiven Weiterentwicklung des Kragstuhles bis zum kinetischen Schwebesessel, nach der ersten Idee von Heinz Rasch 1928 (vgl. *Der Stuhl*, S. 3 unten) arbeiteten Heinz Rasch und ich zusammen mit Alison Smithson, Stefan Wewerka und Jean Prouvé seit 1978. Prouvé erläuterte mir 1983 in Paris dazu: „Man muss fühlen, wie das Material denkt"[14] und drückte damit aus, dass ein Konstrukteur die Verformbarkeit des Stahl-Rohres verinnerlichen müsse. Und vor allem Peter Smithson erkannte sofort die Bedeutung dieser organischen Kragstühle als „Synthese der Verschiedenheiten". Er nannte sie „Flying Furniture" (ein gleichnamiges Buch erschien 1999 in Köln) und charakterisierte das „Bild einer inneren Struktur", die als „Engineering impulse" deutlich sichtbar wird.[15] Erst nach dem Tod von Jean Prouvé 1984 wurde die Patentidee der Kombination des Stam-Stuhles mit Verstärkungseinlagen und der konstruktiven Idee von Jean Prouvé – die Rasch so elektrisiert hatte – realisiert. Sie wurde auch im Schrägstützen-Kragstuhl von Rasch, später als kinetischer Schrägstüzen-Schwebesessel zur Befreiung vom erstarrten Sitzen (Abb. 9) und in einbeinigen Kragstühlen „novelliert bei Bruchhäuser" angewendet, wie Rasch in seiner unveröffentlichten Autobiografie 1989 erwähnt.[16] Heinz Rasch beschrieb 1985 im Einleitungstext der ersten Auflage des Buches *Der Kragstuhl*, dem Katalog des Kragstuhlmuseums in Lauenförde, nur den ersten Teil dieser Entwicklung, aber ahnte auch das Folgende mit den Worten voraus: „Die Idee kommt unerwartet, plötzlich steht alles in Flammen." So wie sich die grundlegende Idee vom schwerelosen Sitzen im hinterbeinlosen Kragstuhl von Stam 1926 wirkungsmächtig offenbarte, folgte die Vollendung der Form durch Mies van der Rohe mit einer einzigen Handbewegung und danach die Vollendung der Konstruktion durch die Idee der „Tube aplati"

14 Jean Prouvé, in: *Tecta. Flying Furniture*, Köln 2013, S. 130.
15 Peter Smithson: „Evolution of tube aplati" für die Prouvé-Ausstellung im MoMA, New York 2008/2009.
16 Autobiografische Notizen, 1989, Rasch-Archiv, Lauenförde.

the 'image of an inner structure that is clearly visible as an "engineering impulse"'.[15] The patented combination of the Stam chair and its stabilising inserts with Jean Prouvé's constructional method – that had been such an inspiration for Rasch – was only constructed after Jean Prouvé's death in 1984. Rasch applied it in his cantilever chair with the angled base and in its successor, the kinetic suspended armchair with an angled base that promised liberation from rigid sitting (fig. 9). The method also featured in one-legged cantilever chairs, 'refined by Bruchhäuser', as he wrote in 1989 in his unpublished autobiography.[16] In his introduction to the first edition of *Der Kragstuhl* (The Cantilever Chair) from 1985, the catalogue of the Lauenförde cantilever chair museum, Heinz Rasch described the first part of this development. However, he also anticipated what was yet to come: 'An idea emerges unexpectedly. All of a sudden everything is in flames.' In the same way that Stam's principal vision of defying gravity in a cantilever chair without back legs inspiringly manifested itself in 1926, a single gesture by Mies van der Rohe determined the shape of the chair and a flick of the wrist completed the construction with the idea of the 'tube aplati'. El Lissitzky's vision of weightless suspension had been supplemented by yet another invention.

In these conversations Heinz Rasch failed to mention an invention that preceded El Lissitzky's visions and Stam and Breuer's dream of an elastic column of air, namely the director's chair with its cubical cantilever construction designed by Bauhaus founder Walter Gropius in 1920. It had been Gropius's programmatic aim to '[...] suspend earthly gravity in both effect and appearance.'[17] It was this same spirit of modernity that filled and inspired Heinz Rasch.

15 Peter Smithson: 'Evolution of tube aplati' for the Prouvé exhibition in MoMA, New York 2008/2009.
16 Autobiographical notes, 1989, Rasch archive, Lauenförde, p. 22.
17 Bruchhäuser 1986 (see note 1), p. 36.

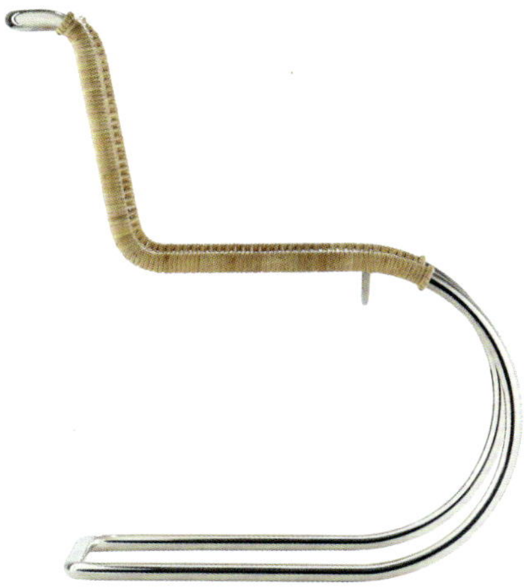

8

9

mit einem einzigen Handgriff. El Lissitzkys Vision des Schwebens im schwerelosen Raum wurde durch eine weitere Erfindung bereichert.

Was Heinz Rasch in diesen Gesprächen nicht erwähnte und den Visionen El Lissitzkys und Stams sowie Breuers Traum von der elastischen Luftsäule vorausging, war die würfelförmige Kragkonstruktion des Direktorensessels von Walter Gropius, dem Bauhaus-Gründer, von 1920. Das programmatische Ziel von Gropius war: „[...] die Erdenträgheit in Wirkung und Erscheinung schwebend zu überwinden."[17] Es war dieses neue Zeitgefühl der Moderne, von dem auch Heinz Rasch durchdrungen und beseelt war.

Abbildungen

1. Gasrohrstuhl von Mart Stam, 1926
2. Sperrholzstuhl von Heinz Rasch, 1926
3. Jean Prouvé, Skizze zu „Tube aplati" (abgeflachtes Rohr), Handgriff Heinz Rasch 1926, Handgriff Axel Bruchhäuser, 1987
4. Kombination der Ideen von Jean Prouvé und Mart Stam zum Patent „Tube aplati", 1987
5. Kragstuhl mit „Tube aplati" B25, 1987
6. Schrägstützen-Kragstuhl mit „Tube aplati" von Heinz Rasch, 1989
7. (7.1 und 7.2) Marcel Breuer, Vom Stabrahmen-Stuhl 1926 über den Stabkreuz-Sessel 1927 zum Kragstuhl 1928
8. Kragstuhl von Mies van der Rohe, 1927, mit Naturrohrgeflecht von Lilly Reich
9. Kinetischer Schwebesessel „Tube aplati", Patent Axel Bruchhäuser, Idee Heinz Rasch, TECTA 1994

Figures

1. Gas pipe chair by Mart Stam, 1926
2. Plywood chair by Heinz Rasch, 1926
3. Jean Prouvé, sketch for 'tube aplati' (flattened tube), hand movement Heinz Rasch 1926, hand movement Axel Bruchhäuser, 1987
4. Combination of ideas by Jean Prouvé and Mart Stam for the 'tube aplati' patent, 1987
5. Cantilever chair with 'tube aplati' B25, 1987
6. Cantilever chair with angled base with 'tube aplati' by Heinz Rasch, 1989
7. (7.1 and 7.2) Marcel Breuer, From the rectangular frame 1926 to the armchair with cross-frame 1927 to the cantilever chair 1928
8. Cantilever chair by Mies van der Rohe, 1927, with wickerwork by Lilly Reich
9. Kinetic suspended armchair 'tube aplati', patent Axel Bruchhäuser, idea Heinz Rasch, TECTA 1994

17 Bruchhäuser 1986 (wie Anm. 1), S. 36.

HUBERTUS ADAM

ZWISCHEN PRAGMATISMUS UND VISION

Zum Werk der Brüder Rasch nach 1945

Between Pragmatism and Vision
The Rasch Brothers' Work after 1945

1943, als ein Luftangriff Wuppertal weitgehend zerstört hatte, schickten Franz Krause und Willi Baumeister ihrem Architektenfreund Heinz Rasch eine gezeichnete Postkarte mit dem Titel *Projekt einer Hängestadt über der Wupper*[1] (Abb. 1). Wie Lampions hängen Häuser an Drähten, welche zwischen die das Tal der Wupper flankierenden Berge gespannt sind. Die Skizze erinnert an den Duktus von Mappenwerken wie *Alpine Architektur* oder *Die Auflösung der Städte* – architektonische Visionen, die Bruno Taut in den Jahren des Ersten Weltkriegs gezeichnet hatte. Die Brüder Rasch standen seit 1924 in engem Kontakt zu Bruno Taut, und Taut sah in den frühen Hängehausarchitekturen der Brüder ein Wiederaufleben von Visionen, wie er und Paul Scheerbart sie schon 1914 imaginiert hatten.[2] War die Zeit nach den Zerstörungen des Zweiten Weltkriegs endlich reif für die architektonische Vision der Hängehäuser, mit der die Brüder Rasch 1927/28 Furore gemacht hatten?[3]

1 Abbildung u. a. in: *Pendel. Studentenzeitschrift der Justus Liebig-Universität Gießen*, Jg. 1, Nr. 2, Juli 1963, S. 10.

2 Vgl. Annette Ludwig, *Die Architekten Brüder Heinz und Bodo Rasch*, Tübingen, Berlin 2009, S. 41, 148 f., 245.

3 Vgl. Heinz und Bodo Rasch, *Wie Bauen? Bauen und Einrichtung der Werkbundsiedung am Weißenhof in Stuttgart 1927*, Stuttgart 1927; dies., „Hängehäuser", in: *Die Baugilde*, Jg. 10, Nr. 15, 1928, S. 1125–1127.

In 1943, after an airstrike had destroyed much of Wuppertal, Franz Krause and Willi Baumeister sent their architect friend Heinz Rasch a drawn postcard with the title *Projekt einer Hängestadt über der Wupper* (Project for a City Suspended over the Wupper)[1] (fig. 1), in which houses hang like lanterns from cables spanned across the mountain-flanked Wupper valley. The sketch is reminiscent of the style used in portfolios such as *Alpine Architektur* (Alpine Architecture) or *Die Auflösung der Städte* (The Dissolution of Cities) – architectonic visions that Bruno Taut drew during the years of the First World War. From 1924 onwards the Rasch brothers had been in close contact with Bruno Taut, and Taut saw the brothers' early suspension house structures as a revival of the visions he and Paul Scheerbart had developed as early as 1914.[2] Was the time following the destructions of the Second World War finally ripe for the architectonic vision of the suspension houses with which the Rasch brothers had caused a sensation in 1927–1928?[3]

1 Figure i.a. in: *Pendel. Studentenzeitschrift der Justus Liebig-Universität Gießen*, vol. 1, no. 2, July 1963, p. 10.

2 Compare Annette Ludwig, *Die Architekturen Brüder Heinz und Bodo Rasch*, Tübingen and Berlin 2009, p. 41, 148 f., 245.

3 Compare Heinz and Bodo Rasch, *Wie Bauen? Bauen und Einrichtung der Werkbundsiedlung am Weißenhof in Stuttgart* 1927, Stuttgart 1927; id., 'Hängehäuser', in: *Die Baugilde*, vol. 10, no. 15, 1928, pp. 1125–1127.

1

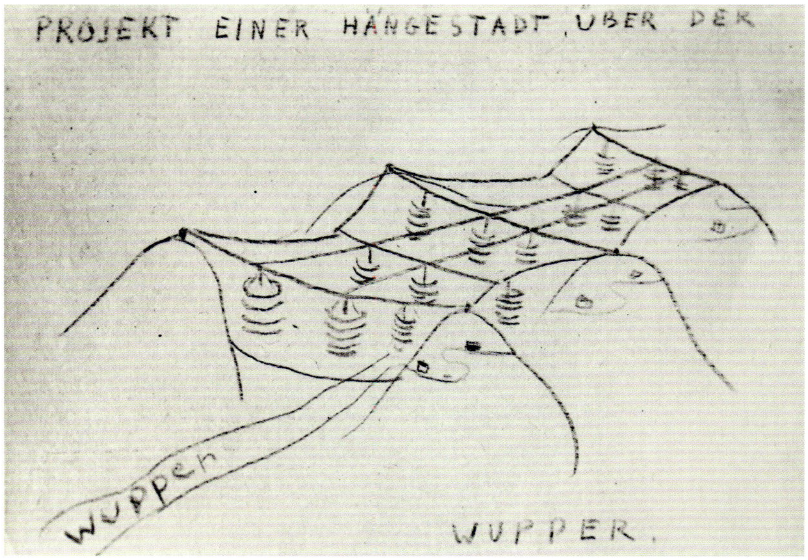

2

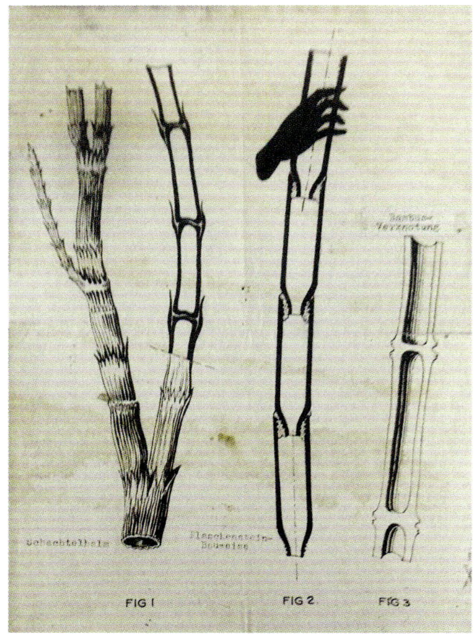

TRÜMMERSTEINE UND FLASCHENSTEINBAUWEISE

Mit der Auflösung ihres Büros im Jahr 1930 hatten sich die Lebenswege der Brüder Rasch getrennt. Die finanziellen Schwierigkeiten in einer wirtschaftlichen Krisensituation waren dadurch allerdings nicht gelöst.[4] Heinz Rasch übersiedelte zunächst nach Berlin – und Ende 1932 nach Wuppertal, wo er mit der Werbung für die Lackfabrik Dr. Kurt Herberts[5] betraut wurde. Als Werbeleiter verantwortete er den gesamten grafischen Auftritt, errichtete aber auch die Neubauten der Firma, vor allem auf dem Werksgelände am Christbusch im Stadtteil Unterbarmen. Weitere Auftraggeber folgten, und so wurde der Industriebau sein neues Betätigungsfeld. Bekanntermaßen ließ sich in diesem Bereich auch in der NS-Zeit die Formvorstellung der Moderne weiterhin umsetzen, sodass Rasch, wiewohl Vertreter einer radikal-experimentellen Architektur der Weimarer Republik, hier sein Auskommen fand. In den fortgeschrittenen Jahren des Zweiten Weltkriegs verlagerte sich der Fokus der Arbeit. Wiederaufbau wurde zum Thema, und Heinz Rasch suchte in einer Zeit, da hochwertige Baustoffe wie Stahl kaum mehr zu beschaffen waren, nach alternativen Konstruktionsweisen. So experimentierte er mit der Flaschensteinbauweise, einer heute weitgehend vergessenen Technik. Ihr Erfinder war der französische Architekt Jacques Couëlle, der später durch skulptural geformte Villen bekannt werden sollte. In Paris hatte dieser in den Dreißigerjahren das *Centre de Recherches des Structures Naturelles* gegründet, dessen Ziel darin bestand, Gesetzmäßigkeiten der Natur für die Architektur zu adaptieren, mit anderen Worten: bionische Forschung zu betreiben. Analogien zum Aufbau des Schachtelhalms und zur Struktur der Bambuspflanze führten um 1940 zur Entwicklung der *fusée*

4 Zu den Biografien von Heinz und Bodo Rasch vgl. Ludwig 2009 (wie Anm. 2), S. 40–50.
5 Zu Kurt Herberts vgl.: Christiane Gibiec, *Ein Beweger, ein Impulsator. Der Lackfabrikant Dr. Kurt Herberts*, hrsg. v. Bergischen Geschichtsverein, Abteilung Wuppertal e. V., Wuppertal 2010.

RUBBLE STONES AND BOTTLE BRICK CONSTRUCTION

After the liquidation of their firm in 1930 the brothers went their separate ways. However, this development did not help to solve the financial difficulties brought on by the economic crisis.[4] Heinz Rasch moved to Berlin and then late in 1932 to Wuppertal, where he was put in charge of advertising at Kurt Herberts's lacquer factory[5] where he was responsible for the firm's entire graphic presentation. However, he also constructed new buildings for the company, especially on the factory premises at Christbusch, a forested area in the district Unterbarmen. As further clients followed, industrial construction became a new occupational field for Heinz Rasch. This was a context in which the formal ideas of Modernism could be carried out even during the Nazi era, and consequently Rasch was able to make a living with this work despite being a representative of the radical and experimental architecture of the Weimar Republic. His professional focus shifted towards the end of the Second World War; reconstruction became an important topic and Heinz Rasch tried to find alternative building methods at a time when it was practically impossible to come by valuable materials such as steel. He began to experiment with bottle brick construction, a technique that is all but forgotten today which was invented by the French architect Jacques Couëlle, who was to become known for sculpturally shaped villas. In the 1930s he founded the *Centre de Recherches des Structures Naturelles* in Paris, the aim of which was to transfer the laws of nature to architecture – in other words, bionic research. Around 1940 analogies to the structure of snake grass and the bamboo plant led to the development of *fusée céramique*.[6]

4 For information on Heinz and Bodo Rasch's biographies compare Ludwig 2009 (see note 2), pp. 40–50.
5 For information on Kurt Herberts compare: Christiane Gibec, *Ein Beweger, ein Impulsator. Der Lackfabrikant Dr. Kurt Herberts*, Wuppertal 2010.
6 Compare Virgine Thiéry, 'Jacques Couëlle: quand l'architecture se révèle sculpture', in: *Labyrinthe*, no. 12, 2002, pp. 97–106; M.W. Kamerling, 'Fusée ceramic vaults and domes in the Netherlands', in: *Joint annual symposium of the International Association for Bridge and Structural Engineering (IABSE) and the International Association for Shell and Spatial Structures (IASS)*, London 2011; published online: http://resolver.tudelft.nl/uuid:e1b2be73-71d2-4514-8dcd-c91d1c2ef9fa (accessed October 2014).

3

4

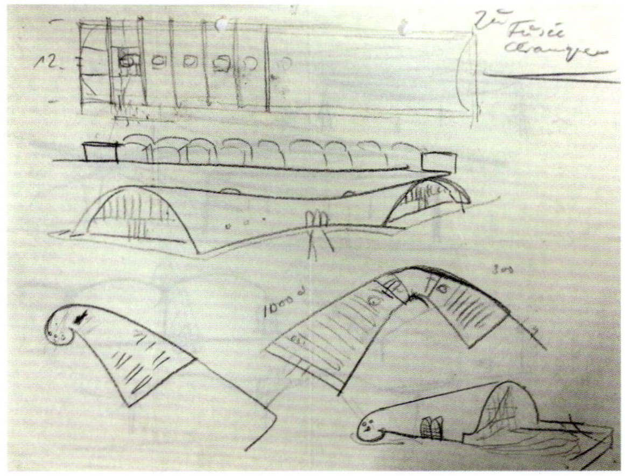

céramique.[6] Bei diesen „Flaschenbausteinen" handelte es sich um zylindrische Hohlformen von 35 cm Länge, 8 cm Durchmessern und 1 cm Wandungsstärke, die sich an einer Seite deutlich verjüngten (Abb. 2). Diese Einschnürung erlaubte es, die Elemente ineinanderzustecken, wobei bis zu einem gewissen Grad auch Abdrehungen möglich waren. *Fusées céramiques* ließen sich zu Bogenstrukturen verbinden. Nebeneinander gestellt und in Beton eingegossen, ergaben sich Gewölbe unterschiedlicher Form, und das unter weitgehendem Verzicht auf Armierungseisen. Im Juli 1944 informierte sich Rasch, der als Beauftragter der Organisation Todt, Einsatzgruppe Ruhr, tätig war, bei der Pariser Zentrale *La Fusée Céramique* über die Anwendung der Flaschensteinbauweise beim Bau von unterirdischen Stollen und versuchte offenkundig, die Technik bei dem für die Genehmigung zuständigen Reichsarbeitsministerium bewilligen zu lassen.[7] Im September 1944 entstand der Entwurf für ein igluartiges Behelfsheim (Abb. 3), doch auch nach dem Zweiten Weltkrieg arbeitete Rasch mit *fusée céramique.* In seinem Nachlass finden sich Pläne aus dem Monat November 1945 für ein wiederum iglufö rmiges Reisebüro sowie verschiedene Entwürfe für weitere Behelfsheime.[8] Bemerkenswert ist ein Skizzenblatt, auf dem Rasch die repetitiven Gewölbekonstruktionen in plastisch geformte Körper unbekannter Zweckbestimmung überführte (Abb. 4). 1952 nahm Heinz Rasch noch einmal Kontakt mit dem *Centre de Recherches des Structures Naturelles* auf, als er eine neue Kuppel für das kriegszerstörte Planetarium in den Barmer Anlagen in Wuppertal plante.[9]

6 Vgl. Virginie Thiéry, „Jacques Couëlle : quand l'architecture se révèle sculpture", in: *Labyrinthe,* Nr. 12, 2002, S. 97–106; M. W. Kamerling, „Fusée ceramic vaults and domes in the Netherlands", in: *Joint annual symposium of the International Association for Bridge and Structural Engineering (IABSE) and the International Association for Shell and Spatial Structures (IASS),* London 2011; online veröffentlicht: http://resolver.tudelft.nl/uuid:e1b2be73-71d2-4514-8dcd-c91d1c2ef9fa [letzter Zugriff: 20. 8. 2014].

7 Brief von La Fusée Céramique an Heinz Rasch, 19. 7. 1944; Aktennotiz vom 29. 7. 1944, Deutsches Architekturmuseum Frankfurt am Main, Nachlass Heinz Rasch (im Folgenden: NHR).

8 Verschiedene Entwürfe im NHR.

9 Das 1926 eröffnete Planetarium in Wuppertal wurde im Mai 1943 beim Luftangriff auf Barmen nur beschädigt, verfiel aber nach dem Kriegsende durch Verwahrlosung. 1955 wurden die Reste abgerissen.

These 'bottle bricks' consisted of hollow cylinders with a length of about 35 cm, a diameter of 8 cm and a 1 cm thick wall that tapered considerably at one end (fig. 2). Thanks to this constriction, the elements could be stuck into one another, thus enabling a certain degree of curvature. *Fusée céramiques* could be used to make arch structures. Placed next to one another and cast in concrete, these building units produced vaults of all shapes which required almost no reinforcing steel. In July 1944, Rasch, who was employed as a representative of the task force Ruhr of the Todt organisation, contacted the Paris headquarters of *La Fusée Céramique* for information on the application of the bottle brick construction method in connection with tunnels and evidently tried to have the technique approved by the *Reichsarbeitsministerium* (Imperial Ministry of Labour).[7] In September 1944 he developed a design for an igloo-like temporary dwelling (fig. 3). Heinz Rasch also continued to work with *fusée céramique* after the Second World War. His estate includes plans from November 1945 for a travel agency, which also resembled an igloo, and various designs for further temporary dwellings.[8] A sheet with sketches in which Rasch transferred the repetitive vault structures to three-dimensional shapes of unknown purpose is particularly interesting (fig. 4). Heinz Rasch contacted the *Centre de Recherches des Structures Naturelles* once again in 1952 while he was working on plans for a new dome for the war-ravaged planetarium on the grounds at Barmen in Wuppertal.[9]

After the liquidation of their communal firm in 1930, Bodo Rasch's attempts at professional consolidation were less successful than his brother's. He shifted his attention to journalism, publishing and typography; his most important architectonic projects were never carried out. These included house designs for a timbre housing estate at the Kochenhof in Stuttgart which

7 Letter from La Fusée Céramique to Heinz Rasch, 19 July 1944; file note from 29 July 1944, Deutsches Architekturmuseum Frankfurt am Main, estate Heinz Rasch (hereafter: EHR).

8 Various designs in EHR.

9 The planetarium that opened in 1926 was damaged during an airstrike on Barmen in May 1943 and became dilapidated due to neglect at the end of the war. In 1955 the ruins were torn down.

5

Bodo Rasch gelang es nach der Auflösung des gemeinsamen Büros 1930 weniger als seinem Bruder, sich beruflich zu konsolidieren. Er verlagerte seinen Arbeitsschwerpunkt auf die journalistische, herausgeberische und typografische Tätigkeit; seine wichtigen architektonischen Projekte blieben unrealisiert. Das galt zum Beispiel für Hausentwürfe einer Holzhaussiedlung auf dem Kochenhof in Stuttgart, die offensichtlich von Bodo Rasch selbst lanciert wurde.[10] Auf Initiative von Bodo Rasch stellte die Württembergische Forstdirektion Holz kostenlos zur Verfügung, die Schirmherrschaft wurde dem Deutschen Werkbund übertragen, der wenige Jahre zuvor die Weißenhofsiedlung realisiert hatte. Unter den drei Hausentwürfen Raschs sticht vor allem eines hervor, das ringsum mit einer organisch geformten und mit Biberschwanzziegeln verkleideten Hülle aus Holzlamellen umgeben ist (S. 48). 1938 beauftragte ihn die Wurst- und Hähnchenbraterei Betz mit dem Entwurf einer transportablen Gaststätte, die auf Volksfesten aufgestellt werden sollte.[11] Der Architekt nahm Kontakt mit verschiedenen im Bereich der Schaustellerei tätigen Unternehmen auf und entwickelte schließlich eine Konstruktion, die aus aufblasbaren textilen Zellen bestand und bei der auf eine innere starre Stützkonstruktion verzichtet wurde: „Die Ausführung ist gedacht aus luftgefüllten Schläuchen sodass das Zelt dem ambulanten Gewerbe entsprechend leicht auf- und abgeschlagen werden kann."[12] Resultat war eine Wurstbraterei in Form eines liegenden Schweins (S. 50). Als „Transportables Haus aus luftgefüllten Zellen" reichte Rasch seine Idee im Juni 1938 beim Reichs-

had apparently been launched by Bodo Rasch himself.[10] On the initiative of Bodo Rasch, the forestry management of Württemberg provided free timber and patronage was assigned to the German Werkbund which had brought about the Weissenhof Estate a few years earlier. The most remarkable of Rasch's three house designs was a building completely surrounded by an organically shaped envelope consisting of a timber lamella structure that was faced with beaver tail tiles (see p. 48). In 1938 Betz, an enterprise specialising in fried sausage and chicken, commissioned him to design a transportable restaurant that could be set up at fairs.[11] The architect contacted various businesses in the field of display booths and finally developed a structure made up of inflatable cells and did not require a rigid interior support structure. 'The implemented structure is to consist of air-filled tubes, thus making the tent easy to set up and take down in accordance with the requirements of ambulant trade.'[12] The result was a sausage-frying stall in the shape of a reclining pig (see p. 50). In June 1938 he submitted his idea to the *Reichspatentamt* (Imperial Patent Office) as a 'transportable house composed of air-filled cells'. At the same time, he developed a 'Lilliputian theatre' in the shape of a reclining Gulliver figure. Rasch later returned to the idea of pneumatic structures. However, the outbreak of the war thwarted any attempts to implement these plans. When Bodo Rasch returned from French war imprisonment in 1946, the most important task was reconstruction. He built his own house in the Wispelwald in Oberaichen from rubble stones. In 1947–1948 he and Martin Elsaesser planned

10 Vgl. *bodo rasch. ideen projekte bauten. werkbericht 1924 bis 1984,* Ausst.-Kat. Architekturgalerie am Weißenhof, Stuttgart 1984, S. 12–15; Ludwig (wie Anm. 2), S. 310–12. Zur Entwicklung der Kochenhof-Siedlung, die ab 1933 nach veränderten Plänen ausgeführt wurde, vgl.: Vittorio Magnago Lampugnani, „Vom 'Block' zur Kochenhofsiedlung", in: ders./Romana Schneider (Hrsg.), *Moderne Architektur in Deutschland 1900 bis 1950. Reform und Tradition,* Kat. Deutsches Architekturmuseum Frankfurt am Main, Stuttgart 1992, S. 266–81; Wolfgang Voigt/Hartmut Frank (Hrsg.), *Paul Schmitthenner 1884–1972,* Kat. Deutsches Architekturmuseum Frankfurt am Main, Tübingen, Berlin 2003, S. 153 f.

11 Vgl. hierzu und im Folgenden: *bodo rasch. ideen projekte bauten.* (wie Anm. 10), S. 54–57.

12 Bodo Rasch, Skizzen zu einer Wurstbraterei in Form eines Schweins, 31. 5. 1938, Privatbesitz, Nachlass Bodo Rasch (im Folgenden: NBR), Stuttgart.

10 Compare *bodo rasch. ideen projekte bauten. werkbericht 1924 bis 1984* (exhib. cat. Architekturgallerie am Weissenhof), Stuttgart 1984, pp. 12–15; Ludwig 2009 (see note 2), pp. 310–312. For information on the Kochenhofsiedlung that was carried out according to altered plans from 1933 onwards, compare: Vittorio Magnago Lampugnani, 'Vom "Block" zur Kochenhofsiedlung', in: id. and Romana Schneider (eds.), *Moderne Architektur in Deutschland 1900 bis 1950. Reform und Tradition* (cat. Deutsches Architekturmuseum Frankfurt am Main), Stuttgart 1992, pp. 266–281; Wolfgang Voigt and Hartmut Frank (eds.), *Paul Schmitthenner 1884–1972* (cat. Deutsches Architekturmuseum Frankfurt am Main), Tübingen and Berlin 2003, p. 153 f.

11 Concerning this aspect and following issues, compare: *bodo rasch. ideen projekte bauten* (see note 10), pp. 54–57.

12 Bodo Rasch, sketches for a sausage-frying stall in the shape of a pig, 31 May 1938, private collection, estate Bodo Rasch (hereafter EBR), Stuttgart.

patentamt ein. Ein „Liliputanertheater" in Form einer liegenden Gulliver-Figur stammt aus der gleichen Zeit. Auch wenn Rasch später auf die Idee pneumatischer Konstruktionen zurückkam: Mit dem Kriegsausbruch war an Realisierungen nicht mehr zu denken. Als Bodo Rasch 1946 aus französischer Kriegsgefangenschaft nach Stuttgart zurückkehrte, war der Wiederaufbau das wichtigste Thema. Aus Trümmersteinen entstand sein eigenes Wohnhaus im Oberaicher Wispelwald. Zusammen mit Martin Elsaesser plante er 1947/48 Baustrukturen mit neben- und übereinanderstehenden Tonnengewölben aus Trümmersteinen (S. 51).[13] Wie Heinz Rasch, der sich zeitgleich mit der Flaschensteinbauweise auseinandersetzte, entwickelte somit auch Bodo Rasch auf die Mangelwirtschaft abgestimmte Bautechniken.

DIE STADTKRONE VON MARL

„Stadtplanung. Experimente und Utopien"[14] war die fünfte Ausgabe des Jahres 1967 der Zeitschrift *Bauen + Wohnen* betitelt, ein Heft, das – wie Chefredakteur Jürgen Joedicke einleitend ausführte, „den bisher gewohnten Rahmen"[15] des Periodikums verlasse. Waren in der in Zürich erscheinenden *Bauen + Wohnen* bis dahin vor allem gebaute oder geplante Projekte vorgestellt worden, so vereinte Joedicke in der Mainummer 1967 aktuelle urbanistische Visionen. Den Auftakt bildeten Zeichnungen zu der *Plug-in-City* und anderen Konzepten von Archigram, die von Reyner Banhams Essay über die Idee der Indeterminiertheit in der jüngsten britischen Architektur begleitet wurden. Rudolf Doernach, Hans-Joachim Lenz und Eckhard Schule-Fielitz präsentierten ihr Stadtbausystem, der Schweizer Fritz Haller Teile einer Studie, die wenig später unter dem Titel *totale stadt* erscheinen sollte. Aus Österreich waren Günther Domenig und Eilfried Huth mit ihrem Überbauungskonzept für die Stadt Ragnitz bei Graz und Friedrich St. Florian mit seinem Modell einer vertikalen Stadt vertreten, bevor sich der Fokus des Heftes auf die japanischen Metabolisten und schließlich auf Wohnutopien aus Frankreich richtete. Um das Panorama zeitgenössischer Architekturutopien, dem Joedicke wohlwollend-skeptisch gegenüberstand, in eine Traditionslinie einzureihen und damit historisch zu legitimieren, ergänzte er das Heft um zwei weitere Beiträge. Einerseits widmete er sich selbst den „Utopisten der zwanziger Jahre in Deutschland",[16] insbesondere dem Kreis der Gläsernen Kette um Bruno Taut und damit dem architektonischen Expressionismus, der durch die Hagiografie der funktionalistischen Moderne über Jahrzehnte verdrängt worden war und in dieser Zeit gerade erst wiederentdeckt wurde.[17] Andererseits publizierte Joedicke unter dem etwas irritierenden Titel *Realisierte Utopie*[18] Projekte von Heinz und Bodo Rasch aus den Jahren 1927 und 1928: den Güterbahnhof, das Stadion und die Projekte für Hängehäuser.

13 Vgl. *bodo rasch. ideen projekte bauten.* (wie Anm. 10), S. 30 f.
14 *Bauen + Wohnen*, Nr. 5, 1967.
15 Jürgen Joedicke, „Zu diesem Heft", in: ebd., S. 163 f., hier S. 163.
16 Jürgen Joedicke, „Utopisten der zwanziger Jahre in Deutschland", in: ebd., S. 193–197.
17 Hinzuweisen ist vor allem auf: *Die gläserne Kette*, Ausst.-Kat. Leverkusen und Berlin, 1963.
18 Heinz und Bodo Rasch, „Realisierte Utopie", in: *Bauen + Wohnen*, Nr. 5, 1967, S. 198–200.

structures consisting of rubble-stone barrel vaults that were placed next to or stacked on top of one another (see p. 51).[13] While Heinz Rasch concerned himself with bottle brick construction, Bodo Rasch also developed building techniques suited to the makeshift economy.

THE CITY CROWN OF MARL

'Stadtplaunung. Experimente und Utopien' (Urban Planning. Experiments and Utopias)[14] was the title of the fifth edition of the 1967 volume of *Bauen + Wohnen* (Building and Living), an issue that went beyond 'the customary scope'[15] of the periodical, as chief editor Jürgen Joedicke explained in his introduction. Until then, the Zurich-based magazine had been dedicated mainly to built or planned projects. The May 1967 issue, however, was a compilation of urban visions. Joedicke's overview started with drawings of the *Plug-in-City* and other concepts by Archigram that were supplemented by Reyner Banham's essay on the idea of indeterminacy in recent British architecture. Rudolf Doernach, Hans-Joachim Lenz and Eckhard Schule-Fielitz introduced their city building system and the Swiss architect Fritz Haller presented parts of a study that was subsequently to appear under the title *totale stadt* (Total City). Austria was represented by Günther Domenig and Eilfried Huth and their 'Überbauung Ragnitz', a concept for a mega-structure for the town of Ragnitz near Graz, and by Friedrich St. Florian with his model of a vertical city. The focus then shifted to the Japanese metabolists and to residential utopias in France. As a means of historical legitimisation Joedicke, who approached this panorama of contemporary architectural utopias with benevolent scepticism, wanted to portray these examples as part of a tradition and thus added two further contributions to the issue. Firstly he himself examined the 'utopists in Germany during the twenties',[16] especially the *Gläserne Kette* (Crystal Chain) circle around Bruno Taut, and architectonic Expressionism which had led a shadow existence for many decades due to the hagiography of functionalist Modernism and was only just being rediscovered.[17] Secondly Joedicke published several projects by Heinz and Bodo Rasch from 1927 and 1928 under the somewhat misleading title *Realisierte Utopie* (Realised Utopia):[18] the goods station, the stadium and the projects for suspension houses. The title was not a reference to the Raschs' designs but to Joedicke's earlier observation that suspended structures using the tensile strength of steel cables had long since become part of the standard repertoire of modern architecture. In this context he mentioned the trade fair hall in Raleigh (1954), the structures at the 1958 Brussels World's Fair, projects by Frei Otto and René Sarger and finally the towers of the town hall in Marl by Johannes Hendrik van den Broek and Jacob Berend Bakema: 'The designs developed by Heinz and

13 Compare *bodo rasch. ideen projekte bauten* (see note 10), p. 30 f.
14 *Bauen + Wohnen*, no. 5, 1967.
15 Jürgen Joedicke, 'Zu diesem Heft', in: ibid., p. 163 f., here p. 163.
16 Jürgen Joedicke, 'Utopisten der zwanziger Jahre in Deutschland', in ibid., pp. 193–197.
17 The following work is particularly interesting: *Die gläserne Kette* (exhib. cat. Museum Leverkusen and Akademie der Künste, Berlin), 1963.
18 Heinz and Bodo Rasch, 'Realisierte Utopie', in: *Bauen + Wohnen*, no. 5, 1967, pp. 198–200.

Der Titel bezieht sich nicht auf die Entwürfe der Raschs, sondern auf Joedickes Vorbemerkung, dass Hängekonstruktionen, bei denen die Zugfestigkeit von Stahlseilen ausgenutzt werde, inzwischen zum Standardrepertoire der modernen Architektur zählten. Er verwies dabei auf die Messehalle in Raleigh (1954), die Bauten der Weltausstellung in Brüssel 1958, die Projekte von Frei Otto und René Sarger und schließlich auf die Türme des Rathauses Marl von Johannes Hendrik van den Broek und Jacob Berend Bakema: „Was Heinz und Bodo Rasch damals entwickelten, blieb auf dem Papier. Erst unserer Zeit blieb es vorbehalten, verwandte Ideen zu realisieren."[19] (Abb. 5). Nur beiläufig in einer Fußnote merkte Joedicke an, dass Heinz Rasch Hängehäuser bei zwei Wettbewerben des Jahres 1955 vorgeschlagen und die Bauweise im April 1956 erfolgreich zum Patent angemeldet habe.

Tatsächlich war das Rathaus in Marl eines der viel beachteten Bauvorhaben in der jungen Bundesrepublik – und Auslöser einer Debatte über Hängehäuser. Der jungen Industriestadt, die ihren rapiden Aufschwung dem Steinkohlebergbau und der Chemieindustrie verdankte, fehlte als ein aus verschiedenen Dörfern zusammengewachsenes Gebilde ein städtischer Kern. Mit der Konkurrenz um den Entwurf des Rathauses[20] setzte die Planung für ein neues Zentrum ein, das schrittweise in den folgenden Jahrzehnten realisiert werden sollte. Der 1957 ausgeschriebene Wettbewerb wurde maßgeblich vorbereitet von Rudolf Hillebrecht, als Stadtbaurat seit 1948 verantwortlich für den Wiederaufbau von Hannover, und Konrad Rühl, in den Zwanzigerjahren unter Bruno Taut und Johannes Göderitz am Generalsiedlungsplan Magdeburgs beteiligt und nach dem Zweiten Weltkrieg als Ministerialdirigent in Nordrhein-Westfalen tätig. In der Jury saßen ausschließlich Verfechter einer modernen Baugesinnung. Zum Wettbewerb eingeladen waren insgesamt zwölf Architekturbüros, darunter die wichtigsten deutschen Architekten der Zeit, aber auch internationale Vertreter wie Alvar Aalto aus Finnland, Arne Jacobsen aus Dänemark und Van den Broek & Bakema aus den Niederlanden. Jürgen Joedicke war an der Arbeit der Niederländer sehr interessiert, was sich schon daran zeigte, dass er in seiner Publikationsreihe *Dokumente der modernen Architektur* zwei monografische Bände über ihr Œuvre verlegte.[21]

1963 setzte sich Joedicke in einem anderen Beitrag für *Bauen + Wohnen* mit Hängekonstruktionen auseinander, wobei er auf die zentrale Bedeutung der Publikation *Wie Bauen?* der Brüder Rasch aus dem Jahr 1927 zu sprechen kam, dann aber Frei Otto, dessen zweites Buch *Auf Zug beanspruchte Konstruktionen* im gleichen Heft besprochen wurde,[22] ins Zentrum

19 Jürgen Joedicke, „Vorbemerkung zu: Rasch, Heinz, und Rasch, Bodo. Vorschläge für Hängekonstruktionen (1927/28)", in: ebd., S. 198.

20 Zum Rathaus in Marl: Stefan Kleineschulte, *Das Rathaus in Marl. Zur Bedeutung der Architektur für die politische Sinnstiftung auf kommunaler Ebene*, Diss. Bochum 2003; online unter: http://www-brs.ub.ruhr-uni-bochum.de/netahtml/HSS/Diss/KleineschulteStefan/diss.pdf [letzter Zugriff: 30.7.2014].

21 Jürgen Joedicke, *Architektur und Städtebau. Das Werk van den Broek und Bakema* [= Dokumente der modernen Architektur, Bd. 3], Stuttgart 1963; *Architectengemeenschap van den Broek en Bakema. Architektur-Urbanismus* [= Dokumente der modernen Architektur, Bd. 12], Stuttgart 1976.

22 Jürgen Joedicke, „Frei Otto und Rudolf Trostel: Zugbeanspruchte Konstruktionen", in: *Bauen + Wohnen*, Nr. 4, 1963, S. 176. Das erste Buch von Otto, *Das hängende Dach*, war 1953 erschienen.

Bodo Rasch remained on paper. The implementation of similar ideas is a privilege of our times'[19] (fig. 5). In Joedicke's text the fact that Heinz Rasch submitted suspension house designs at two competitions in 1955 and had the building method successfully patented in April 1956 only appears as a passing mention in a footnote.

As a matter of fact, the town hall in Marl was a building project that received a lot of attention in the young Federal Republic – and also triggered a discussion about suspension houses. The young industrial city, which owed its rapid boom to anthracite coal mining and the chemical industry, was essentially an amalgam of different villages and therefore lacked an urban nucleus. Plans for a new city centre developed in connection with a competition for a design for the town hall[20] and were to be carried out step by step in the course of the ensuing decades. The competition was announced in 1957 and was essentially organised by Rudolf Hillebrecht who, as municipal building surveyor, had been responsible for the reconstruction of Hanover from 1948 onwards and Konrad Rühl, who had contributed to Bruno Taut and Johannes Göderitz's General Settlement Plan for Magdeburg in the 1920s and was employed as head of section at the ministry of North Rhine-Westphalia after the Second World War. The jury was made up exclusively of supporters of a modern approach to construction. Twelve architectural firms were invited to the competition. This selection included not only the most important German architects of the day but also international representatives such as Alvar Aalto from Finland, Arne Jacobsen from Denmark and Van den Broek & Bakema from the Netherlands. Joedicke was very interested in the Dutch architects' work and published two monographic volumes on their oeuvre in his series *Dokumente der modernen Architektur* (Documents of Modern Architecture).[21]

In 1963 Joedicke wrote another article on suspended structures for *Bauen + Wohnen.* Although he underlined the importance of the Rasch brothers' publication *Wie Bauen?* (How to Build?) from 1927, he gave priority to Frei Otto, whose second book *Auf Zug beanspruchte Konstruktionen* (Tensile Structures) was discussed in the same issue,[22] and to Van den Broek & Bakema.[23] He showed that the idea of the suspension houses in Marl had been anticipated by the department store Ter Meuler in Wassen-Vorst (1952) and above all by the office building of the daily paper *Het Parool* in Amsterdam (1957). To date, there is no evidence that the Dutch architects were familiar with the Rasch brothers' texts from the 1920s.

19 Jürgen Joedicke, 'Vorbemerkung zu: Rasch, Heinz, und Rasch, Bodo. Vorschläge für Hängekonstruktionen (1927/28)', in: ibid., p. 198.

20 For information on the town hall in Marl: Stefan Kleineschulte, *Das Rathaus in Marl. Zur Bedeutung der Architektur für die politische Sinnstiftung auf kommunaler Ebene*, dissertation Bochum 2003; online at: http://www-brs.ub.ruhr-uni-bochum.de/netahtml/HSS/Diss/KleineschulteStefan/diss.pdf (accessed October 2014).

21 Jürgen Joedicke, *Architektur und Städtebau. Das Werk van den Broek und Bakema*, Dokumente der modernen Architektur, vol. 3, Stuttgart 1963; *Architectengemeenschap van den Broek en Bakema. Architektur-Urbanismus, Dokumente der modernen Architektur*, vo. 12, Stuttgart 1976.

22 Jürgen Joedicke, 'Frei Otto und Rudolf Trostel: Zugbeanspruchte Konstruktionen', in: Bauen + Wohnen, no. 4, 1963, p. 176. Otto's first book *Das hängende Dach* (The Suspended Roof) was published in 1953.

23 Jürgen Joedicke, 'Auf Zug beanspruchte Konstruktionen – Anwendungsmöglichkeiten im Stockwerkbau', in: *Bauen + Wohnen*, no. 4, 1963, p. 158 f.

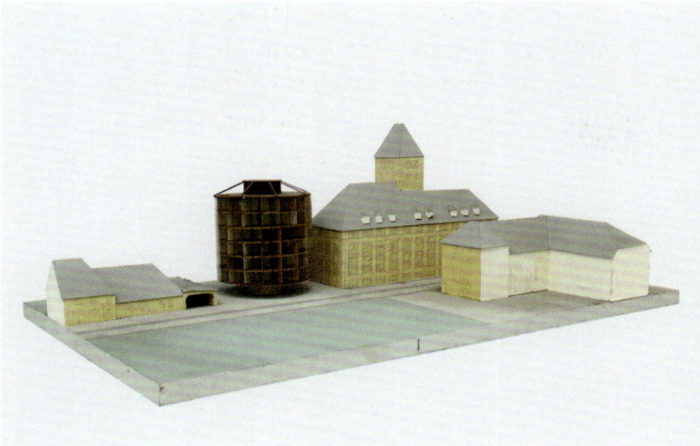

6

stellte – sowie Van den Broek & Bakema.[23] Dabei zeigte er, dass die Idee der Marler Hängehäuser im Warenhaus Ter Meulen in Wassen-Vorst (1952), vor allem aber im Bürogebäude für die Tageszeitung Het Parool in Amsterdam (1957) ihre Vorläufer hatte. Ob die Niederländer die Schriften der Brüder Rasch aus den Zwanzigerjahren kannten, ist bislang nicht belegt.

OBSESSION HÄNGEHAUS

Heinz Rasch selbst griff in den Fünfzigerjahren die gemeinsam mit seinem Bruder in den Zwanzigerjahren entworfene Idee der Hängehäuser wieder auf und entwickelte sie weiter.[24] Der entscheidende Unterschied bestand darin, dass der Kern der Konstruktion nun nicht mehr aus einem genieteten Stahlrohr bestand, sondern aus einem Betonschaft. Beim städtebaulichen Wettbewerb für das Quartier Haspel in Wuppertal-Unterbarmen schlug Rasch 1955 ein Arrangement von zylindrischen oder quadratischen Hängehochhäusern vor, für die Erweiterung des Verwaltungsgebäudes des Peiner Walzwerks reichte er im gleichen Jahr als eine von mehreren Alternativen ebenfalls ein – in diesem Fall sechsgeschossiges – zylindrisches Hängehochhaus[25] ein (Abb. 6). Raschs neuerliche Auseinandersetzung führte dazu, dass er „Gebäude mit einem oder mehreren vertikalen Röhren und an deren oberen Enden aufgehängten Geschossdecken" im Mai 1956 patentieren ließ.[26] Mehr Resonanz als die erfolglosen Wettbewerbsbeiträge rief allerdings das Modell eines zehngeschossigen Hängehauses mit kreisförmigem Grundriss hervor, das 1957 auf der *Interbau* in Berlin ausgestellt wurde, wo Rasch in der Ausstellungshalle „Grossbauwerke" vertreten war (Abb. 7).[27]

Zusammen mit seinem Bruder hatte Heinz Rasch also die Idee des Hängehauses erfunden und nun, nach knapp 30 Jahren, mit einer veränderten Konstruktionsweise auf vereinfachte

23 Jürgen Joedicke, „Auf Zug beanspruchte Konstruktionen – Anwendungsmöglichkeiten im Stockwerksbau", in: *Bauen + Wohnen*, Nr. 4, 1963, S. 158 f.
24 Werkverzeichnis Heinz Rasch in: Annette Ludwig, *Die Architekten Brüder Heinz und Bodo Rasch. Ein Beitrag zur Architekturgeschichte der zwanziger Jahre*, Tübingen, Berlin 2009, S. 300–309. Das Werkverzeichnis ist lückenhaft.
25 Das Modell befindet sich im Deutschen Architekturmuseum, NHR, Inv. 340-000-026.
26 Patent DE 1119499 B, eingetragen am 2.5.1956, veröffentlicht am 14.12.1961.
27 NHR, Inv. 349-000-002. Zur Sonderschau „Grossbauwerke" auf der *Interbau: Interbau Berlin 1957, Amtlicher Kat.*, S. 395 f.

7

SUSPENSION HOUSE OBSESSION

In the 1950s Heinz Rasch himself returned to the suspension house idea that he had developed together with his brother in the 1920s and took it a step further.[24] The main difference was the replacement of the riveted steel tube at the core of the construction with a concrete shaft. In 1955 Heinz Rasch participated in an urban planning competition for the Haspel quarter in Wuppertal-Unterbarmen with plans for an arrangement of cylindrical or square suspension tower houses and, in the same year, he submitted a cylindrical suspension tower house[25] – in this case with six storeys – as one of several alternatives for the extension of the administrative building of the Peine steel mill (fig. 6). Rasch's renewed preoccupation led him to have 'buildings with one or more vertical tubes and floors suspended from the upper ends' patented in May 1956.[26] However, the model of a ten-storey suspension house with a circular floor plan that was on display at the 1957 *Interbau* in Berlin where Rasch was represented in the exhibition hall for *Grossbauwerke* (large buildings) received more attention than his unsuccessful competition entries (fig. 7).[27]

After developing the idea of the suspension house together with his brother, Heinz Rasch made it buildable almost 30 years later by simplifying the construction method. While he himself had still not had any success with his ideas, he now had to stand back and watch as the architectural firm Van den Broek & Bakema won the competition in Marl with a suspension house project. In letters to the city director of Marl, the architects from Rotterdam and the magazine *Bauwelt*, he criticised the town hall project and tried to present himself as the real expert on the topic of suspension houses.[28] His main criticism was

24 Catalogue raisonné Heinz Rasch in: Annette Ludwig, *Die Architektenbrüder Heinz und Bodo Rasch. Ein Beitrag zur Architekturgeschichte der zwanziger Jahre*, Tübingen and Berlin 2009, pp. 300–309. The catalogue raisonné is incomplete.
25 The model can be found in the German Architecture Museum, EHR, inv. 340-000-026.
26 Patent DE 1119499 B, registered on 2 May 1956, published on 14 December 1961.
27 EHR, inv. 349-000-002. For information on the special show *Grossbauwerke* at the Interbau see: *Interbau Berlin 1957, Amtlicher Kat.*, p. 395 f.
28 See various correspondences in the EHR. Also compare: Heinz Rasch 'Hängehäuser', in: *Bauwelt*, vol. 49, no. 30, 1958, p. 740 f.; id., 'Noch einmal: Hängehäuser', in: *Bauwelt*, vol. 49, no. 43, 1958, p. 1041.

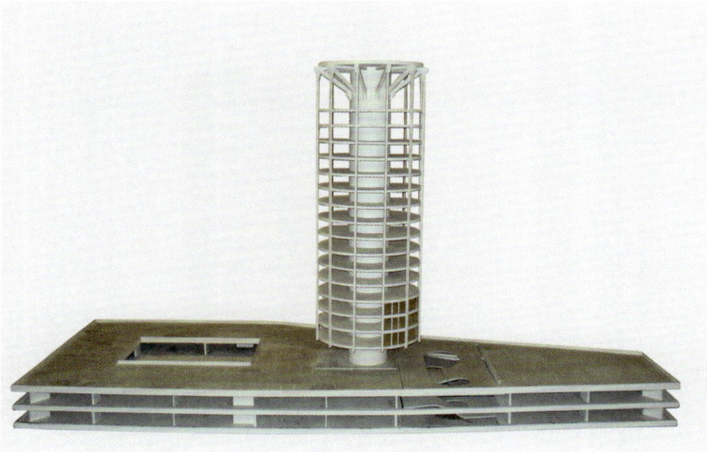

8

Weise baubar gemacht. Er selbst war mit seinen Projekten bislang erfolglos geblieben und musste jetzt miterleben, dass das Architekturbüro Van den Broek & Bakema im Marler Wettbewerb mit einem Hängehausprojekt reüssierte. In Briefen an den Stadtdirektor von Marl, die Rotterdamer Architekten sowie die Zeitschrift Bauwelt kritisierte er das Rathausprojekt und versuchte, sich als eigentlicher Spezialist für das Thema Hängehaus in Position zu bringen.[28] Seine Hauptkritikpunkte waren die zu aufwendige Ausbildung der Kopfstrukturen sowie die für eine wirtschaftliche Lösung zu geringe Anzahl der abgehängten Geschosse bei den Dezernatstürmen. Höhe und Konstruktion der Türme seien ein Resultat wirtschaftlicher und plastischer Räumlichkeit und nicht allein wirtschaftlicher Baukonstruktion, konterten die Architekten und resümierten überdies: „Es hat sich aufs neue gezeigt, geehrter Kollege, dass in der Architekturentwicklung manchmal verschiedene Wegen [sic!] zu ähnlichen Endzielen führen wobei man einander dann unerwartet zusammen trifft."[29] Auch die mit Rasch befreundeten Architekten Mart Stam und Alfred Gellhorn teilten diese Auffassung. Weil sich die Idee des Hängehauses jedoch mehr und mehr durchsetzte,[30] blieb Heinz Rasch argwöhnisch, dass sein Patent missachtet würde.

1963 nahm Heinz Rasch am Wettbewerb für den Neubau der Stadtsparkasse Wuppertal teil. Sein Entwurf zeigt einen breit gelagerten, die Parzelle ausfüllenden und von einem Atrium durchbrochenen Sockelbau mit einem sechzehngeschossigen Turm-Hängehaus als vertikaler Dominante (Abb. 8).[31] Prämiert und zur Ausführung bestimmt wurde jedoch ein Entwurf des Düsseldorfer Architekten Paul Schneider-Esleben, der zunächst in konventioneller Tragwerkstechnik konzipiert war. Weil die Bauherrschaft sich allerdings stützenfreie Räume im Hochhaus

28 Diverser Briefwechsel hierzu im NHR. Vgl. auch: Heinz Rasch, „Hängehäuser", in: *Bauwelt*, Jg. 49, Nr. 30, 1958, S. 740 f.; ders., „Noch einmal: Hängehäuser", in: *Bauwelt*, Jg. 49, Nr. 43, 1958, S. 1041.

29 Brief von Van den Broek & Bakema an Heinz Rasch, 26.8.1958, NHR.

30 Einen Überblick über verschiedene Techniken und Beispiele gibt: Conrad Roland Lehmann, „Multi-Storey Suspension Structures", in: *Architectural Design*, November 1963, S. 530–535; Max Schneider, „Hochhäuser mit hängenden Geschossen". Sonderdruck aus: *Der Stahlbau*, Jg. 37, Nr. 2 u. 3, 1968. Von der Popularität der Hängehaus-Idee zeugen auch diverse Beiträge in Tageszeitungen (NHR), darunter: Udo Kultermann, „Hängehaus - Haus der Zukunft", in: *Deutsche Zeitung*, 13.7.1960.

31 NHR, Inv. 349-000-002.

9

that the head structures were too elaborate and that the towers for the departments did not have enough suspended floors for an economic solution. The architects retaliated by pointing out that the height and construction of the towers were not only determined by an economic structural design but also by economic and actual spatiality and concluded as follows: 'Dear colleague, this is further proof that in the evolution of architecture different approaches can sometimes lead to similar results and to unexpected concurrences.'[29] Rasch's friends, the architects Mart Stam and Alfred Gellhorn, were of the same opinion. But because the suspension house idea was increasingly taking hold,[30] Heinz Rasch continued to worry about the infringement of his patent.

In 1963 Heinz Rasch took part in a competition for the reconstruction of the *Stadtsparkasse* (municipal savings bank) in Wuppertal. His design shows a wide base construction expanding across the plot with an intersecting atrium and a 16-storey tower suspension house as a vertical dominant (fig. 8).[31] However, it was the Düsseldorf architect Paul Schneider-Esleben's design that won the award and was carried out. Initially he had planned his building as a conventional load-bearing structure, but because the clients wanted rooms in the tower house without supports the architect also chose a suspended construction for the actual project (fig. 9).[32] A cantilever structure supports the top floor from which the other floors are suspended by means of suspension pillars arranged in front of the façade. The

29 Letter from Van den Broek & Bakema to Heinz Rasch, 26 August 1958, EHR.

30 For an overview of different techniques and examples see: Conrad Roland Lehmann, 'Multi-Storey Suspension Structures', in: *Architectural Design*, November 1963, pp. 530–535 and Max Schneider, 'Hochhäuser mit hängenden Geschossen', special print from: *Der Stahlbau*, vol. 37, no. 2 and 3, 1968. Various newspaper articles (EHR) also serve as proof of the popularity of the suspension house idea, such as: Udo Kultermann, 'Hängehaus – Haus der Zukunft', in: *Deutsche Zeitung*, 13 July 1960.

31 EHR, inv. 349-000-002.

32 Paul Schneider-Esleben, 'Stadtsparkasse Wuppertal', in: *Bauen + Wohnen*, no. 4, 1974, pp. 157–162, 172.

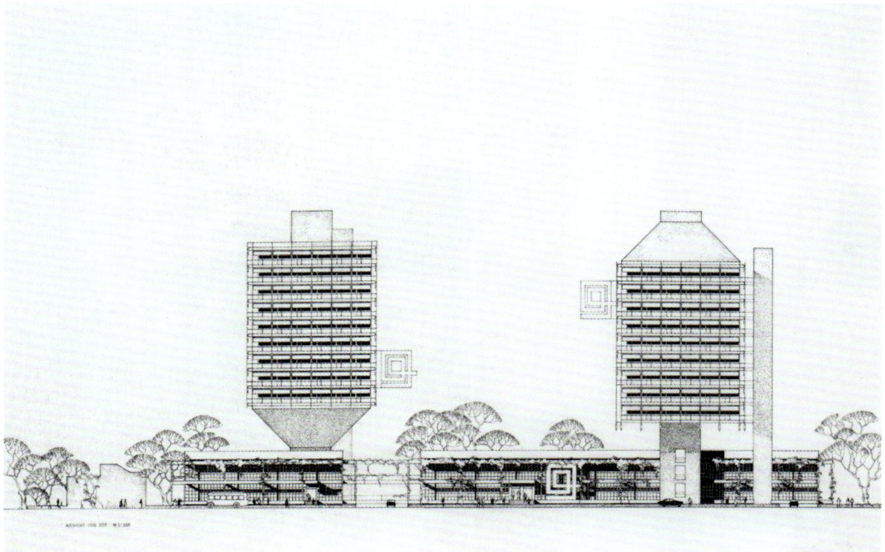

10

wünschte, wählte der Architekt für das Ausführungsprojekt[32] ebenfalls eine Hängekonstruktion (Abb. 9). Vom obersten Geschoss, das auf einer Kragkonstruktion aufsitzt, sind die Geschosse mittels vor der Fassadenebene angeordneten Hängesäulen abgehängt. Diese Hängesäulen verjüngen sich in drei Schritten nach unten und veranschaulichen damit die Abnahme der Zugkräfte. Heinz Rasch empörte sich über die Entwurfsänderung, die das ausgeführte Projekt hinsichtlich der Konstruktion seinem Vorschlag annäherte, und sah sein Patent verletzt.

Nach Unterlagen im Nachlass von Heinz Rasch kam es aber nur im Fall des 1966 fertiggestellten Finnlandhauses in Hamburg zu einer juristischen Auseinandersetzung. Raschs Klage endete im März 1968 vor dem Landgericht Düsseldorf mit einem Vergleich, demzufolge sich das Architekturbüro HPP Hentrich-Petschnigg & Partner mit Rasch auf eine Lizenzgebühr von 9000 DM einigte.[33]

Auch bei den Frankfurter Olivetti-Türmen (Abb. 10) sah Heinz Rasch sein Patent verletzt.[34] 1967 hatte das Büromaschinenunternehmen Olivetti Egon Eiermann mit Entwürfen für ein Verwaltungs- und Ausbildungszentrum im Frankfurter Stadtteil Niederrad betraut.[35] Die Lösung, die Eiermann im Frühjahr 1968 präsentierte, zeigte ein Kelch- und ein Hängehochhaus. Doch aus Kostengründen entschied man sich dazu, beide Türme als Kelchhäuser (bei denen der Kelch die Auflast in den Schaft abträgt) und damit in gleicher Bauweise zu realisieren. Zwei Jahre nach dem Tod Eiermanns 1970 konnten die Bauten bezogen werden; die Planänderung war allerdings von Rasch nicht registriert worden – seine Beschwerde war somit letztlich gegenstandslos geworden.

32 Paul Schneider-Esleben, „Stadtsparkasse Wuppertal", in: *Bauen + Wohnen,* Nr. 4, 1974, S. 157–162, 172.
33 Vereinbarung und Vergleich v. 12. 3. 1968 im NHR.
34 Brief von Heinz Rasch an die Deutsche Olivetti GmbH, 3. 7. 1974, und Antwortschreiben v. 8. 7. 1974, NHR.
35 „Egon Eiermann und das Verwaltungs- und Ausbildungszentrum der Deutschen Olivetti", in: *Bauwelt,* Jg. 64, Nr. 13, 1973, S. 513–529; Wulf Schirmer (Hrsg.), *Egon Eiermann 1904–1970. Bauten und Projekte,* Stuttgart 1984, S. 242–251; Annemarie Jaeggi (Hrsg.), *Egon Eiermann 1904–1970. Die Kontinuität der Moderne,* Ausst.-Kat. Karlsruhe, Berlin, Ostfildern-Ruit 2004, S. 212–215.

suspension pillars taper towards the bottom in three steps, thereby visualising the decrease of tensile forces. Heinz Rasch was indignant about the altered design, which brought the implemented project close to his own contribution in terms of construction, and consequently interpreted this development as a violation of his patent.

However, according to the documents in Heinz Rasch's estate, the dispute over the so-called Finland House, which was completed in Hamburg in 1966, was the only case that actually went to court. Rasch's case was settled at the district court of Düsseldorf in March 1968 with a compromise according to which the architectural firm HPP Hentrich-Petschnigg & Partner and Rasch agreed on a licence fee of 9000 DM.[33]

Heinz Rasch also saw his patent infringed by the Frankfurt Olivetti towers (fig. 10).[34] In 1967 the office typewriter company Olivetti had commissioned Egon Eiermann to develop designs for an administrative and training centre in the Frankfurt district Niederrad.[35] The solution that Eiermann presented in early 1968 featured one cup-shaped and one suspended tower. However, for financial reasons it was decided to carry out both towers as cups (the cup transfers the superimposed load to the shaft) thus using the same constructional method. Two years after Eiermann's death in 1970 the structures were ready for occupation; Rasch had not registered the change of plan – his complaint had become redundant.

Bodo Rasch too rediscovered his interest in suspension houses after the Second World War. *Spindelhäuser* (Spindle Houses) was the name of the concept he pursued during the early 1960s: suspension houses with square floor plans that were rotated 45 degrees from storey to storey (fig. p. 54).[36] His concern with

33 Agreement and compromise from 12 March 1968 in the EHR.
34 Letter from Heinz Rasch to the Deutsche Olivetti GmbH, 3 July 1974, and reply from 8 July 1974, EHR.
35 'Egon Eiermann und das Verwaltungs- und Ausbildungszentrum der Deutschen Oilivetti', in: *Bauwelt,* vol. 64, no. 13, 1973, pp. 513–529; Wulf Schirmer (ed.), *Egon Eiermann 1904–1970. Bauten und Projekte,* Stuttgart 1984, pp. 242–251; Annemarie Jaeggi (ed.), *Egon Eiermann 1904–1970. Die Kontinuität der Moderne* (exhib. cat. Städtische Galerie Karlsruhe, Bauhaus-Archiv Berlin), Ostfildern-Ruit 2004, pp. 212–215.
36 Compare *bodo rasch. ideen projekte bauten* (see note 10), p. 38 f., p. 45.

11

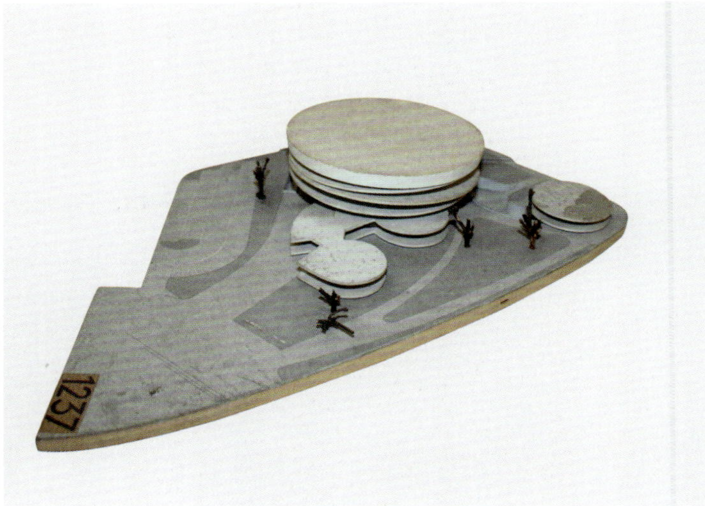

12

Auch Bodo Rasch befasste sich nach dem Zweiten Weltkrieg wieder mit dem Thema Hängehaus. „Spindelhäuser" hieß nun das Konzept, das er in den frühen Sechzigerjahren verfolgte: Hängehäuser mit quadratischen Grundrissen, die von Geschoss zu Geschoss um 45 Grad versetzt waren (Abb. S. 54).[36] In diesen Kontext gehört auch seine Auseinandersetzung mit Containerstrukturen – in Gestalt von Fertighäusern aus mit Rohrstützen ausgesteiften Wand- und Bodenplatten, die sich aufeinander stapeln oder auch abhängen lassen sollten.[37] Doch weder trat er damit an die Öffentlichkeit, noch bildeten sie einen Schwerpunkt seines Schaffens. Ganz anders Heinz Rasch, für den die Beschäftigung mit den Hängehäusern fast schon obsessive Züge annahm. In verschiedenen Stellungnahmen und Artikeln verwies er auf die Vorzüge des Hängehauses, das unter bestimmten Voraussetzungen kostengünstiger und schneller zu realisieren sei als ein konventionelles Hochhaus, sich aber auch aufgrund des geringen Grundflächenbedarfs besonders für Erdbeben- und Bodensenkungsgebiete eigne – ein auf jeden Fall für die Montanregion des Ruhrgebiets interessantes Argument. Die Tatsache, dass die punktuellen Hochkamine und die sogenannten Winkeltürme[38] im Gegensatz zu den Hallenbauten die Bombardements des Zweiten Weltkriegs überstanden hatten, sprach seiner Meinung nach ebenfalls für Hängehäuser. Entscheidend sei dabei nicht nur der minimale Grundriss, sondern auch das positive Verhalten von Hängebaukörpern bei durch nahe Explosionen ausgelöste Druckwellen.[39]

1959 fasste Heinz Rasch seine theoretischen Überlegungen zum Thema Hängehaus in der Broschüre eines Fachverlags für Stahl zusammen;[40] sie flossen auch ein in seine englischsprachige Publikation *Some Roots of Modern Architecture* von 1967[41] und in ein später entstandenes Manuskript

36 Vgl. *bodo rasch. ideen projekte bauten.* (wie Anm. 10), S. 38 f., S. 45
37 Vgl. ebd., S. 46 f.
38 Gemeint sind die von dem Architekten Leo Winkel 1934 patentierten Hochbunker mit ihrer charakteristischen zuckerhutförmigen Gestalt.
39 Ein dreiseitiges, nicht betiteltes und nicht datiertes, aber wohl 1956 entstandenes Manuskript von Heinz Rasch zum Thema Luftkrieg und Hängehaus findet sich im NHR.
40 Heinz Rasch, „Hängehäuser in Stahlkonstruktion", in: *Berichte über Stahlverwendungen und Stahlwerbung*, hrsg. v. Beratungsstelle für Stahlverwendung, 1959, unpaginiert.
41 Heinz Rasch, *Some Roots of Modern Architecture*, London 1967.

container structures in the shape of prefabricated houses consisting of wall and floor panels reinforced with supporting tubes, which could either be stacked on top of one another or suspended, also belongs in this context.[37] However, he neither presented them to the public nor did they play a central role in his work, quite unlike Heinz Rasch who was almost obsessed with suspension houses. In various comments and articles he pointed out the advantages of the suspension house that, under certain circumstances, was cheaper and faster to build than a conventional tower house, but was also especially suited to earthquake regions and areas effected by land subsidence as it required only a small amount of floor space – definitely an interesting point as far as the mining region in the Ruhr area was concerned. In his opinion the fact that, unlike hall structures, a scattering of chimneys and so-called *Winkel* towers[38] had survived the bombings of the Second World War also spoke in favour of suspension houses. He pointed out that not only the minimal floor space but also the positive reaction of suspended structures to pressure waves triggered by nearby explosions was a crucial aspect.[39]

In 1959 Heinz Rasch summarised his theories on the subject of suspension houses in the brochure of a publishing house specialised on steel[40] and they also featured in his English-language publication *Some Roots of Modern Architecture* from 1967[41] and in a manuscript he wrote for a super-8mm film with the title *Vom Höhlenbau zum Hängehaus* (From Cave Construction to the Suspension House).[42]

In the meantime Rasch had developed an array of further designs for suspension houses, for instance: for a housing estate in Leverkusen (1958), a construction site in Oberhausen (1959), the Essen town hall (1963), the Gevelsberg town hall (1964) and the high-rise landmark for the 1965 federal horticultural show

37 Compare ibid., p. 46 f.
38 This is a reference to the high-rise bunkers with their characteristic conical shape that were patented by the architect Leo Winkel in 1934.
39 A three-page untitled and undated manuscript that Heinz Rasch probably wrote in 1956 on the topic of aerial warfare and suspension houses can be found in the EHR.
40 Heinz Rasch, 'Hängehäuser in der Stahlkonstruktion', in: *Berichte über Stahlverwendungen und Stahlwerbung*, pub. by Beratungsstelle für Stahlverwendung, 1959, unpaginated.
41 Heinz Rasch, *Some Roots of Modern Architecture*, London 1967.
42 The manuscript can be found in the EHR.

13

14

für einen Super-8-Film mit dem Titel *Vom Höhlenbau zum Hängehaus.*[42]

In der Zwischenzeit hatte Rasch verschiedene weitere Entwürfe für Hängehäuser erarbeitet, so für eine Siedlung in Leverkusen (1958), einen Bauplatz in Oberhausen (1959), das Rathaus Essen (1963), das Rathaus Gevelsberg (1964) sowie das Hochhaus Wahrzeichen Essen für die Bundesgartenschau 1965 im Grugapark.[43] (Abb. 11 und 12). Von besonderem Interesse sind auch Skizzen für pyramidal ausgeformte Hängehäuser, die das Reichstagsgebäude in Berlin bekrönen sollten.[44] Ob es sich dabei um architektonische Fantasien handelte oder um vorbereitende Studien für den Wettbewerb, aus dem schließlich Paul Baumgarten 1961 als Sieger hervorging, bleibt offen (Abb. 13).

Eines der letzten Hängehausprojekte erarbeitete Heinz Rasch um 1978 gemeinsam mit dem Wuppertaler Architekten Bernd Taken (Abb. 14). Diesmal handelte es sich um ein abgehängtes Terrassen-Wohnhochhaus am Wuppertaler Döppersberg, als Teil einer Fußgängerverbindung zwischen dem Schauspielhaus, der Schwebebahnstation Kluse und der Dessauer Straße.[45] Wie sämtliche andere Hängehausprojekte von Heinz Rasch blieb auch dieses unrealisiert. Dafür mag es mehrere Gründe geben. Trotz aller Beteuerungen Raschs waren Hängehäuser vergleichsweise kostspielig und wurden vor allem dann umgesetzt, wenn es um repräsentative Bauaufgaben ging – etwa beim Rathaus in Marl oder beim BMW-Vierzylinder von Karl Schwanzer in München. Rasch mangelte es überdies an Baupraxis bei größeren Projekten; mit erfolgreichen Büros wie Paul Schneider-Esleben, HPP oder Van den Broek & Bakema konnte er nicht konkurrieren. Und schließlich wurde das Hängeprinzip bei seinen Bauten nicht ästhetisch wirksam. Während beim Rathaus in Marl Hängeglieder vor die Fassade treten und den Verlauf der Kräfte unmittelbar anschaulich machen, sind sie bei Rasch fast immer hinter der Fassade verborgen, sodass die Häuser –

42 Manuskript im NHR.
43 Diverse Modelle und Zeichnungen im NHR.
44 Mehrere Skizzen befinden sich im NHR.
45 Diverse Pläne, Perspektiven und ein Modellfoto im NHR.

in Grugapark in Essen[43] (figs 11 and 12). Sketches for pyramidal suspension houses that were supposed to crown the Reichstag Building in Berlin are particularly interesting.[44] It remains unknown whether they were architectonic fantasies or preparatory studies for the competition that was ultimately won by Paul Baumgarten in 1961 (fig. 13).

Around 1978 Heinz Rasch developed one of his last suspension house projects in collaboration with the Wuppertal architect Bernd Taken (fig. 14). This time the building in question was a suspended terrace tower for residential purposes at the Döppersberg in Wuppertal, which was supposed to function as part of a pedestrian connection between the theatre, the Kluse suspension railway station and Dessauer Strasse.[45] Like all Heinz Rasch's suspension house projects it was never carried out. This may have had several reasons. Despite Rasch's protests, suspension houses were comparatively expensive and were primarily implemented in prestigious building projects – such as the town hall in Marl or the BMW 'Four-Cylinder' in Munich by Karl Schwanzer. Moreover, Rasch did not have enough practical experience with extensive building projects to compete with successful firms like Paul Schneider-Esleben, HPP and Van den Broek & Bakema. And finally, the suspension principle was not aesthetically effective in his buildings. While the suspension elements in the Marl town hall were placed in front of the façade, where they clearly visualise the play of the forces involved, in Rasch's designs they are almost always hidden behind the façade, so that his houses – barring the open ground floors – look like tower houses that could be conventionally constructed from bottom to top.

It must have been hard for Heinz Rasch to accept that there was ultimately no room for his visions within the pragmatism of the reconstruction period, while other architects had success with similar concepts. The suspension house was to initiate a new era of architecture, as he claimed in 1958: 'Because the suspension house is no less than the consistent fulfilment of the

43 Various models and drawing in the EHR.
44 Several sketches can be found in the EHR.
45 Various plans, perspectives and a photo of the model in the EHR.

von den offenen Erdgeschossen abgesehen – wie Hochhäuser wirken, die auf konventionelle Weise von unten nach oben gebaut werden.

Für Heinz Rasch musste es bitter gewesen sein, dass im Pragmatismus der Wiederaufbaujahre letztlich für seine Visionen kein Platz war, während andere Architekten mit ähnlichen Konzepten reüssierten. Das Hängehaus, so hatte er 1958 formuliert, werde ein neues Zeitalter der Architektur eröffnen: „Denn das Hängehaus ist nichts Geringeres als die konsequente Erfüllung des seit einem halben Jahrhundert immer stärker in Erscheinung tretenden Wunsches, ein Haus vom Boden zu lösen, es schweben zu lassen."[46] Die Vision einer Hängestadt über der Wupper, die Willi Baumeister und Franz Krause vielleicht in ironischer Diktion 1943 zu Papier gebracht hatten, lag und liegt also bis heute in ferner Zukunft.

Abbildungen

1 Franz Krause / Willi Baumeister: Projekt einer Hängestadt über der Wupper, Zeichnung, 1943, in: *Pendel. Studentenzeitschrift der Justus Liebig-Universität Gießen*, Jg. 1, Nr. 2, Juli 1963, S. 10
2 Centre de Recherches des Structures Naturelles: Fügungsprinzip des *fusée céramique* im Vergleich mit Schachtelhalm und Bambus
3 Heinz Rasch(?): Behelfsheim aus Flaschenbausteinen nach Bombentest, 1944
4 Heinz Rasch: Skizzen für Baukörper mit *fusée céramique*, undatiert
5 Van den Broek & Bakema: Rathaus Marl, 1958–67
6 Heinz Rasch: Modell für die Erweiterung des Verwaltungsgebäudes des Peiner Walzwerks, Wettbewerbsbeitrag, 1955
7 Heinz Rasch: Modell eines zehngeschossigen Hängehauses, ausgestellt auf der *Interbau* Berlin 1957, Brüder Rasch (zugeschrieben Heinz Rasch) 10-geschossiges Hängehaus, 1957, Modell, Holz, Karton, Kunststofffolie, Papier auf beschichtetem Sperrholz, 45,2 × 45,3 × 45 cm, Inv.-Nr. 349-000.002, Deutsches Architekturmuseum, Frankfurt am Main
8 Heinz Rasch: Modell des Wettbewerbsbeitrags für die Stadtsparkasse Wuppertal, 1963
9 Paul Schneider-Esleben: Stadtsparkasse Wuppertal, 1963–1974, in: *Bauen + Wohnen*, Nr. 4, 1974, S. 157 oben
10 Egon Eiermann: Entwurf für das Verwaltungs- und Ausbildungszentrum der Deutschen Olivetti, 1968, in: Wulf Schirmer (Hrsg.), *Egon Eiermann 1904–1970. Bauten und Projekte*, Stuttgart 1984, S. 244
11 Heinz Rasch: Modell für Wettbewerb Rathaus Essen, Variante A, 1963
12 Heinz Rasch: Modell für Wettbewerb Rathaus Gevelsberg, 1964
13 Heinz Rasch: Entwurf für ein pyramidales Hängehaus über dem Reichstagsgebäude in Berlin, undatiert
14 Heinz Rasch / Bernd Taken: Modell eines Hängehauses auf dem Döppersberg in Wuppertal, um 1978

46 Heinz Rasch, „Noch einmal: Hängehäuser", in: *Bauwelt*, Jg. 49, Nr. 43, 1958, S. 1041.

dream of detaching a house from the ground and letting it float, a wish that has been becoming increasingly apparent in the course of the past half century.'[46] And so Willi Baumeister and Franz Krause's maybe somewhat ironic vision-on-paper of a city suspended over the Wupper continues to lie in the distant future.

Figures

1 Franz Krause / Willi Baumeister: project for a city suspended over the Wupper, drawing, 1943, in: *Pendel. Studentenzeitschrift der Justus Liebig-Universität Giessen*, vol 1, no. 2, July 1963, p. 10
2 Centre des Recherches des Structures Naturelles: joining principle of the *fusée céramique* in comparison with snake grass and bamboo
3 Heinz Rasch (?): temporary dwelling made of bottle bricks after a bomb test, 1944
4 Heinz Rasch: sketches for *fusée céramique* structures, undated
5 Van den Broek & Bakema: Marl town hall, 1958–1967 Photo: Hubertus Adam
6 Heinz Rasch: model for the extension of the administrative building of the Peine steel mill, competition entry, 1955
7 Heinz Rasch: model of a ten-storey suspension house, exhibited at the Berlin *Interbau* 1957
Rasch brothers (attributed to Heinz Rasch), 10-storey suspension house, 1957, model, wood, cardboard, plastic film, paper on laminated plywood, 45,2 × 45,3 × 45 cm, Inv.-Nr. 349-000.002, Deutsches Architekturmuseum, Frankfurt am Main
8 Heinz Rasch: model of the competition entry for the Stadtsparkasse (municipal savings bank) Wuppertal, 1963
9 Paul Schneider-Esleben: Stadtsparkasse Wuppertal, 1963–1974, in: *Bauen + Wohnen*, no. 4, 1974, p. 157 top
10 Egon Eiermann: Sketch for an administrative and training center for Olivetti in Germany, 1968, in: Wulf Shirmer (ed.), *Egon Eiermann 1904–1970: Bauten und Projekte*, Stuttgart 1984, p. 244
11 Heinz Rasch: model for the competition for the Essen town hall, version A, 1963
12 Heinz Rasch: model for the competition for the Grevelsberg town hall, 1964
13 Heinz Rasch: design for a pyramidal suspension house on top of the Reichstag building in Berlin, undated
14 Heinz Rasch / Bernd Taken: model of a suspension house at the Döppersberg in Wuppertal, around 1978

46 Heinz Rasch, 'Noch einmal: Hängehäuser', in: *Bauwelt*, vol. 49, no. 43, 1958, p. 1041.

KATHARINA STOLZ

BAUTEN UND PROJEKTE VON BODO RASCH

Buildings and Projects by Bodo Rasch

In den Jahren, in denen die Brüder Rasch ihr gemeinsames Büro betrieben, entstanden ihre bislang wohl bekanntesten architektonischen Werke. Die gemeinsame Zeit der Brüder Rasch wurde von Frau Dr. Annette Ludwig in ihrer Publikation *Die Architekten Brüder Heinz und Bodo Rasch. Ein Beitrag zur Architekturgeschichte der zwanziger Jahre* detailliert aufgearbeitet und eingehend beschrieben.[1] So wird der Name Rasch überwiegend mit der Entwicklung der Hängehaussysteme in Verbindung gebracht, obgleich keiner der Brüder je ein Hängehaus baulich verwirklichen konnte. In diesem Zusammenhang sticht eine Formulierung aus einem der zahlreichen Briefe von Heinz Rasch an seinen Bruder aus dem Jahr 1962 besonders heraus. Sie bringt den Kampf und die Frustration um die Rechte an der Ursprungsidee der Hängehäuser treffend zum Ausdruck: „Aber es ist schon so, eine Sache, die nicht realisiert ist, ist so gut wie nie entworfen."[2] Gleichwohl war einigen Zeitgenossen sehr wohl bewusst, wie fortschrittlich die Ideen der Brüder Rasch waren und wie sehr sie damit ihrer Zeit vorauseilten: „Herr Kochlein, der bei den Marktforschern tätig ist, sagte mal, jede brauchbare Idee hätten die Brüder Heinz und Bodo Rasch in *Wie Bauen?* vorweggenommen."[3]

Dennoch wäre es falsch, Bodo Rasch auf diese wenigen Jahre der brüderlichen Zusammenarbeit zu reduzieren, da er nach der beruflichen Trennung von Heinz im Jahr 1930 ganz eigene innovative und teils wegweisende Projekte verfolgte, die es wert

1 Annette Ludwig. *Die Architekten Brüder Heinz und Bodo Rasch. Ein Beitrag zur Architekturgeschichte der zwanziger Jahre,* Tübingen · Berlin 2009.

2 Vgl. Brief von Heinz Rasch an Bodo Rasch vom 16.2.1962, Privatbesitz, Nachlass Bodo Rasch (im Folgenden: NBR).

3 Aussage des jüngeren Bruders Rudolf Rasch. Vgl. Brief von Heinz Rasch an Bodo Rasch vom 10.2.1968, NBR (wie Anm. 2).

The Rasch brothers created their currently best-known architectonic works during the years of their joint venture. Their time of collaboration was reviewed in great detail and extensively described by Annette Ludwig in her publication *Die Architekten Brüder Heinz und Bodo Rasch. Ein Beitrag zur Architekturgeschichte der zwanziger Jahre* (Brother Architects Heinz and Bodo Rasch: A Contribution to the Architectural History of the Twenties).[1] The name Rasch is first and foremost associated with the development of suspension house systems even though neither of the brothers ever had the opportunity to actually build a suspension house. In this context, a phrase from 1962 from one of Heinz Rasch's many letters to his brother is particularly striking: 'But it cannot be denied that a thing that was never implemented was also never really designed.'[2] Nonetheless, quite a few of their contemporaries were very much aware of how progressive and ahead of the times the Rasch brothers' ideas were: 'Mister Kochlein, who works in market research, once said that Heinz and Bodo Rasch anticipated every usable idea in *Wie Bauen?* (How to Build?)'[3]

And yet, it would be a mistake to reduce Bodo Rasch to these few years of fraternal collaboration. After his professional breakup with Heinz in 1930, he pursued his own innovative and, to some extent, groundbreaking projects that deserve to be viewed and examined independently. The works discussed here are all derived from an exhibition that was held at the

1 Annette Ludwig, *Die Architekten Brüder Heinz und Bodo Rasch. Ein Beitrag zur Architekturgeschichte der zwanziger Jahre,* Tübingen · Berlin 2009.

2 Compare letter from Heinz Rasch to Bodo Rasch, 16 Feburary 1962, private collection, estate Bodo Rasch (hereafter: EBR).

3 Statement made by younger brother Rudolf Rasch. Compare letter from Heinz Rasch to Bodo Rasch, 10 February 1968, EBR (see note 2).

sind, eigenständig betrachtet und erforscht zu werden. Die hier aufgeführten Werke entstammen allesamt einer Ausstellung der Architekturgalerie am Weißenhof in Stuttgart aus dem Jahr 1984, in der ein Querschnitt durch das vielseitige Schaffen Bodo Raschs präsentiert und in einem eigenen Katalog publiziert wurde.[4] Diese Werke zeigen, mit welcher Hingabe sich Bodo Rasch den unterschiedlichsten Bereichen der Architektur widmete. Bevor er jedoch als Architekt tätig wurde, durchlief er einen auf den ersten Blick durchaus widersprüchlichen Werdegang. So schloss er 1918 das Königlich-Preußische Kadettenkorps ab, widmete sich anschließend bis 1926 dem Landwirtschaftstudium in Hohenheim und absolvierte zeitgleich ein Schreinerpraktikum in Stuttgart, bevor er schlussendlich zur Architektur gelangte, eine Profession, die er sich mehr oder weniger autodidaktisch angeeignet hatte.[5] Vor dem Hintergrund dieser unortodoxen Entwicklung lässt sich seine Architekturauffassung besser verstehen: Die Detailverliebtheit, der Perfektionismus und auch sein Hang zu komplexen architektonischen Großprojekten mit Nachhaltigkeitsanspruch sowie sein Erfindergeist spiegeln die unterschiedlichen von ihm durchlaufenen Ausbildungen wider. Für Rasch war Architektur gleichbedeutend mit Baukunst. Bedeutende Architektur hieß für ihn das vollkommene Erfüllen eines Zweckes sowie das ökonomische Errichten von Gebäuden, wobei er betonte, dass dies kein Maßstab für den Kunstwert bilde und dass ein „nutzloses und kostbares Bauwesen ein großes Werk der Kunst" sein könne.[6] Rasch strebte außerdem stets nach Möglichkeiten der Neuformulierung der Architektur, was in zahlreichen Briefen und Vortragsnotizen zu belegen ist. So beschäftigte er sich zeitlebens intensiv mit der Theorie hinter der Architektur und mit deren Weiterentwicklung, weswegen er schon von Zeitgenossen in diversen Geburtstags-Laudationes als Pionier gelobt wurde.[7]

Als Architekturtheoretiker, Erfinder, kreativer Architekt, aber auch bodenständiger Gebäudeplaner bewies Rasch, dass Variabilität und das Sich-nichtfestlegen-lassen auf einen bestimmten Themenschwerpunkt ein Charakteristikum und ein Stilmerkmal sein kann. In der Ausstellung im Marta Herford werden nun Werke gezeigt, die genau diese Vielseitigkeit seines kreativen Schaffens dokumentieren. Mit zu den herausragendsten der dort gezeigten Projekte gehört unter anderem der Entwurf eines Einraumhauses in Lamellenkonstruktion (S. 48), das Bodo Rasch in seinem eigenen Bauatelier Anfang der 1930er-Jahre für die Kochenhofsiedlung in Stuttgart entwarf. Dieses Einraumhaus, auch Waldsiedlungshaus oder Außenhauthaus[8] genannt, sollte vollständig mit Biberschwänzen aus gebranntem Ton verkleidet werden: „Durch Verwendung dieses Materials [...] ergab

4 Bodo Rasch. *Ideen, Projekte, Bauten. Werkbericht 1924 bis 1984*, Ausst.-Kat. Architekturgalerie am Weißenhof, Stuttgart, Stuttgart 1984 (Neuauflage Stuttgart 1993).

5 Bodo Rasch selbst bezeichnete sich in einem an seinen Bruder Heinz gerichteten Brief vom 1.3.1958 als „Heinz Rasch Schüler": „Ich bin Diplomlandwirt und als Architekt, – so sagt man doch wohl – ‚autodidakt'. Vielleicht kann man auch sagen, daß ich als Architekt ‚Heinz Rasch Schüler' bin. Wer vermag das inzwischen festzustellen." NBR (wie Anm. 2).

6 Antwortbrief vom 21.11.1967 an Dipl.-Ing. Gernot Minke (Antworten für *ARCH+ Studienhefte für Architekturbezogene Umweltforschung und -Planung)* auf dessen von Studenten gestellte Frage „Was umfaßt Ihrer Meinung nach Architektur?" NBR (wie Anm. 2).

7 O. A. „Bodo Rasch – ein Pionier der goldenen Zwanziger", in: *Allgemeine Bauzeitung*, 23. Februar 1973, S. 8.

8 Vgl. Brief von Bodo Rasch an Sigfried Giedion vom Mai 1931, NBR (wie Anm. 2).

Weissenhof architecture gallery in Stuttgart in 1984. A cross-section of Bodo Rasch's multifaceted work was presented and published in a special catalogue.[4] The passion with which Bodo Rasch devoted himself to a broad range of architectural fields is conveyed in these works. However, before he started working as an architect, Bodo Rasch proceeded along a career path that seems rather contradictory at first sight. In 1918 he graduated from the Königliche-Preussische Kadettenkorps (Royal Prussian Cadet Corps) and went on to study agriculture in Hohenheim until 1926. At the same time, he did an internship as a carpenter before eventually moving on to architecture, a profession which he more or less acquired as an autodidact.[5] It is easier to understand his conception of architecture in the light of this unorthodox development: his love for details, his perfectionism, his penchant for complex and extensive architectonic projects geared towards sustainability, and his ingenuity are reflected in his different qualifications. For Rasch architecture was synonymous with the art of construction. In his eyes significant architecture was characterised not only by the complete fulfilment of a purpose but also by the economic construction of buildings, although he underlined that this did not determine their artistic worth and that a 'useless and valuable building could also be a great work of art.'[6] Aside from that, Rasch was always looking for new formulations of architecture, as countless letters and lecture notes prove. Throughout his life, he concerned himself intensely with the theory of architecture and its further development, which is why even his contemporaries praised him as a pioneer.[7]

Not only as an architectural theorist, inventor and creative architect, but also as a down-to-earth construction planner, Rasch was able to prove that variability and not letting oneself be pinned down on one particular topic can be a characteristic and a stylistic feature. The works shown at Marta Herford document the versatility of his creative approach. One of the most outstanding projects on display is his plan for a one-room house with a lamella structure (p. 48) which he designed for the Kochenhof Housing Estate in Stuttgart in his own building studio in the early 1930s. The facing of this one-room house, which was also known as the *Waldsiedlungshaus* (Wood Settlement House) or *Aussenhauthaus* (Outer Skin House),[8] was to consist entirely of terra cotta beaver-tail tiles: 'The use of this material ... also defines the form. The house looks a bit like a tortoise cowering in the grass with its heavy armouring as a protection against all influences from nature.'[9] However, the house was never built since the Kochenhaus Housing Estate was constructed in

4 *Bodo Rasch, Ideen, Projekte, Bauten. Werkbericht 1924 bis 1984*, exhib. cat. Architekturgalerie am Weissenhof, Stuttgart 1984 (reprint: Stuttgart 1993).

5 In a letter to his brother from 1 March 1958, Bodo Rasch referred to himself as a 'Heinz Rasch pupil': 'I am a qualified agronomist and as an architect I am what one would call an "autodidact". Perhaps one could also say that, as an architect, I am a "Heinz Rasch pupil". Who can tell at this point.', EBR (see note 2).

6 Reply to the engineer Gernot Minke (answers for *ARCH + Studienhefte für architekturbezogene Umweltforschung und -Planung)* from 21 November 1967, whose students had asked 'How would you define architecture?', EBR (see note 2).

7 O. A. 'Bodo Rasch – ein Pionier der goldenen Zwanziger', in: *Allgemeine Bauzeitung*, 23 February 1973, p. 8.

8 Compare letter from Bodo Rasch to Sigfried Giedion from May 1931, EBR (see note 2).

9 Compare Bodo Rasch, 'Waldsiedlungshaus', in: *Technik für Alle*, 22, 7, October 1931, p. 282 f.

sich auch die Form. Das Haus sieht fast aus wie eine Schildkröte, die sich schwergepanzert gegen alle Einflüsse der Natur im feuchten Grase aufhält."[9] Zur Umsetzung dieses Hauses kam es jedoch nicht, da die Kochenhofsiedlung 1933 nach den veränderten politischen Verhältnissen ‚im neuen Geiste' konform den Vorstellungen der NSDAP errichtet wurde, was sich unter anderem in der Satteldach-Pflicht bemerkbar machte,[10] wodurch Rasch letztlich keinen seiner insgesamt drei Holzhaus-Entwürfe für die Kochenhofsiedlung realisieren konnte.

In eine vollkommen andere Richtung dagegen geht ein Projekt von 1938. In diesem Jahr entwickelte Bodo Rasch seine berühmten transportablen Häuser aus luftgefüllten Zellen, die sogenannten pneumatischen Strukturen, die er im selben Jahr beim Reichspatentamt in Berlin zur Eintragung anmeldete. Die Idee für dieses Konstruktionsprinzip entstand durch den Auftrag einer transportablen Gaststätte für Jahrmärkte und Volksfeste. Als Ergebnis präsentierte Rasch eine Wurstbraterei in Form eines Schweins (S. 50), kreiert aus textilen Zellen, die flexibel vor Ort aufgepumpt werden konnten. Rasch entwickelte seine pneumatischen Strukturen über die Jahre weiter und kreierte neben pneumatischen Gaststätten und Hallen auch künstliche mechanische Wolken für den individuellen Sonnenschutz.[11]

Exakt ein Jahrzehnt später (1948) entwarf Rasch gemeinsam mit Prof. Deininger und Martin Elsässer sogenannte Gewölbebauten aus Trümmersteinen (S. 51), um trotz der drohenden Materialnot durch die Idee des Morgenthauplans[12] dem Mangel an Wohnbauten entgegenwirken zu können. Auch dieses Projekt wurde nie verwirklicht, da der Morgenthauplan bald aufgegeben wurde und genügend Rohstoffe für den weitaus weniger aufwendigen, herkömmlichen Häuserbau zur Verfügung standen.[13]

Obgleich viele seiner Ideen – teils aufgrund der Umstände – nie gebaut werden konnten, bleibt der einzigartige Gedanke hinter jedem einzelnen dieser Projekte bestehen und beweist einmal mehr, wie vorausschauend Bodo Rasch ans Werk ging. Man sieht anhand dieser Entwürfe, dass Rasch stets versucht war, einen Mehrwert mit seinem architektonischen Schaffen zu erreichen. Das Streben nach simplen, naheliegenden Lösungen war nicht das Seine, vielmehr das Suchen nach einer idealen Lösung, die auf lange Sicht Bestand haben würde und auch für zukünftige Generationen als Inspiration dienen könnte. Neben den vorgestellten Projekten gibt es zahlreiche weitere Ideen, die noch heute überraschen: Seien es die Bürohausprovisorien oder die Serienhäuser – die Vielseitigkeit des architektonischen Schaffens eines Mannes, der von sich selbst als „[...] bauwütiger und leidenschaftlicher Architekt [...]"[14] sprach, steht noch am Anfang der verdienten Aufarbeitung.[15]

9 Vgl. Bodo Rasch, „Waldsiedlungshaus", in: *Technik für Alle*, 22, 7. Oktober 1931, S. 282 f.
10 Vgl.: *Bodo Rasch* 1984 (wie Anm. 4), S. 15.
11 Ebd., S. 54 ff.
12 Der Morgenthauplan sah vor, die gesamte deutsche Industrie zu zerstören und Deutschland in eine Agrargesellschaft zu verwandeln. Infolgedessen drohte die Knappheit an Rohstoffen wie Eisen und Zement und es mussten andere Möglichkeiten für den Häuserbau entwickelt werden.
13 Vgl. Bodo Rasch 1984 (wie Anm. 4), S. 30.
14 Vgl. Brief von Bodo Rasch an Ruth Koch vom 21.3.1953, NBR (wie Anm. 2).
15 Wenngleich aus laufenden Forschungsarbeiten zumeist keine Informationen preisgegeben werden, entschloss sich die Autorin im Falle der Ausstellung *Der entfesselte Blick* im Marta Herford eine Ausnahme zu machen, um die Relevanz des Themas einem breiten und interessierten Publikum ins Bewusstsein zu bringen.

accordance with the 'new spirit' that defined the changed political circumstances after 1933 and conformed to the ideas of the Nazis, such as a law demanding the use of gabled roofs.[10] As a result, Bodo Rasch was not able to realise any of his three timber house designs.

A project from 1938 followed a completely different direction. In this year Bodo Rasch developed his famous transportable houses made of air-filled cells, the so-called pneumatic structures which he had registered at the *Reichspatentamt* (Imperial Patent Office) in Berlin in the same year. The idea for this construction evolved in connection with a commission to build a transportable restaurant for fairs and festivals. As a result, Bodo Rasch presented a sausage frying stall in the shape of a pig (p. 50), made of textile cells that could be flexibly pumped up on site. Over the years he continued to work on his pneumatic structures. Besides pneumatic restaurants and halls, he also developed artificial mechanical clouds as a means of individual sun protection.[11]

Exactly one decade later, in 1948, Rasch collaborated with Professor Deininger and Martin Elsässer to develop so-called rubble-stone-vault structures (p. 51) as a means to counteract the housing shortage despite the impending scarcity of building material to be brought about by the Morgenthau Plan.[12] This project too was never carried out, because the Morgenthau Plan was soon abandoned. Consequently, there were enough raw materials for the construction of houses in the customary way, which was far less complicated.[13]

Partly due to circumstances, many of Bodo Rasch's ideas could never be carried out. Nevertheless, the unique thinking behind each of his projects prevails and is further proof of his farsighted approach. These designs show that Rasch always strived to create additional value with his architectonic works. Instead of searching for simple, obvious solutions, he was more interested in finding one ideal solution that would stand the test of time and also inspire future generations. Besides the projects introduced here, he had many other ideas that are astonishing even today: whether makeshift office blocks or prefabricated houses – the deserved review of the versatile architectonic creations of a man who spoke of himself as 'a passionate architect with a keen desire to build'[14] has only just begun.[15]

10 Compare Bodo Rasch 1984 (see note 4), p. 15.
11 Ibid., p. 54 ff.
12 The Morgenthau Plan called for the destruction of the entirety of German industry so that Germany could be turned into an agricultural society. As a result, there was an imminent shortage of raw materials such as iron and cement and other ways of building houses had to be explored.
13 Compare Bodo Rasch 1984 (see note 4), p. 30.
14 Compare letter from Bodo Rasch to Ruth Kock from 21 March 1953, EBR (see note 2).
15 Although normally no information is revealed from ongoing research, the author decided to make an exception for the exhibition *The Unfettered Gaze* at Marta Herford to introduce the subject to a wider public.

AKTUELLE PERSPEKTIVEN
CONTEMPORARY PERSPECTIVES

ERNESTO NETO

—

INTERVIEW

Marta Herford (MH): Mit Deinen Arbeiten reagierst Du immer auf den Raum, in dem sie gezeigt werden. Was ist der Ausgangspunkt für Deine Überlegungen? Wie konzipierst Du Deine Arbeiten? Welche Aspekte des Raumes interessieren Dich und sind für Deine Arbeit relevant?

Ernesto Neto (EN): Der Raum ist nicht etwas Reines. Raum impliziert stets den Kontext. Ist es eine Galerie oder eine andere Institution? Wie ist der Geist der Menschen, die an der Ausstellung beteiligt sind – Kuratoren, Galeristen, die Menschen, die dort arbeiten? Welche Umgebung gibt es? Und schließlich: Womit beschäftige ich mich in diesem Moment? Es ist wie ein Tanz, eine Symbiose aus all diesen Energien.

MH: Indem Du Dich mit der vorgefundenen Architektur auseinandersetzt, veränderst Du die Raumwahrnehmung des Betrachters und schaffst ein neues Raumerlebnis. Verstehst Du Deine künstlerische Arbeit als eine Form von Architekturkritik? Geht es Dir darum, die Grenzen und eventuell auch Schwachstellen von Architektur sichtbar zu machen?

EN: Nun ja, die Tatsache, dass wir uns – vom Moment des Erwachens bis wir schlafen gehen – in Boxen aufhalten, legt es nahe, über Architektur als eine Möglichkeit nachzudenken. Der besondere Geist der Arbeit findet selbst heraus, wo und wie der Raum gefüllt werden muss. Wie eine Katze einen Platz findet, um sich niederzulegen, liegt die Kunst in der Arbeit und in ihrem besonderen Geist selbst begründet. Die Architektur ist nur die Leinwand.

MH: In Deinen raumgreifenden Arbeiten thematisierst Du das Verhältnis von Raum und Körper. Architektur kann als erweiterte Hülle des menschlichen Körpers verstanden werden. Siehst Du das auch so?

EN: Meine Kunst kommt von der Haut, die die Grenze zwischen unserem Innen und Außen markiert. Leben geschieht an dieser Grenze zwischen der inneren Natur / Kultur und der äußeren Natur / Kultur – ich glaube, dass alles, was passiert, sich auf der Haut abspielt. Bei meinen Arbeiten stellt sich manchmal das Gefühl ein, es handele sich um ein Tier oder einen Menschen. Ich möchte die Idee von einem Organismus sehen und auf architektonische und biologische Weise denken. Ich will keine Organismen darstellen – die Werke sind Organismen. Es gibt etwas Körperliches in meinen Arbeiten. Ich brauche das Physische. Meine Arbeit ist wie ein Baby, von dem ich nicht weiß, wo es herkommt.

Ernesto Neto
Three Stops for an Animal Architecture under Gravity, 2007
Polyamid und Polypropylen
Polyamide and polypropylene, 552 × 552 × 438 cm,
Maße variabel dimensions variable
Galerie Max Hetzler, Berlin | Paris

MH: Du bist in Rio de Janeiro geboren und lebst auch dort. Wie nimmst Du die Architektur in der Stadt Rio de Janeiro wahr? Wird Deine Arbeit durch die Architektur der Stadt beeinflusst? Wie wichtig sind Deine Umgebung und Dein Umfeld für die künstlerische Arbeit?

EN: Der Architekt Oscar Niemeyer hatte Einfluss auf meine Arbeit. Als ich sieben Jahre alt war, baute mein Vater auch Häuser für José Zanine Caldas. Seine Häuser haben meine Arbeit sicher noch stärker beeinflusst. Sie handelt von der Natur und dem Leben. Die Idee des Hauses, das Heim, die Höhle, als Erweiterungen unseres Körpers, aber auch die Idee der Familie sind sehr wichtig. Rio de Janeiro ist eine Stadt voller natürlicher Unfälle: Meere, Seen, Berge. Die Zivilisationskonstruktionen der Stadt strömen wie ein Fluss zwischen diesen Unfällen hindurch. Doch die Natur ist stärker als die „Architektur". Auch die Favela-Architektur nimmt Einfluss – wie der Schaum auf den Wellen des Flusses klettert sie die Berge hinauf. Architektur ist jedoch weniger wichtig für mich als Stadtplanung. Urbanität ist der Fluss, das Leben der Stadt.

MH: Im 20. und 21. Jahrhundert haben sich viele Künstler mit Architektur auseinandergesetzt und zum Teil auch selbst Architektur entworfen. Würdest Du gerne ein Gebäude konzipieren und anschließend auch bauen?

EN: Ja!

MH: In Deinen Arbeiten geht es um Themen wie Balance und Spannung, Bewegung und Statik, Leichtigkeit und Schwerkraft. Diese Aspekte sind auch in den architektonischen Werken von Heinz und Bodo Rasch präsent. Siehst Du in Deinen Arbeiten Schnittstellen oder Parallelen zu den architektonischen Entwürfen der Brüder Rasch?

EN: All diese Strukturen sind Früchte der Schwerkraft. Sie spielen mit der Schwerkraft, und ermöglichen sie. Es ist ein Wechselspiel zwischen Sicherheit und Unsicherheit – eine Gleichgewichtsbeziehung.

Marta Herford (MH): In your works you react to the space where they are going to be shown. What is your starting point? How do you conceive your works? Which aspects of the space are you interested in? What is relevant for your approach to a space?

Ernesto Neto (EN): Space is not something pure, space implies the context – is it a gallery or another institution? How is the spirit of the people involved with the exhibition – curators, gallerists, the people who work there? How is the space that surrounds it? And, finally, what am I involved in at that moment, how is my own spirit? It is like a dance, a symbiosis of this whole energy.

MH: By interacting with the architecture of the site your installations change the viewer's spatial perception and create a new experience of the space. Do you understand your work as a form of criticism of architecture? Are you interested in making the limits of architecture visible?

EN: Well yes, given the fact that we are inside boxes from when we wake up until we sleep, architecture can be considered an opportunity. The spirit of the work will find out where and how to fill the architecture, like a cat finding a place to lay down – the art is in the work and in the spirit of it, the architecture is just the canvas.

MH: In your spatial works you also deal with the relation between space and body. Architecture can be understood as an enlarged covering for the human body. Do you agree with this?

EN: My art comes from the skin, which is the border between our inside and outside. Life happens on this border between inner nature / culture and outer nature / culture – I believe that everything happens on the skin. With my works you sometimes get a feeling of an animal or a human being. I want to see the idea of an organism and to think architectonically in a biological way. I do not want to represent organisms – the works are organisms. There is a body there. I need to have some physicality. My work is like a baby that comes from I don't know where.

MH: You were born in Rio de Janeiro and you still live there. How do you perceive the architecture in Rio de Janeiro? Is your work influenced by the architecture of this city? How important are the surroundings and the environment for your artistic work?

EN: Oscar Niemeyer may have influenced my work, but when I was seven my father began to build houses under Jose Zanine Caldas. His houses had a stronger impact on my work, which is about nature and life. The ideas of house, home, cave are very important as an extension of our body, the idea of family also. Rio de Janeiro is a city full of natural accidents – seas, lakes, mountains – the constructions of urban civilization flow like a river between these accidents. Nature is stronger than 'architecture'. Favela architecture, which climbs up the mountains like the foam of this river, is another influence. Finally, architecture for me is less important than urbanism, which is the flow – the life – of the city.

MH: In the 20th and 21st centuries a number of artists have worked with and about architecture. Some have even designed buildings. Would you be interested in planning and constructing a building?

EN: Yes!

MH: In your works you deal with issues like balance and tension, movement and stasis, lightness and gravity; issues which are also addressed in the architectural work of Heinz and Bodo Rasch. Do you think that there are any interfaces and/or similarities between your work and the ideas of the Rasch brothers?

EN: All these structures are the fruit of gravity. They play with gravity and this makes them happen. It is an interaction between security and insecurity – a relationship of balance.

Ernesto Neto
Minimal Surface of a Body Evolution on a Field, 2007
Polyamid und Sand
Polyamide and sand, 932 × 519 × 15 cm,
Maße variabel
dimensions variable
Galerie Max Hetzler, Berlin | Paris

ERNESTO NETO

Geboren 1964 in Rio de Janeiro (BR), wo er auch lebt. Von 1994 bis 1997 Studium an der Escola de Artes Visuais do Parque Lage, Rio de Janeiro (BR). In der gleichen Zeit gab er Kurse am Museu de Arte Moderna de São Paulo (BR). Born 1964 in Rio de Janeiro (BR), where he now lives. From 1994 to 1997 studied at Escola de Artes Visuais do Parque Lage, Rio de Janeiro (BR) and taught courses at Museu de Arte Moderna de São Paulo (BR).

Einzelausstellungen (Auswahl) Solo exhibitions (selection): 2014: Arp Museum Bahnhof Rolandseck, Remagen (DE); *Gratitude,* Aspen Art Museum (US); *The Body that Carries Me,* Guggenheim Bilbao (ES); 2012: *Madness is Part of Life,* Espace Louis Vuitton, Tokio Tokyo (JP); *Cuddle on the Tightrope,* Nasher Sculpture Center, Dallas (US); 2011: *La Lengua de Ernesto. Obras 1987–2011,* Museo de Arte Contemporáneo, Monterrey (MX); *While Nothing Happens,* Museo d'Arte Contemporanea, Rom Rome (IT); 2010: *Dancing Allowed,* Contemporary Arts Center, Cincinnati (US); *Intimacy,* Astrup Fearnley Museet, Oslo (NO); *Navedenga,* Museum of Modern Art, New York (US); *Dengo,* Museu de Arte Moderna de São Paulo (BR); 2007: Museum of Contemporary Art, San Diego (US).

Gruppenausstellungen (Auswahl) Group exhibitions (selection): 2014: *Simple Shapes,* Centre Pompidou-Metz, Paris (FR); 2013: *Brasiliana. Installationen von 1965 bis heute,* Schirn Kunsthalle, Frankfurt am Main (DE); *Spun: Adventures in Textiles. Material World,* Denver Art Museum (US); 2012: *Open Spaces/Secret Places,* Museum der Moderne, Mönchsberg, Salzburg (AT); *Wide Open School,* Hayward Gallery, London (UK); 2010: *Cosmopolitan Routes: Houston Collects Latin American Art,* Museum of Fine Arts, Houston (US); 29th Biennale São Paulo (BR); 2009: *Brazil Contemporary – Contemporary Art, Architecture and Visual Culture,* Museum Boijmans Van Beuningen, Rotterdam (NL); *Violence,* Haifa Museum of Art, Haifa (IL); 2008: *Held Together with Water,* Istanbul Museum of Modern Art, Istanbul (TR); 2001: 49th Biennale di Venezia, Venedig Venice (IT).

MARTIN PFEIFLE

INTERVIEW

Marta Herford (MH): Die Auseinandersetzung mit Architektur ist in Deinem Werk ein zentrales Thema. Es gibt von Dir auch eine Serie von Fotos mit Architekturdetails aus dem alltäglichen Kontext. Wie nimmst Du Architektur wahr?

Martin Pfeifle (MP): Als visueller Mensch beobachte ich meine Umgebung und achte auf die Architektur, die uns umgibt, genauso wie auf die Menschen, die in ihr wohnen. Mit der Kamera halte ich Oberflächen und Strukturen fest, die mir als Skizzen und Arbeitsmaterial für meine Projekte dienen. Ich mache dabei keine Klassifizierung, sondern nehme die Gebäude, wie sie sind, d. h. sie können für mich Bild oder Skulptur, aber auch Bühne bzw. Kulisse sein. Nehmen wir als Beispiel dieses Museum, das Marta Herford von Frank Gehry. Ich sehe es als eine Skulptur. Von außen betrachtet, funktioniert es als Kunst im öffentlichen Raum. Interessant ist, dass die Innenräume nicht der äußeren Form entsprechen. Das Museum ist nicht von innen nach außen gebaut, sondern funktioniert wie zwei ineinander gesetzte Formen. So entsteht ein Leerraum, der für den Besucher nicht sichtbar, aber vorhanden ist und für mich durch seine Unerreichbarkeit eine besondere Anziehungskraft entwickelt.

MH: Deine Arbeiten bewegen sich in einem Spannungsfeld zwischen Funktionalem und Pseudofunktionalem, Zitat und Erfindung, Ortsbezug und Autonomie, Malerei und Skulptur. Was interessiert Dich an dieser „Uneindeutigkeit"? Geht es Dir darum, das Prinzip der Einordung in Frage zu stellen? Oder interessiert Dich die Weiterentwicklung des Skulpturbegriffs?

MP: Natürlich geht es mir darum, Grenzen auszutesten und zu schauen, wie weit man gehen kann. In meiner Arbeit geht es oft um die Schnittstelle zwischen Kunst und Design. Mich interessiert dabei die Funktionalität der Kunst. Was passiert, wenn eine Arbeit zu einer Bühne wird, oder eine leuchtende Skulptur als Lampe eingesetzt wird. Die Werke bestehen sowohl autonom als Skulpturen, bekommen aber durch den Gebrauch eine weitere Komponente hinzu. Das ist keine neue Fragestellung. Ein Blick auf die Kunstgeschichte zeigt, dass diese Schnittstelle immer wieder aufs Neue ausgelotet wurde.

MH: Die skulpturale Setzung von Farbe im Raum spielt in Deinen Arbeiten eine große Rolle. Der Künstler Anish Kapoor hat mal über sich gesagt, dass er ein Maler sei, der als Bildhauer arbeite. Trifft das auch auf Dich zu? Was interessiert Dich an dem skulpturalen Umgang mit Farbe?

MP: Ich würde mich nicht als Maler bezeichnen, der als Bildhauer arbeitet, sondern als Künstler, der von unterschiedlichen Standpunkten her Raum, Körper, Materialität und Farbe untersucht. Manche dieser Fragestellungen kommen aus der Geschichte der Malerei, andere aus der Bildhauerei. Farbige Bildhauerei gibt es seit den Griechen. Bei der Arbeit *rev* habe ich mich für das Material Teppich entschieden und vier Farben aus dem Angebot des Herstellers ausgesucht. Wenn ich Farbe verwende, benutze ich das industriell vorgegebene Farbspektrum des jeweiligen Materials.

MH: Ausgangspunkt für Deine Arbeiten ist der Ausstellungort selbst. Was genau interessiert Dich daran? Reagierst Du auf die „Schwachstellen", die „Qualitäten" oder die „Besonderheiten" der vorgefundenen Situation?

MP: Jede Architektur schafft einen individuellen Raum, auf den man immer unvoreingenommen zugehen muss. Es geht mir nicht darum, ihn vorzuführen oder auf Schwachstellen hinzuweisen, sondern um eine Auseinandersetzung mit dem Bestehenden. Natürlich ist für meine Art zu arbeiten ein Raum mit einer gebrochenen architektonischen Linie einfacher als einer, der vom Architekten vollkommen gestaltet wurde. Aber ich möchte nicht auf „schwierige" Räume reduziert werden. Das Arbeiten in bzw. mit einem White-Cube ist für mich genauso interessant wie jeder andere.

MH: Deine Arbeiten sind meist ortsspezifische Interventionen, die für eine bestimmte Zeit Räume transformieren und neu erlebbar machen. Sind die Räume – nach dem Ende der Ausstellung und dem Abbau Deiner Interventionen – „anders" als vorher? Denkst Du, dass sich die Räume durch Deine Eingriffe nachhaltig verändern?

MP: Nein, das glaube ich nicht. Natürlich verändert sich der Blick der Menschen, die regelmäßig mit den Räumen zu tun haben, aber nicht für die Betrachter, die sich in ihnen nur temporär aufhalten, da sie keine Vergleichsmöglichkeit haben. Esoterischen und auratischen Kunstinterpretationen stehe ich sehr skeptisch gegenüber, da für mich formale Aspekte im Vordergrund stehen. Wenn ich mit einem Raum arbeite, sehe ich mit großer Freude, wie er zu einer Arbeit wird, wie er sich verändert und eine neue Form annimmt. Die gleiche Freude empfinde ich, wenn ich ihn wieder zurückbaue, wenn meine Interventionen abgebaut werden und der Raum wieder seine ursprüngliche, neutrale Form annimmt.

Marta Herford (MH): Architecture is a central topic in your work. You also created a photo series dedicated to architectural details you found in everyday contexts. How do you perceive architecture?

Martin Pfeifle (MP): As a visual person, I look at my environment and take notice of the architecture surrounding us, and also of the people living in it. I capture surfaces and structures with my camera and use them as sketches and working material for my projects. Instead of classifying these buildings, I take them as they are, in other words, I might perceive a certain structure as a picture or sculpture or as a stage or set. Let us take this museum, for example, the Marta Herford by Frank Gehry. To me it is a sculpture. Seen from the outside, it functions as art in a public space. I find it interesting that the interior does not correspond with the exterior. The museum was not designed from the inside to the outside. Instead it functions as two forms that were placed inside each other. The result is a void which is there even though it is invisible to the visitor. I find its elusiveness particularly fascinating.

MH: Your works oscillate between functionality and pseudo-functionality, quotation and invention, reference to a particular location and autonomy, painting and sculpture. What interests you about this 'ambiguity'? Is it your intention to question the principle of classification? Or are you interested in further developing the concept of sculpture?

MP: Of course I am interested in exploring borders and seeing how far one can go. My work is often about the interface between art and design. What happens when an artwork becomes a stage or when a luminous sculpture is used as a lamp? On the one hand, the works lead an autonomous existence as sculptures, and on the other hand a further component is added to them through their application. This is not a new question. As art history shows, this interface has been re-explored time and again.

MH: The sculptural positioning of colour in a given space plays an important role in your works. The artist Anish Kapoor once described himself as a painter who works as a sculptor. Does this also apply to you? What interests you about the sculptural handling of colour?

MP: I would not call myself a painter who works as a sculptor, but rather an artist who explores space, bodies, materiality and colour from different angles. Some of these issues are derived from the history of painting, others from sculpture. Polychrome sculpture has been in existence since Greek antiquity. I chose carpeting for my work *rev* and picked four colours from the manufacturer's selection. When I work with colour, I always use the colour spectrum industrially specified for the material in question.

Martin Pfeifle
rev, 2014
Teppich, Metallketten und Holz
Carpet, metal chains and wood, **1200 × 1000 × 600 cm, Maße variabel**
dimensions variable

MH: The starting point for your works is always the exhibition venue itself. What exactly interests you? Do you respond to the 'weak points', the 'qualities' or the 'particularities' you find in the given situation?

MP: Every structure produces an individual sphere that should be approached with an open mind. It is not my intention to exhibit it or draw attention to flaws, but rather to concern myself with the existing situation. For my way of working an interior with a fractured architectonic line is obviously easier than a spatial context that the architect created as a whole. However, I do not want to be limited to 'difficult' rooms. Working with a white cube is just as interesting for me as working in any other context.

MH: Your works are usually site-specific interventions that transform interiors so that they can be experienced in a new way for a certain period of time. After your intervention has been taken down at the end of the exhibition, are the rooms 'different' from before? Do you believe that your interventions have lasting effects on the rooms?

MP: No, I don't think so. Of course the perspective changes for people who regularly spend time in these rooms, however, this does not apply to viewers who only frequent them temporarily and have no means of comparison. I am very sceptical towards esoteric or auratic interpretations of art, as my main focus is on formal aspects. When I am working on a room, I greatly enjoy watching it turn into an artwork, seeing how it becomes transformed and develops a new shape. I take the same pleasure in building it back, when my interventions are de-installed and the room reassumes its original, normal form.

MARTIN PFEIFLE

Geboren 1975 in Stuttgart (DE), lebt und arbeitet in Düsseldorf (DE). Von 1998 bis 2004 Studium an der Kunstakademie Düsseldorf (DE). 2004 Meisterschüler bei Hubert Kiecol. Von 2009 bis 2010 Vertretungsprofessur an der Kunstakademie Karlsruhe (DE).
Born 1975 in Stuttgart, lives and works in Düsseldorf (DE). From 1998 to 2004 studied at Kunstakademie Düsseldorf (DE). 2004 member of Hubert Kiecol's master class. From 2009 to 2010 interim professorship at the Kunstakademie Karlsruhe (DE).

Einzelausstellungen (Auswahl) Solo exhibitions (selection): **2013: *Einfach dreifach,* Museum für Konkrete Kunst Ingolstadt (DE); 2012: *Claver,* Kunstverein Mönchengladbach (DE); 2011: *GELBORANGE,* Kunstverein Bochum, Haus Kemnade (DE); 2010: *Ichoderduoderichoderdu. Gereon Krebber – Martin Pfeifle,* Förderpreisträger für Bildende Kunst NRW (DE); *KIWI,* Goethe-Institut Rom** Rome **(IT); *SOSO,* MAP, THE CHAIN, Düsseldorf (DE); *St. Konrad,* Kunststiftung Baden-Württemberg, Stuttgart (DE); 2009: *Isidor,* Museum Goch (DE); 2007: *GOLD. Förderpreisträger/ in der Landeshauptstadt Düsseldorf 2007. Monika Stricker und Martin Pfeifle,* Kunstraum Düsseldorf (DE).**

Gruppenausstellungen (Auswahl) Group exhibitions (selection): **2014: *Konzeption Landschaft,* Leopold-Hoesch-Museum, Düren (DE); 2013: Es war einmal..., 12. RischArt-Projekt, München** Munich; ***Ein Drittel Weiß,* KIT – Kunst im Tunnel, Düsseldorf (DE); *Goldrausch,* Kunsthalle Nürnberg** Nuremberg **(DE); 2010: *Neues Rheinland,* Museum Morsbroich, Leverkusen (DE); *Alloro – Villa Romana-Preisträger 2009/2010,* Haus am Waldsee, Berlin (DE); *B1/A40 Die Schönheit der großen Straße,* MAP, RUHR2010, Bochum (DE); 2009: *Aufriss,* LWL-Museum für Kunst und Kultur, Münster (DE); 2008: *thesplash,* Culture Coup / DIMITRIA Festival, Thessaloniki (GR); 2007: *Schlossstraße – Stipendiatenausstellung 2007,* Schloss Ringenberg, Hamminkeln (DE); 2006: *End of Season,* Stiftung Wilhelm Lehmbruck Museum, Duisburg (DE); 2005: *Compilation II,* Kunsthalle Düsseldorf (DE).**

LUKA FINEISEN

INTERVIEW

Luka Fineisen
multi-story, 2014
Folie, Luft, Nylon und Helium
Foil, air, nylon and helium,
ca. approx. **1800 × 100 × 30 cm,**
Maße variabel
dimensions variable
Produziert mit Unterstützung des Marta Fonds für Neue Kunst, Herford
Produced with the support of Marta Fund for Contemporary Art, Herford

Marta Herford (MH): Für Deine ortsbezogenen Interventionen verwendest Du oft Materialien wie Schaum, Eis, Wasserdampf oder Milch, die sich im Raum ausbreiten und ihn in „Besitz" nehmen. Nach welchen Kriterien wählst Du die Materialien aus? Woher weißt Du, welches Material für den jeweiligen Raum ‚richtig' ist?

Luka Fineisen (LF): Die Materialien, die ich verwende, bieten das Potential zur Veränderung. Sowohl in sich als auch in Kombination mit z. B. dem gegebenen Tageslicht, den jeweiligen Raumtemperaturen oder auch den inhaltlichen Zusammenhängen an einem Ort. Damit lässt sich dann wunderbar spielen. Hier in der Ausstellung im Marta Herford verwende ich Volumen aus Mylar, einer Polyesterfolie. Die prall aufgeblasenen Module oben bieten eine glatte, hart anmutende und präzise spiegelnde Oberfläche, während sie im unteren Bereich das Knitternde und Schlaffe thematisieren. Oben entsteht die Assoziation zu Partikeln, die verdunsten. Unten wirkt die Form dagegen eher organisch bis flüssig. Transparente Materialen wie Folien, Wasser oder Nebel haben die geniale Eigenschaft, das Licht Teil der Form werden zu lassen und sogar Schatten in verändernden Intensitäten zu modellieren. Wenn ein Raum z. B. etwas Schweres, Altes und Lastendes hat, wie der Gewölbe-Weinkeller im Malkasten Düsseldorf, dann fühlt sich ein menschengroßer massiver Haufen aus schneeweißer und luftiger Zuckerwatte genau richtig an. Ich suche nach der Spannung im Raum. Ich verstärke oder kontrastiere die Situationen – und überschreite Grenzen.

MH: Die Stoffe, die Du verwendest, besitzen oftmals keine haptischen Qualitäten, aber dennoch erzeugen sie ein Volumen und einen Raum. Was interessiert Dich daran? Geht es Dir um die Frage, was alles Skulptur sein kann?

LF: Natürlich macht es Spaß, einen Vorhang aus Honig in den Raum tropfen zu lassen und zu sagen: Das ist Bildhauerei. Außerdem funktionieren die Dinge meistens dann am intensivsten – und das nicht nur in der Kunst –, wenn zwei Spannungsfelder kombiniert werden. Dabei ist wichtig, ein sensibles Gleichgewicht herzustellen. Wenn ein massiver Quader aus kaltem Nebel in den Raum fällt und sich dann nach einigen Minuten plötzlich wieder auflöst, wie 2010 in den Flottmann-Hallen Herne, dann reizt mich das als Riesengeschenk bzw. als Bedrohung, die aber sofort wieder weg ist. Der gewaltige, alles einnehmende Fakt, der dann plötzlich doch Raum für alles andere lässt ... Übersetzt heißt das für mich auch, dass sich unumstößlich wirkende Dinge im Leben von einer Sekunde zur anderen in ganz anderem Licht zeigen können. Es ist gut, sich daran regelmäßig zu erinnern, um Potential frei wahrzunehmen.

MH: Der chinesische Philosoph Laotse soll gesagt haben, dass ein Raum nicht das ist, was mit Wänden, Decken und Fußboden beschrieben wird, sondern das, was sich zwischen diesen befindet. Was ist Raum für Dich? Wie würdest Du Raum definieren?

LF: Raum ist der Akkord aus Grenzen, Sinnlichkeiten und Inhalten an einem Ort.

MH: Es gibt von Dir architektonische Modelle, die auseinanderfließen zu scheinen. Du träumst auch davon, reale Gebäude zu schmelzen und in sich zusammensacken zu lassen. Warum interessiert Dich dieser Prozess der Auflösung von etwas Dauerhaftem und Statischem?

LF: Steinmauern und Bauten stehen für etwas in nächster Zeit Unveränderliches. Im Gegensatz zu einem z. B. erdbebenbedingten Zusammenfallen, was mich gar nicht reizt, flößt das Schmelzen oder Weichwerden den Formen das Potential zur Neuformung ein. Und damit sind wir wieder bei dem Thema: dass Neugestaltung immer möglich ist.

MH: Du bist vom Marta Herford eingeladen worden, für die Ausstellung über die Brüder Heinz und Bodo Rasch eine Arbeit zu entwickeln, in der Du Dich auf Prinzipien und Konzepte beziehst, die von den beiden entwickelt worden sind. Wo siehst Du Berührungspunkte zwischen Deinen Arbeiten und dem Werk von Heinz und Bodo Rasch?

LF: Unkonventionelle und auf eine Art pragmatische Ansätze bereichern das Leben – und ich freue mich immer, Gleichgesinnten zu begegnen. In meiner Installation *multi-story* erzeuge ich Stabilität eines Volumens durch die pralle Füllung mit Luft. Die Arbeit ist eine an die Raschs angelehnte Hochhaus-Hängekonstruktion – allerdings hebe ich die Schwerkraft auf, indem ich heliumgefüllte Volumen als Stockwerke verwende.

Luka Fineisen
Empore, 2014
Video, 16:9, 2:12 Min., Edition 1/7
Videostills und Installationsansicht
Videostills and installation view
Galerie Rupert Pfab, Düsseldorf

Marta Herford (MH): For your site-specific interventions you often use materials such as foam, ice, steam or milk that spread out and 'occupy' the respective space. What criteria do you use when choosing materials? How do you know which material is 'right' for a particular place?

Luka Fineisen (LF): The materials I use have the potential for change. Both intrinsically and in combination with, for example, the ambient daylight, the respective ambient temperature or the site-specific context. You can play with these wonderfully. Here in the exhibition at Marta Herford I use volumes made of Mylar, a polyester foil. The upper modules are blown up taut and create a smooth, seemingly hard surface that mirrors things precisely, while in the lower section they convey a sense of wrinkling and sagging. In the upper part, the association is one of particles that evaporate. By contrast, the lower shape seems more organic or even fluid. Transparent materials such as plastic film, water or mist have the marvelous capacity to enable light to become part of the shape and even to modulate shadows of differing intensities. If, for example, a space has something heavy, old and encumbered about it, such as the vaulted wine cellars at Malkasten Düsseldorf, then a massive man-size pile of snow-white and airy candy-floss feels just right. I want to create tension in a particular space, reinforcing or contrasting the situations, and cross borders in the process.

MH: You rely on materials that tend to have no haptic qualities and yet engender a volume and a space. What interests you in this regard? Are you exploring what can count as sculpture?

LF: Of course it's fun to make a curtain of honey drip into the space and call it sculpture. Moreover, things usually function most intensely (and this applies not only to art) if two different striking forms interact, where a sensitive balance is what counts most. When a massive cube of cold mist falls into a space and then after a few minutes dissolves, like in 2010 in the Flottmann-Hallen in Herne, what excites me is the idea of a huge gift or a threat that dissipates again swiftly. The immense fact, which seizes hold of everything, and which then suddenly abandons the space to the other ... To my mind, this also translates into saying that things that seem incontrovertible in life can, from one second to the next, be seen in a quite different light. It's good to regularly remind oneself of this, as it allows one to discern ready potential.

MH: The Chinese philosopher Laozi is said to have suggested that a space is not what is described by walls, ceilings and floors, but what is to be found between them. What is space to your mind? How would you define it?

LF: Space is the chord of border lines, sensory inputs and content at a particular place.

MH: You've also made architectural models that seem to flow apart. And you've dreamed of melting real buildings and having them collapse into themselves. Why are you interested in this process of dissolving something permanent and rigid?

LF: Stone walls and buildings stand for something that will be immutable for a time. Unlike the collapse caused by an earthquake, for example, which doesn't grab my fancy at all, the melting or softening of shapes brings with it the potential to reform them. Which brings us back to the point that re-shaping things is always possible.

MH: Marta Herford invited you to develop a piece to accompany the show on the brothers Heinz and Bodo Rasch, in which you refer to the principles and concepts the two devised. Where do you see points of contact between your work and the brothers' oeuvre?

LF: Unconventional and yet somehow pragmatic approaches make life richer, and it always brings joy to my heart to encounter like-minded persons. In my installation *multistory* I generate stability in a body by filling it almost to the bursting point with air. The piece draws on the Raschs' ideas of suspended high-rises, with the difference that I eliminate gravity by using helium-filled volumes as stories.

LUKA FINEISEN

Geboren 1974 in Offenburg (DE), lebt in Köln (DE) und San Francisco (US). Von 1996 bis 1998 Studium am Memphis College of Art (US) und von 1999 bis 2005 Studium an der Kunstakademie Düsseldorf (DE) bei Fritz Schwegler und Irmin Kamp, seit 2002 als Meisterschülerin.
Born 1974 in Offenburg (DE) and now lives in Cologne (DE) and San Francisco (US). From 1996 to 1998 studied at Memphis College of Art (US) and from 1999 to 2005 at Kunstakademie Düsseldorf (DE) under Fritz Schwegler and Irmin Kamp, since 2002 as member of masterclass.

Einzelausstellungen (Auswahl) Solo exhibitions (selection): **2012: *fluide parfait,* patio de la maison rouge, Fondation Antoine de Galbert, Paris (FR); 2011: *unpaarig,* Vertretung des Landes NRW beim Bund, Berlin (DE); 2010: *flüssigkristalline phasen,* Kunstfondskunstraum, Haus der Kultur, Bonn (DE); *Sublimationen,* Kunsthalle Bremerhaven (DE); 2009: *Melt, Swap,* Kunst am Bau, Generali Holding Deutschland AG, Köln** Cologne **(DE); 2008: *Flutung, Frischzelle_09,* Kunstmuseum Stuttgart (DE); *Ergänzung,* Kunstverein Arnsberg (DE); 2003: *Sukûn,* Museum Folkwang, Essen (DE); 2002: *Debut,* Kunstverein Offenburg (DE).**

Gruppenausstellungen (Auswahl) Group exhibitions (selection): **2013: *TRANSFER Korea – NRW,* Arko Art Center, Seoul (KR), Kunsthalle Düsseldorf (DE), Kunstmuseum Bonn (DE) und** and **Osthaus Museum Hagen (DE); 2012: *Punkt. Systeme. Vom Pointillismus zum Pixel,* Wilhelm-Hack-Museum, Ludwigshafen (DE); *Asche und Gold. Eine Weltenreise,* Marta Herford (DE); 2010: *Neues Rheinland. Die postironische Generation,* Museum Morsbroich, Leverkusen (DE); *Backhaus,* New Talents Biennale, Köln** Cologne **(DE); *COLLABORATION_2,* Motorcade/FlashParade, Bristol (UK); 2009: *Wenn Förderung ist, ist eigentlich Vollgas,* Stiftung Wilhelm Lehmbruck Museum, Duisburg (DE); 2007: *Kunstpreis junger westen 2007,* Kunsthalle Recklinghausen (DE); *Hotel Kerberos,* KIT – Kunst im Tunnel, Düsseldorf (DE); 2006: *Klasse Kamp 1974–2006,* Kunsthalle Düsseldorf (DE); Lieber Friedrich, Kasseler Kunstverein, Kassel (DE).**

ERIKA HOCK

INTERVIEW

Marta Herford (MH): Ein zentrales Thema in Deiner Arbeit ist die Auseinandersetzung mit Architektur und der Frage, was Architektur sein kann. Warum interessierst Du Dich für Architektur?

Erika Hock (EH): Im Grunde geht es mir immer um den Körper und dessen Verhältnis zum gebauten/konstruierten Raum. Daher knüpfe ich nicht nur Bezüge zur Architektur, sondern auch vor allem zum Interior Design oder zur Mode. Diese Bereiche sind miteinander verwandt. Sie sind beispielsweise in ähnliche Zeitökonomien eingebunden. Architektur entsteht zwar sehr langsam, hat aber ebenso wie Mode keine volle Gegenwart, da sie sich immer aus der Vision in die Zukunft stürzt, aber sobald sie gebaut ist, bereits als veraltet erscheint.

MH: Oftmals lassen sich Deine Arbeiten nicht eindeutig als Modell, Möbel, Skulptur oder Installationen einordnen. Die herkömmliche Trennung zwischen Kunst, Architektur und Design verschwimmt. Worin liegt für Dich der Reiz in dieser Grenzüberschreitung? Kann die bildende Kunst von der Architektur und vom Design etwas ‚lernen'?

EH: Ich glaube nicht, dass es zwischen den Bereichen eine klare Trennung gibt. Der Zwischenraum ist so groß, dass man nicht von Grenzen sprechen kann. Mich interessiert eben genau dieser Zwischenraum, in dem man selbst entscheiden kann, was man vor sich hat. Viele ArchitektInnen und DesignerInnen haben in der Vergangenheit Objekte geschaffen, die nicht nur Gebrauchsgegenstände waren, sondern auch Geschichten über Geschichten erzählten, die ihrerseits über die Jahrzehnte unterschiedlich gelesen wurden. In meinem Fall war das *Cineorama* beispielsweise erst eine Skulptur und ein Modell. Und selbst als gebauter Pavillon hatte es noch einen uneindeutigen Status – war es nun Möbel oder Architektur? Es war mir immer ein Anliegen, dass ein Objekt das Potenzial hat, sich in etwas anderes zu verwandeln. Eindeutige Strukturen langweilen schnell. Es ist viel interessanter sich auf wackeligen Boden zu begeben.

MH: Du beziehst Dich häufig auf Ikonen der Architektur und des Designs. Sind Deine Arbeiten eine Art „Hommage"? Oder eher Paraphrasen? Oder Kommentare? Oder geht es Dir um die besondere und innovative Formgebung dieser Ikonen?

EH: Das ist von Arbeit zu Arbeit sehr unterschiedlich. Beim *Dreischeibenhaus* beispielsweise ist es die innovative Form und die Funktion, die es in der Stadt einnimmt, nämlich die eines urbanen Raumteilers. Das hat mich gereizt und dazu veranlasst, daraus ein raumtrennendes Möbelobjekt zu machen. Bei der Arbeit *For Charlotte P.* handelt es sich eher um eine Hommage. Hier haben mich die Umstände interessiert, unter denen die französische Architektin und Designerin Charlotte Perriand gearbeitet hat. Sie war in meinen Augen viel experimentierfreudiger und spielerischer als ihr berühmter Kollege Le Corbusier, blieb aber in seinem Schatten. Ihr Umgang mit den sogenannten „Objets Trouvés", die jeder nur von Le Corbusier kennt, ging viel weiter, da sie die gefundenen Objekte inszeniert und fotografiert hat, was für mich viel spannender ist. Ich habe eines ihrer gefundenen Objekte auf einem ihrer Fotos nachempfunden und es sozusagen „weitergestrickt".

MH: Du arbeitest oft mit modularen Systemen und variablen Strukturen, die auch im Werk von Heinz und Bodo Rasch präsent sind. Siehst Du in Deinen Arbeiten Schnittstellen und/oder Parallelen zu den Werken der Brüder Rasch?

EH: Um ehrlich zu sein, kannte ich von den Brüdern Rasch nur die Stühle und nicht ihre Architekturentwürfe. Ich habe mich für die Entstehungsgeschichte des Freischwingers interessiert und bin auf den *Sitzgeiststuhl* gestoßen. Parallelen sehe ich im Umgang mit dem Körper. Ich war fasziniert davon, wie sehr es den beiden daran gelegen war, einen Stuhl zu entwerfen, der sich praktisch an den Körper anschmiegt, der ihn nachformt. Außerdem schätze ich sehr den subtilen Humor der beiden Brüder: *Sitzgeiststuhl* ist ein toller Name für einen Stuhl und der Bezug zu Christian Morgensterns Gedicht ist wundervoll.

MH: Im 20. und 21. Jahrhundert haben sich viele Künstler mit Architektur auseinandergesetzt und zum Teil auch selbst Architektur entworfen. Du hast mit dem *Cineorama – Pavilion of Moving Images* eine nomadische und temporäre Architektur geschaffen. Würdest Du gerne mal ein Haus/Gebäude entwerfen und anschließend auch bauen?

EH: Ganz eindeutig: Ja. Dies ist ja schon mit *Cineorama* passiert, aber ich würde das sofort noch einmal wiederholen. Ich interessiere mich sehr für Pavillons, da sie sowohl als Skulptur als auch als Architektur gelesen werden können und ihnen auch immer etwas Verspieltes anhaftet. Zurzeit würde ich aber anstatt Häuser zu bauen noch lieber Häuser ausstatten – am liebsten eine Bar oder ein Hotel. Oder einen Kindergarten. Im Moment entwerfe ich Objekte für Spielplätze, sogenannte *Playscapes*, die von Isamu Noguchi inspiriert sind.

Marta Herford (MH): A central topic in your work is the exploration of architecture and the question as to what architecture can be. Why are you interested in architecture?

Erika Hock (EH): Essentially I am always interested in the body and its relationship to built/constructed space. As such, I not only reference architecture but also and above all interior design or fashion. These areas are interrelated. For instance, they are embedded in similar economies of time. Although architecture arises very slowly, like fashion it has no complete presence, as it always lunges from the vision into the future, yet as soon as it is built it already seems outdated.

MH: Often one cannot classify your works clearly as model, furniture, sculpture or installation. The conventional separation of art, architecture and design blurs. What appeals to you about this kind of border crossing? Can visual art 'learn' something from architecture and design?

EH: I don't believe there is a clear separation between the fields. The intermediate space is so vast that you can't talk about boundaries here. It's precisely this intermediate space that fascinates me, a space in which you can decide for yourself what is in front of you. Lots of architects and designers have created objects in the past that were not simply objects of utility but also told stories about stories that, for their part, were read differently over the decades. In my case, *Cineorama,* for example, was first a sculpture and a model. And even as a built pavilion it still has an ambiguous status – is it furniture or architecture? It was always important to me that an object has the potential to transform into something else. Unambiguous structures quickly become boring. It's much more interesting to venture onto shaky ground.

MH: You frequently make reference to architectural or design icons. Are your works a kind of 'homage'? Or paraphrase? Or statement? Or are you interested in the special and innovative form of these icons?

Erika Hock
Elbows & Knees, 2014
5-teilig, Stahlrohr, pulverbeschichtet, Holz, gebeizt, Kabel und Glühbirnen
5-piece, tubular steel, powder coated, stained wood, cables and light bulbs,
ca. approx. **600 × 600 × 200 cm,**
Maße variabel dimensions variable
Produziert mit Unterstützung des Marta Fonds für Neue Kunst, Herford
Produced with the support of Marta Fund for Contemporary Art, Herford

EH: It depends on the piece. With *Dreischeibenhaus* for instance, it is the innovative form and the function that it takes in the city, namely that of urban partition. The idea appealed to me and led me to make it into a room-dividing item of furniture. The piece *For Charlotte P.* is more of an homage. In this case I was interested in the circumstances under which French architect and designer Charlotte Perriand worked. In my view she was far more open to experimentation and more playful than her famous colleague Le Corbusier, but remained in his shadow. Her approach to the so-called *objets trouvés,* which everyone knows only from Le Corbusier, went much further, as she staged and photographed the found objects. For me that is much more exciting. I based one of her found objects on one of her photos and developed it further, in a way.

MH: You often work with modular systems and variable structures, which are also present in the work of Heinz and Bodo Rasch. Do you see interfaces and/or parallels between your works and those of the Rasch brothers?

EH: To be honest, I only knew of the Rasch brothers' chairs and not their architecture designs. I took an interest in the history of the cantilever chair and came across the *Sitzgeiststuhl.* I see parallels in how the body is approached. I was fascinated by how keen the two were on designing a chair that practically moulds to the body. Moreover, I love the brothers' subtle humour: *Sitzgeiststuhl* is a great name for a chair and the reference to Christian Morgenstern's poem is wonderful.

MH: Numerous artists have occupied themselves with architecture in the 20th and 21st centuries and partly also designed buildings and structures themselves. With *Cineorama – Pavilion of Moving Images,* you created a nomadic and temporary structure. Would you like to design and subsequently construct a building?

EH: That's a clear yes. I already have done so with *Cineorama* of course, but I'd do it again in an instant. I am very interested in pavilions, as they can be seen both as sculpture and architecture and there is always something playful about them. At the moment however I'd rather fit out buildings than build them – ideally a bar or hotel. Or a kindergarten. I am currently designing objects for playgrounds, known as *playscapes,* inspired by Isamu Noguchi.

ERIKA HOCK

Geboren 1981 in Dschangi-Dscher, Kirgisistan (ehemals UdSSR), lebt in Düsseldorf (DE) und Brüssel (BE). Von 2004 bis 2009 Studium der Bildenden Kunst an der Kunstakademie Düsseldorf sowie von 2012 bis 2013 am HISK, Gent (BE).
Born 1981 in Dshangi-Dsher, Kyrgyzstan (former Soviet Union), lives in Düsseldorf (DE) and Brussels (BE). From 2004 to 2009 studied Visual Arts at Kunstakademie Düsseldorf (DE), and from 2012 to 2013 at HISK, Ghent (BE).

Einzelausstellungen (Auswahl) Solo exhibitions (selection): **2014: Tenderpixel, London (GB); 2013:** ***Förderpreisträger für Bildende Kunst des Landes NRW,*** **ehemalige Reichsabtei Aachen-Kornelimünster, Aachen (DE); 2012:** ***Cineorama – Pavilion of Moving Images,*** **Jacobigarten, Düsseldorf (DE); 2011:** ***Shifters,*** **Wilhelm Lehmbruck Museum, Duisburg (DE).**

Gruppenausstellungen (Auswahl) Group exhibitions (selection): **2014:** ***Concept Store,*** **NEST, Den Haag (NL); 2013:** ***TRANSFER Korea – NRW,*** **Alternative Space Loop, Seoul (KR), Kunsthalle Düsseldorf (DE) und** and **Osthaus Museum Hagen (DE);** ***Diplomats and Martyrs,*** **Deutsches Haus, London (GB); 2012:** ***Dorothea von Stetten Kunstpreis,*** **Kunstmuseum Bonn (DE),** ***Nam June Paik Award / Förderpreis,*** **Kunstmuseum Bochum (DE),** ***He she it / did said would,*** **Tenderpixel, London (GB);** ***Orchesterwechsel,*** **Sammlung Rheingold, Schloss Dyck, Jüchen (DE); 2011:** ***Sammlung im Prozess: Neupräsentation und Leihgaben,*** **Skulpturenmuseum Glaskasten, Marl (DE); 2009:** ***along the rhine,*** **KIT – Kunst im Tunnel, Düsseldorf (DE).**

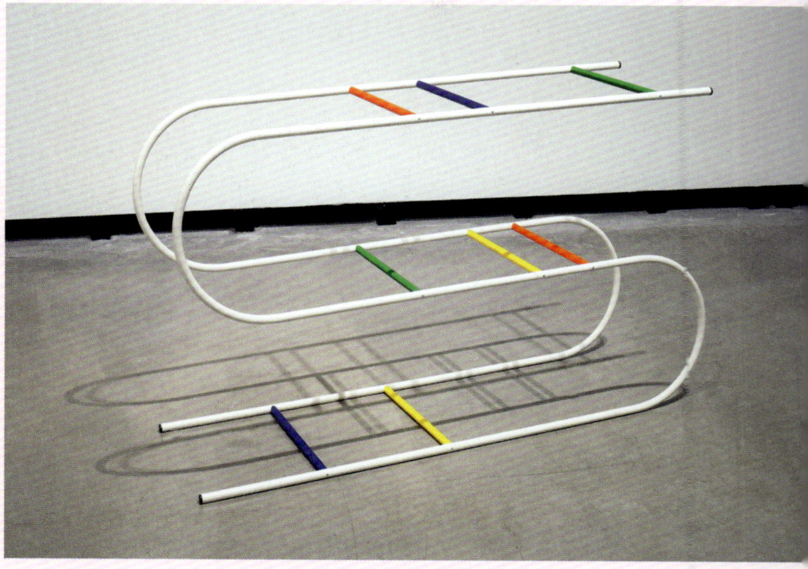

MICHAEL BEUTLER

INTERVIEW

Marta Herford (MH): Du benutzt den Ausstellungsraum nicht nur als Präsentationsort für Deine Arbeiten, sondern auch als temporäre Werkstatt. Warum ist es für Dich wichtig, dass die Arbeiten dort entstehen, wo sie anschließend gezeigt werden?

Michael Beutler (MB): Da der Raum stets als Teil der Installation mitgedacht ist, kann ich gewisse Dinge erst vor Ort entscheiden. Ein Raum zeigt seinen Charakter nie wirklich in Plänen und Fotografien. Gerade kleine Details, die aber wesentlich sind, werden oft erst sichtbar, wenn ich mich länger in einem Raum aufhalte. Auf zufällige Gegebenheiten kann ich so spontan reagieren und meine Arbeit dann konkreter mit dem Ort verankern.

MH: Deinen Arbeiten sieht man oftmals an, wie sie entstanden sind. Manchmal erfindest Du auch Werkzeuge, um Deine Arbeiten realisieren zu können, und setzt Apparate als „skulpturale Assistenten" ein. Was ist für Dich die eigentliche künstlerische Arbeit – der Entstehungsprozess oder das daraus resultierende Werk?

MB: Beides gehört absolut zusammen. Der Prozess wird immer im Hinblick auf das spätere Werk entwickelt und das Werk selbst spiegelt stets den Prozess wieder. Jede Spur von Arbeit an dem Werk ist wesentlicher Bestandteil einer Installation.

MH: Du verwendest überwiegend einfache Materialien aus dem Baumarkt wie beispielsweise Holz, Kunststoff, Gemüsenetze oder Blumen-Einwickelpapier. Worin liegt für Dich der Reiz dieser Materialien?

MB: Die Unabhängigkeit, die darin steckt. Nicht nur finanziell, sondern auch wegen der einfachen Beschaffungsmöglichkeiten. Zudem sind es keine ungewöhnlichen Materialien. Eine Veränderung an einem Material wird dann besonders deutlich, wenn es jedem gut bekannt ist.

MH: Woher kommen die Impulse für Deine Arbeiten? Von außen, d. h. vom dem, was Du im Alltag beiläufig wahrnimmst? Oder von der jeweiligen Ausstellungssituation mit ihren speziellen Eigenarten? Oder sind es eher „innere Bilder", die Du je nach Situation und Möglichkeit dann in die Realität umsetzt?

MB: Die „inneren Bilder" rühren von der Ausstellungssituation. Die lassen sich da hineinsehen. Und wenn es passt, dann reichen sie als Impuls, um eine Arbeit zu realisieren und um zu sehen, ob es auch tatsächlich funktionieren könnte.

MH: In Deinen Arbeiten tauchen auch immer wieder architektonische Elemente auf wie beispielsweise Treppen, Überdachungen, Brücken etc. Du hast auch schon einmal eine Stadt gebaut. Warum benutzt Du die architektonische Formensprache für Deine künstlerische Aussage?

MB: Das ist ähnlich wie mit den Materialien: Architektonische Elemente haben ihren Platz in der Welt und werden erst einmal als solche verstanden. Sie lassen sich einsetzen, um einen Ort nicht nur visuell, sondern auch räumlich oder sozial zu verändern.

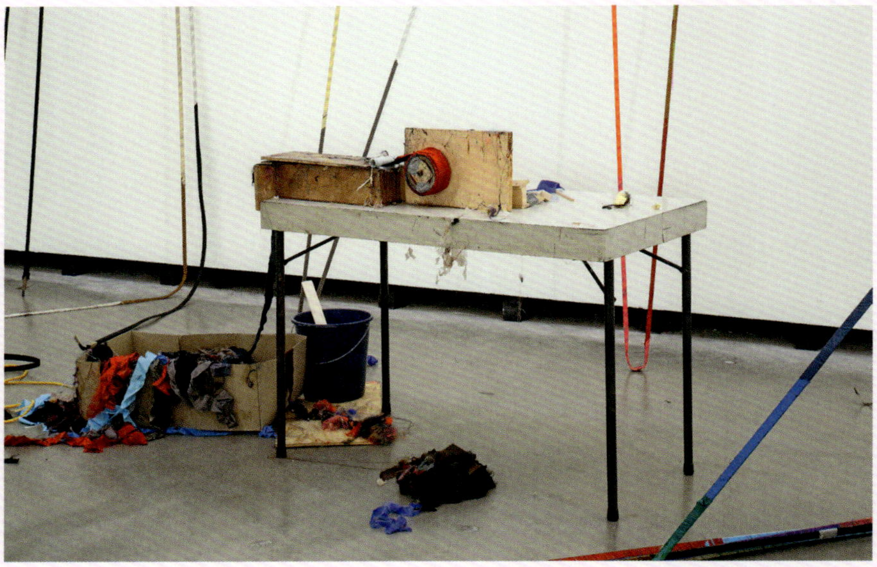

Marta Herford (MH): You don't just use the exhibition space for presenting your works, but also as a temporary workshop. Why is it important to you for the works to be made where they are later shown?

Michael Beutler (MB): The space is always understood to be part of the installation, which is why certain things can only be decided in situ. A space never really shows its character in blueprints or photographs. It's the small but crucial details that only become obvious when I spend some time in a space. Then I can react spontaneously to incidental conditions and embed my work more tangibly in the place.

MH: Your work often shows how it's been made. Sometimes you also invent tools in order to execute works and you employ machines as 'sculptural assistants'. In your opinion, what constitutes the artwork – the process of creating it or the piece resulting from it?

MB: Both definitely go hand in hand. The process is always devised with the resulting work in mind, and the piece itself reflects the process. Every trace of the process in the finished piece is a crucial part of an installation.

MH: You predominantly use simple materials from DIY stores, such as wood, plastic, vegetable nets or wrapping paper for flowers. What makes these materials appealing to you?

MB: The independence they provide. Not just financially, but because they are so easy to come by. Also, they aren't unusual materials. A change in a material is particularly noticeable when everyone knows that material really well.

MH: Where do you draw inspiration for your works? Is it an external influence, taken from things you casually observe in your everyday? Or does it depend on the exhibition situation in question with its particularities? Or do you let yourself be inspired by 'internal images' to which you respond, transforming them into realities according to situation and opportunity?

MB: The 'internal images' arise from the exhibition situation. They come about in the space. And if they fit, they suffice as impetus for executing a piece – and then seeing whether it can actually work out.

MH: Architectural elements like staircases, roofing, bridges, etc. crop up in your work time and again. You also built a city once. Why do you use architectural vocabulary to convey your artistic message?

MB: That's for a similar reason to the choice of materials. Architectural elements have their place in the world and are thereby understood as such to begin with. They can be used to transform a place not just visually but spatially and socially, too.

Michael Beutler
Strandsegler „Lolita", 2003
Holz, Seil, Bandeisen, Kissen, Nägel, Kleistertisch, Klapptisch, Stoff, Klebebandrollen und -abroller, Pappröhren, Kleister, Schwamm, Eimer, Rollwagen mit Kerze, Kabelbinder, Futterstoff und Kleister
Wood, rope, hoop, pillow, nails, glue table, folding table, cloth, rolls of tape and -dispenser, cardboard tubes, glue, sponge, bucket, trolley with candle, cable ties, lining and glue,
435 × 180 × 250 cm; 95 × 60 × 115 cm,
Maße variabel dimensions variable
Sammlung Lilia und Armin Waehlert

MICHAEL BEUTLER

Geboren 1976 in Oldenburg (DE), lebt in Berlin (DE). Von 1997 bis 2003 Studium an der Städelschule Frankfurt am Main (DE) sowie von 2000 bis 2001 an der Glasgow School of Art (GB).
Born 1976 in Oldenburg (DE) and now lives in Berlin (DE). From 1997 to 2003 studied at Städelschule, Frankfurt am Main (DE), and from 1997 to 2003 at Glasgow School of Art (GB).

Einzelausstellungen (Auswahl) Solo exhibitions (selection): 2014: *Haus Beutler*, Bielefelder Kunstverein (DE); *Arbeiten, Produzieren, Verhalten, Verhandeln*, Museum für Gegenwartskunst, Basel (CH); *Ballenernte*, Kunstareal München Munich (DE); 2012: *Sensor. Zeitraum für junge Positionen*, ZKM, Karlsruhe (DE); 2011: Kunsthalle Lingen (DE); 2009: *7×14*, Staatliche Kunsthalle Baden-Baden (DE); 2008: Bonniers Konsthall, Stockholm (SE); 2007: Portikus, Frankfurt am Main (DE); 2006: *Manin City*, Villa Manin, Udine (IT); 2004: *Flamingo*, Kunstverein Braunschweig Brunswick (DE); 2002: Wiener Secession, Wien Vienna (AT).

Gruppenausstellungen (Auswahl) Group exhibitions (selection): 2014: *Play Time*, Rennes Biennale (FR); 2013: *Decorum: Tapis et tapisseries d'artistes*, Musée d'Art Moderne de la Ville de Paris (FR); *Risk Society: Individualization in Young Contemporary Art from Germany*, MOCA, Taipei (CN); *Nur hier. Sammlung zeitgenössischer Kunst der Bundesrepublik Deutschland*, Bundeskunsthalle, Bonn (DE); 2012: *Das Atelier. Orte der Produktion*, Kunstmuseum Luzern (CH); 2011: *Skulpturales Handeln*, Haus der Kunst, München Munich (DE); *Melanchotopia*, Witte de With, Rotterdam (NL); *MMK 1991–2001: 20 Jahre Gegenwart*, Frankfurt am Main (DE); *Open House*, Singapore Biennial (SG); 2010: *Material World: Sculpture to Environments*, MASS MoCA, Massachusetts (US); *People Meet in Architecture*, 12th Biennale di Architettura di Venezia, Venedig Venice (IT); 2008: U-TURN, Quadrennial for Contemporary Art, Kopenhagen Copenhagen (DK); *Fusion/Confusion*, Museum Folkwang, Essen (DE); 2006: *Von Mäusen und Menschen*, 4. Berlin Biennale (DE); 2005: *Dialectics of Hope*, 1st Moscow Biennale (RU).

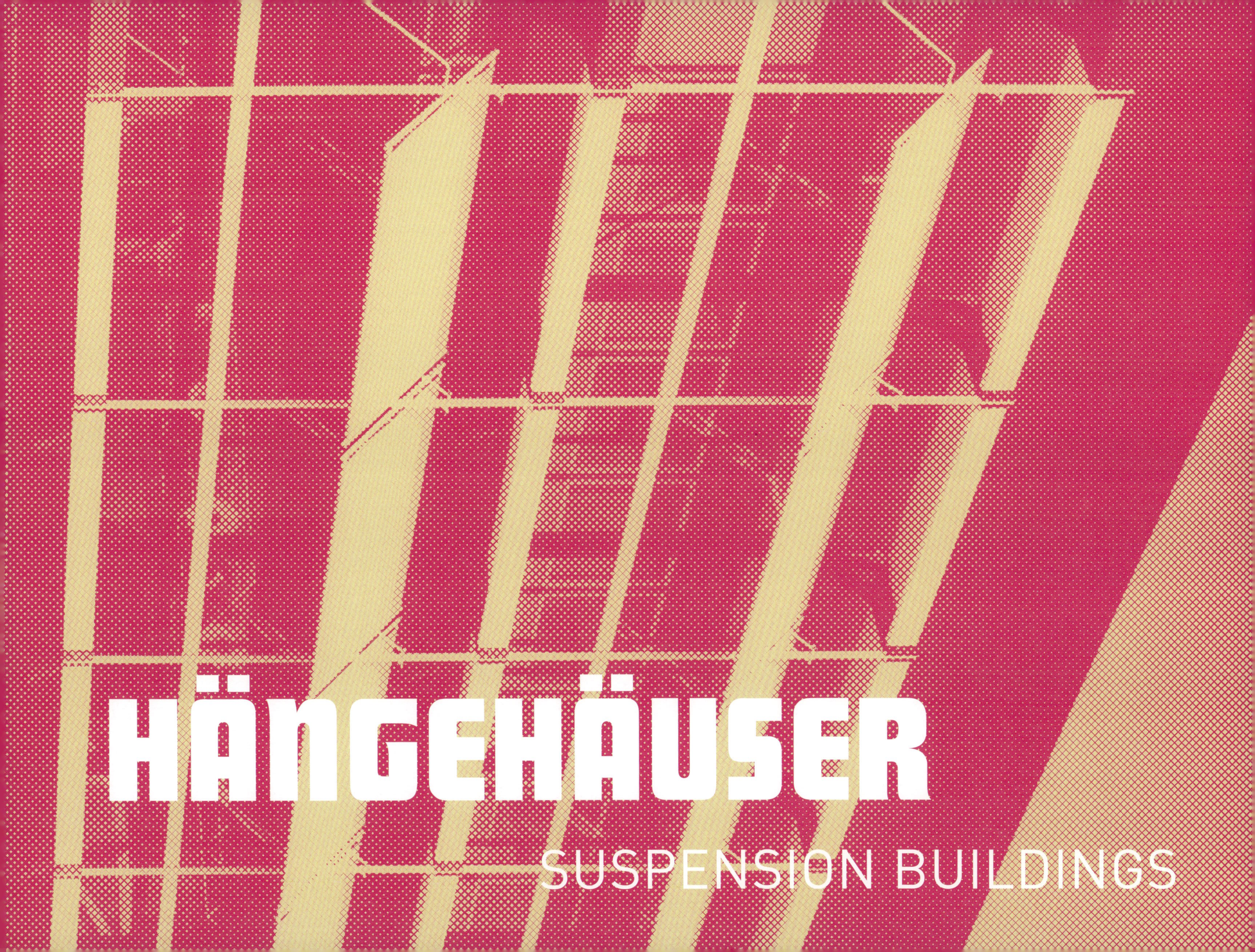

HÄNGEHÄUSER

SUSPENSION BUILDINGS

KLAUS LEUSCHEL

HÄNGEHÄUSER
SUSPENSION BUILDINGS

In der Architekturgeschichte bereits gut aufgearbeitet ist die Entwicklung von Hängedach und Hängewerk als Holz- oder Stahlkonstruktion zur Überspannung großer Weiten. Nahezu unbekannt ist jedoch, dass die Brüder Rasch als Erste im Jahr 1927 die Idee hatten, ein ganzes Haus an einem Gebäudekern aufzuhängen (S. 38–45).

ZUR BAUTYPOLOGIE

Der zentrale Vorteil dieses Konstruktionsprinzips besteht im Umgang mit dem Raum unter dem Gebäudekern: Hängehäuser benötigen weit weniger Grundfläche als konventionell von unten nach oben konstruierte Bauwerke. Insofern ist dieser Typus eine konsequente Entwicklung des modernen Städtebaus, der die Hygiene-Probleme der Verstädterung – wie sie insbesondere im 19. Jahrhundert herrschten (enge Gassen, mangelnde oder mangelhafte Kanalisation etc.) – auf diese Weise zu lösen suchte.

VERBREITUNG

Auch wenn die Brüder Rasch derartige Vorstellungen bereits 1927 skizziert hatten, wurden erst nach dem Zweiten Weltkrieg Projekte realisiert: Das erste war wohl das Rathaus in Marl von Van den Broek en Bakema (1957–1967), kaum mehr als eine Stunde von Heinz Raschs Wohnort Wuppertal entfernt. Mehr als alle anderen Projekte prägt das Bild der 1927 von den Brüdern Rasch imaginierten Hängehäuser die zeitgleich entstandene – und in der Fachwelt weltweit gefeierte – ‚Megastruktur' aus Büros, Läden, Wohnungen und Parkhaus Marina City in Chicago (1959–1964) von Bertrand Goldberg (S. 178/179).[1] Und die Ironie

1 Bertrand Goldberg hielt sich zwischen 1930 und 1933 als Student am Bauhaus auf. Bis heute fehlt die wissenschaftliche Aufarbeitung, ob er die Arbeit der Brüder Rasch überhaupt gekannt hat. Aufgrund der engen Beziehung zu Ludwig Mies van der Rohe, bei dem Goldberg ein Praktikum absolvierte, sowie der großen Faszinationskraft, die insbesondere Heinz Rasch für van der Rohe besaß, darf das jedoch nicht gänzlich ausgeschlossen werden.

The development of suspended roofs and the use of trusses for wooden or steel constructions to span large widths have already been well documented in architectural history. What is largely unknown, however, is that the brothers Rasch were the first, in 1927, to have the idea to suspend a whole house in this way. (pp. 38–45).

TYPOLOGY

The key advantage of this construction principle is the way it treats the space under the building's core: suspension houses have a much smaller footprint than buildings constructed conventionally from bottom to top. Suspension buildings are thus a logical development of modern urban planning which sought to solve in this way the health and sanitation problems (narrow streets and alleyways, non-existent or inadequate sewage systems, etc.) that had blighted cities especially in the nineteenth century.

EXAMPLES

Even though the Rasch brothers had sketched out such ideas as early as 1927, the first projects were built only after the Second World War: the very first was probably the Town Hall in Marl by Van den Broek and Bakema (1957–1967), little more than an hour from Heinz Rasch's home in Wuppertal. More than any other project, the 'megastructure' of offices, shops, flats and car parks that was much celebrated in architectural circles, Marina City in Chicago (1959–1964) by Bertrand Goldberg (pp. 178/179),[1] is shaped by this image of the suspension houses that the Rasch brothers imagined in 1927. And the irony of it was that the two residential towers were conventionally built. By the

1 Bertrand Goldberg was a Bauhaus student from 1930 to 1933. Whether he actually knew the Rasch brothers' work has never been researched. But given his close relation to Mies van der Rohe, for whom he worked as an intern, and the great admiration that Heinz Rasch had for van der Rohe this cannot be completely excluded.

war dabei: Die beiden Wohntürme wurden konventionell gebaut. In dem Moment, als ihnen mediale Aufmerksamkeit zuteil wurde, stellten sie jedoch schon zwei andere Hängehäuser in den Schatten: das Olivetti-Ensemble von Egon Eiermann in Frankfurt am Main (1967–1969, S. 180/181) und der sogenannte Vierzylinder der BMW-Hauptverwaltung von Karl Schwanzer in München (1968, S. 182/183).

POTENZIALE

Insbesondere die Projekte in Frankfurt am Main und München waren zukunftsorientierte Prestigebauten, bei denen der hohe Aufwand durch den Imagegewinn der Bauherren wettgemacht wurde. In London setzte Mitte der 1960er-Jahre eine Generation von Architekten an, das technologische Potenzial in über einem Dutzend konstruktiv höchst anspruchsvoller Bauten bei oft kleinen Budgets auszureizen: so etwa Richard Rogers mit der Fleetguard Factory im französischen Quimper (1979–1981) und der Inmos-Fabrik in (1982–1987, S. 186/187), Norman Foster mit dem Renault Distribution Centre in Swindon (1980–1982, S. 188/189) ebenso wie Michael Hopkins, dessen Patera Building System generisch konzipiert war (1980–1982, S. 184/185) oder Nicolas Grimshaw mit seinem Orange Call Centre in Darlington (1995–1998) und dem Stadion Mound Stand auf dem Gelände des Londoner Lord's Cricket Ground (1995, S. 190/191). Die konstruktive Intelligenz dieser Architekturen trug maßgeblich zu der durchaus zutreffenden Bezeichnung ‚Hightech-Architektur' bei.

time the media devoted their attention to them, they were already outshone by two other suspension buildings: the Olivetti towers by Egon Eiermann in Frankfurt am Main (1967–1969, pp. 180/181) and the 'Four-Cylinder' BMW Headquarters by Karl Schwanzer in Munich (1968, pp. 182/183).

POTENTIAL

The Olivetti and BMW towers in Frankfurt and Munich, in particular, were forward-looking, prestigious projects, whose high costs were offset by the enhanced image that they brought the clients. From the 1960s onwards, a group of London architects began to make full use of the technological potential of this building method in more than a dozen buildings where construction was highly complex and budgets often limited. Examples are Richard Rogers with his Fleetguard Factory in Quimper in France (1979–1981) and the Inmos Microprocessor Factory in Newport (1982–1987, pp. 186/187), Norman Foster with the Renault Distribution Centre in Swindon (1980–1982, pp. 188/189) as well as Michael Hopkins, with his Patera Building System for light industrial units (1980–1982, pp. 184/185), or Nicolas Grimshaw with his Orange Call Centre in Darlington (1995–1998) and the Stadion Mound Stand on the site of Lord's Cricket Ground in London (1995, pp. 190/191). The constructive intelligence of these architects contributed decisively to what came to be called 'high-tech architecture'.

MARINA CITY

Architekt Architect: **Bertrand Goldberg**
Baukosten Construction costs: **ca. 35 000 000 US-Dollar**
Bauzeitraum Construction duration: **1959–1964**
Bauherr Client: **Building Maintenance Engineers Union und drei weitere Gewerkschaften** Building Maintenance Engineers Union and three other unions
Ort Site: **Chicago, Illinois (US)**

Marina City wurde als eine Art Stadt in der Stadt konzipiert, mitten im Zentrum von Chicago in attraktiver Lage am Yachthafen (Marina) des Chicago River. Mit dem Ziel, der zunehmenden Stadtflucht entgegenzuwirken, stattete Bertrand Goldberg den Gebäudekomplex mit 900 Apartments und Büros aus. 19 der insgesamt 61 Stockwerke dienen als Parkhaus, während die oberste Etage als Aussichtsplattform genutzt werden kann. Darüber hinaus brachte Goldberg verschiedene Freizeiteinrichtungen wie ein Theater, Bowlingcenter, Schwimmbad, einen Waschsalon sowie Restaurants und Einkaufsmöglichkeiten in dem Komplex unter. Damit schuf er ein Gebäude, das Wohnen und Arbeiten auf praktische Weise miteinander verband.

Die zwei identisch gebauten Türme stellen das Herzstück dieses urbanen Mikrokosmos dar. Mit 179,2 Metern Höhe waren sie 1959 das höchste Wohngebäude aus Stahlbeton. Die einzelnen Geschosse wurden um einen zentralen Versorgungskern herum gebaut. Große Fenster sorgen für ausreichend Lichteinfall und die bauchigen Balkons verleihen den Zwillingstürmen ihre markante, an zwei Maiskolben erinnernde Form.

Finanziert wurde das Projekt aus den Geldmitteln der Building Maintenance Engineers Union sowie weiteren Gewerkschaften. Es sollte vor allem Wohnraum für die Gewerkschaftsmitglieder geschaffen werden, der in den 1950er-Jahren knapp war. Für die Apartments zwischen 45 und 110 Quadratmetern Größe gab es bereits vor der Fertigstellung schon

Marina City was devised as a kind of city inside a city, in the very heart of Chicago in an attractive location next to the marina on the Chicago River. With the goal of counteracting increasing drift into the suburbs, Bertrand Goldberg created a complex with 900 apartments and offices. A total of 19 of the 61 storeys serve as parking spaces, while the uppermost floor can be used as a viewing platform. Moreover, Goldberg included various leisure-time facilities in the complex, such as a theatre, a bowling centre, a swimming pool and a laundromat as well as restaurants and shops. In this way, he created a building that combined life and work in a very practical way.

Two identical towers form the core of this urban microcosm. At a height of 179.2 meters each, in 1959 they were the highest residential buildings made with reinforced concrete. The individual storeys were built around a central service shaft. Large windows ensured an adequate provision of natural light and the bulging balconies gave the twin towers their striking shape, reminiscent form the outside of two corn cobs.

The project was financed with funds from the Building Maintenance Engineers Union and other trade unions and was to provide living quarters for trade union members, as apartments were scarce in the 1950s. Before the construction work was complete, over 3,500 applications had been received for the apartments, sized between 45 and 110 square meters. In the course of time, Marina City's structure changed. While it had

Marina City, vorläufige Wiedergabe (1967),
Schnittzeichnung und Außenansichten
Preliminary rendering (1967), section drawing and extrerior views
Bertrand Goldberg Associates architects, Bertrand Goldberg Archive,
Ryerson and Burnham Archives, The Art Institute of Chicago

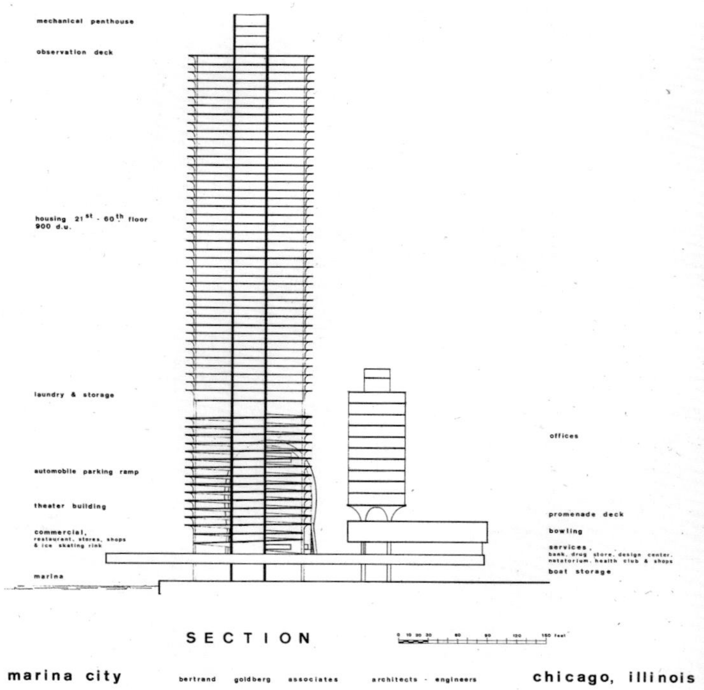

über 3 500 Bewerber. Im Laufe der Zeit änderte sich die Struktur von Marina City: Zunächst als Sozialwohnungen geplant, wurden die Apartments später als Eigentumswohnungen verkauft. Die verschiedenen Freizeiteinrichtungen wurden modernisiert und einige Gewerbeimmobilien zu einem Hotel umfunktioniert.

Obwohl nach Marina City weitere urbane Projekte, Schulen sowie Krankenhäuser folgten, zählt es nach wie vor zu den bekanntesten Werken von Bertrand Goldberg, das bis heute andere Architekten inspiriert: So basieren zum Beispiel der Augsburger Hotelturm des Architekturbüros Brockel + Müller oder auch die gleichnamige Marina City in Wien deutlich sichtbar auf dieser Ikone aus den 1950er-Jahren.

Bertrand Goldberg wurde am 17. Juli 1913 in Chicago, Illinois, geboren.1930 begann er ein Studium an der Cambridge School of Landscape Architecture (heute Teil der Harvard University). Bereits mit 18 Jahren zog er nach Deutschland, um am Bauhaus zu studieren und arbeitete als Mitarbeiter im Büro von Ludwig Mies van der Rohe. 1933 kehrte er nach Chicago zurück und war für diverse Architekten tätig, bevor er 1937 sein eigenes Büro eröffnete. Goldberg starb am 8. Oktober 1997 in Chicago.

originally been intended to provide low-cost apartments, these were later sold off as owner-occupied dwellings. The various leisure facilities were modernized and some of the commercial sections combined to create a hotel.

Although he designed various other urban projects after Marina City, including schools and hospitals, this remains one of Bertrand Goldberg's best-known projects and continues to inspire other architects to this day: the Augsburg hotel tower created by the architects at Brockel + Müller and the eponymous Marina City in Vienna, for example, visibly reference this 1950s icon.

Bertrand Goldberg was born on 17 July 1913 in Chicago, Illinois. In 1930 he enrolled at the Cambridge School of Landscape Architecture (now part of Harvard University). At 18 he moved to Germany to study at the Bauhaus, where he worked as a member of Ludwig Mies van der Rohe's staff. He returned to Chicago in 1933, where he worked for various different architects before opening his own office in 1937. Goldberg died on 8 October 1997 in Chicago.

Quellen: http://bertrandgoldberg.org/; http://www.architechgallery.com/arch_info/bodies_of_work/goldberg_marina_city.html; (letzter Zugriff: 14.2.2014).
Bearbeitung: Marta Herford

Sources: http://bertrandgoldberg.org/, http://www.architechgallery.com/arch_info/bodies_of_work/goldberg_marina_city.html (last accessed September 2014).
Text: Marta Herford

OLIVETTI-HOCHHAUS / OLIVETTI TOWERS

Architekt Architect: **Egon Eiermann**
Entwurf Design: **1967–1969**
Bauzeitraum Construction duration: **1969–1972**
Bauherr Client: **Olivetti**
Ort Site: **Frankfurt am Main (DE)**
Fachberater Special consultants: **Institut für Boden- und Felsmechanik; Institut für Schall- und Wärmeschutz, Georg Lewenton; Lothar Schwarz & Partner, Duisburg; Ernst Werner; Werner Zeller, Essen-Steele**
Mitarbeiter Staff: **Wolfram Bieler, Richard Greff, Volker Heidelck, Peter Poike, Hans Stieff, Klaus Vorhauer, Rudolf Wiest**

Der Architekt Egon Eiermann wurde 1967 von dem Büro- und Computerunternehmen Olivetti beauftragt, die deutsche Hauptniederlassung in Frankfurt am Main zu entwerfen. Im folgenden Jahr wählten die Bauherren aus zwei Entwürfen die Hochbaulösung mit einem Hänge- und einem Kelchhaus. Aus Kostengründen wurde jedoch auf die Variation der Gebäude verzichtet und beide wurden gleichermaßen als Kelchhäuser konstruiert. Mit ihrer Glasfassade, den hellen Sonnensegeln und der weißen Gitterstruktur entspricht die innovative Architektur dem hohen formalen und technischen Anspruch der Firma Olivetti.

Die grundsätzliche Idee, in die Höhe zu bauen, ist darauf zurückzuführen, dass das Grundstück mit 18 400 Quadratmetern für ein derart großes Bauvorhaben recht knapp bemessen war. Darauf galt es Büros für 350 ständige und 150 wechselnde Mitarbeiter sowie zahlreiche weitere Funktionsbereiche zu errichten. Ferner durfte die überbaute Fläche nur die Hälfte der Grundfläche betragen und die Bebauungsgrenzen mussten eingehalten werden. Durch die Aufstelzung konnten die Hochhäuser nahe an die Hallen heranrücken, ohne sie zu durchdringen. Das Bürohochhaus bildet eine funktionale Einheit mit dem darunterliegenden Flachbau: Darin befanden sich ursprünglich Schulungs-, Verkaufs-, Ausstellungs- und Werkstatträume, die durch türhohe Trennwände von einander abgetrennt wurden, so dass der hallenartige, transparente Charakter im Innern erhalten blieb. Das zweite Hochhaus, das als Gästehaus diente, besitzt ebenfalls einen darunterliegenden Flachbau mit Restaurant, Küche sowie Freizeit- und Aufenthaltsräumen. Die Hochhausgeschosse aus Stahl werden von Schaft und

The architect Egon Eiermann was commissioned by the office machines and IT manufacturer Olivetti in 1967 to design their German headquarters in Frankfurt am Main. Of the two designs that Eiermann proposed the following year, Olivetti chose the high-rise solution that combined a suspension building and a chalice-shaped tower. To cut costs, both buildings were constructed as chalice-shaped towers. With its glass façade, light-coloured awnings and white grid structure, this innovative architecture corresponds to Olivetti's high formal and technical requirements.

The idea to build high arose because the site, with 18,400 square meters, was rather small for such a project. Offices for 350 permanent and 150 temporary staff as well as numerous other amenities had to be fitted into this restricted space. The ground coverage was not to exceed half of the site, and there was a set-back requirement. Their chalice shape, with a narrow core at the bottom, allowed the towers to be placed close to the low-rise halls of steel. The office tower forms a functional unit with the low-rise building below, which originally housed a showroom, as well as workshops and rooms for training and sales. Door-high partitions preserved the open, transparent character inside the building. The second tower, which served as a guest house, also has an adjacent low-rise building, which contained a cafeteria and kitchen as well as leisure and lounge rooms. The high-rise storeys, made of steel, are supported by the concrete shaft and chalice. The low-rises, into which storeys made from reinforced concrete can be slotted at different heights, have roofs resting on steel trusses. They are linked with each other via a glass bridge which continues inside the building as a central spine.

Außenansichten und Konstruktionszeichnung
Exterior views and construction drawing
saai | Südwestdeutsches Archiv für Architektur und Ingenieurbau Karlsruhe, Werkarchiv Egon Eiermann

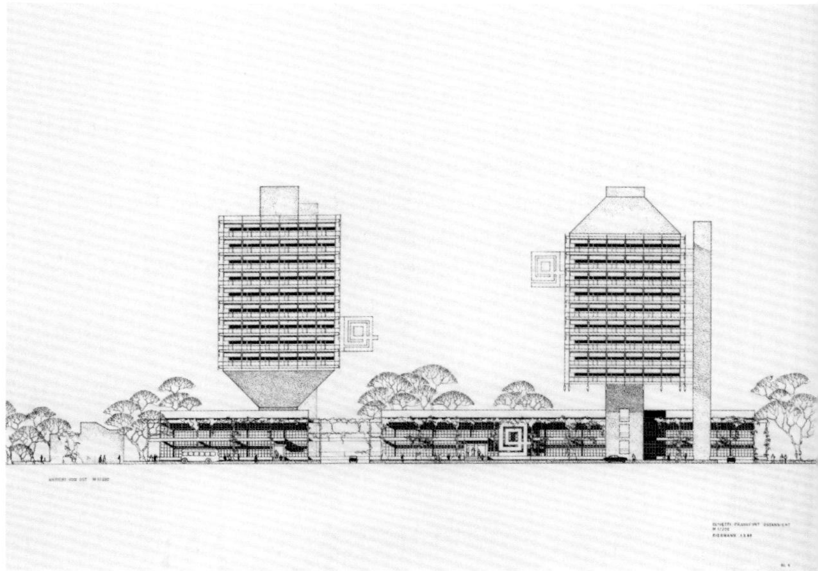

Kelch aus Stahlbeton getragen. Die Flachbauten sind binderüberdeckte Hallen aus Stahl, in die aus Stahlbeton gefertigte Geschossebenen eingesetzt werden können. Sie sind über eine gläserne Brücke miteinander verbunden, die sich im Inneren der Gebäude als Mitteltrakt fortsetzt.

Egon Eiermann wurde 1904 in Neuendorf bei Potsdam geboren und schloss 1927 ein Architekturstudium an der Technischen Hochschule in Berlin-Charlottenburg ab, wo er seit 1925 das Meisteratelier bei Hans Poelzig besuchte. Nach Anstellungen als Architekt bei verschiedenen Arbeitgebern arbeitete Eiermann ab 1931 als freier Architekt in Berlin, ab 1945 in Moosbach im Odenwald und ab 1948 in Karlsruhe. Ab 1947 unterrichtete er dort als Professor an der Technischen Hochschule; ab 1955 war er Mitglied der Akademie der Künste in Berlin. Bis Ende der 1930er-Jahre lagen die Hauptbetätigungsfelder seines Büros bei Ladenumbauten und Planungen für Einfamilienhäuser. Später wendete sich Eiermann verstärkt dem Industriebau zu. Die Berliner Gedächtniskirche und das ‚Langer Eugen' genannte Abgeordnetenhochhaus des Deutschen Bundestages in Bonn sind heute weithin bekannt und einige seiner Sitzmöbel zählen zu den Designklassikern. Eiermann starb 1970 in Baden-Baden. In vier Jahren Bauzeit wurde der Olivetti-Komplex 1972 durch die Planungsgruppe Olivetti (Büro Rudolf Wiest) fertiggestellt und ist gemeinsam mit der Hauptverwaltung von IBM Deutschland in Stuttgart-Vaihingen einer der letzten Bauten Eiermanns.

Quellen: Wulf Schirmer (Hrsg.), *Egon Eiermann, 1904–1970,* München 1984; http://egon-eiermann-gesellschaft.de/hp359/die-wichtigsten-Bauten.htm?ITServ=CYba9e9b3X1453bc70629XY44c6; http://deu.archinform.net/arch/196.htm; [letzter Zugriff: 7. 4. 2014], Bearbeitung: Marta Herford

Egon Eiermann was born in 1904 in Neuendorf near Potsdam. He studied architecture at the Technical University of Berlin where he joined Hans Poelzig's master class in 1925. After finishing his studies in 1927, he worked as an architect for various employers, then set up his own architectural practice in 1931 in Berlin. He moved to Moosbach in the Odenwald in 1945 and to Karlsruhe in 1948. In 1947 he was appointed to the chair of architecture at the Technische Hochschule in Karlsruhe, and in 1955 he became a member of the Academy of Arts in Berlin. Until the end of the 1930s, his practice focused on redesigns for department stores and designs for single-family detached houses. Later he turned increasingly to industrial construction. The Kaiser Wilhelm Memorial Church in Berlin and the 'Langer Eugen' skyscraper, the former office building for members of parliament in Bonn, are well-known today, and his seating furniture are design classics. Eiermann died in 1970 in Baden-Baden. After four years of construction, the Olivetti complex was completed in 1972 by a team led by Rudolf Wiest. Together with the German headquarters of IBM in Stuttgart-Vaihingen it is one of the last buildings that Eiermann designed.

Sources: Wulf Schirmer (ed.), *Egon Eiermann, 1904–1970,* Munich 1984; http://egon-eiermann-gesellschaft.de/hp359/die-wichtigsten-Bauten.htm?ITServ=CYba9e9b3X1453bc70629XY44c6; http://deu.archinform.net/arch/196.htm [last accessed: 7. 4. 2014]. Text: Marta Herford

VERWALTUNGSGEBÄUDE DER BMW AG / BMW HEADQUARTERS

Architekt Architect: **Karl Schwanzer**
Entwurf Design: **1968**
Baukosten Construction costs: **ca. 100 000 000 Euro**
Bauzeitraum Construction duration: **1970–1973**
Bauherr Client: **Bürohaus Petuelring GmbH & Co. Vermietungs KG, München** Munich
Ort Site: **München** Munich **(DE)**
Fachberatung Special consultants: **Helmut Bomhard**

Der BMW-Turm, bekannt als ‚Vierzylinder', beherbergt die Hauptverwaltung und ist Wahrzeichen des Autoherstellers BMW in München. Die Fassade wurde 1972 pünktlich zu den Olympischen Sommerspielen fertiggestellt und das Gebäude am 18. Mai 1973 offiziell eingeweiht. Es ist wie das in unmittelbarer Nähe gelegene Olympiagelände eines der bekanntesten Beispiele moderner Architektur in München. Direkt neben dem Bürohochhaus steht heute auch das im Volksmund als ‚Salatschüssel', ‚Müslischüssel' oder ‚Weißwurstkessel' bekannte BMW-Museum, das ebenfalls von dem Wiener Architekten Karl Schwanzer stammt.

Bemerkenswert ist vor allem die Statik des Hochhauses: Die ‚Zylinder' stehen nicht auf einem Fundament am Boden, sondern hängen an markanten Kragarmen, die verkreuzt auf dem Hochhausschaft aus Stahlbeton ruhen. Die vier zylinderförmigen Teile wurden am Boden gefertigt und samt Fassade und Verglasung anschließend Stockwerk um Stockwerk am Kernschaft entlang hydraulisch nach oben gezogen. Durch dieses Vorgehen konnte auf Gerüste verzichtet und viel Zeit gespart werden. Der Turm ist 99,5 Meter hoch, hat einen Durchmesser von 52,3 Metern und 22 Etagen, davon 18 Büro- sowie Technik- und Kellergeschosse und eine Lobby. Der auf einem massiven Fundament stehende zentrale Kern des Gebäudes beinhaltet Leitungen, Aufzüge und Treppenhäuser. Bei Fertigstellung war das BMW-Hochhaus Münchens höchstes Bürogebäude, wurde jedoch bereits einige Jahre später vom 114 Meter hohen

The emblematic 'Four-Cylinder' BMW tower is the headquarters of the car manufacturer BMW in Munich. The façade was completed in 1972, in time for the Summer Olympic Games, and on 18 May the building was officially inaugurated. Like the nearby Olympic stadium, it is one of the best-known examples of modern architecture in Munich. Directly next to the office high-rise stands the BMW Museum, also designed by the Viennese architect Karl Schwanzer and locally known as the 'salad bowl', 'muesli bowl' or 'weisswurst pan'.

The structural design of the building is particularly remarkable: the 'cylinders' do not stand on the ground but are suspended from cantilever arms, which protrude from four steel-concrete tubes. During construction, the cylinders, together with the façade and glazing, were assembled on the ground and then hydraulically lifted floor by floor, past the core. This eliminated the need for large scaffolding, and much time was saved. The tower is 99.5 metres tall, has a diameter of 52.3 metres and 22 floors, including 18 office floors, basements and utility floors, and a lobby. The core of the building, which is standing on very solid foundations, includes pipes, lifts and stairwells. At the time of its completion, the BMW tower was Munich's highest office building but only a few years later it was surpassed by the 114-metre Hypo high-rise. It was designated as a protected historical building in 1999 and was renovated by the Hamburg-based Schweger Associated Architects between 2004 and 2006.

Innen- und Außenansichten
Interior and exterior views

Hypo-Hochhaus übertroffen. Seit 1999 steht das Gebäude unter Denkmalschutz und wurde von 2004 bis 2006 von dem Hamburger Büro Schweger Associated Architects saniert.

Nach seinem Studium von 1936 bis 1940 an der Technischen Hochschule in Wien (Promotion 1942) gründete Schwanzer 1947/48 sein eigenes Architekturbüro und arbeitete als Assistent bei Oswald Haerdtl an der Akademie für angewandte Kunst in Wien von 1947 bis 1951. Nach ersten Erfolgen Anfang der 1950er-Jahre erhielt er für seinen österreichischen Pavillon auf der Weltausstellung 1958 in Brüssel große Anerkennung. Der Bau wurde anschließend als Museum des 20. Jahrhunderts (heute 21er Haus) in Wien wieder aufgebaut. Ein frühes Beispiel der konstruktiven Innovationskraft ist Schwanzers Entwurf für das Wiener Verwaltungsgebäude von Philips (1966) mit seinem Spannbetongerüst. Weitere wichtige Bauten sind der österreichische Pavillon auf der Weltausstellung in Montreal (1967) sowie die österreichische Botschaft in Brasilia (1974).

After architectural studies from 1936 to 1940 at the College of Technology in Vienna (PhD 1942), Karl Schwanzer opened his own architectural practice in 1947/48 and also worked as lecturer for Oswald Haerdtl's masterclass at the University of Applied Arts in Vienna from 1947 to 1951. After first successes in the early 1950s, he received great acclaim for his Austrian Pavilion at the Brussels World Fair in 1958. The building was subsequently reconstructed as the Museum of the 20th Century (today House 21) in Vienna. An early example of Schwanzer's innovative design is the Philips-Haus (the company's headquarters) in Vienna (1966) with its prestressed concrete structure. Further projects include the Austrian Pavilion at the 1967 International and Universal Exhibition (Expo 67) in Montreal and the Austrian Embassy in Brasilia (1974).

Quellen: Gerwin Zohlen (Hrsg.), *Modernisierung einer Ikone. Die Revitalisierung des BMW Hochhauses in München*, Zürich 2008; https://www.press.bmwgroup.com/deutschland/pressDetail.html?title=40-jahre-bmw-hochhaus-und museum&outputChannelId=7&id=T0143556DE&left_menu_item=node__4087; http://www.muenchenarchitektur.com/architekturhighlights/20-gewerbe-und-verwaltungsbauten/20968-bmw-vierzylinder; http://deu.archinform.net/arch/985.htm;
[letzte Zugriffe: 3. 4. 2014], Bearbeitung: Klaus Leuschel und Marta Herford

Sources: Gerwin Zohlen (ed.), *Modernisierung einer Ikone: Die Revitalisierung des BMW Hochhauses in München*, Zurich 2008; https://www.press.bmwgroup.com/deutschland/pressDetail.html?title=40-jahre-bmw-hochhaus-und museum&outputChannelId=7&id=T0143556DE&left_menu_item=node__4087; http://www.muenchenarchitektur.com/architekturhighlights/20-gewerbe-und-verwaltungsbauten/20968-bmw-vierzylinder; http://deu.archinform.net/arch/985.htm
[last accessed: 3. 4. 2014]. Text: Klaus Leuschel and Marta Herford

PATERA-BAUKAUSTENSYSTEM / PATERA BUILDING SYSTEM

Architekten Architects: **Michael Hopkins and Partners**
Entwurf Design: **1980–1982**
Bauzeitraum Construction duration: **10 Tage days**
Bauherr Client: **Patera Products Ltd**
Ort Site: **Canary Wharf, London (Prototype); Marylebone, London (GB)**
Fläche Site area: **216 m²**
Spezielle Partner Special consultants: **Anthony Hunt Associates (Statik** Structural engineer**), Dale & Goldfinger (Ingenieurbüro** Services engineer**), Ove Arup & Partners (Brandschutz** fire**)**
Mitarbeiter Staff: **Michael Hopkins, John Pringle, Peter Romaniuk, David Allsop, Chris Williamson**

Axonometrische Zeichnung
Axonometric drawing

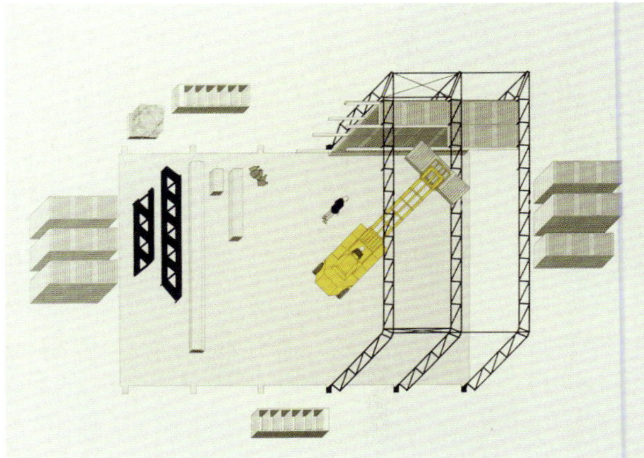

Anfang der 1980er-Jahre sah man allerorts Beispiele sogenannter High-Tech-Ästhetik: freiliegende, gewagt-minimalistische Konstruktionen mit Wänden aus Glas oder Lamellenplatten. Im Wiederspruch zu ihrem Image waren die meisten dieser Gebäude nicht industriell produziert, sondern liebevoll von Hand gefertigt. Das Patera-Baukastensystem war der Beweis, dass gestalterisches Können durchaus mit präzisen technischen Toleranzen und Serienproduktion vereinbar war – die Erfüllung eines langersehnten, jedoch selten erreichten Traums in der modernen Architektur. Zehn Tage, drei Männer und einen Gabelstapler – mehr brauchte es zur Errichtung einer Standardeinheit auf einer vorgefertigten Betonplatte nicht. Trotz Verwendung der immer gleichen Elemente und Verbindungen sind die Komponenten so flexibel, dass ganz unterschiedliche Gebäudetypen entstehen können. Durch das außenliegende Tragwerk lässt sich die übliche Massivität der Gebäudehülle verringern, was wiederum erhebliche Kosten spart. Sobald die Windlast Auftriebskräfte auf das Dach überträgt, versteifen sich die auf Zugspannung ausgelegten Gelenkstäbe der Obergurte. So wird die dreigelenkige Konstruktion zu einem zweigelenkigen Rahmen, der nicht zum Verbiegen neigt.

Aus technischer Sicht bieten die Sandwich-Paneele ausgezeichnete Isolierung sowie einen Hohlraum zur Führung von Leitungen. Sie sind sowohl für die Wände wie auch für das Dach gleichermaßen geeignet. Die gestalterische Entwicklung erfolgte in einer von wirtschaftlichem und technischem Wandel geprägten Zeit, in der die Vorhersage zukünftiger Erfordernisse erschwert war; aus diesem Grund eignete sich das Patera-Baukastensystem für traditionelle Industrieunternehmen ebenso wie für junge dienstleistungsbasierte Firmen. Zu den Anwendungsbeispielen gehören eine Geschäftsstelle der

In the early 1980s examples of so-called high-tech aesthetics were everywhere: exposed, bold minimal structures with glass walls or ribbed panel walls. Contrary to their image, most of these buildings were not industrially produced but lovingly handcrafted. The Patera building system showed that design skills and precise engineering tolerances and volume production can go hand in hand – the fulfilment of a long-awaited, but rarely accomplished dream in modern architecture. Ten days, three men and a forklift truck was all it took to erect a standard unit on a ready-prepared concrete slab. Despite the use of recurring elements and combinations, the components were flexible enough to produce different types of buildings. The external primary structure reduced the dimensions of the internal envelope area and therefore greatly minimised the costs. When the wind load transfers buoyant forces to the roof, the tensile hinged rods in the top booms stiffen. This way the three-hinged structure becomes a two-hinged frame that is not inclined to bend.

From a technical point of view the sandwich panels not only provide excellent insulation but also a hollow space for cabling. They can be used for walls and roofs alike. The design was developed in a time marked by economic and technical changes that made it difficult to predict future requirements; consequently the Patera building system was not only suited to traditional industrial companies but also to young service-oriented businesses. The system was applied in the British Telecom office in the London Docklands and also to the Hopkins and Partners office itself. An especially customised prototype was re-used for the latter.

Sir Michael Hopkins was born in Poole, Dorset (UK), in 1935 and studied at the Architectural Association School of Architecture. After gaining his first professional experience with Frederick

Der fertige Bau in den Londoner Docklands, frühe 1980er-Jahre
The completed building in the London Docklands, early 1980s

Konstruktion des ersten Prototyps
Construction of the first prototype

British Telecom in den Londoner Docklands sowie das Hopkins and Partners-Büro selbst. Hierfür wurde ein Prototyp, ergänzt durch eine Sonderanfertigung, wiederverwendet.

Sir Michael Hopkins wurde 1935 in Poole, Dorset geboren und studierte an der Architectural Association School of Architecture. Nach ersten Berufserfahrungen bei Frederick Gibberd trat er in das Büro von Norman Foster ein, wo er für das Hauptquartier von Willis Faber in Ipswich verantwortlich war. Danach machte er sich, gemeinsam mit seiner Frau Patty, selbständig und wurde als „High-Tech-Historizist" (Kenneth Frampton) zum „paradoxen Verfechter einer neuen Tektonik". Das Haus des Ehepaars in London (1975) war für die High-Tech-Architektur medial das, was vielleicht das Kaufmann-Haus für Richard Neutra war. Im Gegensatz zur expressiv nach Außen gekehrten Technik eines Richard Rogers oder dem ‚Space Age Chic' eines Norman Foster beweisen Hopkins' Bauten ein weit heterogeneres Spektrum: vom Patera-Bausystem, dem Forschungszentrum für Schlumberger (1982–85) bis zum MCA Cricket-Stadion (2007–2012, heute: Subrata Roy Sahara-Stadion) umspannt das Werk offensichtliches High-Tech ebenso wie auch andere Ansätze: etwa die (steinerne) Fabrik für David Mellor (1988/89), der (hölzerne) Inn the Park (2002) oder das formal konventionelle, dafür überdurchschnittlich energieeffiziente Chemielabor der Universität Princeton / New Jersey (2009/10).

Gibberd, he joined Norman Foster's firm where he was put in charge of the Willis Faber headquarters in Ipswich. He then went on to set up his own business together with his wife Patty and became known as a 'high-tech historicist' (Kenneth Frampton) and a 'paradoxical champion of new tectonics'. Thanks to its representation in the media, the couple's London house (1975) became as important for high-tech architecture as the Kaufmann House probably was for Richard Neutra. In contrast to Richard Rogers's expressively exposed technology or Norman Foster's 'space age chic', the spectrum shown in Hopkins's buildings is more heterogeneous: from the Patera building system, the Schlumberger Research Centre (1982–85) to the MCA Cricket Stadium (2007–2012, today: Subrata Roy Sahara Stadium) his work comprises not only obvious high-tech but also other aspects, as is shown in the (stone) factory for David Mellor (1988/89), the (timbre) Inn the Park (2002) or the formally conventional, but highly energy efficient chemistry laboratory of Princeton University / New Jersey (2009/10).

Quellen: Büro Hopkins; Colin Davies (Hg.): Hopkins, London 1993; http://www.hopkins.co.uk; http://en.wikipedia.org/wiki/Michael_Hopkins_(architect) [last accessed: 7. 4. 2014]. Bearbeitung: Klaus Leuschel und Marta Herford

Sources: Hopkins Practice Office; Colin Davies (ed.): Hopkins, London 1993; http://www.hopkins.co.uk; http://en.wikipedia.org/wiki/Michael_Hopkins_(architect) [last accessed: 7. 4. 2014]. Text: Klaus Leuschel and Marta Herford

INMOS MIKROPROZESSOREN-FABRIK / INMOS MICROPROCESSOR FACTORY

Architekten Architects: **Richard Rogers Partnership**
Entwurf Design: **1982–1987**
Bauzeitraum Construction duration: **1982–1987**
Bauherr Client: **Inmos Ltd.**
Ort Site: **Newport, Gwent (GB)**
Fläche Site area: **8 900 m²**
Fachberatung Special consultants: **Laing Management Contracting Ltd, GA; Hanscomb Partnership; YRM Engineers; Anthony Hunt Associates**
Mitarbeiter Staff: **David Bartlett, Pierre Botschi, Mike Davies, Sally Eaton, Michael Elkan, Marco Goldschmied, Kunimi Hayashi, Tim Inskip, Julia Marks, Peter McMunn, Richard Rogers, John Young**

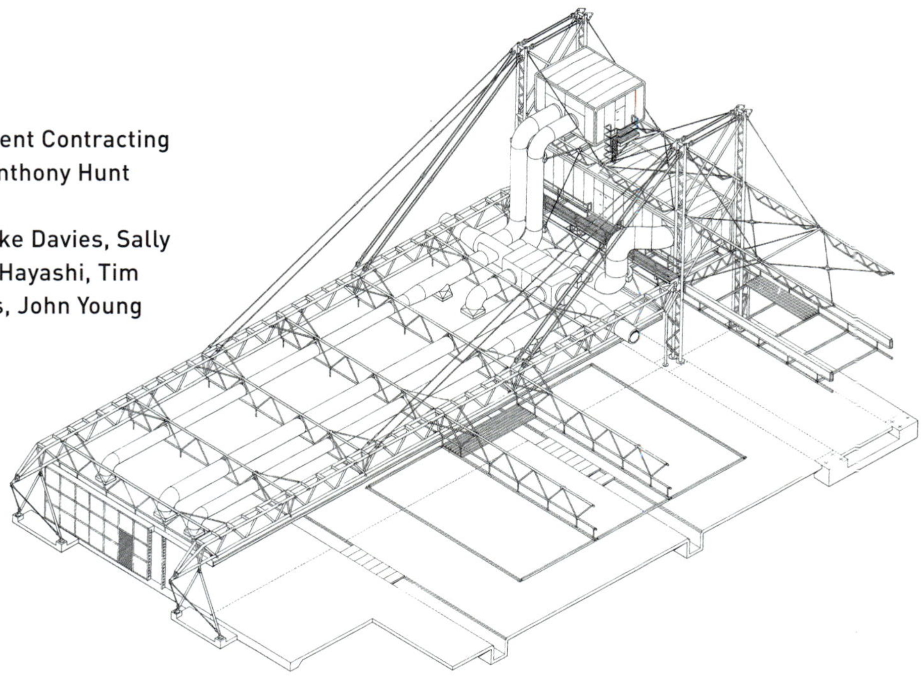

Axonometrie und Außenansichten
Axonometric drawing and exterior views

Das Inmos-Gebäude wurde als eine Art Modellfabrik konzipiert. Die Idee dafür entsprang direkt den Bedürfnissen der in den 1980er-Jahren rasch expandierenden Mikrochip-Produktion. Voraussetzung für eine schnelle Konstruktion von Industriebauten an verschiedenen Orten ist das hier eingesetzte System aus Stahlrohren und festen Platten – opak oder transparent –, das zugleich eine flexible Erweiterung der Gebäude ermöglicht. Durch diese Struktur, die – wie bei einer Hängebrücke – mithilfe von Verbindungsstangen an zentralen Masten aufgehängt wird, lässt sich eine enorme Deckenspannweite erzeugen, die ohne weitere Säulen oder Stützen in den Produktionshallen auskommt.

Auf insgesamt 8 900 Quadratmetern erstrecken sich Büros, Aufenthalts- und Produktionsräume für die Herstellung von Mikrochips. Der vor Staub und Vibration besonders geschützte Fertigungsbereich auf der einen Seite ist durch den zentralen Gang von dem ‚schmutzigen' Büro- und Restaurantbereich auf der rechten Seite abgetrennt. In dem Gang (7,2 × 106 Meter) sind Aufenthalts- und Versammlungsräume untergebracht. Oberhalb davon befindet sich die von außen sichtbare Wasser- und Belüftungstechnik. Der markante Entwurf verbindet eine flexible, effiziente Baustruktur mit einer skulpturalen Qualität.

Richard Rogers wurde am 23. Juli 1933 in Florenz geboren und wuchs in England auf. Sein Interesse für die Architektur wurde während des Militärdienstes in Triest vertieft, als er

The Inmos building was planned as a kind of model factory. It responded to the needs of microchip production, which in the 1980s was expanding rapidly. The system used here, with steel tubes and solid panels – opaque or translucent – allows a flexible expansion of available space and makes it possible to erect industrial buildings in different locations with great speed. Exploiting the principles of a suspension bridge, the structure is hung from the top of a central mast with tension rods. Its flexibility allows construction of buildings with enormous spans and column-free production halls.

The site of 8,900 square metres houses offices, meeting places and production rooms for the manufacture of microchips. The production area, with special protection from dust and vibration, is separated on one side by a central circulation/service spine from the 'dirty' office and restaurant area on the right-hand side. Situated along the spine (7.2 x 106 metres), which acts as an internal street, are seating areas and meeting rooms. High above, visible from the outside, are the pipes for air and water services. The striking design blends a flexible, efficient structure with a sculptural quality.

Richard Rogers was born in Florence on 23 July 1933 and grew up in England. His interest in architecture deepened during his military service in Trieste, where he met Ernesto Rogers, a cousin of his father and well-known architect. From 1954 to 1959 he attended the Architectural Association (AA) in London, and

Ernesto Rogers kennenlernte, ein Cousin seines Vaters und damals bekannter italienischer Architekt. Von 1954 bis 1959 studierte er Architektur an der Architectual Association (AA) in London und erhielt 1961 ein Fulbright-Stipendium, das ihm ein Postgraduierten-Studium an der Yale School of Architecture in New Haven (Connecticut) ermöglichte. Dort traf er Norman Foster, mit dem er 1963 – gemeinsam mit seiner ersten Frau Susan Brumwell und Fosters Frau Wendy Cheeseman – das Büro Team 4 in England eröffnete. Nach ersten gemeinsamen Projekten trennten sie sich 1967 wieder und gründeten eigene Firmen. Von 1971 bis 1977 verband Rogers eine berufliche Partnerschaft mit Renzo Piano, mit dem er das Centre Pompidou in Paris realisierte. Danach arbeitete er erst unter dem Namen Richard Rogers Partnership und anschließend bis heute als Rogers Stirk Harbour + Partners in London. Rogers erhielt unter anderem 1985 den Architekturpreis des Royal Institute of British Architects, die Royal Gold Medal, 2000 den japanischen Praemium Imperiale sowie 2007 den Pritzker-Architektur-Preis. Zu seinen Schlüsselprojekten zählen neben dem Centre Pompidou in Paris das Bürogebäude von Lloyd's of London und das Terminal 4 am Flughafen Madrid-Barajas.

Quellen: http://www.richardrogers.co.uk/work/all_projects/inmos_microprocessor_factory; http://www.pritzkerprize.com/sites/default/files/file_fields/field_files_inline/2007_bio.pdf;
[letzter Zugriff: 27.3.2014], Bearbeitung: Marta Herford

in 1961 he went to the Yale School of Architecture in New Haven (Connecticut) on a Fulbright scholarship. There he met Norman Foster, and in 1963 Rogers, his first wife Susan Brumwell, Foster and his wife Wendy Cheeseman founded the British architectural firm Team 4. After the first joint projects they separated and started their own practices in 1967. From 1971 to 1977 Rogers worked in partnership with Renzo Piano, with whom be designed the Centre Pompidou in Paris. He then worked under the name Richard Rogers Partnership and subsequently Rogers Stirk Harbour + Partners in London (to this day). Among his numerous awards are the RIBA Royal Gold Medal in 2005, the Japanese Praemium Imperiale in 2000 as well as the Pritzker Architecture Prize in 2007. Apart from the Centre Pompidou, his key projects include the office building of Lloyd's of London and Terminal 4 at the Madrid-Barajas Airport.

Sources: http://www.richardrogers.co.uk/work/all_projects/inmos_micro processor_factory; http://www.pritzkerprize.com/sites/default/files/file_fields/field_files_inline/2007_bio.pdf
[last accessed: 27.3.2014]. Text: Marta Herford

Renault Vertriebszentrum / Renault Distribution Centre

Architekten Architects: **Foster + Partners**
Entwurf Design: **1980–1982**
Bauzeitraum Construction duration: **ein Jahr** one year
Bauherr Client: **Renault UK Ltd**
Ort Site: **Swindon, Wiltshire (GB)**

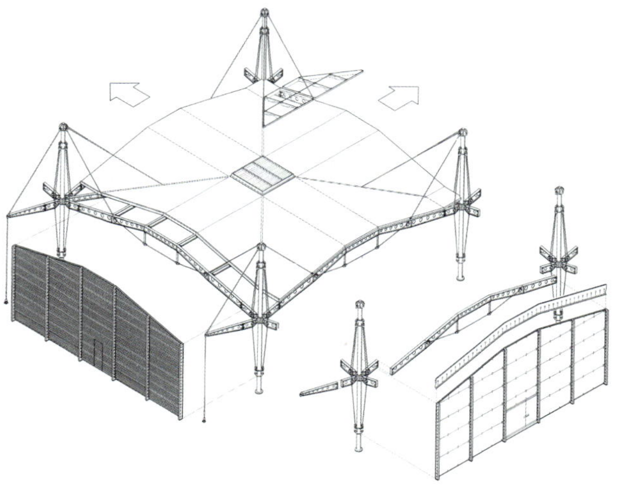

Explosionszeichnung, Außenansichten und Ausstellungsraum
Exploded view, exterior views and showroom

Das Renault-Vertriebszentrum gilt als das verspielteste Gebäude des Architekturbüros Foster + Partners. Als britisches Hauptvertriebszentrum des französischen Autoherstellers konzipiert, verfügt es neben einer Lagerhalle über einen Showroom, ein Ausbildungszentrum, Werkstätten, Büros und ein Mitarbeiterrestaurant. Die Auffassung, dass sich gutes Design auszahlt, ist schon beinahe ein Klischee, in diesem Falle jedoch mit Zahlen belegbar: So überzeugte das Design die Baubehörde vor Ort derart, dass sie die Bebauungsgrenze heraufsetzte, wodurch letztlich ein Baugrund von 25 000 Quadratmetern verfügbar war.

Das Gebäude entwickelt mit seinen leuchtend gelb lackierten Rohrmasten eine außergewöhnliche Silhouette in der umliegenden Landschaft. Das sich wiederholende Konstruktionsprinzip umschließt 24 mal 24 Meter große Teilbereiche – wobei die Planungsmodule hierbei größer als üblich angelegt sind, um die Flexibilität für die Gestaltung der Innenräume zu maximieren. Die großzügige Spannweite ist verknüpft mit einer lichten Höhe von 7,5 Metern im Inneren, um die unterschiedlichen Funktionsbereiche des Verteilerzentrums – von industriellen Regallagern bis zur Unterteilung in Bürogeschosse – aufnehmen zu können. Das Gebäude ist ähnlich wie beim Air-Supported Office für Computer Technology (1969/70) im englischen Hemel Hempstaed von einer PVC-Dachmembran umhüllt (S. 208/209), die an jedem Mast von einem Glaspaneel durchbrochen ist. Eine zuerst als Showroom genutzte Galerie – die Karosserien der Autos hatte man hier von der Decke gehängt – wurde von Renault als populärer Veranstaltungsort für Kunstprojekte und gesellschaftliche Events genutzt, sodass auch eine breitere

The Renault Centre has been described as the most 'playful' structure created by the architectural practice Foster + Partners. Commissioned as the French car manufacturer's main UK distribution facility, it includes warehousing, a showroom, training school, workshops, offices and a staff restaurant. The notion that 'good design pays' has almost become a cliché, but in this case it is quantifiable: on the strength of the design, supportive local planners increased their site development limit considerably, so that a floor area of 25,000 square metres became available.

With its bright yellow tubular masts, the building forms a striking silhouette within its surrounding landscape. The structural system that repeats itself to form this external outline is based around a 24 by 24 metre bay – a much larger than usual planning module developed so as to maximise the planning flexibility of the internal spaces. This expansive horizontal span is combined with an internal clear height of 7.5 metres, allowing the Centre to accommodate a range of uses from industrial warehouse racking to its subdivision into office floors. Like the Air-Supported Office for Computer Technology (1969/70) in Hemel Hempstead in England, the building is enveloped by a continuous PVC membrane roof (pp. 209/209) pierced by glass panels at each mast. Initially used primarily as showroom – car body shells were suspended from the ceiling – a gallery was used by Renault as a popular venue for arts and social events, encouraging a wider community involvement in the building.

As much as its internal spaces, however, it is the building's 'Renault-yellow' skeleton that gives the Centre such an identifiable

Öffentlichkeit das Gebäude besuchte. Es ist neben der Gestaltung der Innenräume jedoch aber vor allem das ‚Renault-Gelb' der Masten, das dem Zentrum seinen unverwechselbaren Charakter verleiht. Es hat einen so hohen Wiedererkennungswert, dass das Gebäude als einzige Einrichtung des Autoherstellers nicht mit dem Renault-Logo versehen ist. Vielmehr ist die Farbe so eng mit der Marke verbunden, dass Renault es viele Jahre als Hintergrundfolie für seine Werbekampagnen genutzt hat.

Foster + Partners zählt zu den bekanntesten Architekturbüros der Welt. Das Unternehmen wurde von Norman Foster 1967 als Büro Foster Associates gegründet und in den 1990er-Jahren in Foster + Partners umfirmiert. Zu den berühmtesten Bauten und Projekten zählen unter anderem die Neugestaltung des Berliner Reichstags (1994–1999), die Zentrale der Swiss Re (‚Die Gurke') in London (2001–2004), die Neugestaltung des Londoner Wembley-Stadions (2002–2006) sowie der Turm 2 des World Trade Center-Komplexes in New York (2006) und aktuell die Planung des Millennium Towers in Tokio. Der Gründer Norman Foster fungiert heute als Chairman des weltweit agierenden Unternehmens mit dreizehn ‚Senior Partners', rund je siebzig ‚Partners' und ‚Associate Partners' sowie rund einhundertzwanzig ‚Associates'.

character. Significantly, this created such a memorable image that the building, alone among the company's facilities, did not need to carry the Renault logo. In fact it is so closely associated with the brand that for many years Renault used it as a backdrop in its advertising campaigns.

Foster + Partners is among the best-known architectural practices in the world. The firm was founded by Norman Foster in 1967 as Foster Associates and renamed Foster + Partners in the 1990s. Among its most famous buildings and projects are the Reichstag building redevelopment in Berlin (1994–1999), the Swiss Re headquarters ('The Gherkin') in London (2001–2004), the Wembley Stadium reconstruction in London (2002–2006) as well as Tower 2 which is part of the new World Trade Centre Complex in New York (2006) and the Millennium Tower project in Tokyo. Today the founder Norman Foster is chairman of the globally active firm with 13 Senior Partners, about 70 Partners and 70 Associate Partners as well as 120 Associates.

Quellen: http://www.fosterandpartners.com/projects/renault-distribution-centre/; http://deu.archinform.net/arch/52696.htm; [letzter Zugriff: 22.5.2014], Bearbeitung: Marta Herford

Sources: http://www.fosterandpartners.com/projects/renault-distribution-centre/; http://deu.archinform.net/arch/52696.htm [last accessed: 22.5.2014]. Text: Marta Herford

LORD'S CRICKET GROUND-TRIBÜNE / LORD'S GRAND STAND

Architekt Architect: **Nicholas Grimshaw**
Entwurf Design: **1995**
Bauzeitraum Construction duration: **1996–1998**
Bauherr Client: **Marylebone Cricket Club (MCC)**
Ort Site: **London (GB)**
Fachberatung Special consultants: **Arup, Tarmac Precast Concrete Ltd, Gardine & Theobald Management Services Ltd**
Mitarbeiter Staff: **Nicholas Grimshaw, David Harriss, Simon Dickens, Jason Embley, Miriam Fitzpatrick, Jim King, David Portman**

Die neue Zuschauertribüne des Lord's Cricket Ground war Teil eines vom MCC initiierten Entwicklungsprojekts, um die erstklassigen Anlagen des ‚Lord's' rechtzeitig zum Cricket World Cup 1999 zu optimieren. Die ursprüngliche Zuschauertribüne bot teilweise eine nur eingeschränkte Sicht und verfügte über zu wenige Sitzplätze, außerdem war die Zuschauerzirkulation unübersichtlich. Nicholas Grimshaw erhielt im September 1995 den Auftrag, die Tribüne umzugestalten und ihre Kapazität von 4 000 auf 6 000 Sitzplätze zu erhöhen, wobei eine Maximierung der Zahl bei einer gleichzeitigen Verbesserung der Sicht angestrebt war.

Die neue Zuschauertribüne besteht aus einer zweistufigen Konstruktion. 4 000 Sitze, genauso viele wie die alte Baker-Tribüne (1923), umfassen allein die unteren Ränge. Sie wurden vor Ort errichtet und waren bereits zur Saison 1997 einsatzbereit, während die oberen Ränge extern vorgefertigt wurden. Die Tribüne besteht aus zwei Sitzebenen. Die höhere der beiden Ebenen befindet sich direkt unter dem geschwungenen Dach, welches aus zwei Auslegerarmen besteht, die vom mittig angelegten Mast ausgehen und mit filigranen Zugstangen verspannt sind.

Die Zuschauerzirkulation innerhalb des Gebäudes geht von der Nordseite aus. Über so genannte Mundlöcher werden alle Besucher vom Erdgeschoss hinauf auf die erste Stufenebene geschleust, von wo aus Besucher mit Karten für die höheren Ränge ihre Plätze über drei Aufzüge oder Treppen erreichen können.

Bautechnisch gesehen ist die Zuschauertribüne wie eine Brücke konstruiert, denn die gesamte Struktur wird von nur drei Säulen getragen: eine in der Mitte, die nach oben in den Mast übergeht, und jeweils eine Säule an beiden Enden. Die beiden vom Mast mit filigranen Zugstangen abgehängten Dachausleger

The new grandstand for the Lord's Cricket Ground was part of the MCC's plan to improve Lord's first rate facilities in time for the 1999 Cricket World Cup. The view from the original grandstand was partly obscured, there were not enough seats and the circulation of visitors did not function well enough. In September 1995 Nicholas Grimshaw was appointed to redesign the grandstand and to increase its capacity from 4,000 to 6,000. However, the aim was to maximise the amount of seats while improving the view at the same time.

The new grandstand consists of a two-tier structure. The lower tiers alone contain 4,000 seats, just as many as the old Baker grandstand (1923). They were constructed on site and were ready in time for the 1997 season, while the upper tiers were pre-fabricated off-site. There are two seating levels. The higher of the two levels is right beneath the sinuous roof which consists of two booms slung from the central mast and tensioned with delicate tie-rods.

Circulation within the building takes place on the north side. Vomitories channel spectators up from ground to first tier level, from where visitors with tickets for the upper floors can reach their seats by any one of three sets of lifts and stairs.

In structural terms the grand stand resembles a bridge with the whole structure supported from just three columns: one in the centre, which merges into the mast towards the top, and one column at each end. The twin booms of the roof are slung from the mast with delicate tie-rods and represent an architectonic connection to the activities on the central deck, where the prefabricated elements of the seating area cover an expanse of 50 metres on either side of the mast and seem almost to float above the lowest tier.

Außenansichten
Exterior views, 1998

stellen architektonisch einen Bezug zu den Geschehnissen auf der zentralen Ebene her, auf der die vorgefertigten Elemente der Rampenbestuhlung sich beiderseits des Mastes über 50 Meter erstrecken und über der niedrigsten Ebene zu schweben scheinen.

Sir Nicholas Grimshaw, geboren 1939 in Hove (East Sussex) zählt zur gleichen Generation bekannter englischer Architekten wie Norman Foster, Michael Hopkins und Richard Rogers. Er studierte am Edinburgh College of Art (1959–1962), bevor er mit einem Stipendium an die Architectural Association der School of Architecture in London wechselte. Dank weiterer Stipendien bereiste er auch Schweden (1963) und die USA (1964). Sein Studium schloss er 1965 mit Auszeichnung ab und gründete gemeinsam mit Terry Farrell 1967 das Architekturbüro Grimshaw + Farrell. Seit der Trennung 1980 firmiert das Büro mit Zweigstellen in New York, Melbourne und Sydney unter Nicholas Grimshaw & Partners. Zu den international bekannten Projekten zählen: Londons Waterloo Bahnhof für die Eurostar-Züge (1993), das Eden Project in Cornwall (1996–2001), die Fertigungsstätten für Rolls Royce im südenglischen Goodwood (2000–2003) und die Flughäfen Pulkovo in St. Petersburg (2007–2015) und Istanbul (2014–2019). Daneben ist Nicholas Grimshaw Förderer des Nationalen Instituts zur Erforschung der Lebensgewohnheiten im Wasser (NIRAH) mit dem bei Fertigstellung größten Aquarium der Welt. Außerdem ist sein Büro in der Forschung zu Themen wie Energie, Müll und Wasser aktiv.

Sir Nicholas Grimshaw, born in Hove (East Sussex) in 1939, belongs to the same generation of well-known English architects as Norman Foster, Michael Hopkins and Richard Rogers. He studied at the Edinburgh College of Art (1959–1962) before receiving a scholarship to continue his studies at the Architectural Association of the School of Architecture in London. Thanks to further scholarships, he was also able to travel to Sweden (1963) and the USA (1964). He graduated with honours and founded the architectural firm Grimshaw + Farrell together with Terry Farrell in 1967. Since their separation in 1980, the business has operated under the name Nicholas Grimshaw & Partners with branches in New York, Melbourne and Sydney. London's Waterloo railway station for Eurostar trains (1993), the Eden Project in Cornwall (1996–2001), the Rolls Royce production plants in the southern English town of Goodwood (2000–2003) and the airports Pulkovo in Saint Petersburg (2007–2015) and Istanbul (2014–2019) are among his internationally known projects. Nicholas Grimshaw is also a patron of the National Institute for Research into Aquatic Habitats (NIRAH) with an aquarium that will be the biggest in the world once completed. Furthermore, his firm conducts research on topics such as energy, waste and water.

Quellen: Grimshaw Knowledge Bank; Hugh Pearman (Hg.): Equillibrium, London 2000; Bearbeitung: Klaus Leuschel und Marta Herford

Sources: Grimshaw Knowledge Bank ©; Hugh Pearman (ed.): Equilibrium, London 2000; adaptation: Klaus Leuschel and Marta Herford

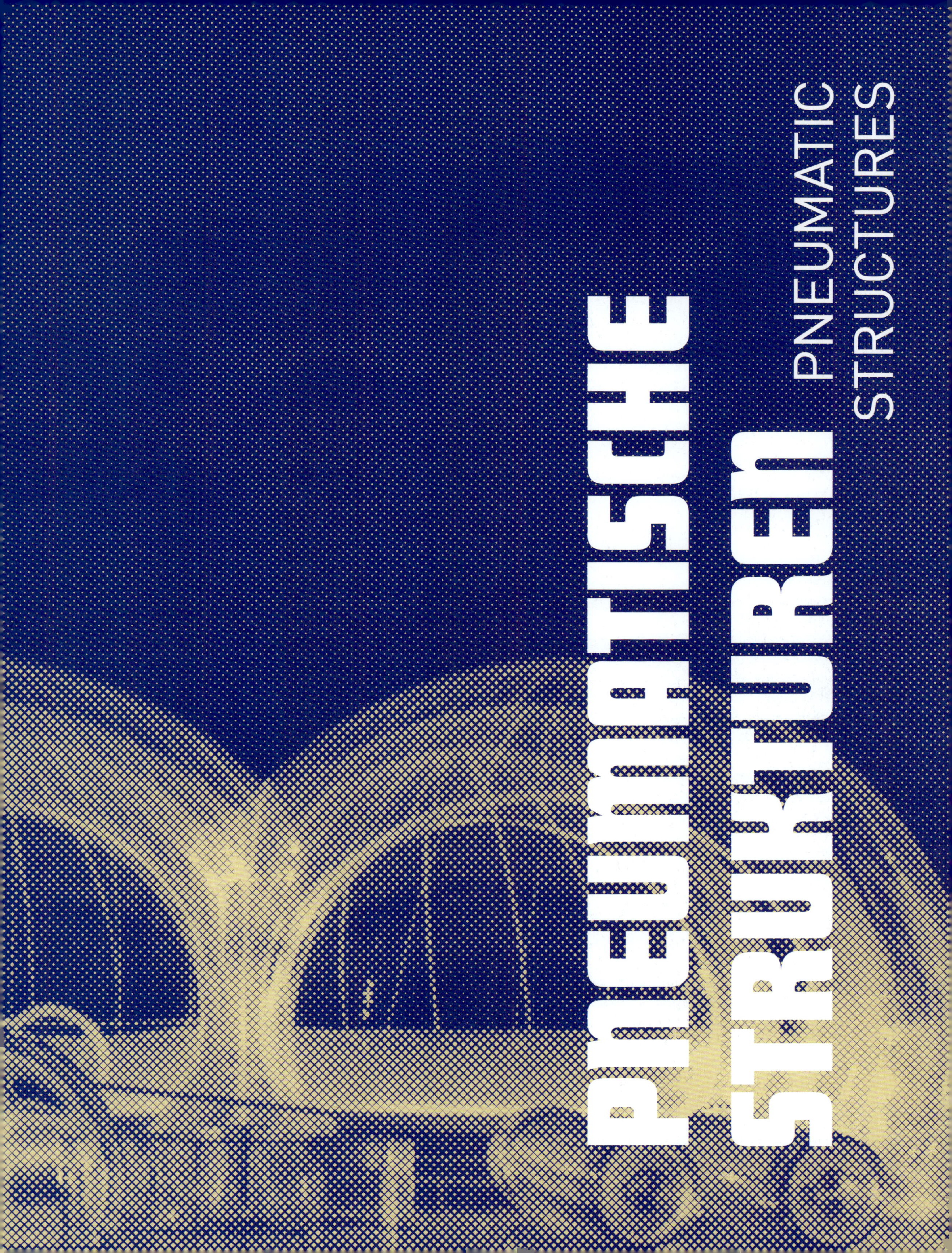

PNEUMATISCHE STRUKTUREN

PNEUMATIC STRUCTURES

KLAUS LEUSCHEL

PNEUMATISCHE STRUKTUREN
PNEUMATIC STRUCTURES

Aufblasbare Architekturen basieren auf einer technologischen Neuerung, deren Ausgangspunkt bereits weit vor der industriellen Revolution liegt: Im Sommer 1783 stieg erstmals ein Heißluftballon der Brüder Montgolfier auf, die ihm auch seinen Namen gaben, ,Montgolfière'. 1845 folgte der Luftreifen, der 1895 von der Firma Michelin[1] erstmals für ein Automobil eingesetzt wurde. Am 2. Juni 1900 flog erstmals ein Zeppelin am Himmel und Ende der 1920er-Jahre – als die Weißenhof-Siedlung gerade fertig geworden war – schien die Luftmatratze als das Bett der Zukunft der letzte Schrei zu sein.

ZUR BAUTYPOLOGIE

So naheliegend die Idee aus heutiger Sicht erscheint, die Prinzipien pneumatischer Strukturen – wie Mobilität und Leichtigkeit – auf die Architektur zu übertragen, blieb lange Zeit nur ,heiße Luft'. Bis zu jenem Moment, als die Kriegsmaschinerie im Zweiten Weltkrieg den Bedarf an schnell aufzubauenden Hangars entdeckte. Aber auch wenn Bodo Rasch das Patent für seine ,pneumatischen Zellen' 1938 zugestanden wurde, stand es nicht nachweislich im Kontext zur NS-Kriegsführung.[2]

VERBREITUNG

Erstmals spielten pneumatische Strukturen im London der ,Swinging Sixties' eine Rolle. Dort imaginierten der Architekt Cedric Price (vgl. S. 197) und der Architekturkritiker Reyner Banham Anwendungen, die sich in Windeseile auszubreiten schienen und zu immer neuen Ideen führten: von der Pariser Groupe AJS Aerolande (später Groupe Utopie; vgl. S. 204/205) über den *Ballon für Zwei* der Wiener Architekten- und Künstlergruppe

1 Das Michelin-Männchen (,Bibendum') war Ende der 1920er-Jahre so trendy wie heute das Logo von Apple. Der *Bibendum Chair* von Eileen Gray ist ein Beleg dafür. Dieser Sessel, der aussieht wie übereinander gestapelte Gummischläuche, wurde zu einer Zeit realisiert, in der eine aufblasbare Struktur technisch schwerer realisierbar war als ein Stahlrohr-Freischwinger.

2 Marc Dessauce (Hrsg.), *The Inflatable Moment. Pneumatics and Protest in '68*, New York 1999, S. 128 ff.

Inflatable architecture is based on a technological innovation which goes back to well before the Industrial Revolution. In summer 1783, the Montgolfier brothers launched the first hot-air balloon, which was named after them, the Montgolfière. In 1845 the pneumatic tyre followed, which was used on a motorcar in 1895 by the company Michelin.[1] On 2 July 1900 the first Zeppelin flew in the sky, and at the end of the 1920s – when the Weissenhof-Siedlung (Weissenhof Estate) had just been completed – the air mattress as bed of the future seemed to be all the rage.

TYPOLOGY

As obvious as it may seem from today's perspective to transfer the principles of pneumatic structures – such as mobility and lightness – to architecture, this idea remained nothing but 'hot air' for a long time – until the moment during the Second World War when it became clear that there was a need for hangars that could be assembled quickly. But although Bodo Rasch obtained a patent for his 'pneumatic cells' in 1938, there is no evidence that the invention was intended for military purposes.[2]

EXAMPLES

It was in the 'Swinging Sixties' in London that pneumatic structures played a role for the first time. The architects Cedric Price (see p. 197) and the architecture critic Reyner Banham imagined uses for them which seemed to spread like wildfire and led to ever new ideas: from the Paris Groupe AJS Aerolande (later Groupe Utopie; see pp. 204/205) to the *Balloon for 2* by the avant-garde Viennese architectural group Haus-Rucker-Co (see pp. 210/211) and finally the legendary Archigram whose projects included

1 In the 1920s, the Michelin Man ('Bibendum') was as trendy as the Apple logo is today. Eileen Gray's *Bibendum Chair* is evidence for this. This armchair, which looks like a stack of tyres, was created at a time in which it was technically more difficult to make an inflatable structure than a cantilever chair.

2 Marc Dessauce, ed., *The Inflatable Moment: Pneumatics and Protest in '68*, New York 1999, p. 128 ff.

Haus-Rucker-Co (vgl. S. 210/211) bis zur legendären Gruppe Archigram, beispielsweise mit dem Projekt *Instant City,* in dem Zeppeline zum zentralen Mittel der Stadtgestaltung avancierten (vgl. S. 202/203).

CHARAKTERISTIK

Sowohl Designer wie Donato D'Urbino, Jonathan De Pas und Paolo Lomazzi mit dem italienischen Pavillon (1969, S. 206) als auch die Architektengruppe Davis, Brody, Chermayeff, Geismar mit dem US-amerikanischen Pavillon bewiesen auf der Weltausstellung in Osaka 1970, dass in den ‚Luftblasen' weit mehr steckt, als die Hangars der Kriegsindustrie oder die phantasievollen Bauten der Hippies erahnen ließen. Im gleichen Jahr entstanden auch die Air Supported Offices von Norman Foster im englischen Hertfordshire als temporäre Büros (1969/1970, S. 208/209).

POTENZIALE

Spätestens der aufblasbare Sessel *Blow* von D'Urbino, De Pas und Lomazzi bewies 1967 das Potenzial der Übertragbarkeit pneumatischer Ideen auf das Design. Von der *Oase Nr. 7* von Haus-Rucker-Co (1971, S. 210/211) über die *Wolkenkulisse* von COOP Himmelb(l)au (1972) bis zu *Bubbles* von Future Systems (1983) und *Seaside* von Archigram (1986) schien sich die Architektur in den 1970er-Jahren weitestgehend auf die Anwendung in der Privatsphäre verständigt zu haben. Dem Nutzen von aufblasbaren Strukturen – etwa als Notunterkunft in Krisengebieten oder bei Naturkatastrophen – steht oft ihre empfindliche Hülle im Weg. In den Fachlexika sucht man Begriffe wie ‚aufblasbar' oder eben ‚pneumatisch' bis heute vergeblich. Fällt der Begriff, dann eher im nostalgischen Kontext von Phantasiewelten wie bei *Yellow Submarine* der Beatles, oder im Kunstkontext zu aufblasbaren *Nanas* von Niki de Saint Phalle oder Arbeiten von Anish Kapoor, Otto Piene oder Tomás Saraceno.

Instant City, in which airships rose up to be the key tool of spatial development (see pp. 202/203).

CHARACTERISTICS

At the 1970 world fair (Expo '70) in Osaka, works in the Italian pavilion by designers like Donato D'Urbino, Jonathan De Pas and Paolo Lomazzi (1969, pp. 206/207), and others by the architectural group Davis, Brody, Chermayeff, Geismar in the US pavilion, proved that there was more to 'bubbles' that one might have guessed from the wartime hangars or the structures dreamed up by the hippies. During that same year, Norman Foster created his temporary 'Air Supported Offices' for a computer company in Hertfordshire, England (1969/1970, pp. 208/209).

POTENTIAL

In 1967, the inflatable armchair *Blow* by D'Urbino, De Pas and Lomazzi had shown that pneumatic ideas had the potential to be transferred to design. *Oase No. 7* by Haus-Rucker-Co (1971, pp. 210/211), *Wolkenkulisse* by COOP Himmelb(l)au (1972), *Bubbles* by Future Systems (1983) and *Seaside* by Archigram (1986), are examples of the use of this architecture in the private sphere. The use of inflatable structures for emergency shelter in crisis areas or after natural disasters is often hampered by their fragile skin. Even today, one will look in vain for terms like 'inflatable' or 'pneumatic' in architecture or construction dictionaries. If the terms are used at all, then it is mostly either in nostalgic descriptions of fantasy worlds like The Beatles' *Yellow Submarine,* or in an art context, referring to inflatable *Nanas* by Niki de Saint Phalle or works by Anish Kapoor, Otto Piene or Tomás Saraceno.

INFLAFLOOR (INFLATABLE FLOOR)

Architekt Architect: **Cedric Price**
Entwurf Design: **1964**

Um 1964 fing Cedric Price an, sich mit Ideen zu pneumatischen Strukturen zu beschäftigen. Er arbeitete eine Reihe luftgefüllter Möbelentwürfe aus, samt Stühlen, modularen Sitzelementen und einem aufblasbaren Fußboden. Gemeinsam mit seinem langjährigen Freund, dem Ingenieur Frank Newby, gründete er die Lightweight Enclosures Unit (LEU), um Designforschung im Bereich sozialer, ökonomischer und struktureller Entwicklungen von Leichtbau-Verpackungen zu betreiben. LEU veröffentlichte in Großbritannien eine Reihe Berichte im Regierungsauftrag, darunter *Air Structures. A Survey* (dt. Eine Übersicht über Luftstrukturen, 1969) für das Ministerium Public Buildings and Works, und den *Draft for Development Code of Practice for Air Supported Structures* (dt. Entwurf zu einem Handbuch luftgestützter Strukturen, 1974) für das Umweltministerium.

Price entwickelt eine Vielfalt möglicher Anwendungen zu Luftstrukturen, darunter auch *Inflafloor* (eigentlich *Inflatable Floor;* dt. aufblasbarer Fußboden), der als eine Art Sitz- und Liegelandschaft konzipiert war. Ganz gleichgültig, ob durch Luft gestützt, aufgeblasen, kontrolliert und bewegt, mit dem Plan, Öl einzudämmen (1967), als frei schwebendes Dach für die Fußgängerzone einer Einkaufsstraße in Southend-on-Sea, UK (1972) oder als eine Art schwimmender Damm, um die Küste in Abu Dhabi vor Erosionen zu schützen (1973) – all diese Projekte sind typisch für seine immerwährenden Bemühungen, zeitgemäßes Design im Sinne eines Gestaltungsprozesses (‚Architectural Design') zu schaffen. Zugleich reflektierte Price in seiner Arbeit ein ökologisch sensitives Vorgehen, das heute wohl als ‚Grüne Architektur' bezeichnet würde.

Immer noch wird dem 1934 im englischen Staffordshire geborenen Kunsthistoriker und Architekten Cedric Price im deutschen Sprachraum nicht annähernd so viel Bedeutung

Cedric Price began exploring ideas for pneumatic structures as early as 1964, when he produced a series of air-inflated furniture designs including chairs, modular units for seating and an inflatable floor. With a long-time friend, the engineer Frank Newby, he formed Lightweight Enclosures Unit (LEU) in order to pursue research and design into the social, economic and structural development of lightweight enclosures. LEU published a number of reports for government agencies in the United Kingdom, including *Air Structures: A Survey* (1969) for the Ministry of Public Buildings and Works and *Draft for Development Code of Practice for Air Supported Structures* (1974) for the Department of the Environment.

Price developed a wide range of applications for air structures, including the *Inflafloor* (Inflatable Floor), conceived as a kind of landscape to sit or lie in. Whether air-supported, air-inflated, air-controlled or air-moved – including plans for Surface Oil Containment (1967), a suspended inflatable roof over the pedestrian shopping area of High Street in Southend-on-Sea, UK (1972), and Waterwall, a floating breakwater to protect the shore from erosion in Abu Dhabi (1973) – all these projects are typical of Price's continuous efforts to produce temporary designs as a creative process ('Architectural Design'). At the same time, Price's work reflects an ecologically sensitive approach that today might be labelled 'Green Architecture'.

Until now, the art historian and architect Cedric Price, who was born in Staffordshire in England, has not received even half as much attention and recognition in Germany as he has in Anglo-American countries.[1] Yet when he was barely 30, Price became 'one of the most influential teachers of architecture'[2] in the London of the 'Swinging Sixties'. From Richard Rogers and Bernard Tschumi to Rem Koolhaas, from the artist Rachel

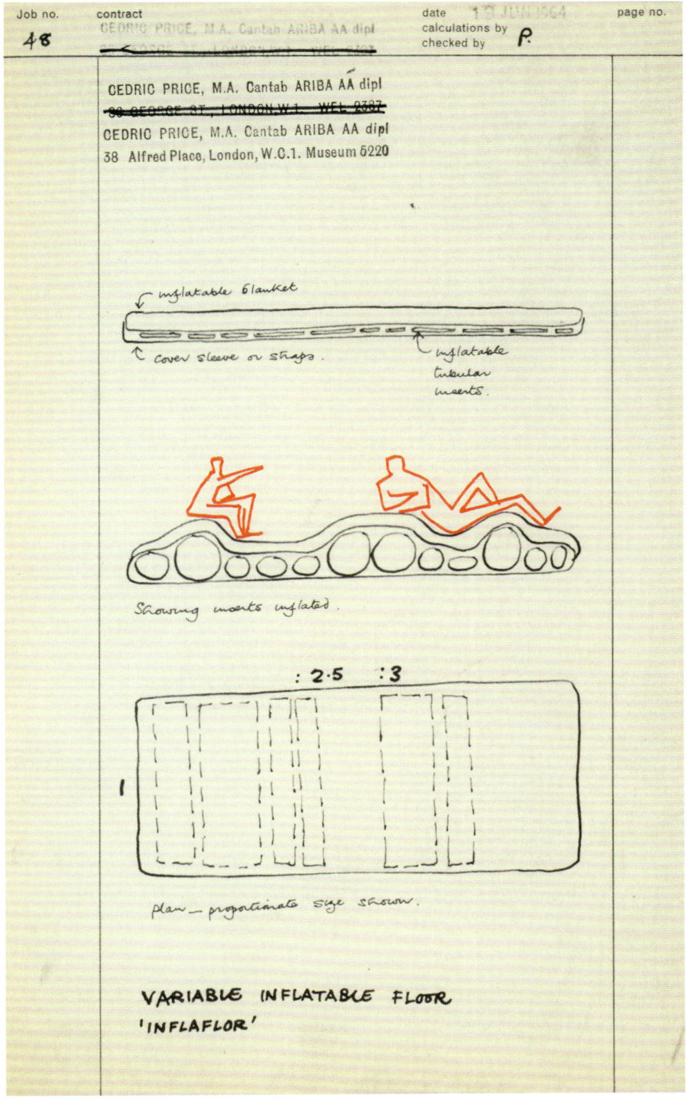

Roter Filzstift auf Diazotypie
Red tip pen on diazotype, **31 × 19,5 cm,**
Inv.-Nr. DR1995:0184:026
Cedric Price Fonds. Collection Centre Canadien d'Architecture / Canadian Centre for Architecture, Montréal

beigemessen wie in den anglo-amerikanischen Ländern.[1] Dabei avancierte er kaum 30-jährig zu einer der „einflussreichsten Persönlichkeiten der Architektenausbildung"[2] im London der ‚Swinging Sixties': Von Richard Rogers über Bernard Tschumi bis zu Rem Koolhaas, von der Künstlerin Rachel Whiteread bis zum Ausstellungsmacher Hans-Ulrich Obrist reicht der Kreis jener, die Lobeshymnen auf Price singen oder ihm maßgebliche Impulse zu verdanken haben.

Zeitlebens blieb Price Visionär: Er besaß die zeichnerische Genialität, mit weniger Strichen als es Cartoonisten können, ein ganzes Weltbild entstehen zu lassen. Nicht, wie die Generationen vor ihm, als Architekt, der für die Ewigkeit schafft, sondern ganz gezielt als Schöpfer von etwas Ephemerem, das als Spiegel eines permanenten gesellschaftlichen Wandels die Offenheit für Veränderungen explizit einforderte.

1 Das CCA (Canadian Centre for Architecture) verfügt über das komplette Cedric-Price-Archiv, http://www.cca.qc.ca/en [letzter Zugriff: 20.5.2014].
2 Herbert Muschamp: *Influential British Architect With Sense of Fun, Dies at 68*, Nachruf, NY Times, 23. August 2003

Quellen: Cedric Price, *Cedric Price – Works II*, London 1984, http://designmuseum.org/design/cedric-price [letzter Zugriff: 20.5.2014]; http://www.cca.qc.ca/en/collection/907-cedric-price-designs-for-inflatable-architecture-and-air [letzter Zugriff: 20.5.2014]; Bearbeitung: Klaus Leuschel und Marta Herford

Whiteread to the curator and critic Hans-Ulrich Obrist – the circle of admirers who have drawn inspiration from his work is a vast one.

Price remained a visionary throughout his life: he was a genial draughtsman who knew how to conjure up an entire world with fewer strokes of the pen than a cartoonist. Unlike the generations of architects before him, who built for eternity, his creations were ephemeral, mirrors of permanent social transformation which explicitly demanded openness to change.

1 The CCA (Canadian Centre for Architecture) holds the complete Cedric-Price Archive, http://www.cca.qc.ca/en (accessed September 2014).
2 Herbert Muschamp: *Influential British Architect With Sense of Fun, Dies at 68*, Obituary, NY Times, 23. August 2003

Sources: Cedric Price, *Cedric Price – Works II*, London 1984; http://www.cca.qc.ca/en/collection/907-cedric-price-designs-for-inflatable-architecture-and-air (last accessed September 2014). Text: Marta Herford and Klaus Leuschel

DIE UMWELTBLASE
/
THE ENVIRONMENT-BUBBLE

Architekt Architect: **François Dallegret**
Entwurf Design: **1965**

Das zeichnerische Werk von François Dallegret ist weitgehend von Apparaturen und Maschinen bevölkert, die sämtliche Lebensbereiche und -formen umfassen: Neben Autos und Raketen, die Dallegret besonders als sich selbst organisierende Systeme faszinieren, finden sich dort interaktive Diktiermaschinen, Kunst-, Koch- oder Pressearbeits- und Architekturmaschinen – in Plastik oder in Beton gegossen oder provisorisch aus Gerüsten aufgebaut –, Freizeit- oder Konsummaschinen (Discos, Bars, Shoppingmalls). Wie auch im Werk von Richard Buckminster Fuller sind bei Dallegret die Grenzen zwischen ausufernden Technikvisionen und subversiv-ironischem oder gesellschaftskritischem Gestus nicht eindeutig zu ziehen. Jahre vor der Entwicklung des Computers bildete die Kybernetik hier eine kritische Schnittstelle zwischen avancierter Kunst, angewandter Technik und kommunizierender Selbst-Reflexion.

Für Reyner Banhams berühmten architektur- und kulturkritischen Essay *A Home is not a House* (Art in Amerika, Nr. 2, 1965) fertigte François Dallegret sieben konstruktionsartige Tuschezeichnungen – darunter auch *The Environment-Bubble* – auf einer durchsichtigen Folie an. Mit seinen Entwürfen bezog er sich auf die damals neuartigen Konzepte einer vollständig kybernetisch geregelten, maschinenbasierten Umwelt. In der als transparente Plastikkuppel bezeichneten Blase, die durch einströmende Luft klimatisiert und getragen werden

François Dallegret's graphic oeuvre is mainly inhabited by apparatuses and machines that involve all forms and contexts of life: besides cars and rockets that held a particular fascination for Dallegret as self-organised systems, his work includes interactive dictation machines, art, cooking and public relations machines, architecture machines – cast in plastic or cement or in the shape of make-shift scaffolding – and leisure and consumption machines (discos, bars, shopping malls). As with Richard Buckminster Fuller's work, there is no clear distinction between excessive technological visions and subversive and ironic or socio-critical expression. Years before the invention of computers, cybernetics functioned as a critical interface between progressive art, applied technology and communicating self-reflection.

For Reyner Banham's famous critical essay on architecture and culture *A Home is Not a House* (Art in America, no. 2, 1965) François Dallegret created seven construction-like ink drawings on transparent foil – one of them was *The Environment-Bubble.* His designs were intended as an allusion to the novel concepts of the day which foresaw a machine-based environment completely regulated by cybernetics. Inside the bubble or so-called transparent plastic dome, which was to be carried by an airstream, the viewer was confronted with multiple images of the naked artist. He can be seen sitting next to a mechanical-looking

Entwurf für aufblasbare transparente Kunststoff-Kuppel
Design for an inflatable transparent plastic bubble dome
Aus From: Reyner Banham: „A Home Is Not a House", *Art in America*, April 1965
PVC-Banner (2014), 260 × 214 cm

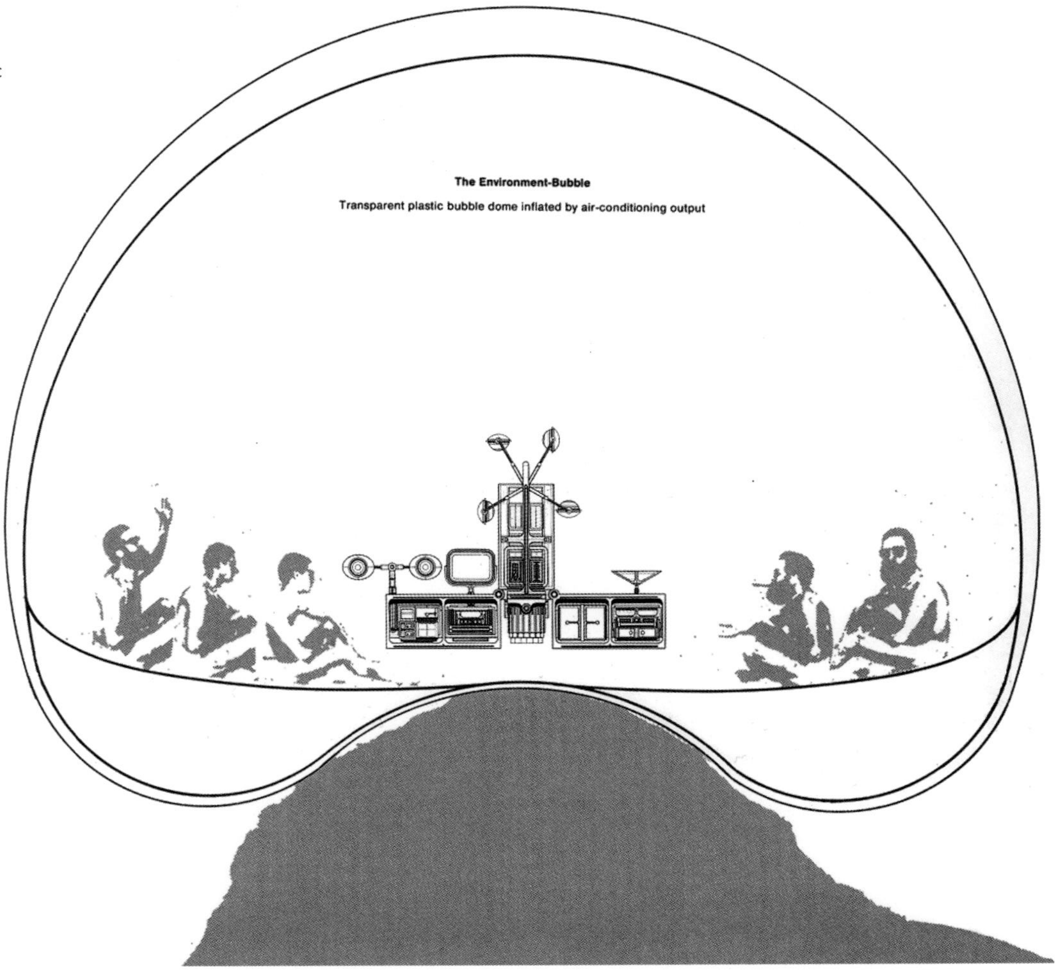

sollte, begegnet der Betrachter den reproduzierten Abbildern des nackten Künstlers. Er sitzt zusammen mit einer maschinenähnlichen Versorgungseinheit inmitten einer geschlossenen, hypertechnoid und zugleich hippieartig anmutenden Sphäre.

François Dallegret, wurde 1937 in Marokko geboren und zählt wohl zu den schillerndsten Figuren der französischen und kanadischen Kunst-, Design- und Architektur-Avantgarde der 1960er und 1970er-Jahre. Nach einem abgebrochenen Architekturstudium an der École des Beaux-Arts in Paris 1963 zog er nach Montréal, wo er als Architekt, Innenarchitekt und Graphiker tätig war. Seine Arbeiten wurden 1962 in der Galerie Iris Clert und wenig später in führenden Galerien in New York und Montréal präsentiert sowie in Kunst-, Architektur-, Kultur- und anderen Zeitschriften publiziert. Zwischen 1965 und 1967 erschienen seine Entwürfe in einer Reihe von Essays in *Art in Amerika*. Nach 2000 entwickelte Dallegret neue Interventionsformen und Kunstprojekte für den Öffentlichen Raum *(Porte-Lumière*, 2001; *Trafic*, 2009 und *DrapoLum*, 2013). Er lebt und arbeitet in Frankreich und Kanada.

supply unit in the middle of a closed, both hyper-technical and hippie-like sphere.

François Dallegret, was born in 1937 in Morocco and is arguably one of the most colourful figures of the French and Canadian art, design, and architecture avant-garde of the 1960s and 1970s. After dropping out from studying Architecture at the École des Beaux-Arts in Paris he moved in 1963 to Montréal, where he worked as an architect, interior designer and graphic artist. His works were shown in 1962 at Galerie Iris Clert and a little later leading galleries in New York and Montréal presented them, as did art, architecture, cultural and other magazines. Between 1965 and 1967 his ideas were published in a series of essays in *Art in Amerika*. After 2000, Dallegret moved towards a new form or interventions and art projects for public spaces *(Porte-Lumière*, 2001; *Trafic*, 2009, and *DrapoLum*, 2013). He lives and works in France and Canada.

Quellen: http://www.stalder.arch.ethz.ch/videoarchiv/dallegret-08112011; http://www.frac-centre.fr/collection/collection-art-architecture/index-des-auteurs/auteurs/projets-64.html?authID=49&ensembleID=126 [letzter Zugriff: 20.5.2014]; Bearbeitung: Marta Herford

Sources: http://www.stalder.arch.ethz.ch/videoarchiv/dallegret-08112011; http://www.frac-centre.fr/collection/collection-art-architecture/index-des-auteurs/auteurs/projets-64.html?authID=49&ensembleID=126 [last accessed: 20.5.2014]. Text: Marta Herford

WOLKE 68 / THE CLOUD

Architekten Architects: Coop Himmelb(l)au
Entwurf Design: 1968

PNEUMO MEM

Architekten Architects: Coop Himmelb(l)au
Entwurf Design: 1967

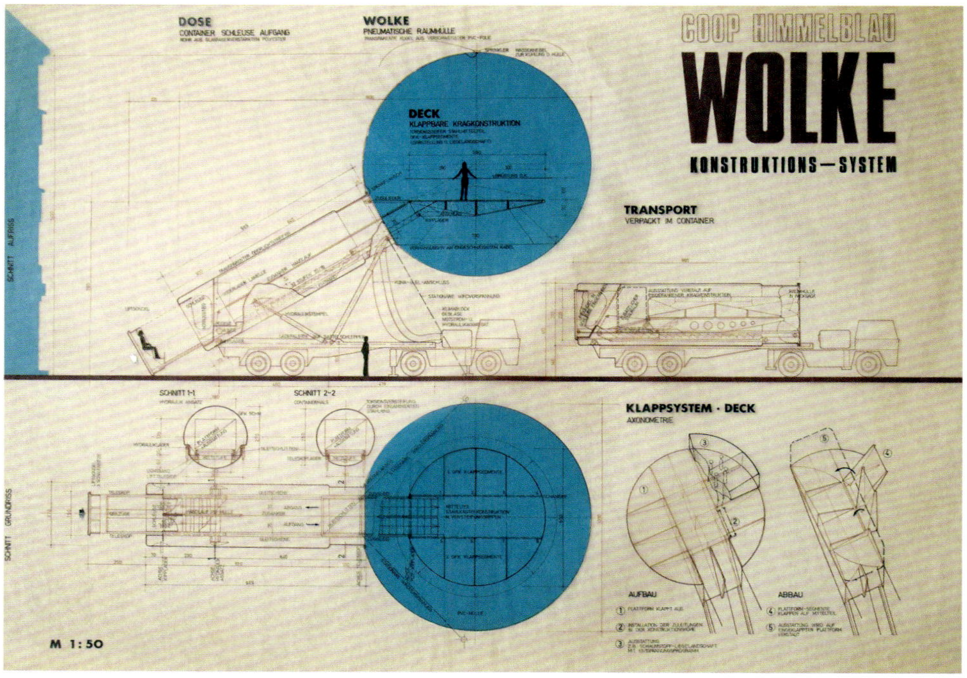

Coop Himmelb(l)au wurde 1968 von Wolf D. Prix, Helmut Swiczinsky und Michael Holzer in Wien gegründet. Ihr Schaffen ist eng mit der Geschichte pneumatischer Architektur verknüpft. Zunächst arbeiteten sie an experimentellen Architekturen, die durch das Bild der Wolke als Metapher für Veränderung und Inspiration geprägt waren. Zu ihrem gleichnamigen frühen Projekt schreiben sie: „Die *Wolke* ist ein Wohnorganismus. Die Struktur ist beweglich und räumlich veränderbar. Die Baustoffe sind Luft und Dynamik. (Technik ist Mittel zum Zweck, nicht Selbstzweck. Architektur ist Inhalt, nicht Hülle.) Die *Wolke* wurde für die Studie *Wohnformen der Zukunft* entworfen und war als Realisation für die documenta 5 gedacht. Statisch und konstruktiv bis ins kleinste Detail durchgearbeitet." (Wolf D. Prix und Helmut Swiczinsky)

Pneumo Mem (1967) erscheint als futuristisch-technoide Vision eines aus Luftblasen zusammengesetzten Organismus, bei dem die Grenzen zwischen künstlich belebtem Innen und ‚technischer' Hülle nicht eindeutig voneinander zu trennen sind. Der Begriff Pneumatik ist vom griechischen Begriff für Luft, ‚pneũma', abgeleitet. Er bezeichnet die ‚Lehre der (bewegten) Luft' und somit auch den Einsatz von Druckluft in Technik und Wissenschaft. Das ‚Aufblasbare' fungiert in der Architektur auch auf metaphorische Weise als schnell wandelbarer Träger von Ideen. Obwohl bislang noch wenig erforscht, lassen sich

Coop Himmelb(l)au was founded in 1968 in Vienna by Wolf D. Prix, Helmut Swiczinsky and Michael Holzer. Their work is closely linked to the history of pneumatic architecture. They initially worked on experimental architecture, which was shaped by the image of the cloud as metaphor for change and inspiration. They wrote about their eponymous early project: "The *Cloud* is an organism for living. The structure is mobile, the space can be modified. The building materials are air and dynamics. (Technique is a means to an end but not an end in itself. Architecture is content, not shell.) The Cloud was designed for the study *Living forms for the future* and was planned as a realization for the documenta 5. It was thoroughly developed down to the smallest detail in terms of concrete form and structure." (Wolf D. Prix and Helmut Swiczinsky)

Pneumo Mem (1967) seems like a futuristic-technoid vision of an organism made up of bubbles whose borders between the artificially animated inside and the 'technical' envelope cannot be clearly separated. The term 'pneumatic' is derived from the Greek 'pneũma', air. Pneumatics is the investigation of atmospheric air and as a technology deals with the study and application of pressurised air. In architecture, the 'inflatable' also functions in a metaphorical way as a quickly transformable vehicle for ideas. Pneumatic architecture, an under-researched field, became more and more popular in the 1960s and 1970s, not only

Wolke 68 *The Cloud*
Diazotypie, Collage und Modell
Diazotype, collage and model, 1:100,
Acryl, Metall, Kunststoff, Farbe
Acrylic, metal, plastics, paint, 57 × 80 × 61 cm

Pneumo Mem
Tusche und Buntstift auf Papier
Ink and colored pencil on paper, 21 × 29,7 cm
Collection FRAC Centre, Orléans

pneumatische Architekturen in den 1960er und 70er-Jahren verstärkt beobachten; nicht nur in der Nähe der Architectural Association in London, sondern gerade auch in Wien als Teil des „Austrian Phenomenon",[1] zu dem auch Coop Himmelb(l)au gezählt wird.

Mit ihren Büros in Europa, Amerika und Asien realisiert Coop Himmelb(l)au zahlreiche Projekte weltweit, darunter: *Haus mit fliegendem Dach* (London, 1973), die Akademie der bildenden Künste in München (1992 / 2002–2005), das UFA-Kino in Dresden (1993–1998), die BMW-Welt in München (2001–2007), das Akron Art Museum (Ohio, 2007) und die Europäische Zentralbank in Frankfurt am Main (seit 2004). Neben der Architektur ist das Büro auch in den Bereichen Design und Kunst tätig.

in the orbit of the Architectural Association in London but also in Vienna, as part of the "Austrian Phenomenon",[1] to which Coop Himmelb(l)au also belonged.

With offices in Europe, America and Asia, Coop Himmelb(l)au works on numerous projects over the whole world: *House with Flying Roof* (London, 1973), the Academy of Fine Arts in Munich (1992/2002–2005), the UFA Cinema Centre in Dresden (1993–1998), the BMW Welt in Munich (2001–2007), the Akron Art Museum (Ohio, 2007) and the European Central Bank in Frankfurt on the Main (since 2004). Apart from architecture they are also active in the fields of design and art.

1 Den Begriff benutzte Peter Cook erstmals in *Experimental Architecture*, New York 1970; hier zitiert nach: *The Austrian Phenomenon. Konzeptionen, Experimente, Wien Graz 1958–1973 (Hintergrund, 23)*, hrsg. vom Architekturzentrum Wien, Wien 2004.

Quellen: Wolf D. Prix und Helmut Swiczinsky, Projektinformation von COOP HIMMELB(L)AU; http://www.woka.com/de/design/designer/coop-himmelblau/; [letzter Zugriff: 27. 8. 2014], Bearbeitung: Marta Herford

1 This term was first used by Peter Cook in *Experimental Architecture*, New York 1970; here quoted from: *The Austrian Phenomenon. Konzeptionen, Experimente, Wien Graz 1958–1973 (Hintergrund, 23)*, ed. Architekturzentrum Wien, Vienna 2004.

Sources: Wolf D. Prix and Helmut Swiczinsky, project information by COOP HIMMELB(L)AU; http://www.woka.com/de/design/designer/coop-himmelblau/ [last accessed: 27.8.2014]. Text: Marta Herford

KASSEL-KIT FÜR DIE DOCUMENTA 5 [PROJEKT 137] / KASSEL-KIT FOR DOCUMENTA 5 [PROJECT 137]

Entwurf Design: 1969
Publikation Publication: *domus* Zeitschrift magazine

MILANOGRAM [PROJEKT / PROJECT 107]

Entwurf Design: 1967/68
Publikation Publication: *domus* Zeitschrift magazine

Architekten Architects: Archigram (Warren Chalk, Peter Cook, Dennis Crompton, David Greene, Ron Herron und Mike Webb)

Im Jahr 1961 formierten sich in London sechs Architekten – Warren Chalk (1927–1988), Peter Cook (geb. 1936), Dennis Crompton (geb. 1935), David Greene (geb. 1937), Ron Herron (1930–1994) und Mike Webb (geb. 1937) – zur Gruppe Archigram, die, obwohl sie nie gebaut hat, zu einer der wichtigsten Triebkräfte visionärer Architektur wurde. Ihr Name leitet sich aus dem Anfang von ARCHItecture und dem Ende von teleGRAM ab. Wie kaum ein anderer Architekt – von Piranesi und der ‚Revolutionsarchitektur' einmal abgesehen – stellte die Gruppe das Medium der Zeichnung zur Verbreitung ihrer Ideen ins Zentrum der Arbeit. Die farbige Collage *Milanogram* erschien im *domus* Magazin anlässlich ihrer Teilnahme an der XIV Triennale in Mailand (1967/68). Darin finden sich zentrale Ideen unterschiedlichster Projekte von Archigram wieder: Die Problematik des Überlebens von Individuen in einer Gesellschaft, die sich unter dem Druck von Geschichte, Politik und neuen Technologien hoch dynamisch wandelt, wird hier in eine positive Vision verwandelt, in der Mobilität und Technologie zum Befreiungsmittel der Land- und Stadtbewohner werden. Mit *Living City* (1963) und *Instant City* (1968) entwickelten sie Konzepte, die dem Situativen und Temporären ebenso viel Bedeutung einräumen wie dem Gebauten. In *Instant City* sollte ein Luftschiff verschiedene Kommunen anfliegen, um sie mit den Unterhaltungs- und Bildungsmöglichkeiten einer Stadt zu versorgen. Mit der Einladung zur documenta 5 in Kassel 1972 erhielten Archigram erneut einen Impuls, den Entwurf der *Instant City* weiterzuentwickeln: als „Bühne für Kunst und Ereignisse aller Art". Ganz im Sinne temporärer Architektur erdachte die Gruppe aufblas-

In 1961, six young London architects – Warren Chalk (1927–1988), Peter Cook (b. 1936), Dennis Crompton (b. 1935), David Greene (b. 1937), Ron Herron (1930–1994) and Mike Webb (b. 1937) – formed the group Archigram which, even though it never built anything, would become one of the most important driving forces in visionary architecture. Their name is derived from the beginning of ARCHItecture and the end of teleGRAM. Like few other architects – with the exception of Piranesi and the French 'revolutionary architects' of the 18th century – the group put the medium of drawing as a means of spreading its ideas into the centre of its work.

In 1968, the group created a colourful collage which they called *Milanogram* for the Italian magazine *domus,* following Archigram's participation in the XIV Milan Triennale (1967/68). The collage illustrated a number of key ideas that can be found in different Archigram projects: the problem of the survival of individuals in a highly dynamic society, which is constantly changing under the pressure of history, politics and new technologies, is transformed into a positive vision in Milanogram, in which mobility and technology are becoming a means of liberation for country and city dwellers. With *Living City* (1963) and *Instant City* (1968), Archigram developed concepts that gave as much importance to situational and changeable phenomena as to build structures. In *Instant City* an airship was to fly to different places outside metropolitan areas to offer them the entertainment and education possibilities of a city. An invitation to documenta 5 in Kassel in 1972 stimulated Archigram to extend plans for their *Instant City* to make it an 'art/event/theatre

Kassel-Kit – Towards the Info Balloon and Pylon;
Quick Space for a Concert
Collagen mit Filzstift auf Platte
Collages with felt-tip colour on board, 100 × 70 cm

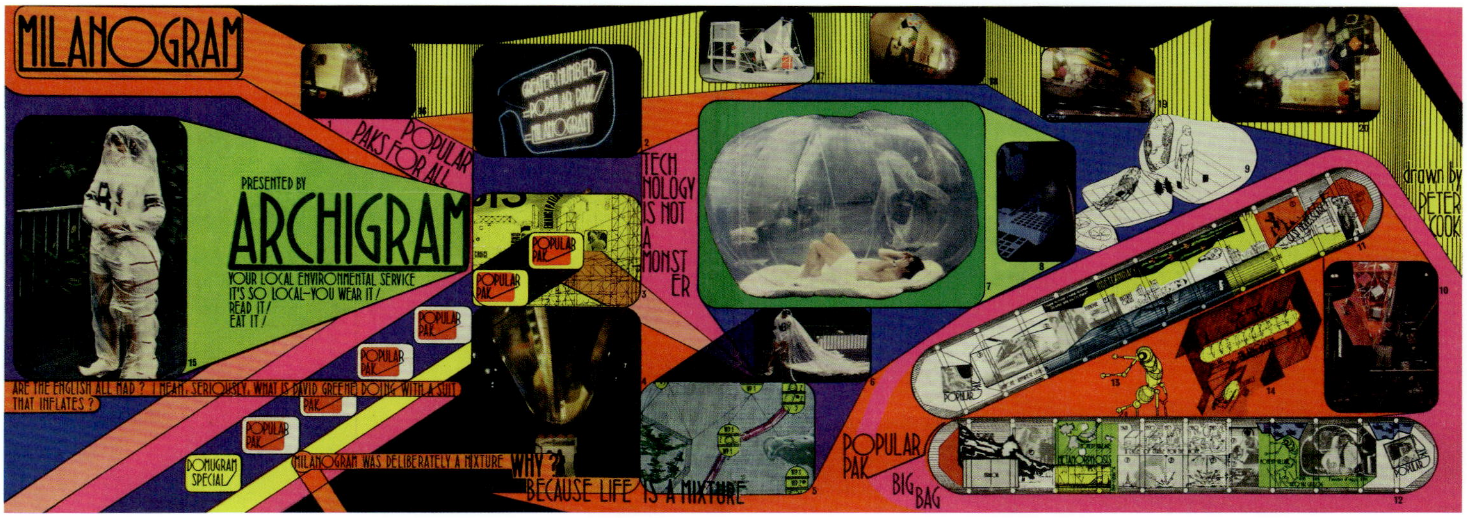

Milanogram – Popular Pacs for All
Collage, 31 × 89 cm

bare Strukturen (engl. Inflatables). Insofern versteht Archigram laut eigener Aussage „den ‚Kassel-Kit' als Erweiterung des ursprünglichen IC [Instant-City]-Kits".

Archigram spielte mit den Möglichkeiten der Technik einer Zeit, die durch Beatles und Raumfahrt gekennzeichnet war. „Wir wollten einen Ausbruch wagen in die wirkliche Welt", sagte Peter Cook.[1] Inspiriert von der Raumfahrt entwickelte die Gruppe die Idee von Wohnkapseln, sogenannten *Living Pods* (David Greene, 1966), die mit Kränen zu einer *Plug-in-City* (1964) montiert werden können, wo und wann die Bewohner es wünschen. Technisch ausgestattet wie ein Wohnwagen (mit Kühlschrank, Herd, Heizung etc.) verkörpern sie die Idee des nomadenhaften Lebens, wie sie auch in dem legendären comichaften Entwurf der *Walking City* (Ron Herron, 1964) zum Ausdruck kommt. Ein paar Jahre später wurde daraus das *Cushicle,* eine aufblasbare und tragbare Wohnzelle (Michael Webb, 1966/67). Mit allem stets die Öffentlichkeit suchend, folgten noch 1965 erste internationale Artikel in renommierten Zeitschriften.[2] Unter dem für alle Mitglieder verbindlichen Dachbegriff des ‚Problems der größtmöglichen Anzahl' thematisierte die Gruppe unter anderem Roboter und Audio-Sitzmöbel als subtil dialektische wie poetische Statements zu Produktion und Individualität.

1 Peter Cook, „Addhox", in: Dennis Crompton, *Concerning Archigram,* S. 138/139.
2 U. a. Reyner Banham, „A Clip-On Architecture", *Design Quarterly,* 63, 1965.

Quelle: http://archigram.westminster.ac.uk; http://designmuseum.org/design/archigram;
[letzter Zugriff: 14.4.2014], Bearbeitung: Klaus Leuschel und Marta Herford

scene'. This involved various imaginative temporary structures, including inflatables. According to Archigram, 'the "Kassel-Kit" of apparatus can therefore be considered as a direct extension of the original IC [Instant City] Kit'.

Archigram played with all the technological possibilities of a time shaped by The Beatles and the human spaceflight. According to Peter Cook,[1] they wanted 'to break away into the real world and take in the scene'. Inspired by space travel, the group developed designs for *Living Pods* (David Greene, 1966), high-tech residential modules that could be plugged in wherever and whenever the inhabitant wished, and become a part of Plug-in-City (1964). Technically equipped like a camper van (with fridge, cooker, heating, etc.), these embody the idea of a nomadic life, as expressed, for example, in the cartoon-like design for *Walking City* (Ron Herron, 1964). A few years later, this theme evolved into the *Cushicle,* an inflatable mobile structure which could serve as a living unit (Michael Webb, 1966/67). Always trying to ensure their ideas reached a wide public, the group started publishing articles in well-known magazines in 1965.[2] The theme of the section was 'The Greater Number Problem', which the group addressed with designs such as robot and audio chair, subtly dialectical and poetic statements about production and individuality.

1 Peter Cook, 'Addhox', in Dennis Crompton, ed., *Concerning Archigram,* pp. 138/139.
2 Among others, Reyner Banham, 'A Clip-On Architecture', *Design Quarterly,* 63, 1965.

Source: http://archigram.westminster.ac.uk; http://designmuseum.org/design/archigram
[last accessed: 14.4.2014]. Text: Klaus Leuschel and Marta Herford

MOBILE AUSSTELLUNGSHALLE FÜR GEGENSTÄNDE DES TÄGLICHEN LEBENS
/
ITINERANT EXHIBITION HALL FOR OBJECTS OF EVERYDAY LIFE

Architekt Architect: **Antoine Stinco**
Entwurf Design: **1967–1969**

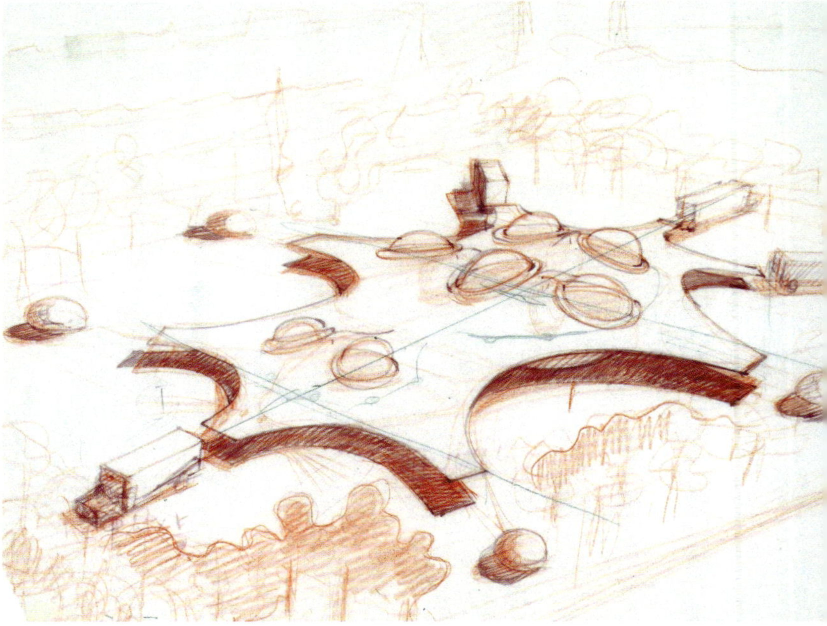

Im Jahr 1966 gründeten drei Architekturstudenten der École des Beaux-Arts, Antoine Stinco (geb. 1934), Jean Aubert (geb. 1935) und Jean-Paul Jungmann (geb. 1935), in Paris die Gruppe AJS Aérolande. Sie gewannen den dort lehrenden Architekten David Georges Emmerich dafür, ihre Recherchen zu pneumatischen Strukturen zu betreuen, um diese als Diplomarbeit vorzulegen. Gleichzeitig traten sie mit den Soziologen Jean Baudrillard und René Lourau, mit den Stadtplanern Hubert Tonka und Catherine Cot sowie mit der Landschaftsgestalterin Isabelle Auricoste in Verbindung. Gemeinsam bildeten sie schließlich die Groupe Utopie. In Nachfolge der Situationisten trat die Gruppe für eine Erneuerung von Architektur und Stadtplanung ein, besonders durch den Gebrauch pneumatischer Strukturen. Es erschienen zahlreiche Artikel (u.a. in *L'Architecture d'Aujourd'hui* und der von ihnen 1967 gegründeten Zeitschrift *Utopie)* und sie nahmen 1968 an der großen Ausstellung *Utopie – Structures gonflables* (Utopie – pneumatische Strukturen) im Musée d'Art Moderne de la Ville de Paris teil, wo sie aufblasbare Möbel präsentierten. Mit ihren Konzepten zur Architektur pneumatischer Strukturen – wie z.B. *Kiosque pour La rue des piétons* (Kiosk für die Straße der Fußgänger, Le Havre, 1972) setzten sie Maßstäbe in Frankreich.

Nach den Abenteuern im Rahmen der Gruppe AJS Aérolande konzentrierte sich Antoine Stinco auf seinen eigenen Werdegang. Zwischen 1974 und 1976 entwickelte er gemeinsam mit GAU (Groupe Architecture Urbane) ein großes Interesse an Stadtmobiliar und publizierte 1979 *La Ville à livre ouvert* (Die Stadt als offenes Buch). Sein eigenes Architekturbüro eröffnete

In 1966 the three architecture students at the École des Beaux-Arts, Antoine Stinco (born in 1934), Jean Aubert (born in 1935) and Jean-Paul Jungmann (born in1935) founded the group AJS Aérolande in Paris. They were able to find a mentor in the architect David Georges Emmerich who taught at the École and was willing to assist them in their research on pneumatic structures which they intended to present as a diploma project. At the same time, they contacted the sociologists Jean Baudrillard and René Lourau, the urban planners Hubert Tonka and Catherine Cot and the landscape designer Isabelle Auricoste. Together they eventually founded the Groupe Utopie. Inspired by the Situationists, the group advocated a renewal of architecture and urban planning, especially through the use of pneumatic structures. They published many articles (i.e. in *L'Architecture d'Aujourd'hui* and in *Utopie,* a magazine they founded in 1967) and in 1968 they took part in the extensive exhibition *Utopie – Structures gonflables* (Utopia – pneumatic structures) at the Musée d'Art Moderne de la Ville de Paris where they presented inflatable furniture. With their concepts for the architecture of pneumatic structures they set new standards in France – i.e. with the *Kiosque pour la rue des piétons* (kiosk for the pedestrians' street, Le Havre, 1972).

After his adventures with the group AJS Aérolande, Antoine Stinco concentrated on his own career. Between 1974 and 1976 he developed a great interest in urban furniture together with GAU (Groupe Architecture Urbane) and published *La Ville à livre ouvert* (The city as an open book) in 1979. In 1984 Antoine Stinco started his own architectural firm and won important competitions.

Graphitstift, Tusche und Buntstift auf Papier
Graphite pencil, ink and colored pencil on paper,
jeweils each 27 × 34 cm,
Inv.-Nr. FC 999 08 02; FC 999 11 02
Collection FRAC Centre, Orléans

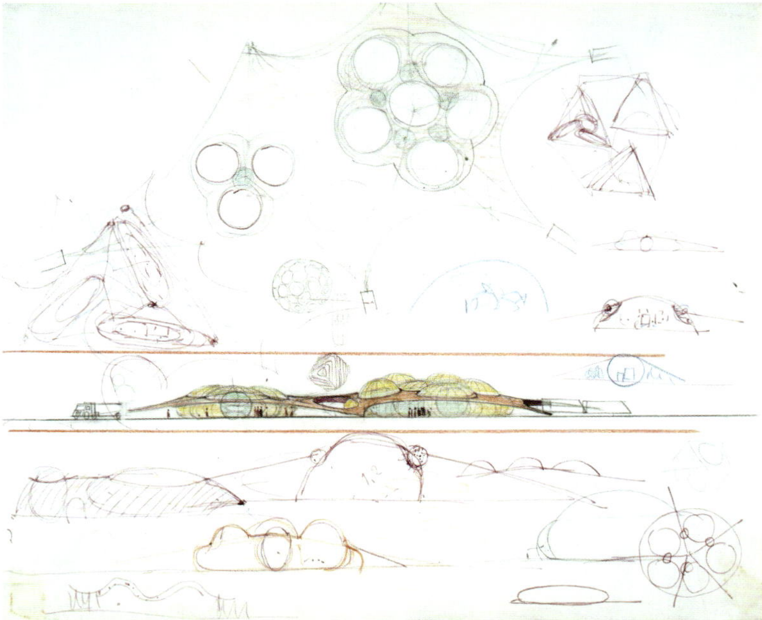

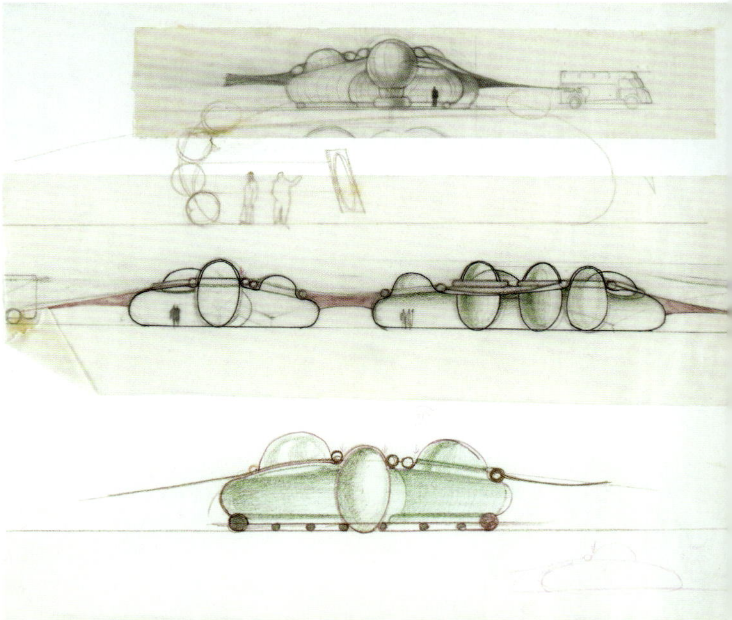

er 1984 und gewann prestigeträchtige Wettbewerbe. So sanierte er beispielsweise die Galerie national du Jeu de Paume in Paris und entwarf einen Kunstraum in den ehemaligen Schlachthöfen von Toulouse. Im Jahr 2004 wurde das Maison de la Culture (Le Cargo) in Grenoble fertig gestellt und in Angers das Musée des Beaux-Arts wiedereröffnet. Im Jahr 2008 eröffnete das Théâtre National de Bretagne und 2010 das von ihm grundsanierte Kongresszentrum Equinoxe in Saint-Brieuc. Außerdem entwarf er Bühnenbilder und wirkte in den 1990er-Jahren als Lehrer an der École nationale supérieure des Beaux-Arts in Paris.

The refurbishment of the National Gallery Jeu de Paume in Paris and a design for an art room in the former slaughterhouses of Toulouse are among his achievements. In 2004 he enabled the completion of the Maison de la Culture in Grenoble (Le Cargo) and the reopening of the Musée des Beaux-Arts in Angers. In 2008 the Théâtre National de Bretagne reopened and the completely refurbished congress centre Equinoxe in Saint-Brieuc was inaugurated. Antoine Stinco also developed set designs and has been employed as a teacher at the École nationale supérieure des Beaux-Arts in Paris in the 1990s.

Quelle: http://www.frac-centre.fr/collection/collection-art-architecture/index-des-auteurs/auteurs/projets-64.html?authID=184&ensembleID=590&oeuvreID=2985, [letzter Zugriff: 19. 4. 2014], Bearbeitung: Klaus Leuschel und Marta Herford

Source: http://www.frac-centre.fr/collection/collection-art-architecture/index-des-auteurs/auteurs/projets-64.html?authID=184&ensembleID=590&oeuvreID=2985 [last accessed: 19.4.2014]. Text: Klaus Leuschel and Marta Herford

SESSEL BLOW / ARMCHAIR BLOW

Entwurf Design: 1967

ITALIENISCHER WELTAUSSTELLUNGSPAVILLON FÜR OSAKA / ITALIAN PAVILION, WORLD FAIR OSAKA

Entwurf Design: 1969

LA CITTÀ COME AMBIENTE SIGNIFICANTE (DIE STADT ALS SIGNIFIKANTER RAUM) / THE CITY AS SIGNIFICANT ENVIRONMENT

Entwurf Design: 1971

Architekten Architects: Jonathan De Pas, Donato D'Urbino, Paolo Lomazzi (Studio DDL)

Blow
Hersteller Producer: Zanotta s. p. a. Italia, Nova Milanese
PVC, 81 × 110 × 100 cm
Sammlung Werner Löffler, Reichenschwand

In einem polemischen Pamphlet zum Thema Möbel verliehen die Architekten Jonathan De Pas, Donato D'Urbino und Paolo Lomazzi 1967 der Hoffnung Ausdruck, Design werde zukünftig eine größere Nähe zur neuen Jugendkultur finden. Zur gleichen Zeit beschäftigten sie sich in Affinität zu den Visionen von Archigram, der Groupe Utopie und Haus-Rucker-Co experimentell und ohne Auftrag damit, die Pneumatik für das Design zu nutzen. Der von dem Mailänder Hersteller Zanotta sofort in die Kollektion aufgenommene Sessel *Blow* wurde – bei einem Verkaufspreis von 11 400 Lire (heute ca. 30 Euro) samt Pumpe (Inflation Kit) – nicht nur zur echten Sensation, sondern zum ersten Designobjekt aus Luft.

Mit *Blow* schuf DDL eine Ikone des Pop-Designs, was ihnen mit dem nicht ganz so erfolgreichen Sessel *Joe* (1971) noch einmal gelingen sollte. Sie arbeiteten mehr als 25 Jahre mit renommierten Herstellern zusammenarbeiten (u. a. Artemide, BBBonacina, Stilnovo u.a.m.). Für ihre Entwürfe erhielten sie u. a. den Compasso d'Oro (lange Zeit der prestigeträchtigste Designpreis der Welt) und nahmen an der epochalen Ausstellung *Italy – The New Domestic Landscape* (MoMA, New York, 1972) teil.

Mit dem Wettbewerbsentwurf für den italienischen Pavillon zur Weltausstellung in Osaka (1970) übertrug die Gruppe die Idee pneumatischer Strukturen auf die Architektur. Geplant waren neun 17 Meter hohe ‚Dome', die multifunktional nutzbar sein sollten. Ihre simpel reduzierte Form auf Halbkugel-Kuppeln (engl. bubbles), die – wenn auch nur formal – eine Nähe zu den

In a polemic pamphlet on furniture from 1967 the architects Jonathan De Pas, Donato D'Urbino and Paolo Lomazzi declared that future design was to become more tuned to the new youth culture. At the same time, the visions of Archigram, the Groupe Utopie and Haus-Rucker-Co inspired them to experiment with pneumatics in design, albeit without an actual commission. The armchair *Blow*, which the Milan producer Zanotta immediately incorporated in his collection – the selling price was 11,400 Lire (today about 30 Euros), pump included (Inflation Kit) – not only became a true sensation, but was also the first design object made of air.

With *Blow* DDL had created an icon of Pop design, a feat they were able to achieve once more with the not quite so successful armchair *Joe* (1971). For more than 25 years they collaborated with renowned producers (such as Artemide, BBBonacina, Stilnovo and many others). Among other awards they received the Compasso d'Oro (for a long time the most prestigious design award in the world) for their designs and also took part in the epochal exhibition *Italy – The New Domestic Landscape* (MoMA, New York, 1972).

In their competition design for the Italian Pavilion at the World's Fair in Osaka (1970) the group transferred the concept of pneumatic structures to architecture. They had planned nine 17-metre-high multipurpose 'domes'. In the following years this simple reduction to hemispherical copulas or 'bubbles', which showed a certain – at least formal – affinity to Richard

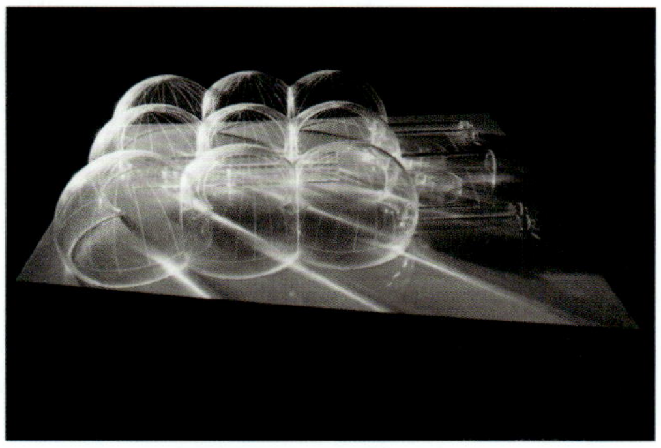

Pavillon für die Weltausstellung Osaka
Pavilion for the world's fair Osaka

La Città Come Ambiente Significante

geodätischen Strukturen von Richard Buckminster Fuller aufwiesen, führten in den Folgejahren zu zahlreichen weiteren Erprobungen an der Realität und zu einigen verwirklichten Anwendungen: *Cupola Abitare* (1969), *Kaskoo* (1969), *Cupola Gomma* (1970) *Cupola BBB* (1972). Die Mailänder Architekten werden damit zu den erfolgreichsten Baumeistern des „Inflatable Moment" (Marc Dessauce). Der Auftrag für den zu bauenden Weltausstellungspavillon in Osaka ging allerdings schließlich an den Architekten Yukata Murata.

Mit dem Siegeszug des italienischen Designs in der zweiten Hälfte der 1960er-Jahre imaginierte Studio DDL *La Città Come Ambiente Significante*, eine ortsspezifische pneumatische Struktur für den Mailänder Corso Magenta. Sie blieb wie viele ähnliche Entwürfe insofern utopisch, als ihr letztlich der konkrete Ort der Realisierung fehlte – trotz Präsentation im Kontext der Ausstellung *EURODOMUS*.

Jonathan De Pas (1932–1991), Donato D'Urbino (geb. 1935) und Paolo Lomazzi (geb. 1936) bildeten seit 1966 unter dem Kürzel DDL ein italienisches Designer-Trio. Seit dem Tod von Jonathan de Pas trägt es den Namen Studio D'Urbino Lomazzi.

Buckminster Fuller's geodesic structures, led to many further experiments in the context of reality and to several implementations: *Cupola Abitare* (1969), *Kaskoo* (1969), *Cupola Gomma* (1970) *Cupola BBB* (1972). The architects from Milan had become the most successful builders of the 'Inflatable Moment' (Marc Dessauce). However, the commission for the World's Fair Pavilion in Osaka ultimately went to the architect Yukata Murata.

Inspired by the triumph of Italian design in the second half of the 1960s, the Studio DDL conceived *La Città Come Ambiente Significante,* a site-specific pneumatic structure for Milan's Corso Magenta. Like many comparative designs, it remained utopian for want of a concrete site of implementation – despite its presentation in the context of the exhibition *EURODOMUS.*

Jonathan De Pas (1932–1991), Donato D'Urbino (b. 1935) and Paolo Lomazzi (b. 1936) joined forces as the Italian design trio DDL in 1966. After Jonathan De Pas's death in 1991, the name of the association was changed to Studio D'Urbino Lomazzi.

Quelle: Paola Navone / Bruno Orlandoni: architettura 'radicale', in: Documenti di CASABELLA (Zeitschrift), 1974; Marc Dessauce (Hg.): The Inflatable Moment – Pneumatices and Protest in '68, New York 1999; http://www.durbinolomazzi.it; [letzter Zugriff: 14. 4. 2014]. Bearbeitung: Klaus Leuschel und Marta Herford

Source: Paola Navone / Bruno Orlandoni: architettura 'radicale', in: Documenti di CASABELLA (magazine), 1974; Marc Dessauce (ed.): The Inflatable Moment – Pneumatics and Protest in '68, New York 1999; http://www.durbinolomazzi.it (last accessed 14.4.2014). Text: Klaus Leuschel and Marta Herford

LUFTGETRAGENES BÜRO / AIR-SUPPORTED OFFICE

Architekten Architects: **Foster + Partners**
Entwurf Design: **1969/1970**
Bauzeitraum Construction duration: **drei Monate** three months
Bauherr Client: **Computer Technology**
Ort Site: **Hemel Hempstaed, Hertfordshire (GB)**
Fachberater Special consultants: **Anthony Hunt Associates; Hanscomb Partnership; Foster Associates**

In den späten 1960er-Jahren war die Firma Computer Technology ein junges, sich schnell entwickelndes Unternehmen. Während der Planung eines neuen Hauptsitzes traten unerwartete Planungsschwierigkeiten auf, die eine kurzfristige Unterbringung erforderten: Für siebzig Mitarbeiter musste innerhalb von drei Monaten eine Bürofläche von 800 Quadratmetern geschaffen werden. Dafür wurden verschiedene Optionen in Betracht gezogen, unter anderem auch Container- und Kuppellösungen. Als kostengünstigste Lösung wurde schließlich eine aufblasbare Struktur bevorzugt, die damit erstmals im Bürobereich Einsatz fand.

Das Material aus Nylon und PVC wurde in einem kompakten Bündel angeliefert und das Gebäude in weniger als 24 Stunden vor Ort aufgebaut. Das auf dem Parkplatz des Unternehmens errichtete Bauwerk wurde dort mit einem Ringanker fixiert. Die Elektro- und Telefonverkabelung wurde über den Ringanker und um das Gebäude herum geführt. Mithilfe von Zwillingsgebläsen, die für eine gleichmäßige Luftverteilung sorgten, wurde die Gebäudehülle unter Einsatz von speziellen Schallschutzvorrichtungen aufgeblasen. Durch die Erwärmung der einströmenden Luft auf 32 Grad Celsius konnte im Winter eine Innenraumtemperatur von 21 Grad Celsius aufrechterhalten werden. Ein leuchtend roter Teppichboden schuf eine warme Atmosphäre im Innenraum, der ansonsten eher kühl gewirkt hätte. Im

In the late 1960s, Computer Technology was a rapidly expanding young company. A new headquarter was being designed when unexpected planning difficulties necessitated the provision of temporary accommodation: 800 square metres of office space for 70 employees was required within twelve weeks. Various options were considered, including portable cabins and domed structures, but none proved suitable. Because of its good value for money an inflatable structure was found to be the best solution. This was the first time that such a structure was used in an office environment.

This nylon and PVC building was delivered to the site in a compact bundle and erected in less than a day. Built in the company car-park, the structure was anchored by a concrete ring beam. Electrical and telephone cabling ran around the top of the beam, encircling the enclosure. Twin fans inflated the structure via baffles designed to minimise noise and distribute air evenly. By heating the incoming air to 90 degrees Fahrenheit, an internal temperature of 70 degrees Fahrenheit was maintained in winter. A bright red carpet brought a sense of warmth to a space that might otherwise have felt too 'cold'. In the summer, a simple sprinkler system helped to keep the structure cool.

Lighting and safety considerations were united in the design of a double row of canted steel tubes, cantilevered from the floor-slab; these supported fluorescent tubes – directed onto the

Das erste aufblasbare Bürogebäude, Querschnittzeichnung, Innen- und Außenansicht
The first inflatable office building, cross-sectional drawing, interior and exterior view

Sommer erreichte man eine Abkühlung durch eine einfache Sprinkleranlage.

Beleuchtung und Sicherheitseinrichtungen wurden gemeinsam an einer Doppelreihe von abgekanteten Stahlrohren angebracht, die aus den Bodenplatten nach oben ragten. An ihnen waren einfache Leuchtstoffröhren befestigt, deren Licht gegen die Innenwand der Gebäudehülle geworfen wurde, um es zu streuen. Die Stahlrohre bildeten zugleich die Stützrippen für den Fall, dass die Hülle in sich zusammenfallen sollte. Obwohl es keine Fensteröffnungen gab, wirkte die Offenheit und Höhe des Raumes jeglichem Gefühl von Beengtheit entgegen und die Lichtdurchlässigkeit der Gebäudehülle brachte weitere überraschende Effekte: Abhängig vom Wetter änderte sich das Raumgefühl drastisch; Regen beispielsweise hallte rhythmisch auf der Außenhülle wider.

Foster + Partners zählt zu den bekanntesten Architekturbüros der Welt. Das Unternehmen wurde von Norman Foster 1967 als Büro Foster Associates gegründet und in den 1990er-Jahren in Foster + Partners umfirmiert (siehe auch S. 188/189).

inner surface of the envelope to diffuse the light – and formed supporting ribs should the structure for any reason deflate. Although it lacked windows, the openness and height of the space allayed any sense of claustrophobia and its translucence brought surprising effects – the space changed dramatically when the weather was sunny or overcast and it resounded to the rhythm of falling rain.

Foster + Partners is among the best-known architectural practices in the world. The firm was founded by Norman Foster in 1967 as Foster Associates and renamed Foster + Partners in the 1990s (cf. also pp. 188/189).

Quelle: Foster and Partners; http://deu.archinform.net/arch/52696.htm; [letzter Zugriff: 20.5.2014], Bearbeitung: Marta Herford

Source: Foster and Partners; http://deu.archinform.net/arch/52696.htm [last accessed: 20.5.2014]. Text: Marta Herford

OASE NR. 7
/
OASIS NO. 7

Architekten Architects: **Haus-Rucker-Co**
Entwurf Design: **1971**
Baukosten Construction costs: **150 000 DM**
Bauzeitraum Construction duration: **1972**
Bauherr Client: **documenta 5**
Ort Site: **Fridericianum, Kassel (DE)**
Mitarbeiter Staff: **Günter Zamp Kelp, Laudris Ortner, Manfred Ortner, Klaus Pinter**
Fachberatung Special consultants: **Wülfing und Hauck, MERO System**

Die *Oase Nr. 7* von der österreichischen Architekten- und Künstlergruppe Haus-Rucker-Co wurde anlässlich ihrer Einladung zu Harald Szeemanns documenta 5 entworfen und dort 1972 am Fridericianum installiert. Eine erste für Besucher zugängliche Version wurde wegen eines zu hohen Risikos nicht genehmigt. Die spätere Fassung einer durchsichtigen Kugel aus PVC-Folie mit einem Durchmesser von acht Metern ragte aus einem der Fenster des Museumsgebäudes heraus und war über eine Stahlrohrtreppenkonstruktion mit dem Gebäude verbunden und betretbar. Die Kugel wurde an einem Stahlrohrring als Träger mit geringem Abstand zur Fassade des Museums befestigt und durch ein Luftgebläse in Form gebracht. Die Arbeit versteht sich als „synthetisches Reservat" (Zamp Kelp) und soll gleichzeitig einen Traum der Städter von freier Natur und der Imagination eines „anderen Orts" außerhalb des gewohnten städtischen Lebens evozieren. 2008 wurde *Oase Nr. 7* anlässlich der Ausstellung *Cold War Modern Design* in London und 2010 während der Ausstellung *Klimakapseln* jeweils neu installiert.

Haus-Rucker-Co wurde 1967 von Günter Zamp Kelp, Laudris Ortner und Klaus Pinter in Wien gegründet. 1970 eröffnete die Gruppe Studios in Düsseldorf und New York, ein Jahr später trat Manfred Ortner der Gruppe bei. 1972 entstand neben dem Düsseldorfer Haus-Rucker-Co mit Günter Zamp Kelp, den Brüdern Laudris und Manfed Ortner auch das selbständige New Yorker Haus-Rucker-Inc. mit Klaus Pinter und Caroll Michels, das sich aber 1977 wieder auflöste. 1987 eröffneten Zamp Kelp und die Brüder Ortner jeweils unabhängige Architektenbüros, um konkreten Bauvorhaben nachzugehen. 1992 löste sich Haus-Rucker-Co dann endgültig auf.

Quelle: http://zamp-kelp.de/?page_id=4; http://www.ortner-ortner.com/?load=profil&rub=gesellschafter&lang=de&site=ortner
[letzter Zugriff: 19. 4. 2014]. Bearbeitung: Marta Herford

The group of Austrian architects and artists Haus-Rucker-Co designed *Oasis No. 7* on the occasion of their invitation to Harald Szeemann's documenta 5 where it was installed at the Fridericianum in 1972. A first version, which could be entered by visitors, was not authorised as it was deemed unsafe. The later version consisting of a transparent sphere made of PVC foil with a diameter of eight metres protruded from a window in the museum. A steel tube stair structure connected the accessible object to the building. The sphere was suspended by a steel tube ring in close proximity to the façade and was brought into shape with an air blower. This 'synthetic reserve' (Zamp Kelp) was supposed to evoke the urban dream of the great outdoors and the idea of an 'alternative place' beyond ordinary city life. *Oasis No. 7* was reinstalled on two further occasions, in 2008 at the exhibition *Cold War Modern Design* in London, and in 2010 at the show *Klimakapseln* (climate capsules).

Haus-Rucker-Co was founded by Günter Zamp Kelp, Laudris Ortner and Klaus Pinter in Vienna in 1967. In 1970 the group opened studios in Düsseldorf and New York, and a year later they were joined by Manfred Ortner. Alongside the Düsseldorf Haus-Rucker-Co with Günter Zamp Kelp, Laudris and Manfred Ortner, Klaus Pinter and Caroll Michels started the independent New York Haus-Rucker-Inc in 1972, only to separate again in 1977. In 1987 Zamp Kelp and the Ortner brothers opened independent architectural firms in order to pursue specific building projects. Haus-Rucker-Co finally disbanded in 1992.

Source: http://zamp-kelp.de/?page_id=4; http://www.ortner-ortner.com/?load=profil&rub=gesellschafter&lang=de&site=ortner
[last accessed: 19. 4. 2014]. Text: Marta Herford

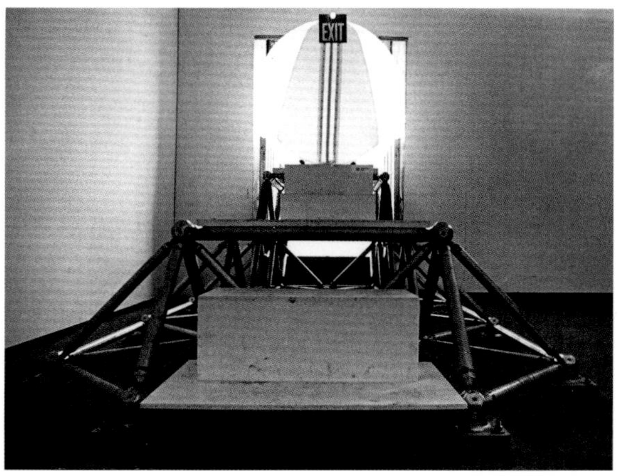

Innen- und Außenansichten
Interior and exterior views

TEEHAUS
/
TEA HOUSE

Architekten Architects: **Kengo Kuma & Associates**
Entwurf Design: **2005**
Bauzeitraum Construction duration: **3 Monate** months, **2007**
Baukosten Construction costs: **250 000 Euro**
Bauherr Client: **Stadt Frankfurt, MAK, Prof. Schneider**
Ort Site: **Museum Angewandte Kunst, Frankfurt am Main (DE)**
Bebaute Fläche Site area: **31,3 m²**
Team KKAA: Kengo Kuma, Takumi Saikawa, Katinka Temme
Team formTL: Gerd Schmid, Gerhard Fessler, Bernd Stimpfle, Manuel Neidhart
Ausführende Firmen Contractors: **Takenaka Europe GmbH (Fundament** Basement**), Canobbio S.p.A (Hülle** bubble**), S+H Nolting GmbH (Lüftung** air support**)**

Dieses ungewöhnliche Teehaus ist ein Gastgeschenk japanischer Firmen an die Stadt Frankfurt. Als temporäres Gebilde konzipiert, erscheint es wie ein atmendes Lebewesen im Garten des Museums und lässt auf den ersten Blick wenig von seiner komplexen Technik und Ästhetik erahnen. Wartezeiten bis zur nächste Teezeremonie verbringt es verpackt auf einem Rollwagen.

Die erdnussförmige pneumatische Schalenkonstruktion besteht aus zwei luftdicht miteinander verschweißten Membranhüllen, die mit kurzen Seilen verbunden sind. Vergleichbar einer Luftmatratze bestimmt der Luftdruck die Stabilität des Hohlkörpers. Bei 1 000 Pascal Überdruck nimmt das Teehaus die geplante Gestalt an, bei 1 500 Pascal hält es sogar einem Sturm stand. Weil das fahrbare Gebläse sehr leise ist, kann das Teehaus nach einem Außeneinsatz zum Trocknen im Foyer des Museums aufgestellt werden. In der Nacht erleuchtet eine LED-Anlage das Innere.

Das Teehaus ist nur 9 Meter lang, 4,6 Meter breit und 3,4 Meter hoch. Damit es bei Wind nicht abhebt, wird es mit Schwerlastreißverschlüssen auf der Fundamentplatte vor dem Museum befestigt. Die Membran besteht aus gewobenem PTFE und einer auflaminierten Fluorfolie. Sie hat keinen Eigengeruch, was für die Teezeremonie besonders wichtig ist. In seiner Verbindung aus avancierter Ingenieurskunst und einer durch die japanische Philosophie beeinflussten transparenten

This unusual tea house was a gift from Japanese companies to the city of Frankfurt. Designed as a temporary construct, it appears like a breathing and living entity in the garden of the museum and reveals little of its complex technology and aesthetics at first sight. It spends the time between tea ceremonies wrapped up on a trolley.

The peanut-shaped pneumatic shell structure consists of two joined and hermetically sealed membrane envelopes that are connected with short ropes. Similar to an air mat, the inflation pressure determines the stability of the hollow part. When overpressure reaches 1000 Pa the teahouse takes on the planned shape, and at 1500 Pa it can even withstand a storm. Because the mobile fan is very quiet, the teahouse can be set up in the foyer of the museum after outdoor use. At night an LED installation illuminates the inside.

The tea house is only 9 metres long, 4.6 metres wide and 3.4 metres high. So that it cannot lift with the wind, it is fastened to the foundation slab in front of the museum with heavy-duty zips. The membrane is made from woven PTFE fibres onto which fluorescent foil was laminated. The fact that it does not have an inherent smell is very important for the tea ceremony. The combination of advanced engineering art and transparent architecture influenced by Japanese philosophy has brought forth a both transient and lively, constantly remerging setup which outwardly reflects the communication occurring within.

Außen- und Innenansicht, Ausrollen der Membran
Exterior and interior view, rolling out the membrane

Architektur entsteht ein vergänglicher wie auch jederzeit wieder neu entstehender lebendiger Ort einer nach außen hin sichtbaren inneren Kommunikation.

Kengo Kuma wurde 1954 in Yokohama (JP) geboren und studierte Architektur an der Universität Tokio sowie an der Columbia University in New York. Sein Studium beendete Kuma 1979 mit dem Masterabschluss in Tokio. 1987 gründete er das Spatial Design Studio in Tokio und bereits 1990 das Architekturbüro Kuma & Associates, welches seit 2008 auch einen weiteren Sitz in Paris hat (Kuma & Associates Europe). Seine Architektur verbreitet stets eine Atmosphäre des Leichten und Transparenten, die mit der Natur zu verschmelzen scheint. Kuma unterrichtet seit 2009 an der Hochschule für Architektur, der Universität Tokio und erhielt für sein Schaffen nationale und internationale Preise.

Kengo Kuma was born in Yokohama (Japan) in 1954 and studied architecture at the University of Tokyo and at Columbia University in New York. He received his master's degree in Tokyo in 1979. In 1987 he founded the Spatial Design Studio in Tokyo and in 1990 he started the architectural firm Kengo Kuma Associates which opened a branch in Paris (Kuma & Associates Europe) in 2008. His architecture radiates a light and transparent atmosphere that seems to merge with the natural environment. Since 2009 Kuma has been teaching at the Graduate School of Architecture at the University of Tokyo and has received both national and international awards for his work.

Quelle: Volker Fischer / Ulrich Schneider (Hg.): Kengo Kuma. Breathing Architecture, Basel 2008; Gerd Schmid, FormTL; Bearbeitung: Marta Herford

Source: Volker Fischer / Ulrich Schneider (ed.): Kengo Kuma. Breathing Architecture, Basel 2008; Gerd Schmid, FormTL; text: Marta Herford

BARNEVELD NOORD

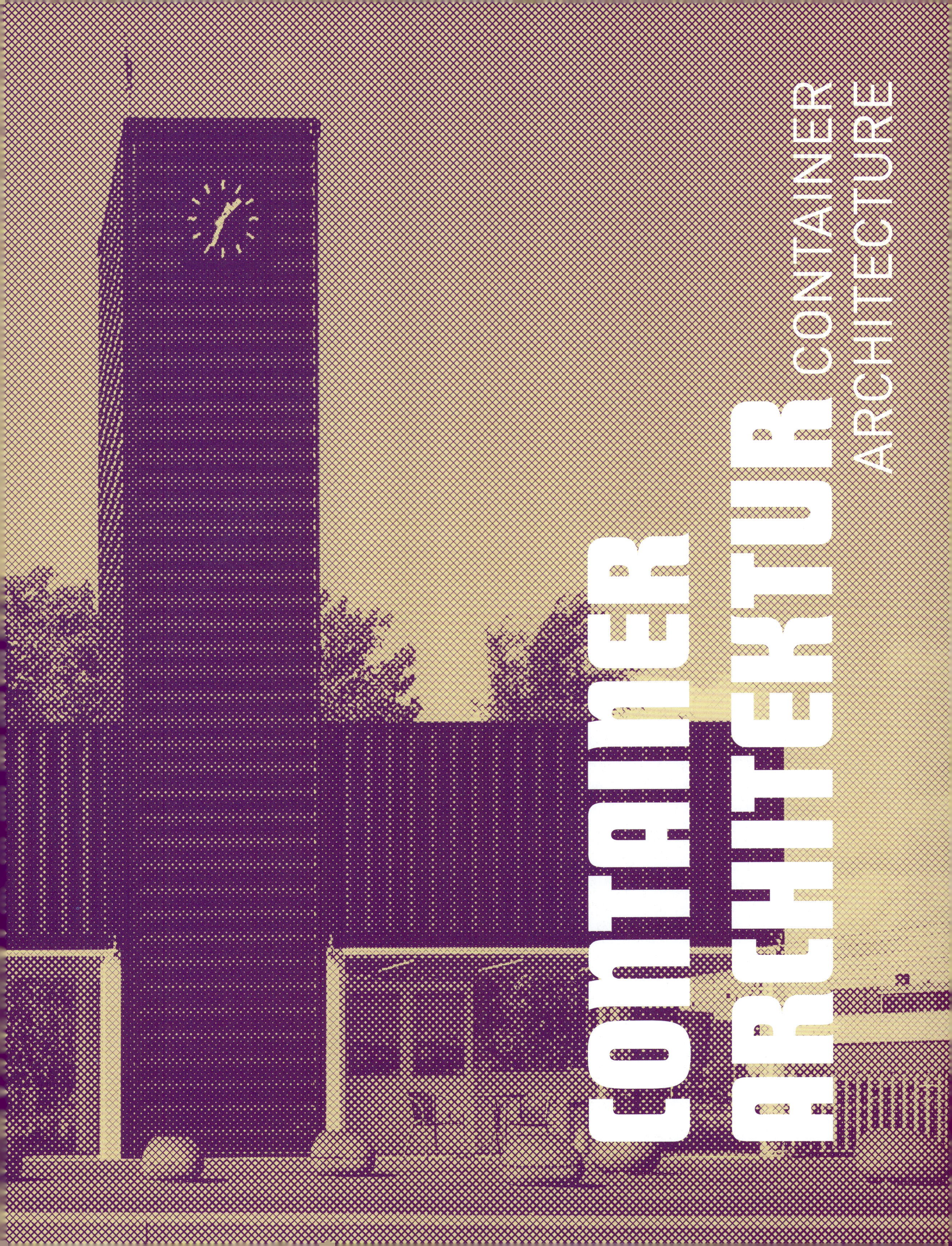
CONTAINER
ARCHITEKTUR
CONTAINER
ARCHITECTURE

KLAUS LEUSCHEL

CONTAINERARCHITEKTUR
CONTAINER ARCHITECTURE

1955 entwickelte der Amerikaner Malcolm McLean den Frachtcontainer, der sich weltweit als logistische Einheitsformel durchgesetzt hat. In der Architektur diente der Container zunächst als ein Bauelement, das als Modul in verschiedenen Anwendungen auch für die modernistische Idee des vorgefertigten Bauens steht. Mit seiner Normierung auf zwei Größen (20 beziehungsweise 40 Fuß Länge) setzt der Container darüber hinaus einen Standard, der unabhängig von allen kulturellen Unterschieden global präsent ist.

ZUR BAUTYPOLOGIE

Der Container ist mit keiner spezifisch architektonischen Funktion verbunden. Vielmehr kann er, ganz im Sinne der Erfindung als transportabler, das heißt mobiler Raum, in höchst unterschiedlichen Funktionen nutzbar gemacht werden. So entwarf der englische Architekt Cedric Price bereits in der Inkubationszeit eine mobile Universität für Staffordshire, Potteries Thinkbelt (1964–1966, S. 218). Die von der Schreibmaschine und vom Container inspirierte Albergo Stella von Cappai / Mainardis (1967–1971) für die Firma Olivetti in Ivrea verdeutlicht die Nutzung als Hotel. Der Nagakin Kapselturm in Tokio von Kisho Kurokawa (1970–1972, S. 220) zeigte seinerzeit ein weiteres Potenzial des Moduls auf, auch wenn es sich bei den vorgefertigten Wohnkapseln – ähnlich wie bei dem Hotel in Ivrea – nur um einen formalen Rückgriff auf die Containeridee handelt.

CHARAKTERISTIK

Radikal präsentiert sich das Inter-Action Centre,[1] das Cedric Price im Norden Londons realisieren konnte (1971–1979, 2003 abgerissen, S. 219), oder das Children's Activity Centre der australischen Gruppe Phooey Architects in Melbourne aus dem Jahr 2008.

1 Einer der Trustees (Stiftungsräte) des Projekts war Richard Buckminster Fuller.

In 1955, the American Malcolm McLean developed the metal shipping container, which was quickly adopted throughout the world as a standardised means of transporting goods. In architecture, shipping containers first served as a construction element, which in its different uses as a module also represent the modernist idea of prefab construction. With its two standard sizes (20 and 40 feet), the container sets a norm which, despite all cultural differences, is accepted across the globe.

TYPOLOGY

The container is not linked to any specific architectural function but – as the invention intended – works as a transportable, mobile space that can be put to many different uses. As early as 1965, Cedric Price designed a mobile university for Staffordshire, Potteries Thinkbelt (1964–1966, p. 218). Inspired by the typewriter and the container, the 'La Serra' complex built by Cappai & Mainardis (1967–1971) for the company Olivetti in Ivrea, contained a range of recreational and shopping facilities as well as residential units. These units – 55 mini apartments, built for guests of the company – were later incorporated into a hotel. The Nakagin Capsule Tower in Tokyo by Kisho Kurokawa (1970–1972, p. 220) further demonstrates the potential of modules, even though the prefabricated capsules – similarly to the mini apartments in Ivrea – are only a formal adoption of the container idea.

CHARACTERISTICS

Cedric Price's Inter-Action Centre, built in Kentish Town, North London (1971–1979, demolished 2003, p. 219), or the Children's Activity Centre by the Australian group Phooey Architects in Melbourne present radical ideas. They mark a development which uses modular building elements in the way in which they

1 Richard Buckminster Fuller was one of the trustees of the project.

Sie markieren eine Entwicklung, die das modulare Bauelement so nutzt, wie es konzipiert ist: als temporär verfügbaren Raum. Insofern verwundert es kaum, dass der Container als rasche (Übergangs-) Lösung oftmals gerade im Bereich von Kindergärten und Schulen Einsatz findet, um beispielsweise in Krisengebieten die Bereitstellung von Bildung zu gewährleisten.

VERBREITUNG

Seine größte Verbreitung hat der Container zweifelsohne als temporäre Behausung und als Büro gefunden. Abgesehen von – eben nicht architektonisch geprägten, dafür omnipräsenten – Containerdörfern an Baustellen, sind es Notunterkünfte die beweisen, dass standardisierte Module kreatives Potenzial haben. So wie sie der japanische Architekt Shigeru Ban nach dem Taifun 2011 für die Region Onagawa in Japan vorsah; oder beispielsweise auch als Haus, wie es das spanische Studio James & Mau 2009 mit dem Casa Manifesto im chilenischen Curacaví realisiert hat (2009, S. 226/227).

POTENZIALE

Ein weiteres Feld von Anwendungsmöglichkeiten der Containerarchitektur eröffnet sich im Bereich von Brücken, zum Beispiel die Brücke von Luc Deleu in Hoorn (1990, S. 223), und Läden wie dem Flagship-Store der Firma Freitag in Zürich von Spillmann Echsle Architekten (2005/2006, S. 224/225). Vielleicht ist es gerade die Nähe des Containers zum universell einsetzbaren farbigen Bauklotz, der auf Architekten einen besonderen Reiz ausübt. Sozusagen als Lego für Erwachsene.

are conceived – as temporarily available space. It is therefore not surprising that the container is often used especially for nurseries and schools as a quick (temporary) solution to offer education in disaster areas.

EXAMPLES

The most common use for containers is without doubt as temporary accommodation or as offices. Apart from rows of portable cabins on building sites – not architecturally designed but ubiquitous – it is above all Multi-Storey Temporary Housing which shows the creative potential of standardised modules. Examples are the temporary homes in the Japanese region of Onogawa by the Japanese architect Shigeru Ban to accommodate victims of the typhoon in 2011, or the houses built by the Spanish studio James & Mau, including the Casa Manifesto in Curacaví in Chile (2009, pp. 226/227).

POTENTIAL

Another area of potential use of container architecture is for bridges, such as the bridge by Luc Deleu in Hoorn (1990, p. 223), or shops like the flagship store of the company Freitag in Zurich by Spillmann Echsle Architekten (2005/2006, pp. 224/225). Does the special attraction that containers have for architects perhaps lie in their closeness to an all-purpose coloured building block – a kind of Lego for adults?

POTTERIES THINKBELT

Entwurf Design: **1964–1966**
Baukosten Construction costs: **ca. 80 000 000 Euro**
Bauzeitraum Construction duration: **7 Jahre** years
Ort Site: **North Staffordshire (GB)**
Fachberatung Special consultants: **Frank Newby**
Mitarbeiter Staff: **Stephen Mullin**

INTER-ACTION CENTRE

Entwurf Design: **1971–1979**
Bauzeitraum Construction duration: **8 Jahre** years
Bauherr Client: **Inter-Action Trust**
Ort Site: **Kentish Town, London (GB)**

Architekt Architect: **Cedric Price**

Bekannt wurde der Architekt Cedric Price mit dem zwischen 1961 und 1964 entwickelten *Fun Palace* Konzipiert in Zusammenarbeit mit der englischen Theaterregisseurin Joan Littlewood verbindet dieses niemals realisierte Projekt Elemente einer freien Universität mit Aspekten von Theater und Vergnügungspark. Konstruktiv in direkter Verwandtschaft zum legendären *Crystal Palace* (Kristallpalast, 1851) artikulierte das Projekt mit seinen gigantischen Kränen auf dem Dach bereits von Weitem ebenso viel Vergnügen wie die Veranstaltungen im Inneren bieten sollten. Wände, Fenster, Böden: Alles sollte sich flexibel den wandelnden Bedürfnissen anpassen können. Cedric Price' *Fun Palace* inspirierte Renzo Piano und Richard Rogers zu ihrem Entwurf für das Pariser Centre Pompidou (1971–1977), wenn es auch dort – unter dem Druck der Bauherrschaft – nur stark modifiziert realisiert wurde.

Zu diesem Zeitpunkt war Price bereits von dem Ausstellungsmacher Harald Szeemann zur heute legendären documenta 5 (1972) eingeladen worden, um *Potteries Thinkbelt* zu präsentieren. Auf verlassenen Industriebrachen ehemaliger Keramikmanufakturen in der Nähe von Stoke-on-Trent in der englischen Grafschaft Staffordshire imaginierte der Architekt einen netzwerkartig organisierten High-Tech-Thinktank – ein völlig neues Universitätskonzept samt Wohnungen für 20 000 Studenten. Hellsichtig forderte er, die Erfahrungen hinzuzuziehen, die in der Nachkriegszeit mit anderen Projekten gemacht wurden, um formal und strukturell die Flexibilität des Campus zu erhalten.

Mit der Idee der Wechselwirkung (engl. interaction) lenkte CP – wie Cedric Price in England abgekürzt genannt wurde – den Fokus der Architektur auf ein partizipatives, prozessorientiertes Arbeiten, ein wichitger Wesenszug der britischen Hightech-

It was the *Fun Palace,* developed between 1961 and 1964, that put the architect Cedric Price on the map Conceived in collaboration with the English theatre director Joan Littlewood, this project, which was never built, links elements of a free university with aspects of a theatre and a funfair. In its construction a direct reference to the legendary *Crystal Palace* (1851) the project, with several giant gantry cranes on the roof, would provide just as much fun to people seeing it from afar as the events inside would offer to visitors. Walls, windows, floors – everything was to be flexible to adapt to changing uses. Cedric Price's *Fun Palace* inspired Renzo Piano and Richard Rogers for their design of the Centre Pompidou (1971–1977) in Paris, although – under pressure from the client – the design had to undergo significant modifications.

At this time, Cedric Price had already been invited by the exhibition curator Harald Szeemann to participate in the legendary documenta 5 (1972) to present *Potteries Thinkbelt.* On the derelict industrial sites of former ceramics factories near Stoke-on-Trent in the English county of Staffordshire, the architect imagined a high-tech think tank organised like a network – a radically new university concept which also included accommodation for 20,000 students. With considerable prescience, he insisted on the need to learn from other projects in the post-war period in order to ensure the formal and structural flexibility of the campus.

With the idea of Inter-Action, CP – as Cedric Price was known in England – directed the focus of architecture to a participatory, process-oriented activity, which is a major characteristic of British high-tech architecture. But at the time, New Statesman magazine emphasised the big difference between the Centre Pompidou and Price's *Inter-Action Centre:* in Kentish

Potteries Thinkbelt
perspektivische Skizze des Transferbereiches
Perspective sketch of transfer area
Zeichnung auf Papier
Drawing on Paper, 24,4 × 47,5 cm,
Inv.-Nr. DR2006:0019
Cedric Price Fonds. Collection Centre Canadien d'Architecture / Canadian Centre for Architecture, Montréal

Inter-Action Center
Luftbild, Fotocollage aus Silbergelatineprints, Farbstift
Aerial view, photocollage of gelatin silver prints, coloured pencil, 20,8 × 29,7 cm,
Inv.-Nr. DR1995:0252:632:014:001
Cedric Price Fonds. Collection Centre Canadien d'Architecture / Canadian Centre for Architecture, Montréal

Architektur. Die Zeitschrift *New Statesman* unterstrich seinerzeit jedoch den großen Unterschied zwischen dem Centre Pompidou und Price' *Inter-Action Centre:* In Kentish Town, im Norden Londons, verließ sich der Architekt beim Bau auf billigste und bewusst künstlerisch wertlose, vorgefertigte Komponenten. Für das vom Inter-Action Trust (in dessen Vorstand u. a. Richard Buckminster Fuller saß) getragene Gemeinschafts- und Freizeitzentrum mit Klassenzimmern, Werk- und Sitzungsräumen, Büros und Kantine begründete er den Ausdruck von ‚Armut' als schmucklose Form in Anbindung an den Bauhäusler Hannes Meyer. Im Todesjahr von Cedric Price (2003) wurde das *Inter-Action Centre* abgerissen, nachdem der Architekt extra dazu befragt worden war und explizit sein Einverständnis gegeben hatte.

Die Beschreibung des Architekten, die er zu seinem *Fun Palace* abgegeben hatte, scheint auch zum *Inter-Action Centre* zu passen. Darin schildert er es als einen vielseitig zu nutzenden Ort: „Entscheiden Sie, was Sie tun möchten – oder schauen Sie jemandem dabei zu. Lernen Sie, mit Werkzeugen, Farbe, Babies oder Maschinen umzugehen, oder hören Sie sich ihren Lieblingssong an. Tanzen Sie, diskutieren Sie oder suchen Sie sich einen Ort, an dem Sie zuschauen können, wie Andere Dinge wahr machen. Suchen Sie sich samt Drink einen Platz, um zu beobachten, was sonst so geschieht. Versuchen Sie, einen Aufruhr zu erzeugen – oder lehnen Sie sich zurück und starren in den Himmel."[1]

Town, in North London, the architect deliberately chose the cheapest, artistically worthless prefabricated components. For the community and leisure centre, which was run by the Inter-Action Trust (of which Richard Buckminster Fuller was a board member), with classrooms, workshops and conference rooms, offices and canteen, he pioneered the expression of 'poverty' as an unadorned form, inspired by Bauhaus member Hannes Meyer. In the year of Cedric Price's death (2003), the *Inter-Action Centre* was demolished after the architect had been consulted and expressly given his permission.

Price's description of his *Fun Palace* also seems fitting for the *Inter-Action Centre.* He describes a space with a multitude of uses: 'Choose what you want to do – or watch someone else doing it. Learn how to handle tools, paint, babies, machinery, or just listen to your favourite tune. Dance, talk or be lifted up to where you can see how other people make things work. Sit out over space with a drink and tune in to what's happening elsewhere in the city. Try starting a riot or beginning a painting – or just lie back and stare at the sky.'[1]

1 http://designmuseum.org/design/cedric-price [letzter Zugriff: 20.5.2014]

Quelle: Cedric Price, *Cedric Price – Works II,* London, 1984, Bearbeitung: Klaus Leuschel und Marta Herford

1 http://designmuseum.org/design/cedric-price [last accessed 20.5. 2014].

Source: Cedric Price, *Cedric Price – Works II,* London 1984; text: Klaus Leuschel and Marta Herford

NAKAGIN KAPSELTURM / NAKAGIN CAPSULE TOWER

Architekt Architect: Kisho Kurokawa
Bauzeitraum Construction duration: 1970–1972
Ort Site: Tokio Tokyo (JP)

Der Bau des Nakagin Kapselturms des Architekten Kisho Kurokawa wurde 1970 im Tokioter Stadtteil Ginza begonnen. Nach zwei Jahren Bauzeit war er das erste Bauwerk aus Wohnkapseln, die tatsächlich nutzbar waren. Um zwei Hauptstützen aus Stahlbeton herum wurden 140 Kapseln auf 11 beziehungsweise 13 Etagen mit je 4 Bolzen angebracht. So können die einzelnen Elemente leicht miteinander verbunden und theoretisch wieder ausgetauscht werden, auch wenn bis heute noch kein Austausch stattgefunden hat. Ein Modul misst 2,3 × 3,8 × 2,1 Meter und ist als Wohnraum, Büro oder Atelier nutzbar. Ausgestattet mit Möbeln, Elektrogeräten und weiteren Einrichtungsgegenständen, wurden die Kapseln vorgefertigt, um dann mithilfe eines Krans an einer der Hauptstützen angebracht zu werden. Durch Kopplung mehrerer Wohnkapseln konnte auch Wohnraum für Familien geschaffen werden.

Kurokawas Vision war es, mittels eines aus Kapseln bestehenden Bausystems ganze Städte zu konstruieren. Der Wohn- und Arbeitsraum sollte sich dem dynamischen Wandel einer Stadt anpassen können. Der Nakagin Kapselturm gilt als Prototyp nachhaltiger Architektur, in dem die Ideale der Metabolisten realisiert wurden (einer Gruppe von japanischen Architekten, die seit 1959 avantgardistische Ideen zum Leben in der Stadt entwickelten).

In den 1960er-Jahren entwarf auch die britische Architektengruppe Archigram Wohnkapseln, die an Trägersystemen, den sogenannten *Plug-in-Cities,* angebracht werden sollten, um auf die rasche Verstädterung zu reagieren. Archigram veröffentlichte

Construction of the Nakagin Capsule Tower by the architect Kisho Kurokawa in the Tokyo district of Ginza started in 1970 and took two years. It was the first building made from capsules that was truly fit for permanent and practical use. Its two towers, built around concrete cores on to which 140 capsules were fixed, had 11 and 13 floors respectively. Each capsule is held by four bolts. The different elements can thus be easily linked to each other and are theoretically replaceable, although so far no replacement has been made. A module measures 2.3 × 8.8 × 2.1 metres and can be used as dwelling, office or studio. Provided with furniture, electrical appliances and other fixtures and fittings, the capsules were prefabricated and then attached to one of the cores with the help of a crane. Several capsules linked together could provide homes for families.

Kurokawa's vision was to construct whole cities with this capsule system. Living and office space was meant to adapt to the dynamic change of a city. The Nakagin Capsule Tower is regarded as a prototype of sustainable architecture in which the ideals of the Metabolists were realised (a group of Japanese architects, who from 1959 developed avant-garde ideas for city living).

In the 1960s, the British group of architects Archigram also designed capsules which were meant to be plugged into a grid, the so-called *Plug-in-Cities,* in response to urban population growth. Archigram published their designs in magazines such as *Living City,* but none of their projects was ever built (see also pp. 202/203).

Innen- und Außenansichten
Interior and exterior views

ihre Entwürfe unter anderem in der Zeitschrift *Living City*, allerdings wurde keines ihrer Projekte realisiert (siehe dazu S. 202/203).

Kisho Kurokawa wurde 1934 in Nagoya geboren. Er studierte Architektur in Kyoto und Tokio. In jungen Jahren war er einer der Mitgründer der japanischen Metabolismus-Bewegung. 1961 gründete er sein eigenes Architekturbüro und beschäftigte sich mit der vorgefertigten Produktion von Baukomponenten sowie mit technisch veränderbaren, modernen Bauteilen und brachte einige radikale Entwürfe und Konzepte hervor. Kurokawa wurde 1964 an der Universität Tokio promoviert und unterrichtete schließlich als Professor an der International Academy of Architecture in Sofia. Er starb am 12. Oktober 2007. Der Nakagin Kapselturm gilt als Schlüsselgebäude der Metabolisten. Heute ist er sanierungsbedürftig. Die Erneuerung des Gebäudes sowie das Austauschen der Kapseln werden jedoch nicht öffentlich unterstützt. Die Idee, den Kapselturm zu schützen, indem man ihn als Welterbe deklariert, stieß ebenfalls nicht auf Zustimmung. 2012 veröffentlichte Charlie Koolhaas ihre Fotografien in dem Bildband *Metabolism Trip.* Sie zeigen nicht nur die besonderen Details des Nakagin Kapselturms, sondern lassen anhand der Spuren, die die Zeit hinterlassen hat, auch die Verletzlichkeit dieser Architekturexperimente erkennen.

Quellen: http://www.kisho.co.jp/index.php; http://charliekoolhaas.com/2012/01/metabolism/;
[letzter Zugriff: 19. 2. 2014], Bearbeitung: Klaus Leuschel und Marta Herford

Kisho Kurokawa was born in 1934 in Nagoya. He studied architecture in Kyoto and Tokyo. As a young man he was one of the founders of Japanese Metabolism, and in 1961 he set up his own architecture practice. He worked on prefabricated production of construction components and flexible modern elements and developed some radical designs and concepts. Kurokowa gained his PhD in 1964 from the University of Tokyo and became a professor at the International Academy of Architecture in Sofia. He died on 12 October 2007. The Nakagin Capsule Tower is seen as one of the key buildings of the Metabolists. Today it is in a bad state of repair but there is no public support for renovating the building and replacing the capsules. Attempts to preserve the Capsule Tower by declaring it a World Heritage Site have failed. In 2012, Charlie Koolhaas published her photos in the illustrated book *Metabolism Trip.* They show not only the special details of the Nakagin Capsule Tower but by documenting the traces that time has left also reveal the fragility of these architectural experiments.

Sources: http://www.kisho.co.jp/index.php; http://charliekoolhaas.com/2012/01/metabolism/ [Last accessed: 19. 2. 2014]. Text: Klaus Leuschel and Marta Herford

SPEYBANK

Entwurf Design: **1990**
Baukosten Construction costs: **84 000 Euro**
Bauzeitraum Construction duration: **1 Tag** day
Bauherr Client: **Provinz Ostflandern** Province of East Flanders
Ort Site: **Canal District, Gent (BE)**
Spezielle Partner Special consultants: **Ir. Dirk Jaspaert, BAS, bvba**
Mitarbeiter Staff: **T. O. P. office**

HOORN

Entwurf Design: **1990**
Bauzeitraum Construction duration: **4 Stunden** hours
Bauherr Client: **Stichting De Achterstraat**
Ort Site: **Hoorn (NL)**

Architekt Architect: **T. O. P. office / Luc Deleu**

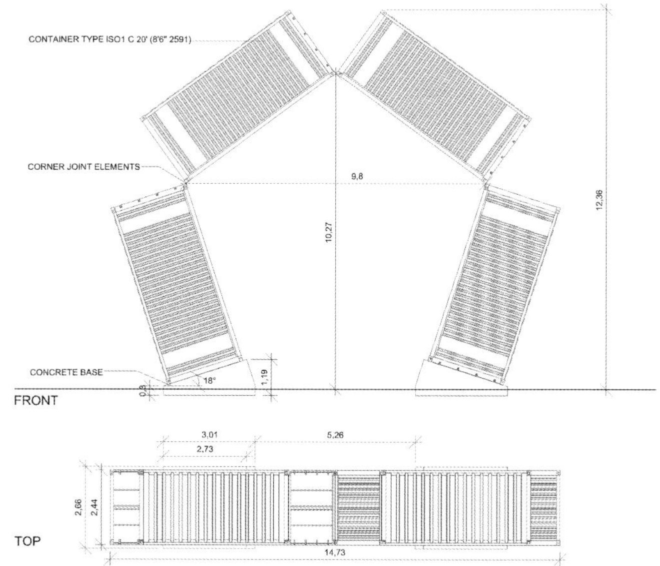

Speybank,
Konstruktionszeichnung und verschiedene Ansichten:
Contstruction drawing and different views:
Middelheim, 2003; Yokohama, 2005

Die Idee für die Container-Installation *Speybank* hatte der Architekt und Künstler Luc Deleu 1999 an Bord des gleichnamigen Schiffes der Firma Cargovessel während einer Reise auf dem Pazifik. Das Projekt wurde erstmals 2003 im Middelheim Museum (Antwerpen) im Rahmen einer Einzelausstellung realisiert. Vier Industriecontainer vom Typ ISO1 C wurden zu einem stehenden Pentagon arrangiert. Die Installation ist aus einzelnen Containern zusammengeschraubt und als temporäres Werk im öffentlichen Raum angelegt. Sie ist dabei fest mit zwei Betonplatten als Basis im Boden verankert. In Zusammenarbeit mit dem Ingenieur Dirk Jaspaert wurden für jede Installation genaue Stabilitätsberechnungen vorgenommen, um eine maximale Sicherheit zu gewährleisten.

Die Installation *Hoorn* dient als Fußgänger- und Fahrradbrücke. Der Künstler entfernte die Rückwände der Container und verwendete spezielle Verbindungselemente aus der Schifffahrt, um die beiden Module zu fixieren.

In seinen Container-Installationen spiegelt sich Luc Deleus Faszination an der maritimen Welt. Für ihn müssen Kunstwerke im öffentlichen Raum mit ihrer Umwelt in einem sinnfälligen Zusammenhang stehen. Dabei wirken seine Skulpturen wie Archetypen in einer globalisierten Welt und behaupten zugleich ihre Unabhängigkeit gegenüber der Umgebung.
Sie funktionieren als eigenständige Strukturelemente und thematisieren durch ihre Präsenz die Frage nach dem ‚Genius Loci' als Form der Sinnstiftung, die dem öffentlichen Raum über seinen funktionalen Zweck hinaus auch sinnliche Qualität verleiht.

Architect and artist Luc Deleu hit on the idea for the *Speybank* installation during a trip in the Pacific in 1999 aboard the eponymous ship operated by Cargovessel. The project was first created in 2003 at the Middelheim Museum in Antwerp as a temporary work in the public domain during a solo show. Four individual industrial ISO1 C containers were arranged in the shape of an upright pentagon and screwed together. They are firmly anchored in the ground by means of two concrete slabs. Together with engineer Dirk Jaspaert for each installation precise stability calculations were made to guarantee maximum safety.

Hoorn is an installation that serves as a foot and cycle bridge. The artist removed the rear walls of the containers and used special connecting elements from ship building to fasten the two modules.

In his container installations we can sense Luc Deleu's fascination with the maritime world. For him, artworks in the public space must always interact meaningfully with their surroundings. Indeed, his sculptures resemble archetypes in a globalized world and at the same time are also clearly independent of the site. They function as unique structural elements and through their presence highlight the issue of the genius loci as a way of instilling a site with meaning, giving the public space not only a functional purpose but sensory qualities, too.

"These installations arose from pondering urban planning, thinking about how architecture can exist alongside the existing surroundings. With the advent of today's multimedia society, we're witnessing a sea change in building design, in the form

Hoorn Brücke
Hoorn Bridge, **1990**

„Diese Installationen sind aus dem Nachdenken über Raumplanung entstanden, darüber wie Architektur neben der bereits vorhandenen Umgebung bestehen kann. In Folge der heutigen multimedialen Gesellschaft befindet sich die Baugestaltung derzeit in massivem Wandel, der sich sozusagen in einem Übergang vom Material zum Bild manifestiert. Es hat sich gezeigt, dass mobile provisorische Gebäude eine nachhaltige bildliche Existenz bewahren können, ungebunden an Zeit und Ort." (In: Katalog: International Triennale of Contemporary Art, Yokohama, 2005)

Luc Deleu wurde 1944 in Duffel in Belgien geboren und arbeitet heute als Architekt und Künstler in Antwerpen. Sein Architekturbüro T.O.P. office gründete Deleu 1970 mit seiner Frau Laurette Gillemot. 1973 entwickelt er das Konzept *Orbanism (Orban Manifesto und Proposals)*, 1980 das Projekt *Scale & Perspective* sowie 1988 und 1991 *A Journey around the world in 80 days.* Ausgangspunkt und Ziel des Studios war es anfangs Architektur und urbanes Design in Frage zu stellen und mittels neuer Projekte eine Antwort darauf zu finden, welche Position öffentliche Räume und Bauten in einer globalen Gesellschaft erfüllen sollten. Dabei stehen für den Architekten stets nachhaltige Bauweisen, Materialien und Strukturen im Vordergrund seiner Planungen. Als Künstler ist Luc Deleu in nationalen und internationalen Ausstellungen präsent. Seine Container-Installationen realisierte er in der Schweiz, Belgien, Frankreich, Deutschland, Irland, Japan und den Niederlanden.

Quellen: T.O.P. office; Bearbeitung: Marta Herford

of a transition from material to image, as it were. Mobile, provisional buildings have proved to be able to maintain a sustainable visual existence irrespective of time and place." (In: catalog of the International Triennale of Contemporary Art, Yokohama, 2005)

Luc Deleu was born in 1944 in Duffel in Belgium and today works in Antwerp as an artist and architect. Together with his wife Laurette Gillemot he founded his architecture studio T. O. P. office in 1970. In 1973 he developed the concept of *Orbanism (Orban Manifesto und Proposals)*, in 1980 the *Scale & Perspective* project, and in 1988 and 1991 *A Journey around the world in 80 days.* The studio's work originally started by questioning architecture and urban design with the objective of by means of new projects finding answers to the role public spaces and structures should play in a global society. The architect always focuses on sustainable construction methods, materials, and structures. As an artist Luc Deleu participates in national and international exhibitions. His container installations have been displayed in Belgium, France, Germany, Ireland, Japan, the Netherlands and Switzerland.

Sources: T. O. P. office; text: Marta Herford

FREITAG FLAGSHIP STORE

Architekten Architects: **spillmann echsle architekten ag**
Entwurf Design: **November 2005–Januar** January **2006**
Baukosten Construction costs: **400 000 Euro**
Bauzeitraum Construction duration: **Februar–März** February–March **2006**
Bauherr Client: **FREITAG lab. ag**
Ort Site: **Zürich** Zurich **(CH)**
Fachberatung Special consultants: **Henauer Gugler AG, Ingenieure Planer, bbz; Landschaftsarchitekten, Raumbau AG, Zurich; Piller Hoch- und Tiefbau, Zurich; Tegnanet GmbH, Zurich; Hans Brun AG, Buchs**

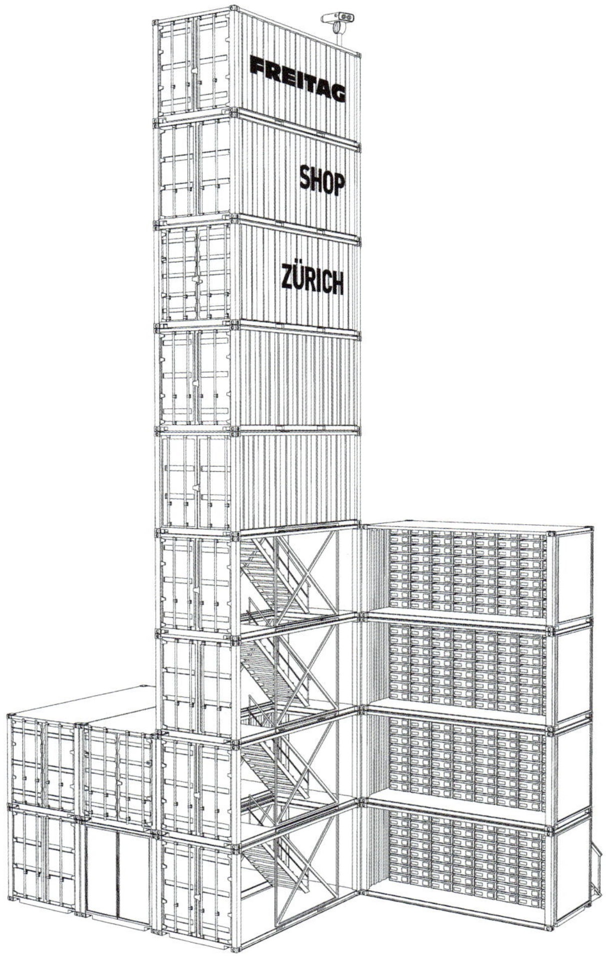

Nach längerer Suche fand die Firma Freitag im November 2005 ein freies Lager an der Züricher Geroldstrasse, ganz in der Nähe ihrer Produktionsstätten auf dem Maag-Areal. Hier entstand die Idee, auf dem vorgelagerten Brachland in einem Überseecontainer einen Verkaufsraum einzurichten und dort die nötige Infrastruktur unterzubringen.

Das zur Verfügung stehende kleine Grundstück sollte optimal genutzt werden. Dafür wurde der normierte 20-Fuß-Überseecontainer (circa 2,4 × 2,6 × 6 Meter) des Typs 20/8/86 ISO1CC zum Grundbaustein erklärt. Aus einer Basis von 4 × 2 Elementen erwächst ein asymmetrischer Turm aus 9 Einheiten. Die Tragkonstruktion eines einzelnen Containers besteht aus zwei steifen Front- und Endrahmen, verbunden durch vier Stahlprofile in den Ecken, sodass ein räumliches Rahmensystem entsteht. Diese Module wurden wie bei den Schiffscontainern in unterschiedlicher Anzahl aufeinandergestapelt und in alle Richtungen untereinander verbunden. Die Verbindungen erfolgten mithilfe sogenannter ‚Corner Fittings', Würfeln aus massivem Stahl mit Anschlussöffnungen nach allen Seiten. Da die üblicherweise verwendeten Schlösser nicht formschlüssig sind und dementsprechend ein gewisses Spiel aufweisen, sind sie für Ausbauten nicht zulässig, sodass die Wahl in diesem Fall auf eine spezielle Verbindung (‚Quick-Tie TV! Tricon') fiel. Indem sie vorgespannt wurde, ermöglichte sie eine formsteife und kraftschlüssige Koppelung von einzelnen Containern.

After searching for suitable premises close to their Maag factory in Zurich for a while, the bag manufacturer Freitag found a vacant warehouse on Geroldstrasse. They developed the idea to set up a sales outlet in a shipping container on the vacant site in front of it, and to house the supporting infrastructure in the warehouse.

To optimise the use of the small plot, a standard 20-foot-high shipping container (circa 2.4 × 2.6 × 6 metres) of the type 20/8/86 ISO1CC was chosen as the basic building block. An asymmetric tower consisting of nine units rises from a base of 4 × 2 elements. The load-bearing structure of a container is a steel framework consisting of two rigid face and end frames, linked at the corners by four steel profile tubes so that a 3D frame system is created. Just like the ones used for shipping, the containers were stacked to different heights and then linked together on all sides. They were connected with the help of corner fittings, cubes of solid steel with openings on all sides attached to each corner of a container. Since the standard twist-locks, which were inserted into the corner fittings, did not create a tight enough fit to satisfy the building regulations for this kind of architecture, a special coupling system called Container-Quick-Tie (Tricon and Top versions) was used here, ensuring a positive lock and frictional connection between the containers.

The 17 second-hand shipping containers were chosen in Hamburg and taken to Zurich by rail. The stacking was done

Konstruktionszeichnung und Außenansichten
Contstruction drawing and exterior views

Die 17 gebrauchten Überseecontainer wurden in Hamburg ausgesucht und per Bahn nach Zürich verfrachtet. Die Auftürmung der Elemente geschah wie im Hafen – es kamen auch ausschließlich Verbindungselemente aus der Schifffahrt zur Anwendung, sodass ein einfacher Rückbau möglich ist. Durch das Heraustrennen von Längswänden und Decken entsteht über die vier ersten Etagen ein großzügiger offener Verkaufsraum. Dieser bildet thermisch und brandschutztechnisch eine Einheit. Große Fensteröffnungen erhellen den Verkaufsraum und schaffen Ein- und Ausblicke. Die innere Gliederung folgt den Funktionen – Verkauf, Präsentation, Erschließung und Lager. Der Weg führt durch das Produktsortiment mit über 1 500 Taschen und endet in einer Aussichtsplattform auf rund 25 Meter Höhe mit Blick auf Verkehr, Stadt, See und Berge. Der Baukörper markiert durch seine von der Straße zurückversetzte Lage die Weite der angrenzenden Brachflächen und wird zur Landmarke zwischen den Verkehrsachsen.

Mit ihrem Flagship-Store, der mittlerweile um 2 Container auf insgesamt 19 erweitert wurde, hat das 2002 von Harald Echsle und Annette Spillmann gegründete Architekturbüro die Stadt Zürich um ein ebenso markantes wie gegenwärtiges Zeichen (sowohl als Marke, ‚Brand', wie auch als Wahrzeichen) bereichert.

Quelle: Büro Spillmann Echsle, Bearbeitung: Marta Herford

as in a harbour – all connecting elements were the same as those used in the shipping industry. This has the advantage that it would be easy to dismantle the structure. The removal of the side walls and ceilings has created a generous four-storey sales space, which in thermal and fire prevention terms is a single unit. Light floods into the sales area through large windows which allow views into and out of the space. The inner structure follows the functions – sales, presentation, circulation areas and store room. Visitors first pass a range of more than 1,500 bags and finally reach a 25-metre-high viewing platform, with a view of the traffic, the city, the lake and the mountains. Set back from the road, the structure emphasises the wide expanse of the adjoining brownfield site and becomes a beacon in the midst of major transport routes.

With their Flagship Store, that has since been expanded by two modules and now comprises 19 containers, the architecture practice founded in 2002 by Harald Echsle and Annette Spillman has enriched the city of Zurich with a striking contemporary landmark that is as much a symbol as a brand.

Source: Spillmann Echsle Architekten. Text: Marta Herford

CASA MANIFESTO
/
MANIFESTO HOUSE

Architekten Architects: **James & Mau**
Entwurf Design: **2009**
Baukosten Construction costs: **79 000 Euro**
Bauzeitraum Construction duration: **3 Monate months**
Bauherr Client: **Sonia del Campo**
Fläche Site area: **800 m²**
Ort Site: **Curacaví (CL)**
Fachberatung Special consultants: **Infiniski + Geotek**
Mitarbeiter Staff: **Infiniski + James & Mau,**
Furniture Cómodo Studio

Konstruktionszeichnung und Außenansichten
Contstruction drawing and exterior views

Das Manifesto-Haus basiert auf einer bioklimatischen Architektur, bei der Form und Positionierung des Gebäudes an dessen energetische Anforderungen angepasst werden. Die modulare Bauweise mit vorgefertigten Teilen ermöglicht einen kostengünstigen, schnellen Aufbau und bietet die Möglichkeit einer zukünftigen Anpassung oder Erweiterung.

Das 160 Quadratmeter große Haus ist in zwei Ebenen unterteilt, das Grundgerüst bilden drei Seefrachtcontainer. Ein in zwei Teile zerschnittener Container dient als tragende Konstruktion für die zweite Ebene. Diese brückenartige Form lässt einen zusätzlichen Raum zwischen den Containerteilen entstehen, der mit Thermoglaspaneelen isoliert ist. Mit lediglich 90 Quadratmetern Containerfläche konnten so insgesamt 160 Quadratmeter Wohnfläche generiert werden, wodurch die Verwendung zusätzlicher Baumaterialien erheblich reduziert wurde. Die brückenartige Konstruktionsweise entspricht den bioklimatischen Anforderungen des Hauses – Form folgt Energie – und bietet ein effizientes natürliches Belüftungssystem. Überdies wurde das natürliche Umfeld in Bezug auf Licht und die landschaftlichen Ausblicke optimal genutzt.

Als hätte es eine zweite Haut, ‚be- und entkleidet' sich das Haus dank der externen Solarabdeckungen an den Wänden und auf dem Dach gewissermaßen selbst, je nachdem wieviel

The Manifesto House is based on bio-climatic architecture, whereby the shape and positioning are adapted to suit its energetic requirements. The modular construction method using prefabricated parts made it possible to assemble it cheaply and quickly while also allowing for future adaptation or extension.

Three sea-freight containers form the basic framework. The house provides 160 sqare meter of space and is divided into two levels and uses three sea freight containers as its basis. One container cut in two parts on the first level is used as the support structure for the containers on the second level. This bridge-like structure creates an extra space in-between the container parts and the zone is insulated with thermo-glass panels. As a result, despite a basic footprint from the containers of only 90 square meter, the project generates a total of 160 sqare meter of living space, reducing significantly the use of extra building materials. This structure in the form of a bridge responds to the house's bioclimatic needs: form follows energy. It also provides an effective natural ventilation system. Moreover, the house's natural surroundings are optimally exploited with regard to natural light and views of the countryside.

As if it had a second skin, depending on its need for natural solar heating the house 'dresses and undresses' itself, thanks to ventilated external solar covers on walls and roof. The house

solare Energie benötigt wird. Es verfügt über zwei verschiedene Abdeckungen bzw. ‚Hüllen': zum einen Holzpaneele aus nachhaltiger Forstwirtschaft, zum anderen recycelte Paletten. Diese Paletten können sich im Winter selbst öffnen, sodass die Sonne die Metalloberfläche der Containerwände aufheizen kann, und im Sommer entsprechend verschließen, um das Haus vor Hitze zu schützen.

Für die Außen- und Innengestaltung wurden 85 Prozent an wiederverwerteten und umweltfreundlichen Materialien verwendet: recycelter Zellstoff, Kork für die Dämmung, recyceltes Aluminium, Eisen und Holz, Edelholz aus nachhaltiger Forstwirtschaft, ökologische Farben, Keramik aus zertifizierter ökologischer Produktion. Dank seiner bioklimatischen Gestaltung und der Integration von alternativen Energiesystemen ist das Haus zu 70 Prozent unabhängig vom Leitungsnetz.

James & Mau ist ein in Madrid ansässiges internationales Architekturbüro, welches 2007 von Jamie Gaztelu und Mauricio Galeano gegründet wurde und Niederlassungen in Chile und Kolumbien unterhält. Die Architekten arbeiten mit der Firma Infiniski zusammen, die sich vor allem mit modularem und nachhaltigem Bauen beschäftigt.

Quelle: James & Mau; Bearbeitung: Marta Herford

uses two different types of covers or 'skin': first, wooden panels from sustainable forestry and, second, recycled mobile pallets. The pallets can open themselves in winter to allow the sun to heat the metal surface of the container walls and close in summer to protect the house from the heat.

Both exterior and interior use up to 85% of recycled, reused and eco-friendly materials: recycled cellulose, cork for insulation, recycled aluminum, iron and wood, hardwoods from sustainable forestry, ecological paints, eco-label ceramics. Thanks to its bioclimatic design and to the integration of alternative energy systems the house achieves 70% autonomy from the grid.

James & Mau is an international architectural firm based in Madrid, which was founded in 2007 by Jamie Gaztelu and Mauricio Galeano with further offices in Chile and Colombia. The architects work with Infiniski company, which is dedicated above all to modular and sustainable construction.

Source: James & Mau; text: Marta Herford

BAHNHOF BARNEVELD NOORD
/
BARNEVELD NOORD STATION

Architekten Architects: **NL Architects**
Entwurf Design: **2011–2013**
Baukosten Construction costs: **300 000 Euro**
Bauzeitraum Construction duration: **6 Monate months**
Bauherr Client: **ProRail**
Ort Site: **Barneveld (NL)**
Spezielle Partner Special consultants: **Spoorbouwmeester Koen van Velsen and Movares**
Mitarbeiter Staff: **Gerbrand van Oostveen, Barbara Luns, Gen Yamamoto, Gert Jan Machiels, Kirsten Hüsig, Aude Robert, Christian Asbo**

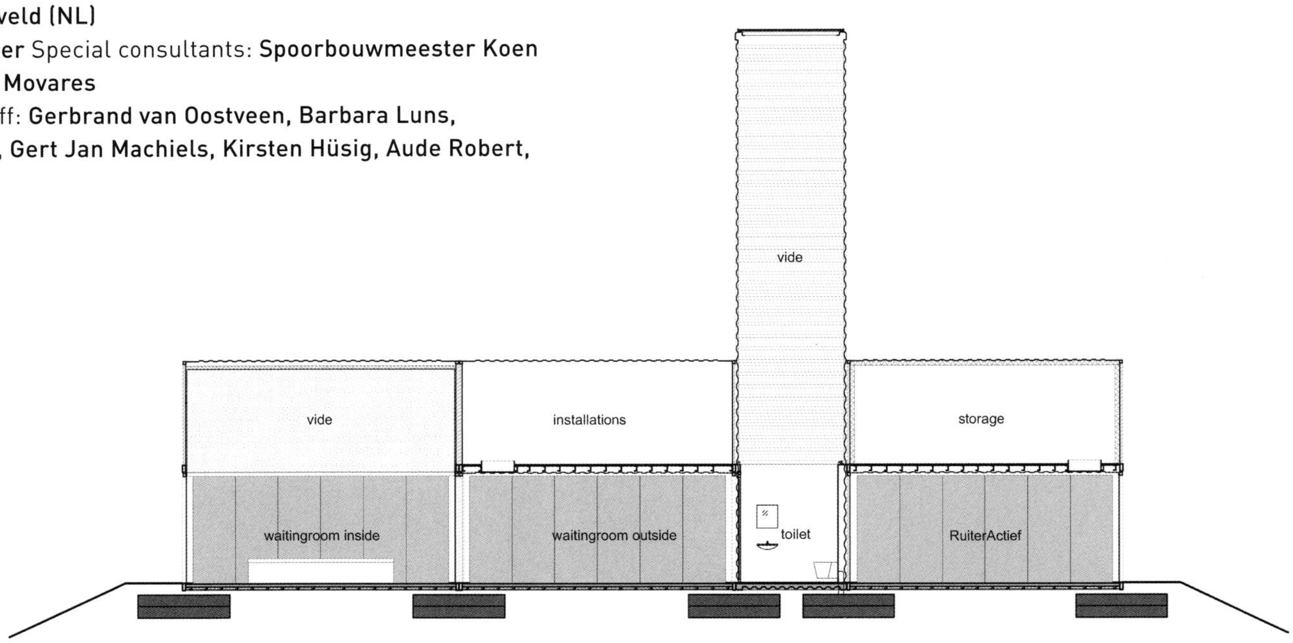

Der Betreiber des niederländischen Bahnnetzes, ProRail, startete gemeinsam mit dem sogenannten ‚spoorbouwmeester' Koen van Velsen (nationalen Aufsichtsperson für die Eisenbahnarchitektur) eine Kampagne namens *Prettig Wachten* (angenehmes Warten), die das Warten auf den Zug angenehmer gestalten sollte. Wartezeiten auf dem Bahnsteig werden von Reisenden zumeist als wesentlich länger empfunden als die gleiche Zeitspanne in einem Fahrzeug. Entsprechenden Umfragen zufolge ist die gefühlte Wartezeit dreimal länger als die tatsächliche. Hier stellen insbesondere Bahnhöfe kleiner und mittlerer Größe eine Herausforderung dar, da sie oft als trostlos erlebt und ohne Personal betrieben werden.

Ziel des Projekts war es, die Wartebereiche von insgesamt 20 niederländischen Bahnhöfen sowohl funktional als auch optisch aufzuwerten. Zu den Verbesserungen gehörten neue Toiletten, WiFi, Fußbodenheizung, Eisenbahn-TV oder auch Kunstwerke. Ein Schlüssel zum Erfolg von *Prettig Wachten* ist die Rückkehr von Personal auf diesen Bahnhöfen, eine Art zwangloser Aufsicht. Auch kleine, multifunktionale Läden wurden eingerichtet.

Das temporär angelegte Projekt besteht aus einer Anordnung von Frachtcontainern, die sich zu einer vieldeutigen und kraftvollen Fassade zusammenfügen. Drei Container

Together with so-called 'spoorbouwmeester' Koen van Velsen (the national supervisor for railway architecture) the Dutch rail network operator ProRail launched a campaign called *Prettig Wachten* (pleasant waiting) to make the waiting experience at stations more pleasant. Travelers tend to feel waiting times on platforms are far longer than the same period spent on-board the train. Corresponding surveys show that waiting times are felt as being three times longer than they actually are. In particular small and medium-sized stations are a great challenge in this regard, as they are often regarded as particularly miserable and operate without staff.

The aim was to upgrade the waiting areas at a total of 20 Dutch stations in both functional and visual terms. The improvements included new toilets, WiFi, underfloor heating, rail TV and even art! One key to *Prettig Wachten's* success has been the return of personnel to these stations, a kind of leisurely supervision. And small, multifunctional stores have also been introduced.

The temporary project is an arrangement of freight containers that form a suggestive and powerful frontage. The frames of three containers seem to hover, together forming the roof. One houses technical equipment, another storage space, and the underside of the third has no base, so that the height of part of the glazed waiting zone below is doubled. A fourth larger vertical

Konstruktionszeichnung und Außenansichten
Contstruction drawing and exterior views

schweben sozusagen in der Luft und bilden zusammen das Dach. In einem befinden sich die technischen Anlagen, ein zweiter dient als Lagerraum und der dritte ist an der Unterseite geöffnet, sodass der darunter liegende verglaste Wartebereich eine doppelte Deckenhöhe besitzt. Ein vierter, größerer Container steht senkrecht. In diesem 12 Meter hohen ‚Bahnhofsturm' befinden sich die Toiletten, während außen eine Uhr und Wetterfahne angebracht sind.

NL Architects ist ein niederländisches Architekturbüro mit Sitz in Amsterdam, das 1997 von Pieter Bannenberg, Walter van Dijk, Kamiel Klaasse und Mark Linnemann gegründet wurde. Letzterer schied mittlerweile aus. 2008 konnte das Büro sein Projekt *virtual realities* auf der Architektur-Biennale von Venedig präsentieren. In den Projekten setzt sich NL Architects immer wieder mit dem Alltag und den sozialen, teilweise auch performativen Möglichkeiten von Stadt und Architektur auseinander und lotet Potentiale aus, wie der Einzelne im Stadtraum interagieren und aktiv werden kann.

stands on end, to form a 12-meter high 'station tower'. Inside are sanitary facilities and on the outside a characteristic station clock and a weathervane.

Founded in 1997 by Pieter Bannenberg, Walter van Dijk, Kamiel Klaasse and Mark Linnemann, NL Architects is a Dutch architecture firm based in Amsterdam. Linnemann has since left. In 2008 the company presented its *virtual realities* project at the Venice Architecture Biennale. In its projects it repeatedly addresses everyday life and the social, as well as in some cases the performance opportunities cities and architecture offer, and sounds out the potential for individuals to interact and become active in urban space.

Quelle: NL Architects; Bearbeitung: Marta Herford

Source: NL Architects; text: Marta Herford

AUSSTELLUNGSEXPONATE OHNE ABBILDUNG
/
EXHIBITED ITEMS WITHOUT ILLUSTRATIONS

Archigram
Plug-in City, 1964; *Instant City*, 1968/69
Filmcollage, 2014, Loop, 4:47 Min.
Archigram Archives

Archigram
Ereignisstruktur-Catalog, Prelim
Preliminary Catalogue of Elements, 1969
Tusche auf Transparentpapier
Ink on tracing paper, 100 × 70 cm
Peter Cook

Willi Baumeister
Der Maler (ohne Figur), 1920
Öl und Sand auf Leinwand
Oil and sand on canvas, 46,5 × 34,5 cm
Archiv Marzona

Willi Baumeister
Postkarte an Heinz Rasch
Postcard to Heinz Rasch, 1943
Farbe auf Papier
Paint on paper, 11 × 14,5 cm
Privatsammlung Köln

Willi Baumeister
Komet, 1946
Öl, Kunstharz und Spachtelkitt auf Hartfaserplatte
Oil, synthetic resin and putty on hardboard, 48 × 55 cm
Dr. Bodo Rasch

Willi Baumeister
VIORO, 1948
Öl und Kunstharz auf Karton
Oil and synthetic resin on cardboard, 46 × 54,5 cm
Dr. Bodo Rasch

Willi Baumeister
Dialog in metaphysischer Landschaft, 1948
Ölkreide, Pastell und Kohle, gewischt auf Zeichenkarton
Oil crayon, pastel and charcoal, smudged on cardboard, 49,5 × 61,7 cm
Archiv Marzona

Willi Baumeister
Mo, 1954
Öl und Kunstharz auf Hartfaserplatte
Oil and synthetic resin on hardboard, 23,9 × 39,8 cm
Sammlung Inka Legge-Rasch, Wuppertal

Marcel Breuer
B40 Stuhl für das Bauhaus Dessau, 1926 (Reedition)
Stahlrohr und Rohrgeflecht
Steel pipe and cane, 88 × 45 × 57 cm
Kragstuhlmuseum / Tecta-Archiv, Lauenförde

Marcel Breuer
Wassily-Faltsessel, ca. approx. 1930
Weiterentwickeltes Modell des Clubsessels
Advanced model of the club chair, Dessau 1926
Stahlrohr und Kunststoff
Steel pipe and plastic, 87 × 52 × 57 cm
Kragstuhlmuseum / Tecta-Archiv, Lauenförde

Luc Deleu & T. O. P. office
Bridge, For Real Now, Hoorn, NL 1990
Ausstellungsplakat
Exhibition poster, 53 × 72,5 cm

Luc Deleu & T. O. P. office
Asymmetric bridge, 1990
Druck Print (Multiple), 49,5 × 70 cm

Luc Deleu & T. O. P. office
Large bridge, prototype for a multiple, 1990
Modell, Holz und Kunststoff
Model, wood and plastic, 9,5 × 46 × 10 cm

Luc Deleu
Speybank, 1999
Modell, Kunststoff
Model, plastic, 16,3 × 30 × 30 cm
Privatsammlung Private collection

Nicholas Grimshaw
Lord's Grand Stand, 1996–1998
Modell, Plexiglas, Holz und Karton
Model, perspex, wood and cardboard, 32 × 77 × 31 cm
Grimshaw Architects

Coop Himmelb(l)au
Membran Raum, 1967; *Villa Rosa*, 1967; *Villa Rosa*, 1968
Graphitstift, Tusche und Farbstift auf Transparentpapier, auf Papier aufgezogen
Graphite pencil, ink and coloured pencil on tracing paper, mounted on paper, 21 × 29,7 cm, Inv.-Nr. 999 12 02
Collection FRAC Centre, Orléans

Michael Hopkins and Partners
Patera Building System Project, 1980–1982
Modell, Kunststoff
Model, plastic, 40 × 50 × 50 cm
Hopkins Architects

Franz Krause
Zweiseitiges Bild mit ungleichen Seiten, 1947
Lackspritztechnik, Tusche und Bleistift auf Papier
Airbrush, ink and pencil on paper, 37,9 × 33,7 cm
Privatsammlung Köln

Franz Krause
Postkarte Postcard, 1966
Tusche auf Papier
Ink on paper, 11 × 14,5 cm
Privatsammlung Köln

NL Architects
Barneveld Noord Station, 2013
Modell, Kunststoff
Model, plastic, 22 × 36 × 25 cm

Jean Prouvé
Kragstuhl, Cantilever chair („tube aplati"), 1976/1987
Patent: Axel Bruchhäuser
Stahlrohr und Rohrgeflecht
Tubular steel and cane
Kragstuhlmuseum/Tecta-Archiv, Lauenförde

Bodo Rasch
Einraumhaus in Lamellenkonstruktion, Ausstellung Deutsches Holz für Hausbau und Wohnung, Stuttgart 1933
Modell Model: Carsten Gerner, 2003,
Holz Wood, 15 × 61 × 40 cm
Modellsammlung Architektur und Stadtplanung Universität Stuttgart

Brüder Rasch
Schreibtisch Desk, 1925
Holz, teilweise lackiert
Wood, partly lacquered, 75 × 180 × 90 cm,
Inv.-Nr. DGE-1003
Vitra Design Museum, Sammlung Inka Legge-Rasch, Wuppertal

Brüder Rasch
Bau-Akten des Grundstücks Zeppelin-Straße 6, Eigentümer: Ernst Rasch
Construction documents of the property at Zeppelin Strasse 6, Owner: Ernst Rasch, 1926/27
Stadt Bad Oeynhausen

Brüder Rasch
Klappstuhl, 1927
Holz Wood, 86 × 56 × 57,5 cm, Inv.-Nr. DGE-1001
Vitra Design Museum, Sammlung Inka Legge-Rasch, Wuppertal

Brüder Rasch
Hängehäuser-Projekt: Perspektivische Zeichnung
Suspension Houses Project: Perspective sketch, 1927/28
Bleistift auf Papier Pencil on paper,
41,5 × 63 cm, Inv.-Nr. 418.2008
The Museum of Modern Art, New York. Gift of Jo Carole and Ronald S. Lauder and the Architecture & Design Purchase Fund, 2008

Brüder Rasch
(zugeschrieben attributed to Heinz Rasch)
Stabkreuz-Tisch, ca. 1930
Cross-frame table, approx. 1930
Holz Wood, 7 × 125 × 125 cm
Kragstuhlmuseum/Tecta-Archiv, Lauenförde

Heinz Rasch
Entwurf für ein Wohnhaus
Design for a house, 1921
Lichtpause auf Papier
Blueprint on paper, 36 × 71 cm
Deutsches Architekturmuseum, Frankfurt am Main

Heinz Rasch
HR1 Schrägstützen-Kragstuhl, HR1 diagonal supported cantilever chair, 1930
Patent „tube aplati": Axel Bruchhäuser, 1988
Stahlrohr und Rohrgeflecht
Tubular steel and cane, 104 × 58 × 57 cm
Kragstuhlmuseum/Tecta-Archiv, Lauenförde

Heinz Rasch
Sessel Nr. 3138, 1930/1931
Hersteller Producer: L. & C. Arnold G.M.B.H.
Stahlrohr, Holz und Rohrgeflecht
Tubular steel, wood and cane, 85 × 54 × 59 cm
Sammlung Werner Löffler, Reichenschwand

Heinz Rasch
Stuhl mit Armlehnen
Chair with Armrests, 1930/31
Hersteller / Producer: L.&C. Arnold G.M.B.H.
Stahlrohr, Holz und Rohrgeflecht
Tubular steel, wood and cane, 96 × 52 × 49 cm
Sammlung Inka Legge-Rasch, Wuppertal

Heinz Rasch
Hängehausentwurf, o. J. (vmtl. zwischen 1955 und 1960)
Design for a suspension house, undated (presumably between 1955 and 1960)
Bleistift auf Transparentpapier
Pencil on tracing paper, 50 × 38,5 cm
Deutsches Architekturmuseum, Frankfurt am Main

Heinz Rasch
Entwurfsskizze für ein Hängehaus, o. J. (vmtl. zwischen 1955 und 1970)
Sketch for a suspension house, undated (presumably between 1955 and 1970)
Bleistift auf Transparentpapier
Pencil on tracing paper, 17 × 17,5 cm
Deutsches Architekturmuseum, Frankfurt am Main

Heinz Rasch
Hängehausentwurf, o. J. (ca. 1955, überarbeitete Fassung eines Entwurfs von 1931)
Design for a suspension house, undated (approx. 1955, revised version of a design from 1931)
Lichtpause auf Papier
Blueprint on paper, 42 × 41 cm
Deutsches Architekturmuseum, Frankfurt am Main

Heinz Rasch
Hängehausentwurf
Design for a suspension house, 1956
Bleistift auf Transparentpapier
Pencil on tracing paper, 54,5 × 43 cm
Deutsches Architekturmuseum, Frankfurt am Main

Heinz Rasch
Treppenstudie
Study of stairs, 1958
Bleistift auf Transparentpapier
Pencil on tracing paper, 47,5 × 58 cm
Deutsches Architekturmuseum, Frankfurt am Main

Heinz Rasch
Wendelrampe und Hängeparkgarage
Spiral ramp and hanging garage, 1958
Modell, Holz, Karton und Draht auf Sperrholz
Model, wood, cardboard and wire on plywood, 15 × 26,5 × 12 cm, Inv.-Nr. 349-000-016
Deutsches Architekturmuseum, Frankfurt am Main

Heinz Rasch
Grundriss für ein Hängehaus
Floor plan for a suspension house, ca. approx. 1959
Tusche auf Transparentpapier
Ink on tracing paper, 57,5 × 81 cm
Deutsches Architekturmuseum, Frankfurt am Main

Heinz Rasch
Entwurf einer Hängehaussiedlung,
o. J. (vmtl. Ende 1950er-Jahre)
Design for an estate of suspension houses,
undated (presumably end of the 1950s)
Bleistift auf Transparentpapier
Pencil on tracing paper, 46,5 × 54 cm
Deutsches Architekturmuseum,
Frankfurt am Main

Heinz Rasch
Wahrzeichen Essen, Wettbewerbsmodell
Essen Landmark, competition model, 1963
Modell, Plexiglas, Kunststoff und Textilfaden
auf Holz
Model, perspex, plastic and textile yarn on
wood, 24 × 28 × 26 cm, Inv.-Nr. 349-000-010
Deutsches Architekturmuseum,
Frankfurt am Main

Heinz Rasch
Stuhl, Ende 1930er-Jahre End 1930s
Stahlrohr und Kunststoff
Tubular steel and plastic, 91 × 56 × 49 cm
Sammlung Inka Legge-Rasch, Wuppertal

Heinz Rasch, Cornelius Taken
Detail-Skizzen zum Malerschrank
Detailed sketches for painters cabinet, 1986
Bleistift auf Transparentpapier
Pencil on tracing paper, 58 × 53 cm
Kragstuhlmuseum / Tecta-Archiv, Lauenförde

Haus-Rucker-Co
Oase No. 7 – Synthetisches Reservat, 1972
Plakat
Poster, 96 × 68 cm
Archiv Zamp Kelp, Berlin

Oskar Schlemmer
Ohne Titel Untitled,
ca. approx. 1932
Bleistift und Buntstift auf Papier
Pencil and coloured pencil on paper, 31,3 × 26,5 cm
Archiv Marzona

Oskar Schlemmer
Profil nach links mit Hand an der Schulter,
ca. approx. 1933
Pastell auf filzartigem Papier
Pastel on felt-like paper, 34,7 × 31,5 cm
Archiv Marzona

Oskar Schlemmer
Mit dem Finger gemalt, 1941
Ölfarbe und Collage auf getipptem Text auf
Papier
Oil paint and collage on typed text on paper,
10,5 × 14,5 cm
Sammlung Inka Legge-Rasch, Wuppertal

Oskar Schlemmer
Blick vom Döppersberg zum Kothen, 1941
Öl auf Karton
Oil on cardboard, 28,2 × 39,3 cm
Sammlung Inka Legge-Rasch, Wuppertal

Oskar Schlemmer
Carl Schlemmer am Schreibtisch, 1942
Bleistift und verdünnte Ölfarbe auf Karton
Pencil and thinned oil paint on cardboard,
51,5 × 68,5 cm
Archiv Marzona

Oskar Schlemmer, Willi Baumeister,
Franz Krause
10.000 Ruinen – 1 Architekturbüro,
o. J. undated
Mappe mit 34 Blättern, Schreibmaschinentext,
Collage, Malerei und Zeichnung auf Karton
Portfolio with 34 sheets, typewriter text,
collage, painting and drawing on cardboard,
29,8 × 29,8 × 5 cm
Sammlung Inka Legge-Rasch, Wuppertal

spillmann echsle architekten ag
Freitag Flagship Store, 2006
Modell Model 1:25,
Holz, Kunststoff und Metall
Wood, plastic and metal, 56 × 41 × 103 cm

Werner Schriefers
Im Garten, 1947
Hinterglasmalerei
Reverse glass painting, 18,5 × 23,5 cm
Privatsammlung Köln

Mart Stam
Gasrohr-Kragstuhl, 1926 (Rekonstruktion
Reconstruction: Axel Bruchhäuser, 1978)
Gasrohr Gas pipe, 80 × 49 × 59 cm
Kragstuhlmuseum / Tecta-Archiv, Lauenförde

Mart Stam
Kragstuhl für die Weißenhofsiedlung
Cantilever chair for the Weissenhof Estate,
1926 (Rekonstruktion Reconstruction: Axel
Bruchhäuser, 1980)
Stahlrohr und Rohrgeflecht
Steel pipe and cane, 80 × 49 × 50 cm
Kragstuhlmuseum / Tecta-Archiv, Lauenförde

Günter Sulz
Air Sit, 1972
Hersteller Producer: Design und Werkstätten
Behr + Sulz, Bietigheim
5-teilig, PVC und Leinen
5 parts, PVC and linen, 32 × 90 × 128 cm
Sammlung Werner Löffler, Reichenschwand

Ludwig Mies van der Rohe
Kragstuhl B42 für die Weißenhofsiedlung
B42 cantilever chair for the Weissenhof Estate,
1927 (Reedition)
Stahlrohr und Rohrgeflecht
Tubular steel and cane, 81 × 49 × 74 cm
Kragstuhlmuseum / Tecta-Archiv, Lauenförde

Weißenhof Weissenhof Estate,
ca. approx. 1927
Postkarten Postcards, 11 × 14,5 cm
Privatsammlung Köln; Archiv Marzona

Bändchen über das Wirken des Studios für
neue Kunst zwischen 1945 und 1953
Ribbon on the Studio für neue Kunst 1945–1953
Papier Paper, 15 × 10,5 cm
Privatsammlung Köln

Briefwechsel zwischen Heinz Rasch und Mart
Stam
Correspondence between Heinz Rasch and
Mart Stam, 30.08.1958
Typoskript, Papier
Typescript, paper, 29 × 21 cm
Deutsches Architekturmuseum,
Frankfurt am Main

domus No. 477, August 1960
Covermotiv: Archigram, *Instant City,* 1968
Zeitschrift Magazine, 32,2 × 24,5 × 0,8 cm
Privatsammlung Köln

Modell der Weissenhofsiedlung
Model of the Weissenhof Estate, 1991/92
Modell, Holz, Farbe und Kunststoff
Model , wood, paint and plastic, 40 × 160 × 85 cm
Modellsammlung Architektur und
Stadtplanung Universität Stuttgart

HEINZ RASCH

(1902–1996)

Heinrich (genannt Heinz) Rasch wird am 15. Februar 1902 in Charlottenburg (Berlin) geboren. 1916/17 absolviert Heinz Rasch ein Studium an der Königlichen Handwerker- und Kunstgewerbeschule in Bromberg. Nach seinem Abitur 1920 beginnt er ein Studium in der Architekturabteilung der Technischen Hochschule Hannover und wechselt im Winter 1922 an die Architekturfakultät der Technischen Hochschule in Stuttgart, wo er 1924 sein Architekturstudium mit dem Diplom abschließt. Zuvor gründet er im Januar 1923 die Firma „Werkkunst Arche", die Kleinmöbel und Beleuchtungskörper aus Holz herstellt. Dabei arbeitet er erstmals mit seinem jüngeren Bruder Bodo zusammen. 1924 wird Heinz Rasch als Leiter des Pressedienstes der *Deutschen Bauausstellung* in Stuttgart eingestellt und bekommt 1925 eine Stelle als Redakteur bei der Architekturzeitung *Baugilde* in Berlin. Dies eröffnet ihm den Kontakt zu neuesten Bauentwürfen u. a. von Ludwig Mies van der Rohe. Am 27. Juni 1926 gründen Heinz und Bodo Rasch das Büro „Brüder Rasch. Hochbau, Möbelbau, Werbebau" in Stuttgart. 1927 beauftragen Mies van der Rohe und Peter Behrens die Brüder Rasch mit der Ausstattung von zwei Musterwohnungen in der Stuttgarter Weißenhofsiedlung. Die Brüder veröffentlichen gemeinsam u. a. die Bücher *Wie Bauen?* (1927), *Der Stuhl* (1928) sowie *Gefesselter Blick* (1930) – letzteres ein erster zeitgenössischer Überblick über die damals neuesten Tendenzen der Buchgestaltung und des Reklamewesens. Durch diese Veröffentlichungen erzielen die Brüder Rasch internationale Bekanntheit. 1930 kommt es mit dem Umzug von Heinz Rasch nach Berlin zur Auflösung der Firma und Heinz Rasch tritt dem Deutschen Werkbund bei. 1932 erhält er ein Patent für einen „Zusammenklappbaren Stuhl". Für die Lackfabrik Dr. Kurt Herberts & Co. errichtet Rasch Produktions-, Labor- und Verwaltungsbauten. Ab 1938 arbeitet Rasch als Mitinitiator und Mitautor einer von Kurt Herberts herausgegebenen Schriftenreihe zu Maltechnik und Oberflächengestaltung, für die Rasch u. a. die verfemten Künstler Willi Baumeister, Oskar Schlemmer und den Kunsthistoriker Hans Hildebrandt anstellt. In den Jahren 1941/42 plant Rasch zusammen mit Baumeister und Schlemmer ein Museum der Raumwahrnehmungen. Seit 1943 arbeitet Rasch als Bauleiter beim Rüstungsausbau innerhalb der Organisation Todt. Nach Eröffnung eines Studios für neue Kunst (1945) mit über neunzig Ausstellungen beteiligt sich Rasch am Aufbau der Werkkunstschule Wuppertal (1949). Rasch engagiert sich nach Ende des Zweiten Weltkrieges dafür, dass die Weißenhofsiedlung als Baudenkmal anerkannt und unter Denkmalschutz gestellt wird. Er arbeitet in den 1950er-Jahren im Rahmen einer Vielzahl von Wettbewerben weiter an der Vision von Hängehäusern, für die er 1956 ein Patent anmeldete (ein britisches Patent erhielt er 1974). In der Werkkunstschule Kassel trägt er schließlich 1965 seine „Raumtechnologie" vor, die unter dem Titel *Some Roots of Modern Architecture* in London als Buch erscheint. Heinz Rasch stirbt am 27. November 1996 in Wuppertal.

Heinrich (who went by the name of Heinz) Rasch was born in Charlottenburg (Berlin) on 15 February 1902. In 1916–1917 Rasch studied at the Königliche Handwerker- und Kunstgewerbeschule in Bromberg. After finishing school in 1920, he started studying at the Department of Architecture at the Technische Hochschule in Hanover. In the winter of 1922 he switched to the Faculty of Architecture at the Technische Hochschule in Stuttgart where he acquired a diploma in 1924. A year earlier, in January 1923, he founded the company Werkkunst Arche, which produced small pieces of furniture and lights from wood. In this context he worked together with his younger brother Bodo for the first time. In 1924 Rasch was put in charge of the news service of the *Deutsche Bauausstellung* in Stuttgart and in 1925 he was employed as an editor with the Berlin-based architectural magazine *Baugilde*. This work gave him insights into the latest building designs by architects such as Mies van der Rohe. On 27 June, Heinz and Bodo Rasch founded the company *Brüder Rasch. Hochbau, Möbelbau, Werbebau* (Rasch Brothers. Building Construction, Furniture Construction, Promotional Construction) in Stuttgart. In 1927 Mies van der Rohe and Peter Behrens commissioned the Rasch brothers to furnish two model flats in the Weissenhof Estate in Stuttgart. Together the brothers published the books such as *Wie Bauen?* (How to Build?, 1927), *Der Stuhl* (The Chair, 1928) and *Gefesselter Blick* (The Captivated Gaze, 1930) – the latter provided a contemporary overview of new tendencies in book design and advertising. These publications

BODO RASCH

(1903–1995)

brought the Rasch brothers international recognition. Heinz's move to Berlin in 1930 led to the liquidation of the company. In the same year, Rasch joined the Werkbund. In 1932 he acquired a patent for a 'foldable chair'. Rasch also developed production, laboratory and administrative buildings for the lacquer factory Dr. Kurt Herberts & Co. From 1938 onwards Rasch worked as the co-author and co-initiator of Kurt Herberts's series of essays on painting technique and surface design. The ostracized artists Willi Baumeister and Oskar Schlemmer and the art historian Hans Hildebrandt were among those he employed for this project. In 1941–1942 Rasch worked together with Baumeister and Schlemmer to develop plans for a museum dedicated to spatial perception. From 1943 onwards Rasch was employed as a site manager for armament expansion within the Todt Organisation. After opening a studio dedicated to new art (1945) with more than 90 exhibitions, Rasch participated in establishing the Werkkunstschule Wuppertal (1949). After the Second World War he committed himself to the listing of the Weissenhof Estate as a protected monument. During the 1950s he continued to work on his vision of hanging houses and presented these ideas in an array of contests. It was patented in 1956 and he received a British patent in 1974. In 1965 he finally presented his 'technology of space' at the Werkkunstschule in Kassel. A book on this topic was published in London under the title *Some Roots of Modern Architecture*. Heinz Rasch died in Wuppertal on 27 November 1996.

Bodo Rasch wird am 17. Februar 1903 in Elberfeld (Wuppertal) geboren. Nach seinem Abitur ist er bis 1922 in Norddeutschland als Lehrling der Land- und Forstwirtschaft tätig. Im November 1922 beginnt er ein Studium an der Württembergischen Landwirtschaftlichen Hochschule Hohenheim und erwirbt parallel dazu handwerkliche Fähigkeiten, ohne jedoch eine Karriere als Handwerker in Betracht zu ziehen. So absolviert Bodo Rasch verschiedene Schreinerpraktika. Die dort erlernten Fähigkeiten kann er schließlich 1924 in der von seinem Bruder Heinz Rasch gegründeten Firma „Werkverbindung Arche" einbringen. 1926 legt Bodo Rasch eine landwirtschaftliche Diplomprüfung in Hohenheim ab. Durch den Umgang mit Holz als Werkstoff und sein Interesse an Kunst und Handwerk kommt es am 27. Juni 1926 mit seinem Bruder Heinz zur Gründung der Firma „Brüder Rasch. Hochbau, Möbelbau, Werbebau." Diese stellt den Beginn der Architekturlaufbahn von Bodo Rasch dar. In Bad Oeynhausen arbeitet Bodo Rasch 1926/27 als Bauführer, wo das Erstlingswerk der Brüder Rasch, Haus Ernst Rasch, entsteht. Ferner entwirft er funktionales Mobiliar für Wohn- und Ausstellungsräume. 1931 tritt Bodo Rasch nach Aufforderung von Walter Gropius dem CIAM (Congrès Internationaux d'Architecture Moderne) bei, besucht jedoch nie einen der Kongresse. Er beteiligt sich mit einem Entwurf zu einem Einraumwohnhaus in Lamellenkonstruktion in der vom Deutschen Werkbund projektierten Musterbausiedlung *Deutsches Holz für Hausbau und Wohnung*. 1933 geben Bodo Rasch und seine Frau Hanne Bauer-Rasch die Zeitschrift *zirkel. magazin für wissenschaft, kunst und technik* beziehungsweise *zirkel. sport - literatur - foto - film - malerei - bau - typo* heraus, in der Künstler und Architekten wie Kurt Schwitters, Theo van Doesburg u. a. veröffentlichen. 1938 wird Bodo Rasch, nach erfolgloser Bewerbung in der Architektenkammer, Mitglied der Reichskammer der bildenden Künste, was ihm eine selbstständige Berufsausübung ermöglicht. Für seine transportablen pneumatischen Konstruktionen beantragt er 1938 Patentschutz und greift damit späteren Ideen zu pneumatischen Strukturen vor. Nach Kriegsdienst gerät Rasch von 1939 bis 1945 in französische Kriegsgefangenschaft in Colmar, gründet 1946 in Stuttgart ein Architekturbüro und beteiligt sich am Wiederaufbau der Stadt. Nach einem Antrag im April 1957 wird er im Oktober des Jahres wieder Mitglied der Architektenkammer Baden-Württemberg. Er entwirft u. a. Projekte zur Speicherung von Solarenergie und entwickelt ab 1960 sogenannte *Spindelhäuser* – eine komplexe Weiterentwicklung der Hängehausvisionen. In den 1970er-Jahren knüpft er an seine verlegerische Tätigkeit an und publiziert im Eigenverlag seine Überlegungen zum Städtebau in dem Magazin *Der Zirkel*. Im Februar 1983 wird Rasch Ehrenmitglied der Akademie der Bildenden Künste Stuttgart. 1984 widmet sich eine Ausstellung in der Architekturgalerie Weißenhof (Stuttgart) seinem Lebenswerk. Bodo Rasch stirbt am 27. Dezember 1995 in Oberaichen.

Bodo Rasch was born in Elberfeld (Wuppertal) on 17 February 1903. After finishing school, he worked in North Germany as an apprentice in agriculture and forestry until 1922. In November 1922 he started studying at the Württembergische Landschaftliche Hochschule Hohenheim and acquired manual skills without, however, the intention of becoming a professional craftsman. Rasch also undertook internships with various carpenters. In 1924 he was finally able to apply the abilities he had acquired during this time, at his brother's company *Werkverbindung Arche.* In 1926 Rasch received an agricultural diploma in Hohenheim. His experience in working with wood and his interest in arts and crafts led to the founding of the company *Brüder Rasch. Hochbau, Möbelbau, Werbebau* (Rasch Brothers. Building Construction, Furniture Construction, Promotional Construction). This was the beginning of Rasch's career as an architect. In 1926–1927 Rasch worked as a site supervisor in Bad Oeynhausen where the Ernst Rasch House, the Rasch brothers' first project, was realised. He also designed functional furniture for living and exhibition rooms. At the request of Walter Gropius, he joined the CIAM (Congrès internationaux d'architecture moderne), however, without ever taking part in any of the congresses. He participated by presenting a design for a one-room house with a lamella structure in the Deutsche Werkbund's project for the model housing estate Deutsches Holz für Hausbau und Wohnung (German Timber for House and Flat Construction). In 1933 Rasch and his wife Hanne Bauer-Rasch published the magazine *zirkel: magazin für wissenschaft, kunst und technik* (magazine for science, art and technology) or *zirkel: sport – literatur – foto – film – malerei – bau – typo* (sport – literature – photo – film – painting – building – typography), which featured contributions by artists and architects such as Kurt Schwitters and Theo van Doesburg. After trying unsuccessfully to join the Chamber of Architects, Rasch became a member of the Reichskammer der bildenden Künste (Imperial Chamber of Fine Arts) which enabled him to work independently. In 1938 he applied for a patent for his transportable pneumatic constructions in which subsequent ideas on pneumatic structures were anticipated. After serving in the war from 1939 until 1945, Rasch was taken prisoner of war in Colmar, France. In 1946 he founded an architectural office in Stuttgart and participated in the reconstruction of the city. After applying in April 1957, he was readmitted to the Chamber of Architects of Baden-Württemberg. His projects included schemes for storing solar energy and from 1960 onwards he developed his so-called *Spindelhäuser* (Spindle Houses) – enhanced and complex variations of his hanging house vision. During the 1970s he resumed his work as a publisher and self-published his thoughts on city planning in the magazine *Der Zirkel.* In February 1983 Rasch became an honorary member of the Stuttgart Academy of Fine Arts. In 1984 an exhibition at the Weissenhof architectural gallery in Stuttgart was dedicated to his life's work. Bodo Rasch died in Oberaichen on 27 December 1995.

Quellen: Annette Ludwig, *Die Architekten Brüder Heinz und Bodo Rasch. Ein Beitrag zur Architekturgeschichte der zwanziger Jahre,* Tübingen · Berlin 2009, S. 44–46; Landesarchiv Baden-Württemberg

Sources: Annette Ludwig, *Die Architekten Brüder Heinz und Bodo Rasch. Ein Beitrag zur Architekturgeschichte der zwanziger Jahre,* Tübingen · Berlin 2009, pp. 44–46; regional archive Baden-Württemberg

AUTOREN

EGIDIO MARZONA
(geb. 1944) ist ein Kunstsammler aus Bielefeld, der in Berlin lebt und in der internationalen Kunstwelt zuhause ist. Anfang der Siebzigerjahre, parallel zur Entstehung seiner Sammlung, war er auch als Verleger tätig. In dem von ihm in Düsseldorf – auf Anregung des Galeristen Konrad Fischer, seinem Freund und Mentor – gegründeten Verlag Edition Marzona publizierte er vor allem zu kreativen und künstlerischen Entwicklungen, die noch nicht im Fokus des Interesses standen. So kam Marzona auch mit Heinz Rasch in Kontakt. Heute ist er Mitglied im Vorstand wichtiger Institutionen wie das MoMA PS1 in New York und arbeitet weiter an seinem Großprojekt, dem *Archiv der Avantgarden,* das mittlerweile rund 1,5 Millionen Archivalien (Bücher, Dokumente etc.) umfasst und zu den außergewöhnlichsten Kunstsammlungen zählt.

JÖRG STÜRZEBECHER
(geb. 1961) studierte Germanistik, Theater-, Film- und Fernsehwissenschaften sowie Kunstgeschichte u. a. in Saarbrücken und Frankfurt am Main. Er veröffentlichte Publikationen über die Grafiker Max Burchartz, Richard Paul Lohse und Anton Stankowski. Bis heute unterrichtet Stürzebecher Designgeschichte und -theorie sowie Semiotik an zahlreichen Hochschulen wie in Kassel, Karlsruhe, Ulm, Darmstadt, Stuttgart und anderen Städten.
Neben seiner journalistischen Arbeit für Zeitschriften, z. B. für *Design-Report* und *Form,* ist er auch als Ausstellungskurator tätig in Frankfurt am Main (Max Burchartz, 1993), Stuttgart (Anton Stankowski, 2006) und Osnabrück (Beiträge zum Vordemberge-Gildewart-Jubiläum, 2012). In Buchform sind von ihm zuletzt 2013 Beiträge in *TECTA. Flying Furniture* veröffentlicht worden.

KLAUS LEUSCHEL
(geb. 1952) studierte zunächst Design an der Hochschule für bildende Künste Hamburg, dann Kunstgeschichte an der Universität Hamburg und der Architectural Association School of Architecture in London. Zwischen 1982 und 1991 arbeitete er für diverse italienische und französische Firmen, u. a. für Philippe Starck, Enzo Mari und Antonia Astori. Seither ist er überwiegend als Freelancer tätig, vor allem als Autor und Journalist. Das Marta Herford realisierte 2010 die von ihm initiierte Ausstellung *Richard Neutra und Europa. Bauten und Projekte 1960–1970* (mit weiteren Stationen im Deutschen Architekturmuseum Frankfurt am Main und im Schweizerischen Architekturmuseum Basel). Er arbeitet aktuell zu Mart Stam und lebt in Bern in der Schweiz.

AXEL BRUCHHÄUSER
(geb. 1943) studierte Maschinenbau an der Technischen Universität Dresden. Nach Firmenenteignung und Flucht aus Güstrow 1972 wurde er Gesellschafter der Firma TECTA in Lauenförde, die er als Geschäftsführer bis heute gemeinsam mit seinem Neffen Christian Drescher leitet. Ab 1978 realisierte Bruchhäuser dort den Aufbau des Kragstuhlmuseums. Zudem entstanden zahlreiche Kooperationen mit bedeutenden Vertretern des Bauhauses und der Moderne wie Marcel Breuer, Mart Stam, Walter Gropius, Peter Keler, Jean Prouvé, Heinz Rasch, El Lissitzky, Charlotte Perriand, Sergius Ruegenberg, Stefan Wewerka und Alison & Peter Smithson. 2008 widmete sich die Ausstellung *Bruchhäuser – Realisierung einer Vision* im Städtischen Museum von Güstrow seinem Werdegang. 2008/2009 Mitarbeit an der Ausstellung *Jean Prouvé* im MoMA, New York. Bruchhäuser lebt und arbeitet in Bad Karlshafen und Lauenförde.

DR. ANNETTE LUDWIG
(geb. 1963) studierte Kunstgeschichte, Baugeschichte und Neuere Deutsche Literaturwissenschaft an der Universität Karlsruhe. Ihre Magisterarbeit schrieb sie über den russischen Avantgardisten Wladimir von Zabotin, ihre Dissertation 2007 über die Architekten, Designer, Typografen und Werbegestalter Heinz und Bodo Rasch. Sie war in verschiedenen Museen tätig, zuletzt von 2002 bis 2010 als Kuratorin an den Städtischen Museen Heilbronn. Seit 2008 ist sie Lehrbeauftragte am Zentrum für Angewandte Kulturwissenschaft des Karlsruher Instituts für Technologie (KIT) und an der Akademie für Wissenschaftliche Weiterbildung Karlsruhe (AWWK). Seit 2010 ist sie Direktorin des Gutenberg-Museums Mainz.

PROF. DR. OTAKAR MÁČEL
(geb.1943) studierte Kunstgeschichte und klassische Archäologie an der tschechoslowakischen Masaryk-Universität in Brno (Brünn). 1968 emigrierte Máčel nach Holland, seit 1971 ist er an der Architekturfakultät der TU Delft als Architekturhistoriker tätig. Seine Forschungsschwerpunkte sind die tschechische und russische Avantgarde, sozialistischer Realismus sowie Stahlrohrdesign. Er hat zahlreiche Beiträge in verschiedenen Zeitschriften, Büchern und Katalogen veröffentlicht. 1992 reichte er an der TU Delft seine Dissertation mit dem Titel *Der Freischwinger. Vom Avantgardeentwurf zur Ware* ein, 1996 folgte seine Habilitation an der TU Prag. Seine letzte Publikation *2100 metal tubular chairs,* 2006 in Rotterdam erschienen, zeigt eine umfangreiche Typologie des Stahlrohrstuhls. Mittlerweile ist er pensioniert, aber noch bei der Stuhlsammlung der TU Delft beschäftigt.

KARIN KIRSCH
(geb. 1940) studierte an der Staatlichen Akademie der Bildenden Künste in Stuttgart Innenarchitektur bei Herbert Hirche, Bauhausschüler und Mitarbeiter von Mies van der Rohe. Nach langjähriger Tätigkeit als Innenarchitektin und Möbeldesignerin, vor allem im hircheteam, war sie von 1979 bis 2001 Lehrbeauftragte an der Hochschule für Technik, Fachhochschule Stuttgart. 1987 publizierte Kirsch die Monografie *Die Weißenhofsiedlung,* 1997 folgten *Die Neue Wohnung und das Alte Japan* und *Briefe zur Weißenhofsiedlung.* Für das Stuttgarter Institut für Auslandsbeziehungen konzipierte und realisierte sie Ausstellung und Katalog über die Weißenhofsiedlung in Stuttgart 1927, die ab 1992 weltweit gezeigt wurden. 2002 folgte samt Katalog die Ausstellung *Neues Bauen International 1927/2002,* eine Rekonstruktion der *Internationalen Plan- und Modellausstellung Neuer Baukunst* von 1927 in Stuttgart, die ebenfalls international in über 20 Städten zu

sehen war. Karin Kirsch lebt und arbeitet in Stuttgart.

KATHARINA STOLZ
(geb. 1983) studierte zuerst Architektur an der Staatlichen Akademie der Bildenden Künste Stuttgart, dann Kunstgeschichte, klassische Archäologie und Musikwissenschaft an der Eberhard Karls Universität Tübingen und der Università la Sapienza in Rom. An der Bibliotheca Hertziana (Max-Planck-Institut für Kunstgeschichte Rom) recherchierte und schrieb sie 2007/2008 ihre Magisterarbeit zum Konzil von Trient und seine Auswirkungen auf die römische Sakralarchitektur am Beispiel der Kirche Il Gesù. Von 2009 bis 2012 war Stolz Lehrassistentin für Architektur- und Kunstgeschichte an der Staatlichen Akademie der Bildenden Künste Stuttgart und der Indiana University Bloomington in den USA. Aktuell promoviert sie an der Ludwig-Maximilians-Universität München bei Prof. Dr. Wolf Tegethoff, unterstützt durch Dr. Bodo Rasch Junior, über das Leben und Werk von Bodo Rasch Senior.

HUBERTUS ADAM
(geb. 1965) studierte an der Universität Heidelberg Kunstgeschichte, Philosophie und Archäologie. Seit 1992 arbeitet er als freiberuflicher Kunst- und Architekturhistoriker sowie als Architekturkritiker für diverse Fachzeitschriften und Tageszeitungen, vor allem für die *Neue Zürcher Zeitung*. 1996/97 war er Redakteur der *Bauwelt* in Berlin, 1998 übersiedelte Adam in die Schweiz und war dort als Redakteur zuständig für die in Zürich erscheinende *archithese*. 2004 erhielt er in der Kategorie Kunst- und Architekturkritik den Swiss Art Award. Seit 2010 ist er Künstlerischer Leiter des S AM Schweizerisches Architekturmuseum in Basel, seit 2013 gesamtverantwortlicher Direktor. Adam veröffentlichte zahlreiche Publikationen über die Architektur des 20. Jahrhunderts, zu Kunst und Bildhauerei um 1900, zu Bühnenbild und über das Thema Denkmal.

AUTHORS

EGIDIO MARZONA
(b. 1944) is an art collector from Bielefeld who lives in Berlin and devotes his time to various fields in the international art world. In the early 1970s, while he was building his collection, he was also a publisher. Edition Marzona, the publishing house that he set up in Düsseldorf – inspired by the gallerist Konrad Fischer, his friend and mentor – focussed especially on bringing to public attention undiscovered creative and artistic developments. It was through this work that Egidio Marzona came into contact with Heinz Rasch. Today he is a board member of important institutions, such as MoMA PS1 in New York, and continues working on his major project, the *Archiv der Avantgarden*, which by now comprises some 1.5 million items of archived material (books, documents, etc.) and is one of the world's most unusual art collections.

JÖRG STÜRZEBECHER
(b. 1961) read German, theatre, film and television studies as well as art history and other subjects at universities in Saarbrücken and Frankfurt am Main. He has published work on the graphic artists Max Burchartz, Richard Paul Lohse and Anton Stankowski. Jörg Stürzebecher now teaches design history and theory and semiotics at several universities including those in Kassel, Karlsruhe, Ulm, Darmstadt, Stuttgart and other cities. Apart from his journalistic work for magazines such as *Design Report* and *Form*, he also works as an exhibition curator in Frankfurt am Main (Max Burchartz, 1993), Stuttgart (Anton Stankowski, 2006) and Osnabrück (contributions to the Vordemberge-Gildewart anniversary, 2012). His most recent contributions to a book, in 2013, were in *TECTA: Flying Furniture*.

KLAUS LEUSCHEL
(b. 1952) studied design at the University of Fine Arts of Hamburg, then art history at the University of Hamburg and the Architectural Association School of Architecture in London. From 1982 to 1991 he worked for a number of Italian and French firms, including for Philippe Starck, Enzo Mari and Antonia Astori. Since then he has mostly worked freelance, especially as an author and journalist. In 2010 he initiated the exhibition *Richard Neutra in Europa: Buildings and Projects 1960–1970* for Marta Herford, which was subsequently shown at the Deutsche Architekturmuseum in Frankfurt am Main and the Swiss Architecture Museum in Basel. He is currently doing research on Mart Stam and lives in Bern, Switzerland.

AXEL BRUCHHÄUSER
(b. 1943) studied mechanical engineering at the Technische Universität Dresden. When he fled from Güstrow in the GDR in 1972, his family company there was liquidated; he then took over the firm TECTA in Lauenförde, which he is still directing, together with his nephew Christian Drescher. In 1978, Bruchhäuser set up the Kragstuhlmuseum there. He also collaborated with important representatives of the Bauhaus and of modernism, such as Marcel Breuer, Mart Stam, Walter Gropius, Peter Keler, Jean Prouvé, Heinz Rasch, El Lissitzky, Charlotte Perriand, Sergius Ruegenberg, Stefan Wewerka and Alison and Peter Smithson. In 2008 the exhibition *Bruchhäuser – Realisierung einer Vision* in the Städtmuseum Güstrow was dedicated to his work. In 2008–2009 he was a contributor to the exhibition *Jean Prouvé* at the MoMA, New York. Bruchhäuser lives and works in Bad Karlshafen and Lauenförde.

DR ANNETTE LUDWIG
(b. 1963) read art history, history of architecture and modern German literature at the University of Karlsruhe. She graduated with a dissertation on the Russian avant-gardist Vladimir Zobotin, and her doctoral thesis, in 2007, was on the architects, designers and typographers Heinz and Bodo Rasch. She has worked for various museums, most recently, from 2002 to 2010, as a curator for the Städtische Museen Heilbronn. Since 2008 she has been teaching at

the Centre for Cultural and General Studies at the Karlsruhe Institute of Technology (KIT) and at the Akademie für Wissenschaftliche Weiterbildung Karlsruhe (AWWK). She has been the director of the Gutenberg-Museum Mainz since 2010.

PROF DR OTAKAR MÁČEL
(b. 1943) read art history and classical archaeology at the Masaryk University in Brno, Czechoslovakia. In 1968 Máčel emigrated to the Netherlands, where he has been working as an architectural historian for the architecture faculty of the Delft University of Technology since 1971. His research focuses on the Czech and Russian avant-garde and Socialist realism as well as steel tube design. He has published numerous contributions in various magazines, books and catalogues. His doctoral thesis, in 1992 at the Delft University of Technology, *Der Freischwinger: Vom Avantgardeentwurf zur Ware*, was followed in 1996 by his habilitation at the Czech Technical University in Prague. His most recent publication, *2100 metal tubular* chairs (Rotterdam, 2006), presents an extensive typology of the steel tube chair. He is now retired but still plays an active role in the curation of the chair collection of Delft University of Technology.

KARIN KIRSCH
(b. 1940) studied interior design at the Staatliche Akademie der Bildenden Künste in Stuttgart under Herbert Hirche, and also studied at the Bauhaus and worked in the office of Mies van der Rohe. After working for many years as an interior designer and furniture designer, especially with the company hircheteam, she taught at the Hochschule für Technik, Fachhochschule Stuttgart from 1979 to 2001. In 1987 she published the monograph *Die Weißenhofsiedlung*, followed in 1997 by *Die Neue Wohnung und das Alte Japan* and *Briefe zur Weißenhofsiedlung*. For the Stuttgarter Institut für Auslandsbeziehungen she conceived and created the exhibition, with catalogue, about the Weissenhof Estate in Stuttgart 1927, which from 1992 was shown all over the world.
This was followed in 2002 by the exhibition and catalogue *Neues Bauen International 1927/2002*, a reconstruction of the *Internationale Plan- und Modellausstellung Neuer Baukunst* of 1927 in Stuttgart, which was also shown internationally in more than 20 cities. Karin Kirsch lives and works in Stuttgart.

KATHARINA STOLZ
(b. 1983) read architecture at the Staatliche Akademie der Bildenden Künste Stuttgart, then art history, classical archaeology and musicology at the Eberhard Karls Universität Tübingen and the Sapienza University of Rome. In 2008 she graduated at the Bibliotheca Hertziana (Max Planck Institute for Art History in Rome) with a dissertation on the Council of Trent and its effects on Roman religious architecture, taking the example of the Church of the Gesù in Rome. From 2009 to 2012 Katharina Stolz was a teaching assistant for architecture and art history at the Staatliche Akademie der Bildenden Künste Stuttgart and Indiana University Bloomington. She is currently working on her doctoral thesis at Ludwig-Maximilians-Universität Munich, supervised by Prof Dr Wolf Tegethoff, supported by Dr Bodo Rasch Jr, about the life and work of Bodo Rasch Sr.

HUBERTUS ADAM
(b. 1965) read art history, philosophy and archaeology at the University of Heidelberg. Since 1992 he has been working as freelance critic of art and architecture history as well as an architecture critic for various specialist magazines and newspapers, including *Neue Zürcher Zeitung*. In 1996–1997 he was a contributing editor for *Bauwelt* in Berlin; in 1998 he moved to Switzerland where is an editor for *architese*, published in Zurich. In 2004 he received the Swiss Art Award in the category of art and architectural education. In 2010 he became artistic director of the Swiss Architecture Museum (S AM) in Basel, and in 2013 became the museum's director. Adam has published extensively on architecture, painting and sculpture around 1900, on stage design and on the theme of monuments.

IMPRESSUM / COLOPHON

Dieses Buch wurde herausgegeben anlässlich der Ausstellung: *Der entfesselte Blick – Die Brüder Rasch und ihre Impulse für die moderne Architektur*, 25. Oktober 2014–1. Februar 2015, Marta Herford
This book has been published on the occasion of the exhibition: *The Unfettered Gaze – The Rasch Brothers and their Influence on Modern Architecture*, 25 October 2014 – 1 February 2015, Marta Herford

REDAKTION EDITORS
Friederike Fast, Ann Kristin Kreisel, Michael Kröger, Anne Schloen

LEKTORAT PROOFREADING
Martina Dervis, Jeremy Gaines, Katherine Lewald, Sybille Petrausch, Varja Spook, Clemens von Lucius

ÜBERSETZUNG TRANSLATION
Martina Dervis, Jeremy Gaines, Katherine Lewald

GESTALTUNG LAYOUT
Pentagram, Berlin
(Justus Oehler, Joshua Marr)

SCHRIFT TYPEFACE
Futura Display, DIN

LITHOGRAFIE LITHOGRAPHY
Lorena Volkmer

PAPIER PAPER
LuxoArt Samt 135 g/m², LuxoArt Silk 300 g/m²

DRUCK PRINTED BY:
MEDIALIS Offsetdruck GmbH, Berlin

ERSCHIENEN BEI DISTRIBUTED BY:
Ernst Wasmuth Verlag Tübingen · Berlin
www.wasmuth-verlag.de
Die Deutsche Bibliothek verzeichnet diese Publikation in der Deutschen Nationalbiografie; detaillierte bibliografische Daten sind im Internet über http://dnb.ddb.de abrufbar.
A catalogue record for this book is available from the German National Library and can be downloaded from http://dnb.ddb.de.

ISBN: 978 3 8030 0780 3
Printed in Germany

UMSCHLAGABBILDUNG
COVER ILLUSTRATION:
Brüder Rasch (zugeschrieben attributed to Bodo Rasch): *Projekt für hängende Wohneinheiten – axonometrische Ansicht im Schnitt*
Project for suspension housing units – cut-away axonometric view, 1927
Bleistift, Tusche und Graphitstift auf Transparentpapier
Pencil, ink and graphite on tracing paper, 99 × 118,2 cm
Collection Centre Canadien d'Architecture / Canadian Centre for Architecture, Montréal

Obwohl einige der Werke nur einem der Brüder Rasch zugeschrieben sind, werden alle Entwürfe zwischen 1926 und 1930 als Gemeinschaftsarbeit aufgeführt.
Even though some of the works are only attributed to one of the Rasch Brothers, all designs between 1926 and 1930 are designated as joint works.

Fotonachweis Photo credit:
Hubertus Adam: Abb. Fig. 5, S. p. 138;
Archiv Karin Kirsch: Abb. Fig. 1, S. p. 106, Abb. Fig. 4, S. p. 107;
Archiv Otakar Máčel: Abb. Figs. 1, 2, 3, 5.1, 5.2, 6, 7.2, 8.2, 9.2, 10.2, 11.1, 11.2, 12.1, 12.2., S. pp. 117–124;
Archiv Vitra Design Museum: Abb. Fig. 8.1, S. p. 122;
BMW Group Archiv/Sigrid Neubert: S. pp. 182 / 183;
GRIMSHAW Architects / Peter Cook / VIEW: S. pp. 190 / 192;
Gus Coral: S. p. 209 re r.;
Richard Davies: S. p. 189 re. r.;
Bertrand Goldberg Archive, Ryerson and Burnham Archives, The Art Institute of Chicago / Geoff Goldberg: S. pp. 178 / 179 li. l.;
Antonio Corcuera: S. p. 227;
Brigitte Hellgoth: S. p. 211;
HG Esch: Abb. Figs. 5, 8, S. pp. 132, 134;
Alistar Hunter: S. p. 189 li. l.;
Martin Pfeifle: S. pp. 156 / 157;
Hans Schröder: S. pp. 12 li. o. up.l., 31 re. o. up.r., 32 re. u. r.b., 50 / 51, 54–57, 152–154, 158–173;
Kunstmuseum Stuttgart: S. p. 12 o. re. up.r., Abb. Fig. 9, S. p. 83;
Achim Meyer: Abb. Fig. 9, S. p. 134;
Charlie Koolhaas: S. pp. 220 / 221;
Museum Angewandte Kunst, Frankfurt am Main / Uwe Dettmar: S. pp. 212 / 213;
Richard Nickel Archive, Ryerson and Burnham Archives, The Art Institute of Chicago: S. p. 179 re. r.;
Rogers Stirk Harbour + Partners: S. pp. 186 / 187;
saai | Südwestdeutsches Archiv für Architektur und Ingenieurbau Karlsruhe, Werkarchiv Egon Eiermann: S. pp. 143, 181 re. r.;
G. Berengo Gardin: S. p. 180
Horstheinz Neuendorff: S. p. 181 li l.;
SABAM / Philippe de Gobert: S. pp. 222 / 223 li. l.;
Shigeo Anzaï: S. p. 223 re. o. up.r.;
Sealand Aerial Photography: S. p. 188 re. r.;
Stadtarchiv Stuttgart: Abb. Fig. 11, S. p. 112;
Staatsgalerie Stuttgart: Abb. Fig. 3, S. p. 78;
TECTA-Archiv, Lauenförde: Abb. Figs. 1, 2, 3, 4, 6, S. pp. 128–132;
The Museum of Modern Art / Scala Firenze: S. pp. 38 / 39, 40 o. up., Abb. Fig. 4., S. p. 62;
Marcel van der Burg: S. p. 229.

Trotz sorgfältiger Recherchen ließen sich nicht alle Fotonachweise ermitteln. Nicht genannte Rechteinhaber wenden sich bitte an die beteiligten Leihgeber.
In spite of extensive research it was not possible to ascertain all photo credits. We kindly request right holders not mentioned here to contact the participating lenders.

MARTA HERFORD

KÜNSTLERISCHER DIREKTOR
ARTISTIC DIRECTOR
Roland Nachtigäller

GESCHÄFTSFÜHRUNG CEO
Helga Franzen

KURATORISCHES TEAM CURATORIAL TEAM
Franziska Brückmann
Friederike Fast
Michael Kröger
Klaus Leuschel (Bern)
Ann Kristin Kreisel
(Volontariat Scientific Trainee)
Felix Bartram, Lea Koch, Manuela Skrabanik
(Praktikanten Interns)

REGISTRARIN REGISTRAR
Ute Willaert

PRESSE- UND ÖFFENTLICHKEITSARBEIT
PRESS AND PUBLIC RELATIONS
Sarah Niesel
Nelly Birgmeier (Volontariat Trainee)
Michael Trapp (Archiv Archives)
Kathrin Mumme, Michelle van der Veen
(Social Media)

VERANSTALTUNGSMANAGEMENT
EVENT MANAGEMENT
Nicola Sudhues
Melanie Heilmann
Siegrid Brunsch
Angela Wöhler

BILDUNG UND VERMITTLUNG EDUCATION
Angela Kahre
Angelika Höger
Frauke Wesemann
Kim Lempelius (Volontariat Scientific Trainee)
Lilian Wohnhas (KulturScouts OWL)

FÜHRUNGEN UND WORKSHOPS
GUIDED TOURS AND WORKSHOPS
Mechthild Achelwilm, Maren Ackenhausen, Rebecca Budde de Cancino, Anna Degenkolb, Carsten Gude, Anja Kessel, Azzizah Mahmut, Bart Merkelbach, Inga Michaelis, Sarah Pedde, Felix Roeder, Lars Rosenbohm, Ingvild Scheele-Kolesch, Johanna Schuler, Reiner Tintel, Jan Welz

VERWALTUNG ADMINISTRATION
Claudia Konschak

EMPFANG UND BOOKSHOP
RECEPTION AND BOOKSHOP
Stefanie Kirchhoff
Marianne Marten
Karin Wille

AUSSTELLUNGSARCHITEKTUR
EXHIBITION ARCHITECTURE
Holmer Schleyerbach (Form Royal, Darmstadt)

TECHNIK TECHNICIANS
Michael Train
(Leitung Ausstellungstechnik, Mitarbeit Ausstellungsarchitektur
Technical supervision of the exhibition, collaboration exhibition architecture)
Hans Schröder
(Museumstechnik, Hausfotograf
Technician, internal photographer)
Dirk Friedrich
(Haustechnik House technician)

AUFBAUTEAM EXHIBITION TEAM
Wolfgang Baumann, Gunther Grabe, Ulrich Graupner, Malik Heilmann, Gerd Kruse, Martin Mühlhoff, Markus Mutz, Andreas Neumann, Uwe Schaeperkoetter, Robert Schlotter, Christian Vossiek

AUFSICHTSTEAM ATTENDANTS
Esther Althage, Petra Burbulla, Elina Japs, Christian Marx, Violetta Marx, Marina Maier, Carolin Rasche, Hendrik Reckmeyer, Irina Reim, Susanne Schiwek, Christian Stahn, Robin Stüwe

DANKSAGUNG ACKNOWLEDGEMENTS
Marta Herford dankt den beteiligten Architekturbüros und den Künstlern sowie allen Leihgebern für die engagierte Zusammenarbeit. Unser besonderer Dank gilt außerdem der Kulturstiftung des Bundes für die großzügige Förderung. Wir danken auch dem Ausstellungssponsor E. ON, den Mitgliedern des Marta Fonds für Neue Kunst, Herford, den Firmen Hörmann aus Bielefeld und TECTA aus Lauenförde sowie allen anderen Partnern für ihre Unterstützung.
Marta Herford would like to thank the participating architecture offices and artists, as well as the lenders for their engagement and collaboration. A special thanks also goes to the German Federal Cultural Foundation for its generous support. We would further like to thank the exhibition sponsor E.ON; the members of the Marta Fonds für Neue Kunst, Herford; the firms Hörmann, Bielefeld, and TECTA, Lauenförde; and all other partners for their support.

GEFÖRDERT DURCH
FUNDED BY
KULTURSTIFTUNG DES BUNDES

AUSSTELLUNGSSPONSOR
EXHIBITION SPONSOR
e·on

WEITERE SPONSOREN OTHER SPONSORS
HÖRMANN Tore • Türen • Zargen • Antriebe
TECTA

MARTA HERFORD CORPORATE PREMIUM PARTNER
poggen pohl
WEMHÖNER
Sparkasse Herford
WWS Herford
Hettich
Häcker kitchen.germanMade.
Kannegiesser

MARTA HERFORD CORPORATE PARTNER
FLÖTOTTO
bugatti THE EUROPEAN BRAND
JHV Veranstaltungstechnik
FROMMHOLZ legendary sofas
PETER-LACKE the colorful partner
moysig
imos AG Interior Design Software
Schaper Gruppe
Schaper Elektrotechnik
Schaper Steuerungstechnik
Controller Steuerungstechnik
studiocandela Licht und Technik

FÖRDERER SUPPORTERS
Die Ministerpräsidentin des Landes Nordrhein-Westfalen
MARTA FREUNDE UND FÖRDERER
O! herford

KULTURPARTNER CULTURE PARTNER
WDR 3

MEDIENPARTNER MEDIA PARTNER
Neue Westfälische